Canadá, Estados Unidos, México, América Central, el Caribe

Golfo de
México

OCÉANO
ATLÁNTICO

Estrecho de la Florida

LAS BAHAMAS

La Habana ⊛ • Matanzas
Pinar del Río
Cienfuegos
CUBA
Camagüey
Guantánamo
Santiago
de Cuba

REPÚBLICA
DOMINICANA
San
Juan
Islas
Vírgenes

Mayagüez
HAITÍ
⊛
Santo
Domingo
Ponce
⊛
PUERTO
RICO
ANTIGUA Y BARBUDA
Guadalupe
SAINT
KITTS Y
NEVIS
DOMINICA
Martinica
STA. LUCÍA
BARBADOS
SAN VICENTE Y
LAS GRANADINAS
GRANADA

Canal de Yucatán

Mérida •
Chichén
Itzá
Península
de
Yucatán
Isla
Cozumel

Kingston
•
JAMAICA

Mar Caribe

Antillas Menores

TRINIDAD Y
TOBAGO

Palenque •
Belice
•
Belmopan
BELICE
Tikal

GUATEMALA
Quetzaltenango
Guatemala
Volcán Izalco ⊛ San
Salvador
EL
SALVADOR

Copán
HONDURAS
Tegucigalpa

Curaçao
Aruba *Bonaire*

León
• Managua
NICARAGUA
⊛ Caracas

L. de Nicaragua

Puntarenas

COSTA
RICA
San José

Canal de
Panamá
Colón
•

VENEZUELA

PANAMÁ
⊛
Panamá

Golfo
de
Panamá

OCÉANO

PACÍFICO

COLOMBIA

Río Orinoco

Río Magdalena

• Bogotá

B R A S I L

¡ARRIBA!

COMUNICACIÓN Y CULTURA

¡ARRIBA!
COMUNICACIÓN Y CULTURA

THIRD CANADIAN EDITION

EDUARDO **ZAYAS-BAZÁN**
Emeritus, East Tennessee State University

SUSAN M. **BACON**
Emerita, University of Cincinnati

HOLLY J. **NIBERT**
Western Michigan University

GARY **AITKEN**
Trent University

ANNA **SAROLI**
Acadia University

PEARSON

Toronto

Vice-President, Editorial Director: Gary Bennett
Editor-in-Chief: Michelle Sartor
Senior Acquisitions Editor: Lisa Rahn
Marketing Manager: Jennifer Sutton
Senior Developmental Editor: John Polanszky
Developmental Editor: Jennifer Murray
Project Manager: Marissa Lok
Manufacturing Manager: Susan Johnson
Production Editor: Heidi Allgair (Element)
Copy Editor: Cecilia L. Vizcaíno
Proofreaders: Yolanda Blanco, Angela Ruiz
Compositor: Element
Photo and Permissions Researcher: Danny Meldung
Art Director: Julia Hall
Cover and Interior Designer: Miriam Blier
Cover Image: Peter Adams/Corbis

Credits and acknowledgments of material borrowed from other sources and reproduced, with permission, in this textbook appear on page A-393.

Original edition published by Pearson Education, Inc., Upper Saddle River, New Jersey, USA. Copyright © 2012 Pearson Education, Inc. This edition is authorized for sale only in Canada.

If you purchased this book outside the United States or Canada, you should be aware that it has been imported without the approval of the publisher or the author.

Library and Archives Canada Cataloguing in Publication
    ¡Arriba! : comunicación y cultura / Eduardo Zayas-Bazán . . . [et al.].—3rd Canadian ed.

Includes bibliographical references and index.
Text in English and Spanish.
ISBN 978-0-13-138478-1

    1. Spanish language—Textbooks for second language learners—English speakers.   I. Zayas-Bazán, Eduardo

PC4112.A77   2012   468.2′421   C2011-905077-3

10 9 8 7 6 5 4 3 2 1 QG

ISBN 978-0-13-138478-1

Dedicado a
nuestros estudiantes
Gary Aitken
Anna Saroli

Dedicado a
Mabel J. Cameron
(1914–2004)

Y a Manuel Eduardo
Zayas-Bazán Recio
(1912–1991)

"y aunque la vida murió,
nos dejó harto consuelo su memoria"

—JORGE MANRIQUE

Susan M. Bacon

Eduardo Zayas–Bazán

Holly J. Nibert

Brief Contents

READING AND WRITING	CULTURE

Preface

Welcome to the third Canadian edition of *¡Arriba! Comunicación y cultura*. In this new edition we have continued to refine and streamline the material, with a view to making it even more relevant and accessible to Canadian college and university students who are enrolled in an introductory Spanish course. Within the *¡Arriba!* program students practise and reinforce basic Spanish forms and structures using common, everyday vocabulary. The pedagogical goals are skill development in communication, reading, and writing, as well as a cultural awareness of the Hispanic world and some of its varied influences within Canada. The flexible format of *¡Arriba!* lends itself to a wide range of academic settings and teaching methods and incorporates the latest technological resources.

Organization and Pedagogy

The third Canadian edition of *¡Arriba!* consists of **ten lessons**, plus a preliminary lesson. The authors tailored the textbook program for Canadian post-secondary institutions which typically consist of a 26-week academic year, with three to five seminar hours weekly.

Unique to the Canadian edition is the **Lección preliminar** (preliminary lesson) in which the Spanish alphabet and pronunciation are presented and practised before students are exposed to the material of the ten regular lessons. This is just the first of a number of features designed to make the material accessible to Canadian students, who are quite often beginners in Spanish when they enter college and university.

Each of the ten regular lessons of *¡Arriba!* develops a particular theme or topic and introduces a region or country of the Spanish-speaking world. However, **Lección 10** includes a special section devoted to "Los hispanos en Canadá," featuring the popularity of Spanish flamenco dancing throughout Canada, the Vancouver creation of the attractive Inukshuk logo for the 2010 Winter Olympics by Mexican-born graphic designer Elena Rivera MacGregor, the latin-based music of guitarist Óscar López who was born in Chile and now lives in Calgary, the popularity of Hispanic cooking, as well as a piece on Hispanic immigration and new generations of Hispanic Canadians.

Each regular lesson of *¡Arriba!* is divided into three main sections. The language material is presented and practised within two distinct, yet parallel, instructional units called **Primera parte** and **Segunda parte**. The third section, **Nuestro mundo**, contains diverse cultural material, blended with learning activities designed to develop listening and reading skills.

The **Primera** and **Segunda partes** consist of the following sections:

- **¡Así lo decimos!,** a vocabulary section, features high-frequency words pertaining to the lesson theme. The vocabulary lists are accompanied by photographs and drawings, many of which are new to this edition. The words are listed within familiar categories in order to facilitate association and retention. Included in each **¡Así lo decimos!** is a thematic reading section, entitled **¡Así es la vida!**, which consists of a conversation or a short selection that contextualizes the vocabulary and grammar points of each lesson *parte*. **¡Así lo decimos!** also contains a variety of practice material, progressing from reading comprehension to vocabulary practice to more open-ended, interactive activities for pairs and small groups.

- **¡Así lo hacemos!** presents basic language points and their application, with an emphasis on the control of specific communicative skills. The grammatical explanations are clear and concise and include thematic examples. **Learning Tips** (formerly called **Study Tips**) appear throughout the text to provide explanations of particular points that are often difficult for beginning students. Four new **Learning Tips** have been added to this edition. There are also a number of **Expansión** boxes which deal with the application of related vocabulary, forms, and structures.

- **Aplicación** sections offer meaningful and interactive activities that encourage learners to practise the material presented in both the vocabulary and grammar sections. What distinguishes the Canadian edition is its progressive approach to this exercise material. The first step consists of **recognition exercises** which introduce everyday vocabulary and basic forms and constructions. This is followed by structured **drill-work** and habit formation, designed to develop a mechanical control of the verb forms and fundamental structures. The next stage is a progressive expansion into **guided communication**, stressing the reinforcement of high-frequency vocabulary, basic language, and familiar material. The speaking contexts focus on personal experiences and incorporate a variety of paired and small-group activities.

- In the **Lección preliminar**, students listen to the sounds of the Spanish alphabet, followed by explanations and practice of the individual Spanish vowels and consonants. An accompanying in-text audio component provides listening and oral practice of the Spanish vowels and consonants, highlighting specific points of interference between English and Spanish and indicating how they can be overcome. In each regular lesson **Letras y sonidos** provides reinforcement of the sounds of Spanish, as well as instruction and practice of word stress, use of the written accent, and intonation patterns.

- **Comparaciones** is a reading section which provides information about either the Spanish-speaking world as a whole or a specific aspect of the target area of the lesson. Each **Comparaciones** includes three sets of activities that allow students to compare what they know or learn with their own culture. The pre-reading questions of **En tu experiencia** provide points of departure for classroom discussion. The post-reading **¿Entiendes?** tests reading comprehension and the **¡A conversar!** activities encourage students to personalize and discuss the topics in small groups. This edition includes topics of particular interest to Canadian students, such as the work of CUSO on the island of Chiloé in Chile, the experiences of three Canadian university students who have participated in year-abroad programs in Spanish-speaking countries, and a reading on the popularity of soccer in the Spanish-speaking world and in Canada.

- The brand-new **Algo más** feature (replacing the **¡A escribir!** activity of the second edition) completes the **Aplicación** activities in the **¡Así lo hacemos!** of each **Segunda parte**. **Algo más** provides additional practice of the material presented in the current lesson and re-introduces familiar vocabulary and language points from previous lessons. The varied activities emphasize skill development in reading and reading comprehension: **¡Vamos a leer!**, conversation: **¡Vamos a hablar!** and writing: **¡Vamos a leer!**. The final section, **¡Vamos a explorar!**, encourages further discussion involving research done on the Internet. The role of **Algo más** is to combine review and reinforcement with the important next step of challenging students to make use of what they have learned in order to become engaged in more creative communication.

The **Nuestro mundo** section of each lesson consists of the following features:

- **Panoramas** is a cultural section which offers a rich visual and textual panorama of a featured country or region of the Hispanic world. Each **Panoramas** contains activities that stimulate discussion of the regions or topics presented.

- **Ritmos,** completely revised for the third edition, now highlights Hispanic musicians living and working in different parts of Canada. This cultural feature presents a sampling of the diversity of Hispanic instruments, rhythms, and types of music. Students are directed to search online to view videos or listen to songs on their own.

- **Páginas** offers engaging reading selections, beginning in **Lección 6** and continuing through **Lección 10**. These five selections consist of poetry, a personal glimpse, a legend, a travel brochure, and excerpts from two short stories. The selections are all authentic Hispanic texts, one of which is written from the perspective of a Hispanic immigrant's adaptation to life in Canada (**Lección 10**). Pre- and post-reading activities support each reading.

- **Observaciones** (found only in the *¡Arriba!* **Student Activities Manual** and **MySpanishLab**) offers a comprehensive set of activities, based on corresponding episodes of a video, entitled *¡Pura vida!*, which features the interaction of five young adults who have found their way to a residence in Costa Rica. The pre-viewing, viewing, and post-viewing activities help students follow each episode of the story.

New to the Third Canadian Edition

Thanks to suggestions from a variety of college and university reviewers, combined with our own classroom experiences, we revised and implemented the following material for the third Canadian edition:

- The **¡Así lo decimos!** sections feature streamlined vocabulary lists with accompanying photographs and drawings, making the content more manageable, thematic, and visually engaging. The accompanying **¡Así es la vida!** readings have been revised accordingly and offer more integrated drawings. The in-text audio that accompanies the third edition now includes recordings of the lesson vocabulary and the **¡Así es la vida!** readings.

- The **visual impact** of this edition has been improved considerably by the addition of numerous new drawings and photos. Today's students, who process so much data visually, will be aided by our conscious attempt to integrate text and imagery. Students will have an opportunity to make visual associations with familiar vocabulary and forms and, in doing so, develop a significant memory hook in the retention of the material.

- The **Expansión** feature has been revised and now offers four new **Learning Tips** sections (formerly called **Study Tips**). The first of the new **Learning Tips** compares the commonly confused *muy* and *mucho* and the second one illustrates basic applications of *ser, estar, tener,* and *hay*. A third new strategy imparted in the **Learning Tips** focuses on the uses of common prepositions. This should be particularly helpful to the considerable number of students who have difficulty in recognizing the important structural roles that prepositions play in language formation. The fourth new **Learning Tips** provides a social perspective on the polite use of softened requests as a means of avoiding inappropriate direct and indirect commands that may be perceived as being harsh and even offensive within certain contexts.

- Shorter and more focused **Letras y sonidos** sections replace the old **Pronunciación** activities. The updated **Lección preliminar** continues to focus on initial pronunciation practice and the new **Letras y sonidos** feature in each lesson will allow students to work towards improving their pronunciation as they progress through the course.

- The **Aplicación** sections of exercise material have been reworked in consideration of time constraints faced by most instructors but they retain their building-block progression from initial recognition to structural control and then to communicative activities. Exercises that did not prove to be useful in the classroom have been replaced by new material. In addition, exercises place more emphasis on re-introducing previously studied vocabulary and language points, as well as incorporating more open-ended conversational contexts.

- The brand-new **Algo más** resource (which replaces the **¡A escribir!** activity of the second Canadian edition) consists of exercise material that provides both intensive and comprehensive practice of not only the material already presented in the current lesson but also familiar vocabulary and language points from previous lessons. The varied activities emphasize skill development in reading comprehension, speaking, and writing. This necessary review and reinforcement are combined with the important next step (hence the title **Algo más**) of challenging the students to make use of what they have learned within more spontaneous, communicative contexts.

- **Reading comprehension** has been given a higher profile in the new edition. In response to reviewer comments, we have developed new reading comprehension activities for the **Algo más** sections and we have added comprehension questions to all of the **Comparaciones** readings.

- The **Ritmos** sections now showcase Hispanic, Hispanic Canadian, and Canadian musicians who play music from Spanish-speaking countries featured throughout the third Canadian edition. This revamped **Ritmos** format will be a useful and welcome addition to the classroom activities as it provides new and interesting Hispanic Canadian content. Further, it will take much less time to incorporate than the previous version.

- The **Observaciones** section (with its **¡Pura vida!** video) is now located in only the **Student Activities Manual** and **MySpanishLab**. Previously, the **Observaciones** section was in the textbook. In an effort to create more space for material and based on reviewer feedback, this section was moved out of the textbook.

- Some of the orthographic changes that were recommended in 2010 by the Spanish Royal Academy have been implemented in this edition. These will be noted mainly in the elimination of the accent from the demonstrative pronouns and from some other words.

Program Components

Student Resources

MYSPANISHLAB MySpanishLab is a Pearson-hosted online learning system created specifically for students in university-level language courses. It brings together—in one convenient, easily navigable site—a wide array of language-learning tools and resources, including an interactive version of the **¡Arriba! Student Activities Manual,** an electronic version of the *¡Arriba!* student text, and all materials from the *¡Arriba!* audio and video programs. Diagnostic tests and tutorials personalize instruction to meet the unique needs of individual students. Instructors can use the system to make assignments, set grading parameters, listen to student-created audio recordings, and provide feedback on student work. Instructor access is provided at no charge. Students get **MySpanishLab** with an access code that is available free with the purchase of a new text.

AUDIO CDS TO ACCOMPANY THE TEXT The recordings on this CD correspond to the *Vocabulario*, *¡Así es la vida!* dialogues and the *Letras y sonidos* pronunciation sections within the textbook. These recordings are also available within MySpanishLab.

STUDENT ACTIVITIES MANUAL The *¡Arriba!* Student Activities Manual is a completely integrated manual that offers a wide range of practice opportunities for the vocabulary, grammar, and cultural topics presented in the textbook. The Student Activities Manual includes "workbook" activities as well as audio- and video-based activities for each chapter of the text. The activities are integrated and organized to mirror the corresponding textbook chapter. The manual is available both in print and within MySpanishLab.

AUDIO CDS TO ACCOMPANY THE STUDENT ACTIVITIES MANUAL The recordings on this CD set correspond to the listening activities in the **Student Activities Manual**. These recordings are also available within MySpanishLab.

¡PURA VIDA! Video *¡Pura vida!* is an original story-line video filmed specifically to accompany *¡Arriba!*. Over the course of its episodes, students follow the interactions of five principal characters who find themselves living together in a youth hostel in San José, Costa Rica. Students are able to see the vocabulary and grammar structures presented in the textbook in use in realistic situations, while gaining a deeper understanding of Hispanic culture. The sitcom-like format allows instructors to show or assign segments for some chapters without being obligated to do so for others. Pre-viewing, viewing, and post-viewing activities are found in the **Student Activities Manual**. The video is available for student purchase on DVD, but is also available within **MySpanishLab**. In addition, the video is available to instructors on DVD. The Instructor's Resource Manual provides the videoscript.

VISTAS CULTURALES **Video** The Telly™ award-winning **Vistas culturales** video provides students with a rich and dynamic way to expand, enhance, and contextualize the cultural materials they study in the **Panoramas** section of the textbook. The 18 ten-minute vignettes include footage from every Spanish-speaking country. Each of the accompanying narrations, which employ vocabulary and grammar designed for first-year language learners, was written by a native of the featured country or region. The video is available for student purchase on DVD, but is also available within **MySpanishLab**. In addition, the video is available to instructors on DVD.

VISTAS CULTURALES VIDEO GUIDE includes useful vocabulary and pre-, during-, and post-viewing activities designed to guide students as they view each country segment.

ENTREVISTAS VIDEO The **Entrevistas** video consists of guided but authentic interviews with native Spanish speakers on topics related to each lesson's theme. Participants employ target grammatical structures and vocabulary while providing broader cultural perspectives on lesson themes. The video is available for student purchase on DVD, but is also available within **MySpanishLab**. In addition, the video is available to instructors on DVD.

COURSESMART FOR STUDENTS CourseSmart goes beyond traditional expectations, providing instant, online access to the textbooks and course materials you need at an average savings of 60 percent. With instant access from any computer and the ability to search your text, you'll find the content you need quickly, no matter where you are. And with online tools such as highlighting and note taking, you can save time and study efficiently. See all the benefits at **www.coursesmart.com/students**.

Instructor Resources

The **INSTRUCTOR'S RESOURCE CD-ROM** includes the following supplements, some of which are also available for downloading from Pearson Canada's catalogue at **www.pearsoncanada.ca/highered**.

The **INSTRUCTOR'S RESOURCE MANUAL** includes

- An introduction that discusses the philosophy behind the *¡Arriba!* program, a guide to using the text's features, and a guide to other program components
- Pointers for new instructors, including lesson planning, classroom management, warm-ups, error correction, first day of class, quizzes/tests, and other teaching resources
- Sample syllabi showing how the program can be used in different educational settings across Canada
- Detailed lesson plans for select chapters
- The audioscript for the **Student Activities Manual** audio program
- The videoscripts for all three *¡Arriba!* Videos (*¡Pura vida!, Vistas culturales, and Entrevistas*), as well as suggested activities for the Entrevistas video (Note: activities for *¡Pura vida!* and *Vistas culturales* are available in other components of the program)
- Supplemental activities
- Rubrics for written and oral assessment

TESTING PROGRAM The Testing Program contains two finished, ready-to-use tests for each chapter as well as hundreds of testing modules on which instructors can draw to create customized tests. The finished tests and modules have been carefully edited to ensure close coordination with the textbook and **Student Activities Manual.** The content area, assessment goal, and response type are identified for each module. Available within **MySpanishLab** is a user-friendly test-generating program that allows instructors to select, arrange, and customize testing modules to meet the needs of their courses. Once created, tests can be printed on paper or administered online.

TESTING PROGRAM AUDIO This CD contains the recordings to accompany the listening comprehension activities in the *¡Arriba!* **Testing Program** found within the Instructor's Resource CD-ROM package. These recordings are also available within MySpanishLab.

ANSWER KEY FOR TEXT EXERCISES This key provides answers for all of the exercises in the text.

ANSWER KEY FOR STUDENT ACTIVITIES MANUAL This key provides answers for all of the discrete and short-answer exercises in the SAM.

POWERPOINT PRESENTATIONS This new set of PowerPoint Presentations includes visual material from the textbook, together with dynamic presentations of the grammar points covered in the text.

IMAGE LIBRARY All of the line art images from the textbook are provided in digital format for use in presentation slides, worksheets, and transparencies.

PEARSON CUSTOM LIBRARY For enrolments of at least 25 students, you can create your own textbook by choosing the chapters that best suit your own course needs. To begin building your custom text, visit **www.pearsoncustomlibrary.com**. You may also work with a dedicated Pearson Custom editor to create your ideal text—publishing your own original content or mixing and matching Pearson content. Contact your local Pearson representative to get started.

TECHNOLOGY SPECIALISTS PEARSON'S TECHNOLOGY Specialists work with faculty and campus course designers to ensure that Pearson technology products, assessment tools, and online course materials are tailored to meet your specific needs. This highly qualified team is dedicated to helping schools take full advantage of a wide range of educational resources, by assisting in the integration of a variety of instructional materials and media formats. Your local Pearson Canada sales representative can provide you with more details on this service program.

COURSESMART FOR INSTRUCTORS CourseSmart goes beyond traditional expectations, providing instant, online access to the textbooks and course materials you need at a lower cost for students. And even as students save money, you can save time and hassle with a digital eText that allows you to search for the most relevant content at the very moment you need it. Whether it's evaluating textbooks or creating lecture notes to help students with difficult concepts, CourseSmart can make life a little easier. See how when you visit **www.coursesmart.com/instructors**.

Acknowledgments

We gratefully acknowledge and thank the following reviewers, as well as a few who wish to remain anonymous, for their many helpful comments and suggestions:

Carmela Bruni-Bossio, University of Alberta
Florencia Carlino, Sault College of Arts and Technology
Susana Cossios, McGill University
Michael Dabrowski, Athabasca University
Annette Dominik, Thompson Rivers University
Christine Forster, University of Victoria
Grisel Maria Garcia Perez, UBC Okanagan
Michol Hoffman, York University
Charlotte Jones, Okanagan College
Patrick Karsenti, Kwantlen Polytechnic University
Maritza E. Mark, Grant MacEwan University
María-Jesús Plaza, Mount Royal College
Cristina Ruiz Serrano, Grant MacEwan University
Carol A. Stos, Laurentian University
Marlon Valencia, George Brown College

We would like to express our gratitude for the significant contributions that we received from the following people for our new Canadianized **Ritmos** sections:

- to the members of Compañía Azul of Halifax, and especially to Megan Matheson for her information about this company and to Holly Crooks for her lovely photo for the section on flamenco in Lección 2;

- to the members of Marimba de Concierto Voces del Maíz, and especially to Pedro Montejo for his eloquent explanation of the cultural significance of the marimba to Guatemalans and for the group photo for the section on the Guatemalan marimba in Lección 4;

- to Gabriela Rojo for her enormous contribution to the presentation of *el tango argentino* and to Sheila Arias for the lovely photograph of Gabriela for the section on *el tango argentino* in Lección 5;

- to Frederic Mujica and to Nadia Hubbard-Mujica for the section on Cuban music in Lección 6 and for Nadia's charming photo of Frederic;

- to Fernán Enríquez for providing an excellent photo and for his valuable assistance with the content of the section on *la música de los Andes* in Lección 7;

- to Susan Hood for her generosity in sharing information on the Paraguayan harp and for the photo in Lección 8.

We would like to express our gratitude for the help and contributions that we received from the following people: Chloé Gaudet of Canada World Youth, for providing information about and photos of the CWY program in Nicaragua; Sean Kelly of CUSO, for his invaluable help with the **Comparaciones** reading in part two of **Lección 10**; Elena Rivera MacGregor, designer of the logo for the 2010 Winter Olympics in Vancouver, for assisting with her portion of the **Panoramas** section of **Lección 10**; Alfonso L. Rojo, for kindly allowing us to reprint excerpts from his work *El Quetzal Herido*; Acadia University students Miranda Bowen, Curtis Stanford, and Jacob Tremblay, for sharing their experiences abroad; Nadia Hubbard-Mujica, for her photographic skills; and our colleague María Antonieta Álvarez.

We would particularly like to express our gratitude and appreciation to the many people at Pearson Canada who have contributed their helpful ideas, tireless efforts, and publishing experience. We are especially indebted to our Acquisitions Editor, Lisa Rahn, our Developmental Editor, Jennifer Murray, our Copy Editor, Cecilia Vizcaíno, and our Production Editor, Heidi Allgair.

Finally, this project would never have been possible without the support, sacrifices, input, and unending patience of our families: (Anna S.) Andrés, Jesse, and Miranda, and (Gary A.) Harmony, Kelley, and Todd. Big hugs to all of you.

A GUIDE TO *¡ARRIBA!* ICONS

Activity Types

	Pair Activity	This icon indicates that the activity is designed to be done by students working in pairs.
	Group Activity	This icon indicates that the activity is designed to be done by students working in small groups or as a whole class.
	Web Activity	This icon indicates that the activity involves use of the World Wide Web.

Supplemental Resources

	Diagnostic Test	This icon, located in each chapter opener, reminds students to take the Diagnostic Test in **MySpanishLab** to test their understanding of the English grammar related to the Spanish grammar concepts in the chapter.
	Student Activities Manual	This icon indicates that there are practice activities available in the *¡Arriba!* **Student Activities Manual**. The activities may be found either in the printed version of the manual or in the interactive version available through **MySpanishLab**. Activity numbers are indicated in the text for ease of reference.
	Text Audio Program	This icon indicates that recorded material to accompany *¡Arriba!* is available in **MySpanishLab** or on audio CD. The track numbers are given in the text for ease of reference.
	Interactive Globe	This icon indicates that a video recording is available in the *Vistas culturales* video that accompanies the *¡Arriba!* text. The video is available on **MySpanishLab** and in DVD and VHS formats.

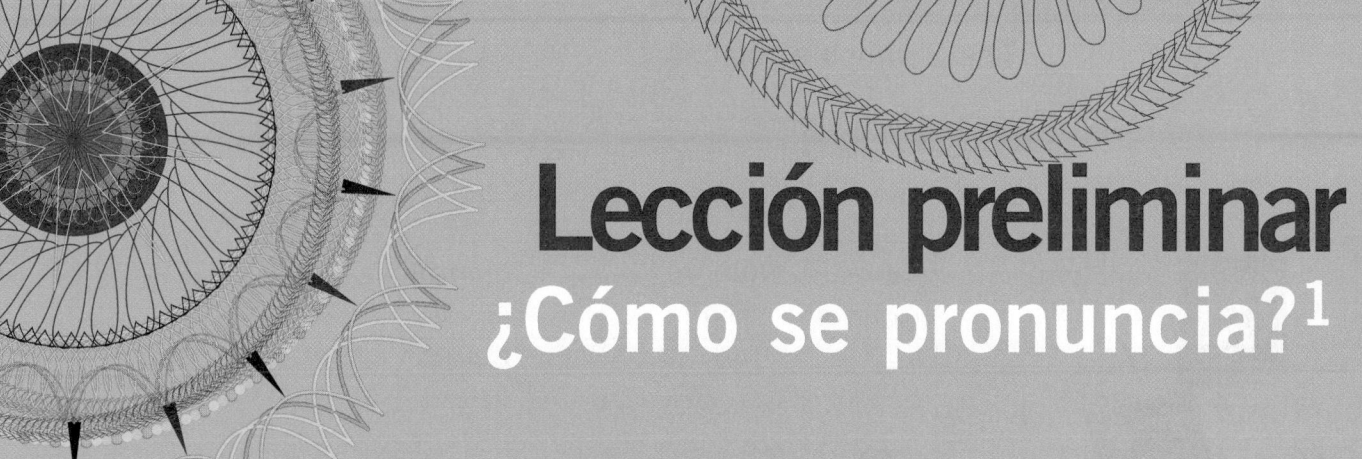

Lección preliminar
¿Cómo se pronuncia?[1]

ESTRUCTURAS
The Spanish alphabet

PRONUNCIACIÓN
Spanish pronunciation

El descubrimiento de América por Cristóbal Colón.
Salvador Dalí. 1958.

La nación de Panamá controla el canal por donde
navegan más de 14.000 barcos cada año.

---

[1]In Spanish, questions and exclamations are preceded by inverted question (¿) and exclamation (¡) marks.

📖 Estructuras

LP-1 to
LP-3

The Spanish alphabet

CD Track
P.1

- The Spanish alphabet consists of twenty-seven letters, including one letter that does not appear in the English alphabet: **ñ.**
- The names of the letters are feminine: **la (letra) a**, **la be**, **la ce**, etc.[1]

Letra	Nombre	Ejemplos
(Letter)	*(Name)*	*(Examples)*
a	a	**P**an**a**m**á**
b	be (grande/ alta)	**Bá**r**b**ara
c	ce	**C**arlos; **C**e**c**ilia
d	de	**D**avi**d**
e	e	**E**st**e**ban
f	efe	**F**ernando
g	ge ∧	Ar**g**entina; **G**uatemala; Para**g**uay
h	hache	**H**onduras
i	i	Bol**i**v**i**a
j	jota	**J**osé
k	ka	**K**atia
l	ele	**L**uisa
m	eme	**M**aría
n	ene	**N**ora
ñ	eñe	Espa**ñ**a
o	o	C**o**l**o**mbia
p	pe	**P**erú
q	cu	**Q**uito
r	ere	Lau**r**a; **R**osa
s	ese	**S**u**s**ana
t	te	**T**omás
u	u	**U**r**u**g**u**ay
v	ve chica/ baja (*or* uve)	**V**enezuela; Boli**v**ia
w	doble ve (*or* ve/ uve doble)	Otta**w**a
x	equis	e**x**perto; Mé**x**ico; e**x**amen
y	i griega	**Y**olanda; Paragua**y**
z	zeta	**Z**orro

---

[1]Gender of nouns is explained in **Lección 1** on p. 26.

APLICACIÓN

LP-1 ¿Qué letras faltan? What Spanish letters are missing from the following names of Hispanic countries?

MODELO: M__ __ic__
       é (e con acento)[1] , x (equis), o

1. __rg__ __t__ __a
2. Boliv_i_ _a_
3. P_e_r_u_
4. Ec_u_ _a_dor
5. V_e_ne_z_ue_l_ _a_

6. El __al_a__o__
7. República D_o_ _m_in_i_cana
8. Cos_t_a _r_ica
9. Para__ua__
10. Espa__a

 **LP-2 ¿Cómo se escribe?** Take turns spelling out loud the names of these Hispanic countries.

MODELO: México
      eme - e con acento - equis - i - ce - o

1. Cuba
2. Puerto Rico
3. Honduras
4. España
5. Nicaragua

6. Colombia
7. Guatemala
8. Panamá
9. Uruguay
10. Chile

 LP-3 ¿Quién soy yo? (*Who am I?*) Write your full name and then list several names of friends or Spanish-speaking people. Take turns spelling your names in Spanish. Write down the names that your partner spells so that the two of you can compare notes when you have finished.

Pronunciación

Spanish pronunciation

- As you begin to experiment with your pronunciation of Spanish, it is quite likely that you will experience some degree of *interference* from your mother tongue and other languages that you have been learning. You have already discovered that some letters and sounds of your native language are identical or similar in Spanish. It is natural, then, for you to transfer these familiar letters and sounds to your pronunciation of Spanish. However, *interference* occurs when your initial success prompts you to extend the transfer to sounds where there is no correspondence in Spanish, and this is where your work begins.

---

[1]The use of the written accent (´) will be discussed on p. 117 of **Lección 4**.

LP-4 to
LP-13

CD Track
P.2

1. The Spanish vowels *a, e, i, o, u*

- Each Spanish vowel consists of a single, short sound that varies little in pronunciation. This pure sound of the Spanish vowel contrasts with English in which a vowel is often pronounced either as two sounds together, called a **glide**, or as a single, muted sound, called a **schwa [ə]**.

- In English, the **glide** occurs when a *stressed* vowel is pronounced. Pronounce out loud the words *note, card* and *made*, listening to the sound of the highlighted, *stressed* vowel in each word. You will notice a slight change in the vowel sound, as you allow your jaw to relax and elongate the sound (*noute, caurd, meyde*). This is called a **glide**. This elongated **glide** does not occur in Spanish when a *stressed* vowel is pronounced. You can avoid the **glide** by keeping your jaw rigid as you pronounce the Spanish vowel.

- In English, the **schwa [ə]** often occurs when an *unstressed* vowel is pronounced. Pronounce out loud the words *enough, until,* and *ago*, listening to the sound of the highlighted, *unstressed* vowel in each word. You will notice that each vowel has the same *uh* sound (*uhnough, uhntil, uhgo*). This is called a **schwa**. This muted **schwa** does not occur in Spanish when an *unstressed* vowel is pronounced. You can avoid the **schwa** by pronouncing the Spanish *unstressed* vowel and the *stressed* vowel in exactly the same way.

Las vocales

The Spanish vowels are pronounced as follows. Listen and repeat the Spanish words listed for each vowel, giving the highlighted vowels the same short, precise sound.

1. Spanish **a** is like the *ah* in *law* (but without the English **glide**).

   l**a**   **A**n**a**   c**a**s**a**   m**a**ñ**a**n**a**   much**a**ch**a**   C**a**n**a**d**á**

2. Spanish **e** is like the *eh* in *may*.

   m**e**   P**e**p**e**   T**e**r**e**s**a**   **e**l**e**gant**e**   t**e**l**é**fono   dif**e**rent**e**

3. Spanish **i** is like the *ee* in *see*.

   s**í**   P**i**l**i**   t**í**p**i**co   d**i**f**í**c**i**l   s**i**mpát**i**co   **i**nv**i**tada

4. Spanish **o** is like the *oh* in *low*.

   l**o**   p**o**c**o**   c**o**ntent**o**   d**o**ct**o**ra   pr**o**fes**o**r   **o**cupad**o**

5. Spanish **u** is like the *oo* in *too*.

   t**ú**   **u**n**o**   n**ú**mero   pop**u**lar   nat**u**ral   **u**stedes

CD Track
P.3

LP-14 to
LP-34

2. The Spanish consonants

Las consonantes

1. The letters *b* and *v*

- Many Spanish speakers pronounce the letters **b** and **v** in exactly the same manner. However, they use two variations of the sound, according to where the letters occur.

- At the beginning of a breath group or after the letters **m** or **n**, the **b** and **v** are pronounced like an English *b*, as in the word *boy*.

  bueno **v**ino **b**ien **v**isita tam**b**ién in**v**ita

- In any other position, the **b** and **v** are again pronounced like an English *b* but with the lips kept slightly apart and the corners drawn back to create an elastic-band effect as the escaping air causes the lips to vibrate.

  Cu**b**a fa**v**or li**b**ro Boli**v**ia muy **b**ien la **v**ida

2. The letters *c, k, qu,* and *z*

- In Spanish, the combinations **ca**, **co**, **cu**, and **qu**, as well as the letter **k**, are all pronounced like the English *c* of *Canada* but without the puff of air that accompanies the English sound. You can avoid the puff of air by anticipating the following vowel sound.

  Carlos ¿**có**mo? ¿**cu**ándo? ¿**qué**? ¿**qui**én? **k**ilómetro

- In the central and northern parts of Spain, the combinations **ce** and **ci**, as well as the letter **z**, are pronounced like the *th* of *thin*. In the southern part of Spain, and throughout all of Spanish America, the sound is the *s* of *city*. The best approach is to select one of these variants and use it consistently.

  gra**ci**as Ló**pez** Gar**cí**a Venezuela **ce**ntro **ci**viliza**ci**ón

3. The letter *d*

- The Spanish **d** has two distinct sounds, depending on its location. At the beginning of a breath group or after the letters **l** or **n**, the **d** is a *dental* sound. Press the tip of your tongue firmly against the back of your upper teeth and say aloud the Spanish word *disco*.

  Daniel **D**ios **d**octora ¿**d**ónde? el **d**isco un **d**ía

- In any other position, the **d** is an *interdental* sound. Place the tip of your tongue between your upper and lower teeth and say aloud the English word *smooth*, emphasizing the *th* sound. Now add a final *o* and say *smootho*. Omit the initial *s* and say *mootho*. This represents the Spanish word *mudo* (*mute*).

  na**d**a Cana**d**á a**d**iós encanta**d**a buenos **d**ías los **d**iscos

4. The letters *g* and *j*

- The Spanish **g** has three distinct sounds. Before the letters **e** and **i**, you have to create a Spanish sound that doesn't occur in English. Raise the back of your tongue towards the roof of your mouth and clear your throat slightly.

  general ál**ge**bra Ar**ge**ntina **gi**mnasio **Gi**braltar má**gi**co

- At the beginning of a breath group or after the letter **n**, the combinations **ga**, **go**, **gu**, **gue**, and **gui** are pronounced like an English *g*, as in the word *gone*.

  gato **go**lf **gu**sto **gue**rra **gui**tarra ma**ngo**

- Everywhere else (except for the combinations **ge** and **gi**), the **g** is pronounced like the relaxed English *g* in *sugar* or the *gg* in *beggar*. You should feel some air passing between your palate and the back of your tongue.

  Die**g**o lue**g**o a**g**ua si**g**lo mucho **g**usto i**g**ualmente

- Notice that the Spanish letter **j** is pronounced very much like the combinations **ge** and **gi**. Raise the back of your tongue towards the roof of your mouth and clear your throat slightly.

  jota **J**uan **j**ulio hi**j**o vie**j**o **J**or**g**e

CD Track
P.4

5. The letter *h*

- In Spanish, the **h** is the only silent letter.

    hola   hasta   historia   hispano   hotel   alcohol

6. The letter *ñ*

- The Spanish **ñ** is pronounced very much like the English combination ***ni*** in the word *onion*.

    niño   año   español   mañana   señora   España

7. The letters *p* and *t*

- In Spanish, the letters **p** and **t** are pronounced without the puff of air that accompanies the English ***p*** and ***t***. You can avoid the puff of air by anticipating the following vowel sound.

    Pepe   **Pa**namá   **po**r favor   **tú**   **To**más   **te**léfono

8. The letter *r* and the combination *rr*

- The Spanish **r** has two distinct sounds. Between vowels, the **r** is a tap sound, pronounced much like the ***tt*** and ***dd*** of the English words *butter* and *ladder*. Say these aloud a few times and then repeat *pot o' gold* and *pot o'*, concentrating on feeling the tip of the tongue tap against the gum ridge.

para	cara	Tara	coro	loro	toro
parte	carta	tarde	tres	cuatro	libro

- The combination **rr** represents a strong, trilled sound which is pronounced by striking the tip of your tongue against your gum ridge, just above the upper front teeth, in a series of rapid vibrations. When a single **r** appears at the beginning of a word or after the consonants **l**, **n**, or **s**, it is pronounced like the **rr**.

    perro   carro   Garrido   Roberto   radio   Enrique

9. The letter *s*

- The Spanish **s** is usually pronounced as the ***ss*** of la**ss**o, unlike English, in which the single ***s*** between vowels is pronounced as a ***z***.

    presente   presidente   José   rosa   nosotros   Susana

10. The letter *x*

- The Spanish **x** has three distinct sounds. Between vowels (except in place names), it is pronounced as a soft **gs** combination.

    examen   oxígeno   exigente   auxiliar   exagerado   éxito

- When the **x** occurs between vowels within Hispanic place names and adjectives of origin, it is pronounced like the **j** of viejo.

    México   Mexicali   mexicano   Oaxaca   Xochimilco   Texas

- When the **x** occurs before a consonant, it is usually pronounced as the combination **ks**.

    excelente   experto   extraño   explicar   experiencia   exquisito

11. The letter *y* and the combination *ll*

- Many Spanish speakers pronounce the letter **y** (except in the final position) and the combination **ll** in the same manner, much like the strong English ***y*** sound of *yes*. However, in certain regions of the Spanish-speaking world they are pronounced like the ***s*** sound of the English word *measure*.

    yo   llamo   mayo   ella   Yolanda   llegamos

APLICACIÓN

CD Track P.5

LP-4 Pronunciemos las vocales. Listen and repeat the Spanish words. Concentrate on giving short, precise sounds for the vowels in bold.

m**a**ñ**a**n**a**   **e**l**e**gan**t**e   s**i**mpát**i**co   prof**e**s**o**r   p**o**p**u**lar   **o**c**u**pa**d**o

CD Track P.6

LP-5 Pronunciemos las consonantes. Listen and repeat the Spanish words. Concentrate on controlling interference as you pronounce the consonants in bold.

Bolivia   **V**enezuela   a**d**iós   **J**orge   **h**istoria   se**ñ**ora
por favor   **t**arde   **p**e**rr**o   **r**osa   e**x**amen   e**ll**a

MySpanishLab

Access *¡Arriba!'s* MySpanishLab at **www.myspanishlab.com**. MySpanishLab offers a variety of online resources, including

- Student Activities Manual exercises
- self-grading tests
- videos

1

Hola, ¿qué tal?

OBJETIVOS COMUNICATIVOS

- Introducing yourself
- Greeting and saying good-bye to friends
- Stating days, months, dates, and seasons
- Describing your classroom
- Describing yourself and others

Diagnostic Test

El mundo hispano

Historia de México desde la conquista hasta el futuro. Diego Rivera, 1929-1935.

Jardín del Generalife en Granada, España.

¡Así lo decimos!¹ VOCABULARIO

CD Track 1.1

Saludos y despedidas

1-1 to
1-4

Saludos	Greetings
Buenos días.	Good morning.
Buenas tardes.	Good afternoon./Good (early) evening.
Buenas noches.	Good (late) evening./Good night.
Hola.	Hello./Hi.
¿Cómo está (usted)²?	How are you? (formal)
¿Cómo estás (tú)?	How are you? (informal)
¿Qué tal?	How's it going? (inf.)

Respuestas	Answers
(Muy) Bien, gracias.	(Very) Well, thank you.
(Muy) Mal.	(Very) Badly.
Más o menos.	So-so.
No muy bien.	Not very well.
¿Y tú? ¿Y usted?	And you? (inf./form.)

Despedidas	Farewells
Adiós.	Good-bye.
Buenas noches.	Good (late) evening./Good night.
Chao/ Chau.	Good-bye.
Hasta luego.	See you later.
Hasta mañana.	See you tomorrow.
Hasta pronto.	See you soon.

Presentaciones	Introductions
¿Cómo se llama (usted)?	What's your name? (form.)
¿Cómo te llamas (tú)?	What's your name? (inf.)
(Yo) Me llamo...	My name is . . . (literally: I call myself . . .)
(Yo) Soy...	I am . . .
Encantado/a.	Delighted.
Mucho gusto.	Pleased to meet you.
Igualmente.	Likewise./Same to you.

Títulos	Titles
el/la profesor/a (Prof./Profa.)	Professor
el señor (Sr.)	Mr.
la señora (Sra.)	Mrs.
la señorita (Srta.)	Miss

la profesora

el estudiante

Otras palabras y expresiones	Other words and expressions
(Muchas) Gracias.	Thank you (very much).
de	of; from
De nada.	You're welcome.
Lo siento.	I'm sorry.
mi/mis	my (singular/plural)
o	or
tu/tus	your (inf. singular/plural)
y	and

¹That's how we say it!

²Since the verb form in Spanish usually indicates the subject of the sentence, subject pronouns are often omitted, unless they are needed for clarification or emphasis.

¡Así es la vida!¹ Saludos y despedidas

Los estudiantes y los profesores conversan en la universidad.

Por la mañana

Profa. López:	Buenos días. ¿Cómo se llama usted²?
Roberto:	Me llamo Roberto Gómez.
Profa. López:	Mucho gusto. Soy la profesora López.
Roberto:	Encantado, profesora.

Elena:	¡Buenos días! ¿Cómo te llamas?
Juan:	¡Hola! Me llamo Juan García. ¿Y tú?
Elena:	Soy Elena Acosta. Mucho gusto.
Juan:	Igualmente.

Por la tarde

Srta. Acosta:	Buenas tardes, profesora.
Profa. López:	Buenas tardes, señorita. ¿Cómo está usted?
Srta. Acosta:	Muy bien, gracias. ¿Y usted?
Profa. López:	Bien, gracias.

Francisco:	¡Hola, Lupita! ¿Qué tal?
Lupita:	Muy bien, Francisco. ¿Y tú?
Francisco:	Bien, gracias.
Lupita:	Hasta luego.
Francisco:	Chao.

Por la noche

Profa. López:	Buenas noches, Elena. ¿Cómo estás?
Elena:	Muy bien, profesora. ¿Y usted?
Profa. López:	Muy bien, gracias.
Elena:	Hasta mañana.
Profa. López:	Hasta mañana.

---

¹*That's life!*

²In formal speech, the subject pronouns **usted** and **ustedes** are often included.

EXPANSIÓN Informal and formal usage

- Use informal forms, such as **¡Hola, Elena! ¿Cómo estás?**, to address your friends and peers, family (in most cases), and younger children. These are people with whom you are on a first-name basis.

- Use formal forms, such as **Buenos días, profesora López. ¿Cómo está usted?**, to address strangers and people with whom you use such formal terms as **profesor/a**, **señor/a**, **señorita**, and **doctor/a**.

- In the **¡Así lo decimos!** section above, the usage is indicated in parentheses: formal (form.) and informal (inf.). When neither is indicated, the expression applies to both contexts.

APLICACIÓN

1-1 ¿Formal o informal? Indicate whether you would use each of the following questions in a formal or an informal situation.

MODELO: Buenos días. ¿Cómo estás?
Informal.

1. Buenos días. ¿Cómo está usted? f
2. Bien, gracias. ¿Y usted? f
3. ¡Hola! ¿Cómo estás? i
4. Muy bien. ¿Y tú? i
5. Buenas tardes. ¿Cómo se llama usted? f
6. Me llamo Elena Acosta. ¿Y usted? f
7. ¡Buenas noches! ¿Cómo te llamas? i
8. Me llamo Juan. ¿Y tú? i

1-2 ¡Hola! ¿Cómo estás? Respond to each statement or question on the left with the logical reply on the right.

MODELO: ¡Hola! ¿Cómo estás?
Bien, gracias. ¿Y tú?

1. ¿Cómo te llamas? c   a. Bien, gracias. ¿Y tú?
2. Mucho gusto. d   b. De nada.
3. ¿Cómo estás? a   c. Me llamo Eduardo.
4. No muy bien. f   d. Igualmente.
5. Gracias. b   e. Hasta mañana.
6. Hasta luego. e   f. Lo siento.

1-3 ¡Hola! The following people are meeting at different times of the day. What would they say to each other?

MODELO: Elena Acosta: *Buenos días, profesor. ¿Cómo está usted?*
Profesor Ortiz: *Bien, gracias, Elena. ¿Y tú?*
Elena Acosta: *Muy bien, gracias.*

9:00 a.m.

el profesor Ortiz, Elena Acosta

11:00 a.m.	3:00 p.m.	10:00 p.m.

Eduardo, Manuel	Elena, Jorge	la señora Aldo, la señora García

Eduardo: _Buenas tardes. ¿Cómo usted?_ **Elena:** _Hola. ¿Qué tal?_ **Señora Aldo:** _Buenas noches. ¿Cómo te llama usted?_

Manuel: _Bien, gracias ¿Y usted?_ **Jorge:** _Bien, gracias. ¿Y tú?_ **Señora García:** _Me llamo García. ¿Y usted?_

Eduardo: _Más o menos._ **Elena:** _Muy bien, gracias._ **Señora Aldo:** _Me llamo Aldo._

 1-4 ¿Cómo te llamas?   Pair up with the student on your right. Greet each other, ask each other's name and then complete the formality.

MODELO: Estudiante 1: _¡Hola!_
Estudiante 2: _¡Hola!_

E1: _¿Cómo te llamas?_
E2: _Me llamo María. ¿Y tú?_
E1: _Me llamo Juana._
E2: _Mucho gusto._
E1: _Igualmente._

1-5 ¿Cómo estás?   Pair up with the student on your left. Greet each other, ask each other's name and find out how each of you is doing. Then say good-bye.

Comparaciones

INTRODUCTIONS AND GREETINGS

En tu experiencia. When you meet people for the first time, how do you greet them? How do you greet relatives? friends? Does the age of the person you are greeting make a difference? When do people embrace, hug, or kiss each other on the cheek in Canada and the U.S.? Read about greetings in Latin America and Spain and think about how you would react and why.

Spanish speakers commonly use physical contact when interacting with each other. This contact varies, depending on the social situation and the relationship between the speakers. In general, people who meet each other for the first time shake hands, both when greeting and saying good-bye. Relatives and friends, however, are usually more physically expressive. Men who know each other well often greet each other with a hug (**un abrazo**) or a pat on the back. Women tend to greet each other and their male friends with one or two light kisses on the cheek.

María, ¿cómo estás?

 ¡A conversar!   Introduce yourself to a few of your classmates. Shake hands or kiss lightly on the cheek as you ask them their names and how they are. Then say good-bye.

¡Así lo hacemos!¹ ESTRUCTURAS

1. The numbers 0–199

1-9 to 1-12

0–9:	**cero,** uno, dos, tres, cuatro, cinco, seis, siete, ocho, nueve
10–19:	**diez,** once, doce, trece, catorce, quince, dieciséis, diecisiete, dieciocho, diecinueve
20–29:	**veinte,** veintiuno, veintidós, veintitrés, veinticuatro, veinticinco, veintiséis, veintisiete, veintiocho, veintinueve
30–39:	**treinta,** treinta y uno, treinta y dos, treinta y tres, treinta y cuatro, treinta y cinco, treinta y seis, treinta y siete, treinta y ocho, treinta y nueve
40–49:	**cuarenta,** cuarenta y uno, cuarenta y dos, cuarenta y tres...
50–59:	**cincuenta,** cincuenta y uno, cincuenta y dos, cincuenta y tres...
60–69:	**sesenta,** sesenta y uno, sesenta y dos, sesenta y tres...
70–79:	**setenta,** setenta y uno, setenta y dos, setenta y tres...
80–89:	**ochenta,** ochenta y uno, ochenta y dos, ochenta y tres...
90–99:	**noventa,** noventa y uno, noventa y dos, noventa y tres...
100–199:	**cien,** ciento uno, ciento dos, ciento tres...

- Numbers are usually invariable but **uno** becomes **un** before a **masculine** singular noun and **una** before a **feminine** singular noun.

un libro	*a book*	**una** mesa	*a table*
un profesor	*a professor* (male)	**una** profesora	*a professor* (female)

- In compound numbers, **-uno** becomes **-ún** before a **masculine** noun and **-una** before a **feminine** noun.

veintiún libros	*twenty-one books*
veintiuna profesoras	*twenty-one professors*

- The numbers **dieciséis** through **diecinueve** (16–19) and **veintiuno** through **veintinueve** (21–29) are generally written as one word, though you may occasionally see them written as three words. The condensed form is not used after the number 30.

diez y seis	**veinte y nueve**

- **Ciento** is used in compound numbers from 101 to 199. **Cien** is used when it is alone or when it precedes a noun.

ciento diez, ciento treinta y cuatro
cien, cien profesores

APLICACIÓN

1-6 **Los números.** **A.** Count first. **B.** Say the numbers in Spanish. **C.** Do the addition.

MODELOS: **A.** Cuenten Uds. (ustedes) de 0 a 10. Otra vez (*Again*).
cero, uno, dos, tres, cuatro, cinco, seis, siete, ocho, nueve, diez

B. ¿Qué número es? 0
cero

C. ¿Cuántos son 3 + (más) 2?
Tres más dos son cinco.

---

¹*That's how we do it!*

1. A. Cuenten Uds. de 0 a 10. Otra vez.
   B. ¿Qué número es?   0   3   6   7   9   10
   C. ¿Cuántos son?   2 + 2 =   4 + 1 =   5 + 3 =   8 + 2 =

2. A. Cuenten de 10 a 20. Otra vez.
   B. ¿Qué número es?   12   13   15   17   18   20
   C. ¿Cuántos son?   10 + 1 =   11 + 3 =   14 + 2 =   16 + 4 =

3. A. Cuenten de 20 a 30. Otra vez.
   B. ¿Qué número es?   21   22   24   26   28   30
   C. ¿Cuántos son?   20 + 3 =   23 + 2 =   25 + 4 =   29 + 1 =

4. A. Cuenten de 30 a 100 (30, 35, 40, 45, 50 etc.). Otra vez.
   B. ¿Qué número es?   54   75   86   97   108   179
   C. ¿Cuántos son?   30 + 12 =   42 + 16 =   58 + 21 =   79 + 45 = 124

1-7 ¿Cuántos son?   Solve the following math problems in Spanish.

MODELO: 2 + 3 = *Dos **más** tres **son** cinco.*
              6 − 5 = *Seis **menos** cinco **es** uno.*
              3 × 5 = *Tres **por** cinco **son** quince.*
              8 ÷ 2 = *Ocho **dividido por** dos **son** cuatro.*

| más (+)   menos (−)   por (×)   dividido por (÷)   son/es (=) |

1. 5 × 5 =
2. 16 ÷ 4 =
3. 14 − 2 =
4. 15 × 2 =
5. 72 ÷ 9 =
6. 11 + 11 =

7. 9 × 5 =
8. 15 + 17 =
9. 20 ÷ 2 =
10. 63 − 20 =
11. 116 − 3 =
12. 156 + 32 =

1-8 ¿Cuál es el número?   Think of a number between **0** and **199**. A classmate will try to guess your number. To assist, if the guess is too low, you respond with: **Más** (*higher*) and if it is too high, you respond with: **Menos** (*lower*). The student who guesses correctly will then think of another number between **0** and **199**.

1-9 ¿Cuál es el número de teléfono? Telephone numbers in Spanish are usually expressed in pairs of digits. Take turns dictating the phone numbers to each other. Write down the numbers as you hear them and then check your accuracy.

MODELO: Pedro: (412) 888-2362

E1: *El teléfono de Pedro es el cuatro, doce, ocho, ochenta y ocho, veintitrés, sesenta y dos.*

E2: *Pedro: (412) 888-2362*

Mi número de teléfono es

1. Teresa: (201) 547-0624
2. Andrés: (415) 399-5120
3. Emilio: (318) 619-8605
4. Yolanda: (977) 735-1332
5. Luis: (342) 761-8592
6. Gloria: (789) 928-0867

Esta foto es una representación del número 18 en el sistema maya.

2. The days of the week, the months of the year, the date, and the seasons

1-13 to 1-19

Los días de la semana

- The days of the week in Spanish are not capitalized and are all masculine: **el (día) lunes**.

lunes	*Monday*	**jueves**	*Thursday*	**sábado**	*Saturday*
martes	*Tuesday*	**viernes**	*Friday*	**domingo**	*Sunday*
miércoles	*Wednesday*				

septiembre						
lunes	martes	miércoles	jueves	viernes	sábado	domingo
1	2	3	④	5	6	7

¿Qué día es hoy? Es jueves, 4 de septiembre.

- Calendars begin the week with Monday, not Sunday.
- The definite article is not used after **es** when you indicate the day of the week.[1]

¿Qué día es hoy?   *What day is it today?*
Hoy **es jueves.**   *Today is Thursday.*

---

[1]Uses of the verb **ser** will be explained on pp. 30–31 of this lesson.

- *On Monday . . . , on Tuesday . . . ,* etc., is expressed by using the definite article **el**.[1]

  El examen es **el lunes.**   *The exam is on Monday.*

- Days that end in **-s** have the same form in the singular and the plural.

  el lunes   los lunes

- *On Mondays . . . , on Tuesdays . . . ,* etc., is expressed by using the definite article **los** and the plural forms of the days of the week.

  La clase de español es **los lunes.**   *Spanish class is on Mondays.*
  No hay clase **los viernes.**   *There is no class on Fridays.*

Los meses del año

month of year

enero	*January*	**mayo**	*May*	**septiembre**	*September*
febrero	*February*	**junio**	*June*	**octubre**	*October*
marzo	*March*	**julio**	*July*	**noviembre**	*November*
abril	*April*	**agosto**	*August*	**diciembre**	*December*

- Months are not capitalized in Spanish.

  Mi cumpleaños es en **abril.**   *My birthday is in **April**.*
  Hay veintiocho días en **febrero.**   *There are twenty-eight days in **February**.*

La fecha

- Cardinal, not ordinal, numbers are used when giving the date in Spanish. The exception is the first of the month, which is usually expressed as **el primero**.

  ¿Qué **fecha** es hoy?   *What is **the date** today?*
  Hoy es **el veintisiete** de septiembre.   *Today is September **27th**.*

---

[1]Definite articles will be explained on p. 24 of this lesson.

Las estaciones del año

el invierno	*winter*	**el verano**	*summer*
la primavera	*spring*	**el otoño**	*fall*

el invierno   la primavera   el verano   el otoño

- The definite article is normally used with seasons. Seasons are not capitalized.

  ¿Cómo es **la primavera** aquí?   *What is **spring** like here?*

APLICACIÓN

1-10 ¿Cierto o falso?   Read the following statements and indicate whether they are true (**cierto**) or false (**falso**). Correct the false information.

MODELO: *Hoy es lunes.*
→ *Cierto. Hoy es lunes./ Falso. Hoy es martes.*

1. Hoy es lunes. Hoy es martes.
2. Mañana es martes. Mañana es miércoles.
3. Mañana no hay clase de español. Cierto.
4. La clase de español es el jueves. y martes.
5. En la universidad hay clases los sábados. En la universidad no hay clases los sábados.
6. Los miércoles tengo (*I have*) dos clases. Cierto.
7. Los viernes no tengo clases. Los viernes tengo clases.
8. Mi día favorito es el domingo. Cierto.

1-11 Los días de la semana.   Look at the calendar and indicate on which day of the week the following days fall.

MODELO: el 4
→ *El cuatro de abril es lunes.*

1. el 17   dieciséis
2. el 21   veintiuno
3. el 30   treinta
4. el 5   cinco
5. el 27   veintisiete
6. el 8   ocho
7. el 25   veinticinco
8. el primero

lunes, martes, miércoles, jueves, viernes, sábado

domingo

1-12 Los meses y las estaciones. *months* Indicate the months that correspond to each season in Canada.

1. el verano *summer* 7,8,9 julio, agosto, septiembre
2. el otoño 10,11,12 octubre, noviembre, diciembre
3. el invierno *winter* 1,2,3 enero, febrero, marzo
4. la primavera 4,5,6 abril, mayo, junio

1-13 Fechas importantes. Give the dates for the following celebrations. *fiesta*

MODELO: *el veinticinco de diciembre*

 (la) Noche de las brujas

 (el) Día del Canadá

 (el) Día de San Patricio

(la) Navidad

Eve (la) Nochebuena

1.   **3.**   **5.**

 (el) Año nuevo

 (el) Día de San Valentín

 (el) Cumpleaños

2.   **4.**   **6.**

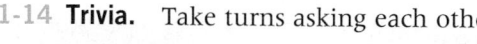

1-14 Trivia. Take turns asking each other for the following information.

MODELO: E1: *un mes con veintiocho días*
E2: *febrero*

1. un día con clases
2. tu día favorito
3. un mes con treinta y un días
4. un mes con treinta días
5. un mes del otoño
6. un mes del invierno
7. un día malo (*bad*)
8. un día bueno (*good*)
9. el mes de tu cumpleaños (*birthday*)
10. la fecha de tu cumpleaños

Segunda parte

¡Así lo decimos! VOCABULARIO
CD Track 1.3

Los colores

1-23 to
1-25

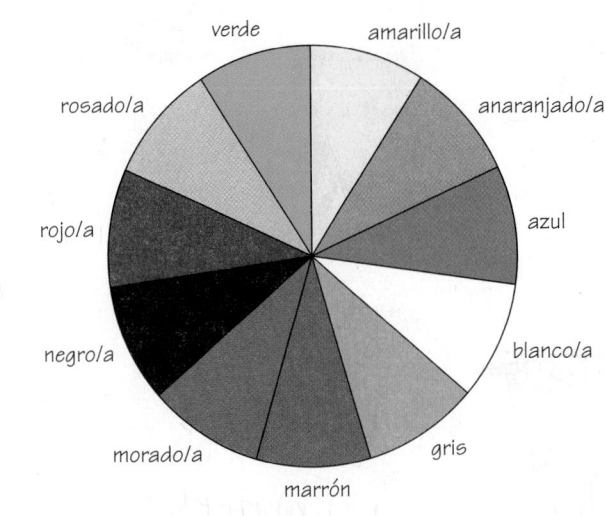

verde amarillo/a
rosado/a anaranjado/a
rojo/a azul
negro/a blanco/a
morado/a gris
marrón

En la clase

Preguntas	Questions
¿Cómo es la clase?	*What is the class like?*
¿Cómo son tus clases?	*What are your classes like?*
¿Cuántos/as estudiantes hay?	*How many students are there?*
¿Cuánto cuesta el libro?	*How much is the book?*
¿De qué color es la pizarra?	*What colour is the blackboard?*
¿Qué hay en la clase?	*What is/are there in the class?*
¿Qué es esto?	*What is this?*

Respuestas	Answers
Es interesante.	*It is interesting.*
Son interesantes.	*They are interesting.*
Hay veinticinco.	*There are twenty-five.*
Cuesta mucho.	*It costs a lot.*
Es negra.	*It is black.*
Hay una puerta.	*There is a door.*
Es un libro.	*It's a book.*

Adjetivos	Adjectives	Adjetivos	Adjectives
aburrido/a	*boring*	**interesante**	*interesting*
antipático/a[1]	*unpleasant*	**simpático/a**	*pleasant*
barato/a	*inexpensive*	**caro/a**	*expensive*
bueno/a	*good*	**malo/a**	*bad*
difícil	*difficult*	**fácil**	*easy*
grande	*large*	**pequeño/a**	*small*
inteligente	*intelligent*	**tonto/a**	*unintelligent; silly*
mucho/a	*a lot (of)*	**poco/a**	*a little*
perezoso/a	*lazy*	**trabajador/a**	*hard-working*

Adverbios	Adverbs
(Yo estudio) **aquí.**	*(I study) here.*
(Yo estudio) **mucho.**	*(I study) a lot.*
(Yo estudio) **poco.**	*(I study) little.*

---

[1]The adjective **antipático/a** is used to describe people only.

CD Track 1.4

1-26 to 1-30

¡Así es la vida! En la clase

las luces
la luz

el mapa

la pizarra

el reloj

la ventana

la puerta

Países de Suramérica

la profesora

el bolígrafo

la computadora

la estudiante

la pared

la mesa

el estudiante

el piso

el cuaderno

el papel

la mochila

el libro

el lápiz
los lápices

la silla

APLICACIÓN

1-15 ¿Cierto o falso? Read the following statements about the people and the objects in the classroom above and indicate whether they are true (**cierto**) or false (**falso**). Correct the false information.

MODELO: La pizarra es negra.
→ *Falso. Es blanca.*

1. La silla es gris.
2. La mochila es roja. *verde*
3. La computadora de la profesora es rosada. *blanca*
4. La pared es marrón. *gris*
5. El papel es amarillo. *blanco*

6. Hay cinco computadoras en la clase. *un*
7. Hay ocho estudiantes en la clase. *seis*
8. Hay un reloj en la pared.
9. Hay tres luces en la clase. *dos*
10. Hay una ventana en la clase.

1-16 ¿Qué hay en la clase? Take turns asking whether or not these people and objects are in your classroom.

MODELOS: una ventana
     E1: *¿Hay* una ventana *en la clase?*
     E2: *Sí, hay una ventana (dos ventanas, tres…)./ No, no hay una ventana en la clase.*

mesas
     E1: *¿Hay* mesas *en la clase?*
     E2: *Sí, hay una mesa (dos mesas, tres…)./ No, no hay mesas en la clase.*

1. una pizarra
2. un/a profesor/a
3. una puerta
4. un mapa
5. una ventana
6. un reloj
7. estudiantes
8. sillas
9. bolígrafos
10. mesas
11. cuadernos
12. mochilas

 1-17 ¿Cuánto cuesta...? Take turns asking each other how much an item in your classroom costs and then whether it costs a lot (**mucho**) or a little (**poco**).

MODELO: la computadora/ 100 dólares
     E1: *¿Cuánto cuesta* la computadora?
     E2: *Cuesta* 100 dólares.
     E1: *¿Es mucho o poco?*
     E2: *Es poco.*

1. el bolígrafo/ 5 dólares
2. el lápiz/ 50 centavos
3. la mochila/ 15 dólares
4. el cuaderno/ 4 dólares
5. la silla/ 100 dólares
6. el mapa/ 12 dólares
7. el libro/ 190 dólares
8. el reloj/ 21 dólares

 1-18 ¿De qué color es? Take turns asking the colour of various classroom objects.

MODELOS: E1: *¿De qué color es* tu mochila?
     E2: *Mi mochila es verde. ¿Y tu mochila?*
     E1: *Es roja.*

     E1: *¿De qué color es* el mapa?
     E2: *El mapa es azul. ¿Y la pizarra?*
     E1: *Es blanca.*

1. tu mochila
2. tu bolígrafo
3. tu lápiz
4. tu libro
5. tu cuaderno
6. la puerta
7. la pizarra
8. el reloj
9. el piso
10. la pared

1-19 Veo algo... (*I see something . . .*) Describe an object to a classmate to see if he/she can guess what it is. Use colours and adjectives from **¡Así lo decimos!**.

MODELO: E1: *Veo algo verde y grande.*
     E2: *¿Es la pizarra?*

CD Track
1.5

Letras y sonidos

Spanish Vowels

In Spanish, each of the five letters **a**, **e**, **i**, **o**, **u** corresponds to one and only one vowel sound. In English, these same five letters correspond to many different vowel sounds, which tend to be long and glided. For example, the letter *a* creates five different vowel sounds in the following words: *father*, *cat*, *approach*, *blame*, *awe*.

What vowel sound in English corresponds to each of the letters **a**, **e**, **i**, **o**, **u** in Spanish?

- The letter **a** is pronounced like the *a* in *father*, but is shorter.

  más   pasa   nada   mañana   encantada

- The letter **e** is pronounced like the *e* in *they*, but is shorter with no final glide.

  es   tres   mesa   deporte   interesante

- The letter **i** is pronounced like the *i* in *machine*, but is shorter.[1]

  mi   niño   libro   tímido   inteligente

- The letter **o** is pronounced like the *o* in *alone*, but is shorter with no final glide.

  o   hola   color   exótico   nosotros

- The letter **u** is pronounced like the *u* in *flute*, but is shorter.

  tú   azul   lunes   gusto   música

---

[1]Be careful to avoid the *i* sound in *sit* in the following words, since this sound does not exist in Spanish: **inteligente, interesante, introvertido, impaciente, tímido, simpático, misterioso**.

Comparaciones

EL MUNDO HISPANO

En tu experiencia. Can you think of differences in accents or in expressions that people use in regions of Canada, the U.S., England, and Australia? As you read about the Spanish-speaking world, think about how geography influences language and culture.

As of 2010, there were approximately 417 million Spanish speakers in the world. Spanish is the official language of Spain, Mexico, much of Central and South America, and some islands in the Caribbean. Spanish is spoken in some Asian countries, such as the Philippines, and by a portion of the population in Equatorial Guinea and Morocco in Africa. The U.S. has 44.3 million people whose first language is Spanish (14% of the U.S. population), and is the second-largest Spanish-speaking country in the world. Today, only Mexico (101 million) has more Spanish speakers than the U.S. In

(continued)

(*continued*)

fact, more than one in every four U.S. citizens is Hispanic. According to data provided in 2006 by Statistics Canada, Canada has over 700,000 people whose first language is Spanish. This figure includes not only Canadian citizens and landed immigrants but also people who are here on employment and student visas, on ministerial permits, and as refugee claimants. Most Hispanics in Canada reside in Ontario, Quebec, British Columbia, and Alberta.

The enormous diversity among Spanish speakers results in differences in pronunciation and vocabulary, similar to differences in expressions and accents in English. Different neighbours and ethnic groups have influenced the words and accents of each country. Below are some examples.

 ¡A conversar! What Spanish words have you learned before taking this course? Where and how did you learn these words? Have you traveled or lived in any Spanish-speaking countries? You will notice in the box below some examples of the considerable diversity of vocabulary within the Hispanic world. Do any of these words look familiar to you? Can you see any non-Hispanic influences?

El Museo de Arte Moderno en San José, Costa Rica.

English Word	Spanish Words			
	SPAIN	**COLOMBIA**	**MEXICO**	**ARGENTINA**
car	**coche**	**carro**	**carro**	**auto**
apartment	**piso**	**apartamento**	**departamento**	**departamento**
bus	**autobús**	**bus**	**camión**	**colectivo, micro**
sandwich	**bocadillo**	**sándwich**	**sándwich, torta**	**sándwich**

¡Así lo hacemos! ESTRUCTURAS

1-31 to
1-38

3. Articles and Nouns

Spanish, like English, has definite (*the*) and indefinite (*a, an, some*) articles. In Spanish, the forms of the definite and indefinite articles vary according to the **gender** (masculine or feminine) and **number** (singular or plural) of the noun to which they refer.

Los artículos definidos (*the*)

Spanish has four forms equivalent to the English definite article, *the*: **el**, **la**, **los**, **las**.

	Masculine		**Feminine**	
SINGULAR	**el** bolígrafo	*the pen*	**la** silla	*the chair*
PLURAL	**los** bolígrafos	*the pens*	**las** sillas	*the chairs*

- Notice that, in Spanish, the definite article is used with titles when you are talking **about** someone, but not when you are addressing the person directly.

El profesor Gómez habla español.	*Professor Gómez speaks Spanish.*
¡Buenos días, profesor Gómez!	*Good morning, Professor Gómez!*

Los artículos indefinidos (*a, an, some*)

Un and **una** are equivalent to *a* or *an*. **Unos** and **unas** are equivalent to *some* (or *a few*).

	Masculine		**Feminine**	
SINGULAR	**un** bolígrafo	*a pen*	**una** silla	*a chair*
PLURAL	**unos** bolígrafos	*some pens*	**unas** sillas	*some chairs*

- In Spanish, you omit the indefinite article when you state someone's profession, unless you qualify it by using an adjective (good, bad, hard-working, etc.).

Lorena es profesora de matemáticas.	*Lorena is a mathematics professor.*
Lorena es **una** profesora buena.	*Lorena is a good professor.*

✻ usually noun → adjective

Learning Tips

GENDER OF NOUNS

Here are tips to help you remember the gender of some nouns.

1. Many nouns referring to people have corresponding masculine **-o** and feminine **-a** forms.

   el amigo/la amiga   **el niño/la niña** (*boy/girl*)

2. Most masculine nouns ending in a consonant simply add **-a** to form the feminine.

   el profesor/la profesora   **el león/la leona** *lion*   **un francés/una francesa**

3. Certain nouns referring to people use the same form for masculine and feminine, but the article used will show the gender.

   el estudiante/la estudiante   **el artista/la artista**

4. If it is provided, the article will tell you what the gender of the noun is.

   una clase   **un** lápiz   **unos** papeles

5. Most nouns ending in **-ad**, **-ión**, **-ez**, **-ud**, and **-umbre** are feminine.

   la universidad   **la nación**   **la niñez** (*childhood*)
   la juventud (*youth*)   **la legumbre** (*vegetable*)

6. Most nouns ending in **-ema** are masculine.

   el problema   **el sistema**   **el tema** (*theme*)

El género de los sustantivos

Words that identify people, places, or objects are called nouns. Spanish nouns—even those denoting nonliving things—are either **masculine** or **feminine** in gender.

Masculine		Feminine	
el hombre	*the man*	**la mujer**	*the woman*
el amigo	*the friend*	**la amiga**	*the friend*
el profesor	*the professor*	**la profesora**	*the professor*
el lápiz	*the pencil*	**la mesa**	*the table*
el libro	*the book*	**la clase**	*the class*
el mapa	*the map*	**la universidad**	*the university*

- Most nouns ending in **-o** or those denoting males are masculine: **el libro, el hombre**. Most nouns ending in **-a** or those denoting females are feminine: **la mesa, la mujer**. Some common exceptions are: **el día** (*day*) and **el mapa**, which are masculine. Another exception is **la mano** (*hand*), which ends in **-o** but is feminine.

El plural de los sustantivos

Singular	Plural	Singular	Plural
el amigo	los amig**os**	la mujer	las mujer**es**
el hombre	los hombre**s**	el profesor	los profesor**es**
la mesa	las mesa**s**	el lápiz	los lápi**ces**

- Nouns that end in a vowel form the plural by adding **-s**.

    mesa ⟶ mesas

- Nouns that end in a consonant or a stressed vowel add **-es**.

    mes ⟶ meses   **ají ⟶ ajíes**   maní → maníes (bean)

- Nouns of more than one syllable that end in **-s** do not change in the plural.

    el lunes, los lunes   **el miércoles, los miércoles**

- Nouns that end in a **-z** change the **z** to **c**, and add **-es**.

    lápiz ⟶ lápices   **luz ⟶ luces**

- When the last syllable of a word that ends in a consonant has an accent mark, the accent is no longer needed in the plural.

    lección ⟶ lecciones   **francés ⟶ franceses**

APLICACIÓN

1-20 **Los artículos.** Which definite article (**el, la, los, las**) is used with these nouns? Which indefinite article (**un, una, unos, unas**) is used?

MODELO: *la* ventana   *una* ventana   *los* estudiantes   *unos* estudiantes

1. el, un bolígrafo
2. la, una pizarra
3. la, una computadora
4. la, una mochila
5. la, una reloj
6. el, un papel
7. las, unas paredes
8. los, unos cuadernos
9. las, una sillas
10. los, unos mapas
11. los, unos lápices
12. las, unas clases

1-21 **Más de uno.** Give the plural form of each of these nouns.

MODELO: el libro
    ⟶ *los libros*

1. la profesora   las profesoras
2. el libro   los libros
3. la mesa   los mesas
4. el escritorio   los

5. la estudiantes *los*   9. un papeles *unos*
6. el jueves *los*   10. una lecciónes *unas*
7. un meses *unos*   11. un relojes *unos*
8. una pareds *unas*   12. una mujeres *unas*

1-22 ¿Qué son? Identify the people and objects in the classroom. Use the definite article.

MODELO: *El número uno es la luz.*

 **1-23 ¿Qué hay en tu clase?** Take turns asking each other questions about your classroom.

MODELO: E1: ¿Cuántos estudiantes hay en tu clase?
E2: *Hay veinticuatro estudiantes.*

1. ¿Cuántos estudiantes hay en tu clase?
2. ¿Cuántas estudiantes hay?
3. ¿Hay una profesora o un profesor en tu clase?
4. ¿Hay un reloj en la pared?
5. ¿Hay ventanas?
6. ¿Cuántas sillas hay?
7. ¿Hay una mesa?
8. ¿Qué hay en la mesa?

4. Adjective form, position, and agreement

1-39 to
1-45

Descriptive adjectives, such as those denoting size, colour, shape, etc., describe and give additional information about objects and people.

un libro **interesante**	an **interesting** book
una clase **pequeña**	a **small** class
un cuaderno **rosado**	a **pink** notebook

- Adjectives agree in gender and number with the noun that they modify, and they generally follow the noun. Note that adjectives of nationality[1] are not capitalized in Spanish.

el profesor **colombiano**	*the* **Colombian** *professor*
la señora **mexicana**	*the* **Mexican** *lady*
los estudiantes **españoles**	*the* **Spanish** *students*

- Adjectives whose masculine form ends in **-o** have a feminine form that ends in **-a**.

el profesor **argentino**	*the* **Argentinian** *professor (male)*
la profesora **argentina**	*the* **Argentinian** *professor (female)*

- Adjectives ending in a **consonant** or **-e** have the same masculine and feminine forms.

un carro **azul**	*a* **blue** *car*	un libro **grande**	*a* **big** *book*
una silla **azul**	*a* **blue** *chair*	una clase **grande**	*a* **big** *class*

- Adjectives of nationality that end in a consonant (**español**), and adjectives that end in **-dor** (**trabajador**), add **-a** to form the feminine. If the masculine has an accented final syllable (**francés**), the accent is dropped in the feminine and the plural forms.

la estudiante **española**	*the* **Spanish** *student (from Spain)*
mi amiga **francesa**	*my* **French** *friend*
unos libros **franceses**	*some* **French** *books*
una profesora **trabajadora**	*a* **hard-working** *professor*

- The plural form of adjectives, like nouns, adds **-s** to vowels and **-es** to consonants.

Singular	Plural	Singular	Plural
mexicano	mexicano**s**	trabajador	trabajador**es**
española	española**s**	fácil	fácil**es**
inteligente	inteligente**s**	gris	gris**es**

APLICACIÓN

1-24 La concordancia (*agreement*). In each of the following sentences, which of the three adjectives agrees in number and gender with the noun that it describes?

MODELO: La pizarra es…   a. negro.   b. <u>negra.</u>   c. negras.

1. El papel es…   a. blanca.   b. blanco.   c. blancas.
2. El cuaderno es…   a. roja.   b. rojo.   c. rojos.
3. La pared es…   a. amarilla.   b. amarillo.   c. amarillas.
4. La clase es…   a. pequeñas.   b. pequeña.   c. pequeño.
5. Los estudiantes son…   a. simpático.   b. simpáticas.   c. simpáticos.
6. Las profesoras son…   a. trabajadores.   b. trabajadoras.   c. trabajadora.
7. Hay… mochilas en la clase.   a. muchas   b. muchos   c. mucha
8. Hay… lápices en la clase.   a. poco   b. pocas   c. pocos

---

[1]More adjectives of nationality will be presented in **Lección 2**.

1-25 **Los plurales.** Make the following sentences plural. Note that the plural of **es** is **son**.

MODELO: El bolígrafo azul es caro. *expensive*
    → *Los bolígrafos azules son caros.*

1. La clase pequeña es interesante. *small* *Las clases pequeñas son interesantes.*
2. La mochila verde es grande. *Las mochilas verdes son grandes.*
3. El cuaderno gris es barato. *cheap* *Los cuadernos grises son baratos.*
4. La mesa grande es cara. *table* *Las mesas grandes son caras.*
5. La profesora colombiana es buena. *Las profesoras colombianas son buenas.*
6. El estudiante francés es simpático. *Los estudiantes franceses son simpáticos.*
7. La señora argentina es trabajadora. *hard-worker* *Las señoras argentinas son trabajadoras.*
8. El señor mexicano es inteligente. *Los señores mexicanos son inteligentes.*

1-26 **Las formas masculinas y femeninas.** In the following sentences, make the masculine forms feminine and the feminine forms masculine.

MODELO: El profesor argentino es simpático.
    → *La profesora argentina es simpática.*

1. El estudiante francés es perezoso. *lazy* *La estudiante francesa es perezosa.*
2. La mujer argentina es trabajadora. *man* *El hombre argentino es trabajador.*
3. La señora francesa es inteligente. *El señor francés es inteligent.*
4. Las profesoras españolas son simpáticas. *Los profesors españoles son simpáticos.*
5. Los estudiantes mexicanos son buenos. *Las estudiantes mexicanas son buenas.*
6. Los señores colombianos son interesantes. *Las señoras colombianas son interesantas.*

1-27 **¿De qué color?** Look at the following items in your classroom and say what colour they are.

MODELO: las pizarras
    → Las pizarras *son negras.*

1. las sillas *chair*
2. las mesas *table*
3. los bolígrafos *pen*
4. las mochilas *bag*
5. las paredes *wall*
6. los papeles
7. los cuadernos *notebook*
8. los lápices

1-28 **¿Cómo es? ¿Cómo son?** Combine the nouns and adjectives to make sentences in Spanish. Remember that articles, nouns, and adjectives agree in gender and number.

MODELOS: La profesora   es/ son   simpático/ antipático.
    La profesora *es simpática.*
    Los estudiantes   es/ son   bueno/ malo.
    Los estudiantes *son buenos.*

1. El libro de español   es/ son   barato/ caro.
2. La clase de español   es   fácil/ difícil.
3. El profesor   es   simpático/ antipático.
4. La profesora   es   mexicano/ español/ etcétera.
5. Los estudiantes   son   trabajador/ perezoso.
6. Las sillas   son   azul/ gris/ etcétera.
7. Las clases de español   son   bueno/ malo. *buenas*
8 Las ventanas   son   grande/ pequeño. *as*

1-29 ¿Cómo son tus amigos? Take turns asking each other what your friends are like.

MODELO: E1: *¿Cómo son tus amigos?*
E2: *Mis amigos son simpáticos. Un amigo es extrovertido. Una amiga es generosa y sociable. ¿Y tus amigos?*

simpático/ antipático	interesante/ aburrido
inteligente/ tonto	trabajador/ perezoso
optimista/ pesimista	paciente/ impaciente
tímido/ sociable	generoso/ egoísta
popular/ poco popular	introvertido/ extrovertido

1-46 to
1-51

5. Subject pronouns and the present tense of *ser* (to be)

In Spanish, **subject pronouns** refer to people (*I, you, he*, etc.). They are not generally used for inanimate objects or animals (except for addressing pets).

Subject pronouns			
Singular		**Plural**	
yo	*I*	**nosotros/nosotras**	*we*
tú	*you* (informal)	**vosotros/vosotras**	*you* (informal, Spain)
usted (Ud.)	*you* (formal)	**ustedes (Uds.)**	*you* (formal/informal)
él	*he*	**ellos**	*they*
ella	*she*	**ellas**	*they*

Just like the verb *to be* in English, the verb **ser** in Spanish has irregular forms. You have already used several of them. Here are all of the forms of the present indicative tense of **ser**, along with the corresponding subject pronouns:

ser (*to be*)				
Singular			**Plural**	
yo	**soy**	*I am*	nosotros/nosotras	**somos**	*we are*
tú	**eres**	*you are* (informal)	vosotros/vosotras	**sois**	*you are* (informal, Spain)
usted (Ud.)	**es**	*you are* (formal)	ustedes (Uds.)	**son**	*you are* (formal/informal)
él/ella	**es**	*he/she is*	ellos/ellas	**son**	*they are*

- Since the verb form in Spanish usually indicates the subject of the sentence, subject pronouns are often omitted, unless they are needed for clarification or emphasis.

¿Eres de Puerto Rico?	***Are you*** *from Puerto Rico?*
Sí, **soy** de Puerto Rico.	*Yes,* ***I am*** *from Puerto Rico.*
Yo no, pero **ellos** sí **son** de Puerto Rico.	***I'm*** *not, but* ***they're*** *from Puerto Rico.*

- In Spanish, there are four ways to express *you*: **tú**, **usted**, **vosotros/as**, and **ustedes**. **Tú** and **usted** are the singular forms. **Tú** is used in informal situations in which you are addressing friends, family members, or pets, for example. **Usted** denotes formality or respect and is used to address someone with whom you are not well acquainted, or a person in a position of authority or respect, such as a supervisor, teacher, or an older person. Use **usted** with people with whom you are not on a first-name basis. When in doubt, it is advisable to opt for the more formal **usted**. In some Hispanic countries, children use **usted** and **ustedes** to address their parents as a sign of respect.

- **Vosotros/as** and **ustedes** are the plural counterparts of **tú** and **usted**, but in most of Latin America, **ustedes** is used for both the familiar and formal plural *you*. **Vosotros/as** is used in Spain to address more than one person in a familiar context, such as a group of friends or children.[1]

- **Usted** and **ustedes** may be abbreviated to **Ud.** and **Uds.** when they are written.

- The masculine plural forms (**nosotros, vosotros, ellos**) are used for mixed groups of males and females.

- The verb **ser** is used to express origin, occupation, or inherent qualities.

¿De dónde **eres**?	*Where* ***are you*** *from?*
Soy de Ontario.	***I am*** *from Ontario.*
Yolanda **es** profesora.	*Yolanda* ***is*** *a professor.*
Ustedes (Uds.) **son** muy simpáticos.	*You* (pl.) ***are*** *very nice.*

---

[1]*¡Arriba!* uses **ustedes** as the plural of **tú** except where cultural context would require otherwise.

EXPANSIÓN   The subject pronouns *vos* and *vosotros*

In the Old Spanish of the Middle Ages in Spain, **vos** (*you*) was the **formal**, singular pronoun, while the combined, emphatic form **vosotros** (**vos** + **otros** = *you others*) was the **formal** plural pronoun. However, both of these forms became **informal**, when **vos** was replaced by the **formal** expression **vuestra merced** (*your grace*) which contracted into the present-day **usted** and its plural form **ustedes**.

As the Castilian dialect of Spain was introduced into Argentina and Uruguay, **vos** was used along with **tú** as the **informal** singular pronoun. In these regions, **vos** emerged as the preferred singular form but **vosotros** was not adopted and, consequently, **vosotros** remained restricted to Spain as the **informal** plural of **tú**. In Spanish America, the pronoun **ustedes** is used as the plural of both **vos** and **tú**.

Vos is used as an **informal** subject pronoun in various countries throughout Central and South America, including Nicaragua, Argentina, and Uruguay.

Here are the most common forms of the verbs that correspond to the subject pronoun **vos**:

hablar (*to speak*)	**comer** (*to eat*)	**vivir** (*to live*)
vos hablás	vos comés	vos vivís

Learning tips

CONJUGATING VERBS IN SPANISH

1. You must learn six basic forms for each verb. Note that **usted, él,** and **ella** have the same verb forms, as do **ustedes, ellos,** and **ellas**.

2. Pay close attention to the verb ending, which often indicates the subject. The absence of an easily-recognized subject can be difficult for English-speakers, who are used to looking for a noun or pronoun subject in most sentences. Once you can recognize the patterns in Spanish verb conjugation, it will be easy to identify the subject.

3. Practise out loud by saying sample sentences in which you use the target verb forms. For example, how many sentences can you say about yourself using **soy**? (**Soy estudiante. Soy inteligente. No soy... Soy de... No soy de...**, etc.)

APLICACIÓN

1-30 ¿Quién es?   Choose the appropriate **subject pronoun** for each noun subject. *Careful: There may be more than one correct answer.*

MODELO: Maribel (él, <u>ella</u>, usted, ellos, tú)

1. Susana y yo (yo, tú, ella, <u>nosotros</u>, ellos)
2. Juan y Paco (<u>ellos</u>, nosotros, <u>ustedes</u>, él, vosotros)
3. las profesoras (ellos, <u>ellas</u>, nosotras, ustedes, vosotras)
4. tú y yo (tú, yo, <u>nosotros</u>, ustedes, vosotros)
5. ustedes y ella (nosotros, ellos, <u>ustedes</u>, vosotros, ellas)
6. Francisco (yo, <u>tú</u>, él, ella, usted)
7. Anita, Carmen y Pepe (<u>ustedes</u>, ellas, <u>ellos</u>, vosotros, nosotros)
8. Beto, Sandra y tú (ellos, ellas, <u>nosotros</u>, <u>vosotros</u>, ustedes)

1-31 En la clase.   Repeat the following sentences, changing the italicized verbs to agree with the subjects given in parentheses. *Note: It is not necessary to repeat the subject pronouns.*

MODELO: *Soy* de Ottawa. (Tú...)
   → *Eres* de Ottawa.

1. *Soy* de Ottawa. (Tú, Uds., Nosotros, Ellos, Ud.)
   eres   son   somos   son   es
2. *Somos* estudiantes de español. (Ellas, Uds., Vosotros, *Yo, Tú, Él)
   son   son   sois   soy   eres   es
3. *Eres* muy inteligente. (Yo, Ella, Ud., *Ellos, Uds., Vosotros)
   es

*¡Cuidado! *(Careful!)*

1-32 ¿Cierto o falso?   Read the following statements and indicate whether they are true (**cierto**) or false (**falso**). Correct the false information.

MODELO: Yo soy de Manitoba.
   → *Cierto. Soy de Manitoba./ Falso. Soy de Québec.*

1. Yo soy de Manitoba.   *Yo soy de Kobe.*
2. Soy profesor/a.   *estudiante*
3. La pizarra es verde.   *blanca*
4. Los estudiantes son simpáticos.   *Cierto.*
5. El/La profesor/a es perezoso/a.   *trabajadora*
6. Los libros de español son caros.   *Cierto*
7. Nosotros somos inteligentes.
8. La universidad es aburrida.

1-33 ¿Cómo es? ¿Cómo son?   Take turns asking each other questions about your university experiences.

MODELO: la clase de español (grande/ pequeño)
   E1: *¿Cómo es* la clase de español?
   E2: La clase de español *es grande.*

1. el libro de español (barato/ caro)
2. la clase de español (bueno/ malo)
3. el verbo "ser" (fácil/ difícil)
4. la universidad (grande/ pequeño)
5. los estudiantes (inteligente/ tonto)
6. los profesores (interesante/ aburrido)
7. los amigos (simpático/ antipático)
8. las estudiantes (trabajador/ perezoso)
   hard-working   lazy

 Algo más

1-52

¡Vamos a leer!¹

1-34 ¿Quién es Susana?   Read the following email from Susana, a university student, to Luisa, a new friend. This is the first time that Susana has written to Luisa. After reading Susana's email, pair up with a student beside you to ask each other the questions that follow the email.

_____

¹In this case, **¡Vamos a** + (the infinitive) **leer!** means *Let's read!*

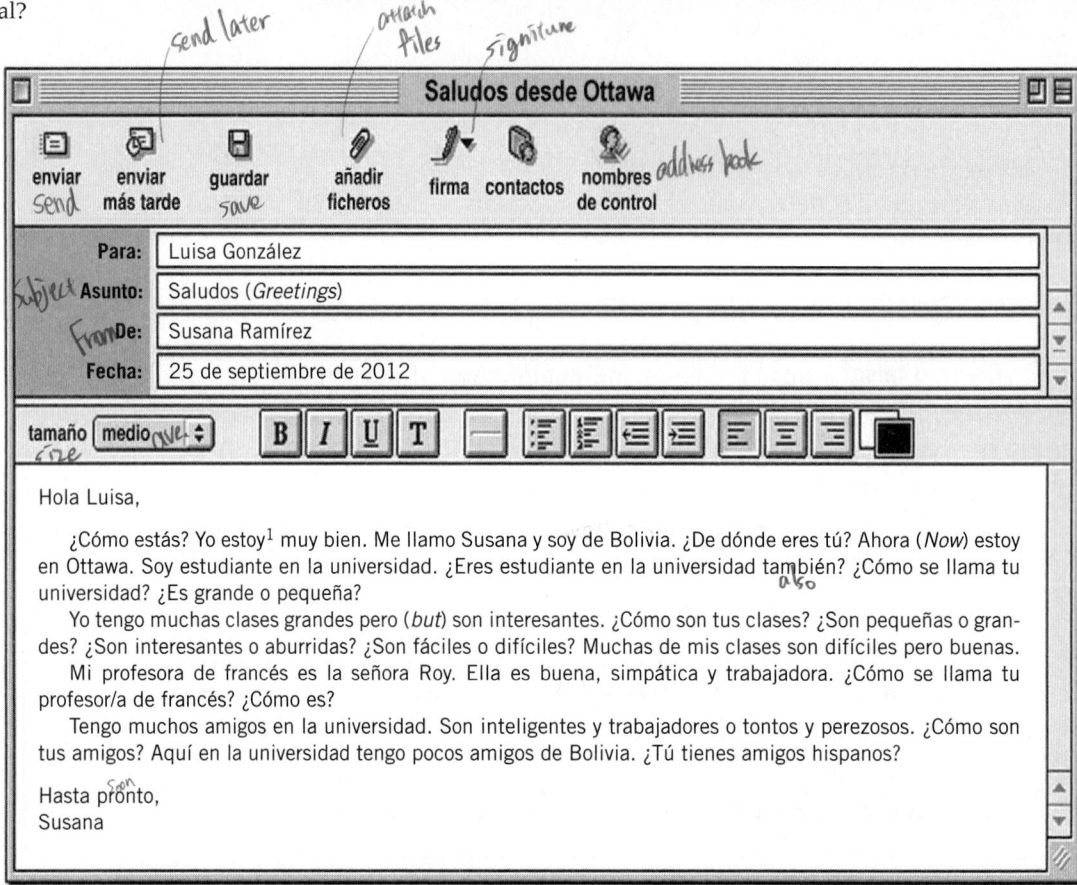

[1]You will learn the forms of the verb **estar** in **Lección 3**.

CUESTIONARIO:

1. ¿De dónde es Susana? ¿Es de Ottawa o de Bolivia? ¿Dónde está ahora?

2. ¿Susana es estudiante o profesora en la universidad?

3. ¿Cómo son muchas de las clases de Susana?

4. ¿Cómo se llama la profesora de francés? Es simpática o antipática?

5. ¿Cómo son los amigos de Susana?

 ¡Vamos a hablar![1]

Where are you from?

1-35 ¿De dónde eres? Pair up with a student whom you do not already know, and ask each other the following questions.

MODELO: E1: *Hola, ¿cómo te llamas?*
E2: *Me llamo ____. ¿Y tú?*
E1: *Me llamo ____. ¿De dónde eres, ____?*
E2: *Soy de Peterborough/ Moncton/ Shanghai, etc. ¿Y tú?*
E1: *Soy de Wolfville/ Saskatoon, etc. ¿Cómo es Peterborough/ Moncton, etc.?*
E2: *Es grande/ pequeña/ aburrida/ interesante, etc. ¿Y Wolfville/ Saskatoon, etc.?*
E1: *Es grande/ pequeña/ aburrida/ interesante, etc.*
E2: *¿Cómo eres tú?*

[1]*Let's talk!*

E1: *Soy inteligente y trabajador/a. ¿Y tú?*
E2: *Soy tonto/a y perezoso/a.*

1. ¿Cómo te llamas?
2. ¿De dónde eres?
3. ¿Cómo es...?
4. ¿Cómo eres tú?

 ## ¡Vamos a escribir![1]

1-36 Un correo (*email*). Pair up with a classmate in order to develop the content of an email to a new friend. Using vocabulary from **¡Así lo decimos!** and exercises **1-34** and **1-35**, complete the following sentences as you form the body of the email. Note that the addition of **y** (*and*) and **pero** (*but*) allow you to add content and to connect your thoughts.

Saludos desde Ottawa

enviar | enviar más tarde | guardar | añadir ficheros | firma | contactos | nombres de control

Ottawa

25 de septiembre de 2012

tamaño medio — B *I* U T

¡Hola ___!

¿Cómo ___ ? Yo estoy ___. La universidad aquí ___ ___. Mis clases ___ ___ y los estudiantes ___ ___. Mis profesores ___ ___ y ___.
Mi clase de español ___ ___ y/ pero el libro de texto ___ ___. Hay ___ estudiantes en la clase y nosotros ___ amigos. Mi profesor/a de español se ___ el/ la ___ ___ y ___ muy (*very*) ___. El español ___ ___ y/ pero hay ___ vocabulario. Las clases de español ___ los ___ y ___ por ___ ___. No hay clases ___ ___. Mi día favorito ___ ___ ___ porque (*because*) no hay ___ y mi día menos (*least*) favorito ___ ___ ___ porque tengo muchas clases.

¡Hasta pronto!

- **La tarea** (*homework*)
  As homework for your next class, write up your own email, using the appropriate place and date in your heading. Make certain that your spelling is accurate and that the adjectives that you are using agree in number and gender with the nouns that they describe. Confirm that you are using the correct forms of the verb **ser**.

---

[1]*Let's write!*

Nuestro mundo

Panoramas

La diversidad del mundo hispano

The **Panoramas** section of **Nuestro mundo** (*Our world*) introduces you to the Spanish-speaking countries of **el mundo hispano** (*the Hispanic world*). In addition, you will catch glimpses of the Hispanic presence in Canada and the United States. Your study of the fascinating, multicultural **mundo hispano** begins with the photos below. You will notice that many English-Spanish cognates (words that share a common origin) are used in the accompanying readings. On the following page, look at the map and then do the exercises.

Tikal, Guatemala.

En el Nuevo Mundo hay civilizaciones avanzadas, como las de los incas, los aztecas y los mayas. También hay paisajes extraordinarios.

Parque Nacional Torres del Paine, Chile.

La Torre de Oro, Sevilla, España.
Los españoles guardaban (*kept*) oro (*gold*) y plata (*silver*) de las Américas en la Torre de Oro en Sevilla.

Un festival multicultural, Edmonton.

La presencia de los hispanos en Canadá se nota en varias partes, especialmente en las ciudades grandes de Toronto, Montreal y Vancouver.

highest lake in the world

Lago Titicaca, Perú.
Los barcos de juncos (*reeds*) tienen una larga historia en el lago Titicaca.

El mundo hispano

Número de hispanohablantes

en el mundo:	417 millones
en Canadá:	800.000 (2.5%)
en EE.UU.:	45 millones (15%)
Lugar del español:	2° en el mundo (después del mandarín)
El español es lengua oficial en:	21 países

 1-37 ¿Qué sabes tú? (*What do you know?*) Work with a classmate to supply as much information as you can about **los países** (*countries*) **del mundo hispano y el hispanismo en Canadá y los Estados Unidos.**

1. un país de habla española (*Spanish-speaking*) de la América del Norte (Norteamérica)

2. seis países de la América Central (Centroamérica)

3. nueve países de la América del Sur (Suramérica)

4. tres islas (*islands*) del Caribe

5. un país de mucha influencia maya

6. el país de los aztecas

7. un país de la Península Ibérica en Europa

8. un país donde hay muchos turistas canadienses

9. las ciudades (*cities*) de Canadá donde hay mayor concentración de hispanos

10. las regiones de los Estados Unidos donde hay mayor concentración de hispanos

1-38 ¿Dónde está...? (*Where is . . . ?*) Take turns naming and locating places in the Spanish-speaking world.

MODELO: E1: ¿Dónde está *Madrid*?
E2: *Está en España.*

1-39 ¿Cómo es? Working with a classmate, complete the information missing from the chart below. *Note: some answers will vary.*

MODELO: *Cuba*, pequeña, La Habana, *el Caribe*

	País	Extensión	Capital	Lugar
1.	Cuba	pequeña	La Habana	
2.	Colombia	grande	Bogotá	
3.	Argentina	grande	Buenos Aires	
4.	Venezuela		Caracas	Suramérica
5.	Canadá		Ottawa	
6.	Las Bahamas		San Salvador	
7.		grande		
8.		pequeña		
9.	República Dominicana		Santo Domingo	el Caribe
10.	Costa Rica		San José	

 1-40 Conexiones. Consult the library or the Internet to find out the following information about the Hispanic world.

1. a Central American country where English is the official language
2. the five smallest countries in the Spanish-speaking world
3. the three longest rivers
4. the name of an active volcano
5. three important mountain ranges
6. the highest navigable lake
7. Hispanic immigration to Canada

Ritmos

Instrumentos de percusión del mundo hispano

In the Hispanic world there is an interesting diversity of percussion instruments that have evolved through European, African, and indigenous influences. On the Internet you will find numerous sites where you can learn more about these fascinating instruments, hear their unique sounds, and even take lessons on how to play them.

Las castañuelas (*castanets*) are typical of flamenco music and dance of Spain. They are played by hooking the cords over the thumbs and flicking the two wooden pieces with the wrists against the palms.

Las maracas, found throughout Latin America, were traditionally made of dried gourds, containing seeds as noise-makers. They are played in pairs, producing a variety of sounds and tempos through rhythmic, alternating strokes.

El güiro is also made from a dried gourd in which notches are carved across the front and a sound hole is made in the back for thumb placement. With the other hand, a wooden stick is rubbed along the notches to produce a ratchet-like scraping sound.

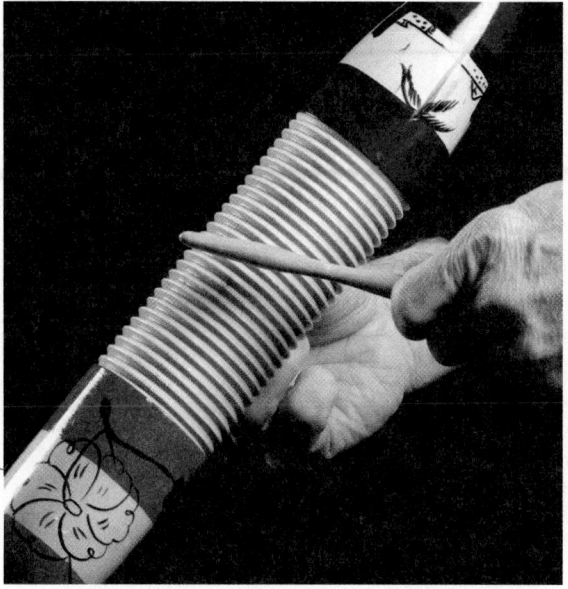

La conga (or **tumbadora**) was originally made of wood (often oak) to which a skin top was nailed. Modern conga heads are held in place by metal rings and tuning lugs. Each conga has only one tone but the timbre can be altered by using specific hand techniques to strike the head.

MySpanishLab

Access *¡Arriba!'s* MySpanishLab at **www.myspanishlab.com**. MySpanishLab offers a variety of online resources, including

- Student Activities Manual exercises
- self-grading tests
- videos

Vocabulario

Primera parte

Saludos / Greetings

Saludos	Greetings
Buenos días.	*Good morning.*
Buenas tardes.	*Good afternoon.*
Buenas noches.	*Good evening.*
Hola.	*Hello, Hi.*
¿Cómo está usted?	*How are you?* (formal)
¿Cómo estás?	*How are you?* (informal)
¿Qué tal?	*How's it going?* (inf.)

Respuestas / Answers

Respuestas	Answers
(Muy) Bien, gracias.	*(Very) Well, thank you.*
(Muy) Mal.	*(Very) Badly.*
Más o menos.	*So-so.*
No muy bien.	*Not very well.*
¿Y tú? ¿Y usted?	*And you?* (inf./form.)

Despedidas / Farewells

Despedidas	Farewells
Adiós.	*Goodbye.*
Buenas noches.	*Good (late) evening./ Good night.*
Chao/Chau.	*Goodbye.*
Hasta luego.	*See you later.*
Hasta mañana.	*See you tomorrow.*
Hasta pronto.	*See you soon.*

Presentaciones / Introductions

Presentaciones	Introductions
¿Cómo se llama usted?	*What's your name?* (form.)
¿Cómo te llamas?	*What's your name?* (inf.)
Me llamo...	*My name is . . .*
Soy...	*I am . . .*
Encantado/a.	*Delighted.*
Mucho gusto.	*Pleased to meet you.*
Igualmente.	*Likewise./Same to you.*

Títulos / Titles

Títulos	Titles
el/la profesor/a (Prof./Profa.)	*Professor*
el señor (Sr.)	*Mr.*
la señora (Sra.)	*Mrs.*
la señorita (Srta.)	*Miss*

Otras palabras y expresiones / Other words and expressions

Otras palabras y expresiones	Other words and expressions
(Muchas) Gracias.	*Thank you (very much).*
de	*of; from*
De nada.	*You're welcome.*
Lo siento.	*I'm sorry.*
mi/mis	*my* (singular/plural)
o	*or*
tu/tus	*your* (inf. singular/plural)
y	*and*

Los números de 0 a 101 / The numbers from 0 to 101

Los números	The numbers
0 cero	*zero*
1 uno	*one*
2 dos	*two*
3 tres	*three*
4 cuatro	*four*
5 cinco	*five*
6 seis	*six*
7 siete	*seven*
8 ocho	*eight*
9 nueve	*nine*
10 diez	*ten*
11 once	*eleven*
12 doce	*twelve*
13 trece	*thirteen*
14 catorce	*fourteen*
15 quince	*fifteen*
16 dieciséis	*sixteen*
17 diecisiete	*seventeen*
18 dieciocho	*eighteen*
19 diecinueve	*nineteen*
20 veinte	*twenty*
21 veintiuno	*twenty-one*
30 treinta	*thirty*
31 treinta y uno	*thirty-one*
40 cuarenta	*forty*
50 cincuenta	*fifty*
60 sesenta	*sixty*
70 setenta	*seventy*
80 ochenta	*eighty*
90 noventa	*ninety*
100 cien	*one hundred*
101 ciento uno	*one hundred and one*

Los días de la semana / The days of the week

Los días de la semana	The days of the week
lunes	*Monday*
martes	*Tuesday*
miércoles	*Wednesday*
jueves	*Thursday*
viernes	*Friday*
sábado	*Saturday*
domingo	*Sunday*

Los meses del año / The months of the year

Los meses del año	The months of the year
enero	*January*
febrero	*February*
marzo	*March*
abril	*April*
mayo	*May*
junio	*June*
julio	*July*
agosto	*August*
septiembre	*September*
octubre	*October*
noviembre	*November*
diciembre	*December*

Las estaciones del año / The seasons of the year

Las estaciones del año	The seasons of the year
el invierno	*winter*
la primavera	*spring*
el verano	*summer*
el otoño	*fall*

Los colores	The colours
amarillo/a	yellow
anaranjado/a	orange
azul	blue
blanco/a	white
gris	gray
marrón	brown
morado/a	purple
negro/a	black
rojo/a	red
rosado/a	pink
verde	green

Preguntas	Questions
¿Cómo es?	What is he/she/it like?
¿Cómo son?	What are they like?
¿Cuántos/as... hay?	How many . . . are there?
¿Cuánto cuesta...?	How much is . . .?
¿De qué color es...?	What colour is . . .?
¿Qué hay en...?	What is/are there in . . .?
¿Qué es esto?	What is this?

Respuestas	Answers
Es...	He/She/It is . . .
Son...	They are . . .

Hay...	There are . . .
Cuesta...	It costs . . .
Es...	It is . . .
Hay un/a...	There is a . . .
Hay (unos/as)...	There are (some) . . .
Es un/a...	It's a . . .

Adjetivos	Adjectives
aburrido/a	boring
interesante	interesting
antipático/a	unpleasant
simpático/a	pleaseant
barato/a	inexpensive
caro/a	expensive
bueno/a	good
malo/a	bad
difícil	difficult
fácil	easy
grande	big
pequeño/a	small
inteligente	intelligent
tonto/a	unintelligent; silly
mucho/a	a lot (of)
poco/a	a little
perezoso/a	lazy
trabajador/a	hard-working

Adverbios	Adverbs
aquí	here
mucho	a lot
poco	a little

Sustantivos	Nouns
el bolígrafo	(ballpoint) pen
la computadora	computer
el cuaderno	notebook
el/la estudiante	student
el lápiz	pencil
el libro	book
la luz	light
el mapa	map
la mesa	table
la mochila	backpack
el papel	paper
la pared	wall
el piso	floor
la pizarra	chalkboard
el/la profesor/a	professor
la puerta	door
el reloj	clock
la silla	chair
la ventana	window

2
¿De dónde eres?

Diagnostic
Test

España:
Tierra de Don Quijote

Pablo Picasso, pintor prolífico, es de España. Este dibujo (*drawing*), titulado Don Quijote, es muy famoso.

El Museo de las Ciencias Príncipe Felipe y L'Hemisfèric (*Planetarium*) en Valencia, España.

¡Así lo decimos! VOCABULARIO

CD Track 2.1

 Adjetivos de nacionalidad[1]

2-1 to
2-6

canadiense

norteamericano/a*

español/a

mexicano/a

cubano/a
dominicano/a
puertorriqueño/a

guatemalteco/a
panameño/a
hondureño/a
salvadoreño/a
venezolano/a
nicaragüense
colombiano/a
costarricense

ecuatoriano/a

peruano/a

boliviano/a
paraguayo/a

chileno/a
uruguayo/a
argentino/a

*The terms **norteamericano/a** and **estadounidense** are used to refer to someone from the United States. The adjective **americano/a** can refer to a person from any country in the Americas (North, Central, and South).

Palabras interrogativas	Interrogative words
¿Cómo estás?	How . . . ?
¿Cómo te llamas?	What . . . ?
¿Cuál es tu número de teléfono?	What . . . ?
¿Cuáles son tus libros?	Which (one(s)) . . . ?
¿Cuándo es la clase?	When . . . ?
¿Cuánto cuesta?	How much . . . ?
¿Cuántos/as estudiantes/ lecciones hay?	How many . . . ?
¿Dónde es la clase?	Where . . . ?
¿De dónde eres?	Where . . . from?
¿De qué nacionalidad eres?	What . . . ?

[1]Adjectives of nationality are not capitalized in Spanish.

¿De quién(es) es la mochila?	Whose . . . ?
¿Por qué no hay clase hoy?	Why . . . ?
¿Qué día es hoy?	What . . . ?
¿Quién es ella?	Who . . . ?
¿Quiénes son ellas?	Who . . . ?

¿Cuándo? — When?

ahora	now
por la mañana	in (during) the morning
(la tarde/ la noche)	(afternoon/night)
¿Qué hora es?	What time is it?
Es la una.	It's one o'clock.
Son las dos/ tres/ etc....	It's two/three/etc. . . . (o'clock)
de la mañana	in the morning
(la tarde/ la noche)	(afternoon/night)
Es tarde/ temprano.	It's late/early.

Otras palabras y expresiones — Other words and expressions

muy	very
pero	but
porque	because
también	also
¿Verdad?	Is that right? Really?

Sustantivos — Nouns

el/la amigo/a	friend
la capital	capital city
el/la chico/a	boy/girl; young person
la ciudad	city
el/la novio/a	boyfriend/girlfriend
el país	country

Adjetivos descriptivos — Descriptive adjectives

bonito/a	pretty; cute
delgado/a	thin; slender
feo/a	unattractive; ugly
gordo/a	plump; fat
guapo/a	good looking
pobre	poor
rico/a	rich

Más adjetivos descriptivos *More descriptive adjectives*

📖 ¡Así es la vida! ¿Quién soy?

2-7 to
2-8

Daniel, Isabel, José, Laura y David en la universidad.

Who am I?

🔊 ¿Quién soy?

CD Track 2.2

—¡Hola! Me llamo José y soy de México. Soy estudiante de la Universidad de Salamanca en España y tengo muchos nuevos amigos.

La chica morena se llama Isabel Rojas Lagos. Es inteligente y trabajadora. También es muy simpática.

El chico alto y rubio es Daniel Gómez Mansur. Daniel es un poco gordo y es guapo. Es de Madrid, la capital de España.

🔊 En la universidad

CD Track 2.3

David: ¿De dónde eres, Isabel?

Isabel: Soy española, de Sevilla. Y vosotros, ¿de dónde sois?

Laura: Somos canadienses, de Calgary. Mucho gusto.

Isabel: Mucho gusto. Bueno, ¿qué hora es? *what time is it?*

David: Son las nueve.

Isabel: ¿Verdad? ¡Mi clase de álgebra es a las nueve! ¡Hasta pronto!

David: ¡Hasta luego, Isabel!

En la clase de álgebra.

APLICACIÓN

2-1 ¿Qué pasa? Indicate whether each of the following statements is true **(cierto)** or false **(falso)**, based on the **¡Así lo decimos!** vocabulary and reading, and correct any false statements.

1. Uno de los estudiantes se llama José.
2. Isabel es rubia.
3. Daniel es mexicano.
4. Isabel es de España.
5. David es de España también.
6. La clase de David es a las nueve.

2-2 ¿Cuál? *which?* Choose the appropriate vocabulary from **¡Así lo decimos!** to complete each of the following statements correctly.

1. Sevilla es (una ciudad/ un país) de España.
2. Mi clase de español es (por la mañana/ por la tarde). *in the afternoon*
3. Hay muchas (capitales/ ciudades) en España.
4. La capital de España es (Madrid/ Sevilla).
5. Daniel es (español/ canadiense).
6. Laura y David son (canadiense/ canadienses).
7. Mis (amigos/ novios) son muy simpáticos.
8. Salamanca y Valencia son ciudades (españoles/ españolas).

2-3 ¿Cierto o falso? Indicate whether the following are true (**cierto**) or false (**falso**) as they apply to you, and correct any false statements.

MODELO: Soy antipático/a.
➝ *Falso. Soy simpático/a.*

1. Soy joven. *young*
2. Soy canadiense.
3. Mi libro es nuevo.
4. Mi profesor/a es alto/a. *tall*
5. La capital de mi país es bonita. *country*
6. Mi novio/a es bajo/a.
7. Mis amigos son guapos. *good-looking*
8. Mi ciudad es pequeña. *city*

2-4 En la universidad. Complete the conversation with vocabulary from the list.

capital	cómo	dónde	mexicana	también
ciudad	de	me	soy	verdad

Juan: ¡Hola! (1.) ___Soy___ Juan Luis Cáceres. ¿(2.) ___Cómo___ te llamas?
María: (3.) ___Me___ llamo María Flores. ¿De (4.) ___dónde___ eres, Juan?
Juan: Soy (5.) ___de___ México.
María: ¿(6.) ___Verdad___? ¡Yo (7.) ___también___ soy (8.) ___mexicana___!
¿De qué (9.) ___ciudad___ eres?
Juan: Soy de la (10.) ___capital___.

2-5 ¿De dónde son? ¿Cuál es su nacionalidad? Say which country each of the following people is from and give their nationalities.

MODELO: Frida Kahlo es de la Ciudad de México.
➝ *Es de México. Es mexicana.*

1. Fidel Castro es de La Habana. *Quba / qubana*
2. Felipe de Borbón y Penélope Cruz son de Madrid. *España / españoles*
3. José Bautista es de Santo Domingo.
4. Margaret Atwood es de Ottawa. *Canadá*
5. Ricky Martin es de San Juan. *Puel torico*
6. Isabel Allende es de Santiago de Chile. *Chilena*
7. Jorge Luis Borges es de Buenos Aires. *Aljentina*
8. Mi profesor/a . . .
9. Yo . . .
10. Tú y yo . . .

2-6 Preguntas. Take turns interviewing your partner. *Note that questions 1 and 2 review structures that you learned in **Lección 1***.

> **MODELO:** E1: ¿Cómo es la clase de español?
> E2: ¡Es interesante!

1. ¿Cómo te llamas?
2. ¿Cómo estás?
3. ¿De dónde eres?
4. ¿Cuál es tu nacionalidad?

5. ¿Cómo es tu ciudad?
6. ¿Cómo es la universidad?
7. ¿Cómo son tus clases?
8. ¿Cuándo son tus clases hoy?

Comparaciones

HISPANIC NAMES AND NICKNAMES

En tu experiencia. Do people in Canada and the U.S. ever use two surnames? In what order are they generally used? Can you think of other systems of family names (Chinese, Arabic, etc.)? Do women you know generally keep their maiden names after marriage? Are nicknames common in English-speaking countries? How are they formed?

In the Hispanic system of family names, children normally use the surnames of both parents, with the paternal surname (**el apellido paterno**) preceding the maternal (**el apellido materno**). For example, María Fernández Ulloa takes her first surname, Fernández, from her father and her second, Ulloa, from her mother. Many Hispanic women keep their paternal surname when they marry. They may attach their husband's paternal surname using the preposition **de**. For example, if María Fernández Ulloa marries Carlos Alvarado Gómez, her married name might be María Fernández de Alvarado. Many would refer to her as **la señora de Alvarado**, and to the couple as **los Alvarado**, although María would be known as María Fernández, as well.

The use of a nickname (**apodo**) in place of a person's first name is very common in Hispanic countries. A person's nickname is often a diminutive form of his/her given first name formed using the suffix **-ito** for men or **-ita** for women. For example, **Clara** becomes **Clarita**. As in English, there are also conventional nicknames like the examples given here.

Gabriel
González Betún

Silvia
Nolasco Morales

Francisco Susana Javier Melisa Lorenzo Lidia

Timoteo Adela

Carolina

Male		Female	
Alejandro:	Alex, Ale	Ana:	Anita
Francisco:	Paco, Pancho	Dolores:	Lola
José:	Pepe, Chepe	Guadalupe:	Lupe
Luis:	Lucho	María Luisa:	Marilú

 ¡A conversar! Work with a partner to answer the following questions according to the information in the González family tree shown above and your own information.

1. ¿Cuál es el apellido paterno de Francisco, Javier, Melisa y Lidia?
2. ¿Cuál es su apellido materno?
3. ¿Cuál es el nombre de casada (*married name*) de Silvia?
4. ¿Cuál es el apodo de Francisco?
5. ¿Cuál es tu apellido materno? ¿paterno?
6. ¿Cuál es tu apodo?

EXPANSIÓN   Diminutives in Spanish

The endings **-ito** and **-ita** are often added to nouns in Spanish. These diminutive endings can be used to refer to something small: **un librito** *(a small book)*; **una mesita** *(a little table)*. They are also often used to add an affectionate note, as with names: **Lupe** becomes **Lupita** and **Luis** becomes **Luisito**. These endings can even be added to a nickname: **Pancho** becomes **Panchito**. These affectionate diminutives would normally be used by family members or close friends, although they may also be used by adults talking to children. Words ending in a consonant or **-e** may take the endings **-cito (Juan – Juancito)**, **-cita (tarde – tardecita)**, or **-ecito (pan – panecito)**, **-ecita (luz – lucecita)**, and in some countries **-illo** and **-illa** or **-ico** and **-ica** are used instead of **-ito** and **-ita**.

CD Track 2.5

Letras y sonidos

More on vowels in Spanish

In addition to the vowel sounds for **i** and **u** (li-bro, lu-nes), these letters also may represent glides, which are brief, weak sounds that combine with a vowel to form a single syllable. The letter **y** also represents a glide in some words.

a-d**ió**s	s**ie**-te	v**ei**n-te	s**oy**	h**ay**
n**ue**-vo	g**ua**-po	**Eu**-ro-pa	es-tu-d**iái**s	U-ru-g**uay**

The letters **i** and **u** are not always glides when next to other vowels in Spanish, however. When they are vowels and not glides, a written accent mark is used.

d**í**-a	r**í**-o	pa-**í**s	Ra-**ú**l

¡Así lo hacemos! ESTRUCTURAS

2-9 to 2-12

1. Telling time

¿Qué hora es?

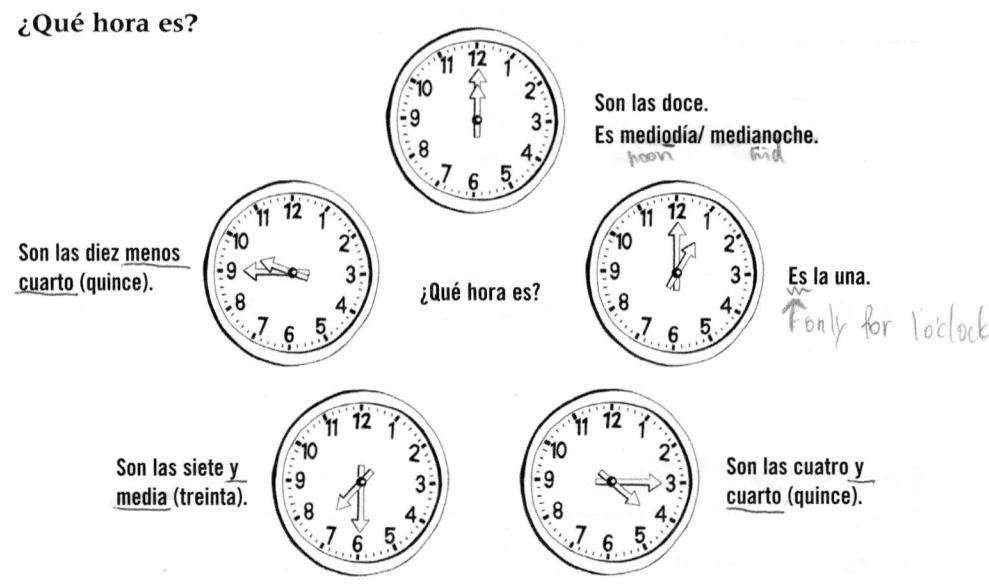

Son las doce.
Es mediodía/ medianoche.
noon   mid

Son las diez menos cuarto (quince).

¿Qué hora es?

Es la una.
↑ only for 1 o'clock

Son las siete y media (treinta).

Son las cuatro y cuarto (quince).

- The verb **ser** is used to express the time of day in Spanish. Use **es la** with **una** (singular as it refers to just one hour). With all other hours use **son las**.

Es la una.	*It's one o'clock.*
Son las dos de la tarde.	*It's two o'clock in the afternoon (**It's** two p.m.).*
Son las siete.	*It's seven o'clock.*

- To express minutes *past* or *after* an hour, use **y**. To express minutes before an hour (*to* or *till*) use **menos**. Notice that the hour is always given first.

Son las tres **y** veinte.	*It's twenty **past (after)** three (It's three twenty).*
Son las siete **menos** diez.	*It's ten **to (till)** seven.*

- The terms **cuarto** and **media** are equivalent to the English expressions *quarter (fifteen minutes)* and *half (thirty minutes)*. The numbers **quince** and **treinta** are interchangeable with **cuarto** and **media**.

Son las cinco menos **cuarto** (quince).	*It's **quarter** to five (It's **fifteen** to five).*
Son las cuatro y **media** (treinta).	*It's **half** past four (It's four **thirty**).*

- For *noon* and *midnight* use **(el) mediodía** and **(la) medianoche**.

Es (el) **mediodía**.	*It's **noon (midday)**.*
Es (la) **medianoche**.	*It's **midnight**.*

- To ask at what time an event takes place, use **¿A qué hora...?**. To answer, use **a las** + time.

¿A qué hora es la clase?	***(At) What time** is the class?*
(La clase) Es **a las ocho y media**.	*It is **at half past eight**.*

- The expressions *de la mañana*, *de la tarde*, or *de la noche* are used when giving specific times of the day. **En punto** means *on the dot* or *sharp*.

El concierto es a las nueve **de la noche**.	*The concert is at nine o'clock **in the evening (nine p.m.)**.*
El examen es a las dos **en punto**.	*The exam is at two o'clock **sharp**.*

por - general time
de - 特定の
eg. por la mañana
de la mañana

- The expressions *por* **la mañana,** *por* **la tarde,** and *por* **la noche** are used as a general reference to *in the morning, in the afternoon,* and *in the evening.*

> No hay clases los viernes **por la tarde**.   *There are no classes on Friday afternoons.*

- In many Spanish-speaking countries, the 24-hour clock is used for schedules and official time keeping. The zero hour is equivalent to midnight, and 12:00 is noon. 13:00–24:00 are the p.m. hours. To convert from the 24-hour clock, subtract twelve hours from hours 13:00 and above.

> 21:00 (or 21,00) = **las nueve de la noche**
>
> 18:30 (or 18,30) = **las seis y media de la tarde**

- The punctuation used in giving the time varies from country to country. You might see periods or commas as well as the colon that is used in English.

> **mediodía**   12.00   12,00   12:00

Learning Tips

TELLING TIME IN SPANISH

1. The numbers used in telling time are always feminine as they refer to the noun "la hora"; therefore, we say "la una (hora)", "las dos (horas)", and so on.

2. The words "cuatro" and "cuarto" are often confused. When you mean "cuarto", it may help you to remember it if you think of the English cognate "quarter".

3. The terms "a.m." and "p.m." are not normally used in Spanish. Instead, use "de la mañana/ tarde/ noche".

4. The word "time" in English is expressed in three different ways in Spanish: as "la hora" for the "time of day", as "el tiempo" in expressions such as "mucho tiempo" ("a lot of time"), and as "la vez" in expressions such as "una vez/ muchas veces" ("once/many times").

5. It is easy to practise telling time in Spanish. First, you need to develop a good control of the numbers. Practise counting by fives to thirty: **cinco, diez, quince, veinte, veinticinco, treinta.** Say aloud some times of the day that are important to you: **La clase de español es a las nueve, a las diez,** . . . , etc. Finally, every time that you look at your watch, say the time in Spanish.

APLICACIÓN

2-7 ¿Son las cinco? Match the times of day given below with the corresponding clocks.

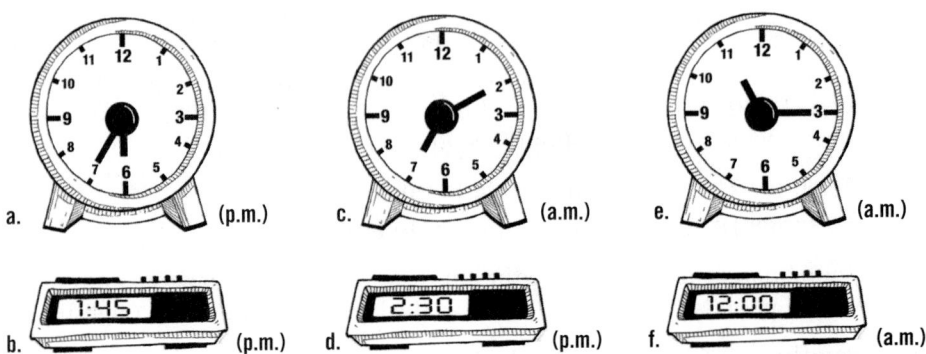

a. (p.m.) c. (a.m.) e. (a.m.)

b. 1:45 (p.m.) d. 2:30 (p.m.) f. 12:00 (a.m.)

1. Son las siete y diez de la mañana. C
2. Es medianoche. f
3. Son las dos y media de la tarde. d
4. Son las seis menos veinticinco de la tarde. a
5. Son las dos menos quince de la tarde. b
6. Son las once y cuarto de la mañana. e

2-8 ¿Qué hora es? A. Give the time in Spanish.

MODELO: 9:15

→ *Son las nueve y cuarto (las nueve y quince).*

1. 10:30   diez y media
2. 1:00   Es la una
3. 12:05   doce y cinco
4. 7:35   ocho menos veinticinco
5. 12:50   la una menos diez
6. 3:30   tres y media

B. Give the times in Spanish, indicating the part of the day (**de la mañana/ tarde/ noche**).

MODELO: Son las dos y media de la tarde.

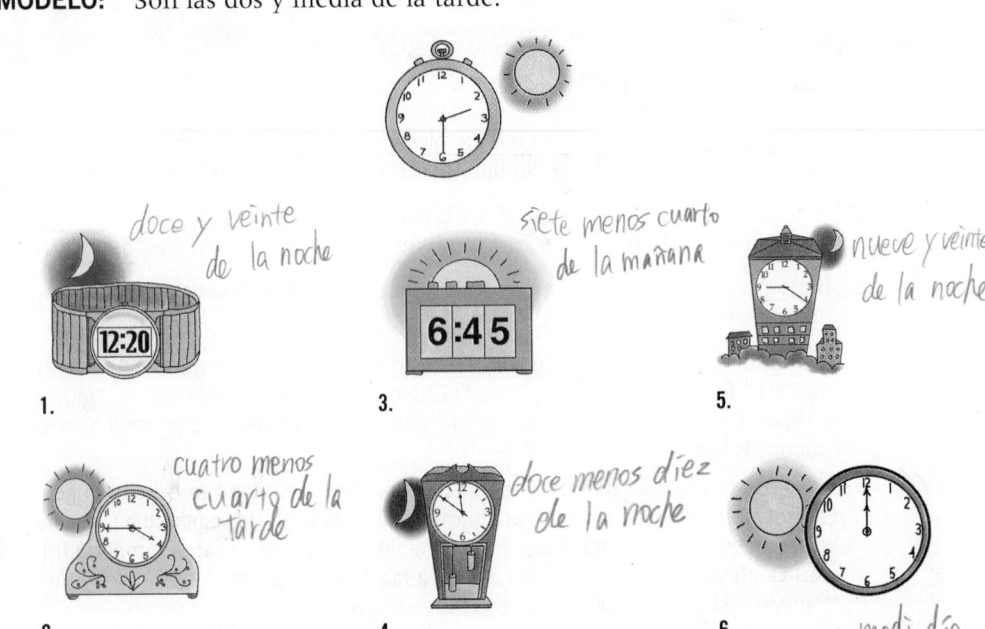

1. doce y veinte de la noche
3. siete menos cuarto de la mañana
5. nueve y veinte de la noche
2. cuatro menos cuarto de la tarde
4. doce menos diez de la noche
6. es mediodía el

2-9 La hora. Fill in the missing words to complete the following questions and statements.

MODELO: Es la _una_ de la tarde.

1. ¿Qué hora _es_ ?
2. _Son_ las diez y treinta.
3. ¿_A_ qué hora es la clase de francés?
4. La clase de francés _es_ a las diez.
5. (12:00) Es (el) _mediodía_
6. Son las cuatro _en_ _punto_ la tarde. *(in the afternoon)* _en_ (sharp) _en punt_
7. Hay clases _por_ la mañana y _por_ la tarde.
8. Hay clases los martes y jueves _a_ las diez y _a_ las doce.

2-10 ¿A qué hora es tu clase? Make a list of the courses you are taking this semester. Then exchange lists with your partner and ask each other what days and times his or her classes are. *(Some subjects are suggested below. You will see that many subjects are English-Spanish cognates.)*

biología	geografía	matemáticas	_informática_
español	historia	psicología	
francés	literatura	sociología	

MODELO: E1: *¿Qué día es tu clase de historia?* _which day_
E2: *Es los martes y jueves.*
E1: *¿A qué hora es?* _At what time_
E2: *Es a las tres de la tarde.*

2. Formation of yes/no questions and negation

2-13 to
2-18

La formación de preguntas sí/no

¿Eres canadiense?

Sí, yo soy de Vancouver.

* A *yes/no question* can be formed by inverting the position of the subject and the verb in a sentence, or simply by modifying the intonation pattern. Note that an inverted question mark (¿) is used at the beginning of the question, and that the standard question mark closes the question at the end. _- put the verb in front._

    Inversion: Tú eres de Sevilla.

            → ¿Eres tú de Sevilla?

    Intonation: Tú eres de Sevilla.

            → ¿Tú eres de Sevilla?

Note that if no subject is present, the only way of indicating a spoken question will be with a rising intonation.

    ¿Eres de Sevilla?

* A *yes/no question* can also be formed by adding a tag word or phrase at the end of a statement. In this type of question, the intonation falls and then rises sharply on the question tag.

    Juan es de Madrid, **¿verdad?**   *Juan is from Madrid, **right?***
    La profesora es de Málaga, **¿no?** *The professor is from Málaga, **isn't she?***

¿Es un libro interesante?

No, no es muy interesante.

No - Sí
No, no soy de —.
Sí, soy de —.

La negación

- To make a sentence or a question negative, simply place **no** before the verb.

Yo **no** soy de Portugal.	*I'm **not** from Portugal.*
Nosotros **no** somos de España.	*We're **not** from Spain.*
¿**No** es de España la profesora?	*Isn't the professor from Spain?*

- When answering a question in the negative, the word **no** followed by a comma also precedes the verb phrase.

¿Son de Segovia Elena y Ramón?	*Are Elena and Ramón from Segovia?*
No, no son de Segovia.	*No, they're **not** from Segovia.*

double no

APLICACIÓN

what   question

2-11 ¿Cuál es la pregunta? Indicate which of the *questions* in each example would elicit the following *answers.*

MODELO: ¿...? Soy de Madrid.
a. ¿Eres de Madrid? b. ¿Eres de Salamanca? c. ¿De dónde eres?

1. ¿...? No, soy de Madrid.
   a. ¿Eres de Madrid? b. ¿Eres de Salamanca? c. ¿De dónde eres?

2. ¿...? No, no soy de Madrid.
   a. ¿Eres de Madrid? b. ¿Eres de Salamanca? c. ¿De dónde eres?

3. ¿...? No, no es estudiante.
   a. ¿Qué es Juan? b. ¿Es profesor Juan? c. ¿Es estudiante Juan?

4. ¿...? Es estudiante.
   a. ¿Qué es Juan? b. ¿Es profesor Juan? c. ¿Es estudiante Juan?

5. ¿...? No, es estudiante.
   a. ¿Qué es Juan? b. ¿Es profesor Juan? c. ¿Es estudiante Juan?

What

2-12 Una conversación en la cafetería. Decide on the appropriate response for each question, and practise the conversation in pairs. *Note: Only one in each set of replies answers the question that has been asked.*

MODELO: E1: ¿Quiénes son ellas?
E2: a. Son María y Juan. b. Son Cecilia y Laura. c. Es Cecilia.

1. Cecilia es de Cuba, ¿no?
   a. No, no es de Puerto Rico. b. No, es de Puerto Rico. c. No, él es de Puerto Rico.

2. Y Laura, ¿es de Puerto Rico también?
   also
   a. No, es de Mérida. b. No, no es de México. c. No, es de Puerto Rico.

3. ¡Ah! Es de España.
   a. No, no es de México. b. No, es de Mérida, México. c. No es de México.

4. ¿Son estudiantes de español?
   a. Sí, son de España. b. Sí, son estudiantes españolas. c. Sí, son estudiantes de español.

2-13 ¿Cuál es la pregunta? A. Change the following statements to questions using inversion, and then practise the questions with rising intonation.

MODELO: La clase es grande   ※ put verb infront
→ ¿Es grande la clase?

1. La profesora es de España.

2. Vosotros sois canadienses.

3. Los estudiantes no son mexicanos.

4. Madrid es la capital de España.

B. For each of the following *answers*, form a *question* using the tag words "¿verdad?" or "¿no?". Then practise asking the questions with falling and then rising intonation.

MODELO: Sí, la clase es grande.

→ *La clase es grande, ¿verdad?/ ¿no?*

1. No, Ramón no es alto. <u>Ramón no es alto, ¿verdad?</u>

2. Sí, las chicas son trabajadoras. <u>Las chicas son trabajadoras, ¿verdad?</u>

3. ~~No, las clases no son por la tarde.~~, <u>¿verdad?</u>

4. Sí, la universidad es pequeña. <u>¿verdad?/¿no?</u>

 2-14 ¿Es verdad? Take turns answering your partner's questions. If you answer in the negative, you should add the correct information.

MODELO: E1: Tú eres canadiense, ¿verdad?

E2: *No, no soy canadiense; soy mexicano/a.*

1. Eres norteamericano/a, ¿no? <u>No, soy japonesa.</u>

2. El/La profesor/a es mexicano/a, ¿verdad?

3. Tus amigos son trabajadores, ¿no?

4. Eres de Ottawa, ¿verdad?

5. Tus clases son por la mañana, ¿verdad?

6. Tu familia es grande, ¿no?

 ## 3. Interrogative words

2-19 to 2-23

- Interrogative words and phrases are often used at the beginning of a sentence to form questions. The most frequently used are:

Palabras interrogativas

¿Cómo...? *How . . .?*
  What . . .?

¿Cuál(es)...? *Which (one(s)) . . . ?*

¿Cuándo...? *When . . .?*

¿Cuánto/a(s)? *How much (many) . . .?*

¿Dónde...? *Where . . .?*

¿De dónde...? *From where . . .?*

¿Adónde...? *(To) Where . . .?*

¿Por qué...? *Why . . .?*

¿Qué...? *What . . .?*

¿De qué...? *What . . . ?*

Ejemplos

¿Cómo estás? ***How** are you?*

¿Cómo es él? ***What** is he like?*

¿Cuál es tu libro? ***Which one** is your book?*

¿Cuáles son tus amigos? ***Which** are your friends?*

¿Cuándo es tu clase? ***When** is your class?*

¿Cuánto cuesta el libro? ***How much** does the book cost?*

¿Cuántos estudiantes hay? ***How many** students are there?*

¿Dónde hay una silla? ***Where** is there a chair?*

¿De dónde eres? ***Where** are you from?*

¿Adónde vas? ***Where** are you going?*

¿Por qué no hay clase hoy? ***Why** is there no class today?*

¿Qué fecha es mañana? ***What** is the date tomorrow?*

¿De qué color es tu cuaderno? ***What** colour is your notebook?*

¿**Quién(es)...?** *Who . . .?*   ¿**Quién** es ella? *Who is she?*

¿**Quiénes** son los estudiantes?
Who are the students?

¿**De quién(es)...?** *Whose . . .?*   ¿**De quién** es el bolígrafo? ***Whose***
pen is it?

• When you form questions with interrogative words, you **must invert** the subject and the verb.

¿**Cuál** es tu mochila? which one is your bag?

¿**Cómo** está Ud.?

• When you ask a question using an interrogative word, your intonation will normally fall.

¿**Cómo** se llama el profesor?

APLICACIÓN

2-15 ¿Cuáles?   Match the questions in the first column with the corresponding answers in the second.

1. ¿Qué hora es? f
2. ¿De qué color es tu mochila? c
3. ¿Quién es tu profesora? h
4. ¿A qué hora es la clase? b
5. ¿Cómo es la clase? d
6. ¿De quién es el libro? g
7. ¿Cuántos estudiantes hay en la clase? e
8. ¿Cuándo es el examen? a

a. Es mañana.
b. Es a las tres.
c. Es roja.
d. ¡Es muy interesante!
e. Hay treinta.
f. Son las diez y media.
g. Es de Juan.
h. Es la profesora Sánchez.

2-16 ¿Quién eres?   Use interrogative words and phrases to complete the following conversation between Carmen and Sebastián.

Sebastián: (1.) ¿Como te llamas?

Carmen: Me llamo Carmen Domínguez.

Sebastián: (2.) ¿De dónde eres, Carmen?

Carmen: Soy de Bilbao, España.

Sebastián: (3.) ¿Qué estudias (*do you study*) en la universidad?

Carmen: Estudio (*I study*) matemáticas y física.

Sebastián: (4.) ¿Por qué estudias matemáticas?

Carmen: ¡Porque es muy interesante!

Sebastián: (5.) ¿Quién es tu profesor?

Carmen: Es el profesor Sánchez Mejías.

Sebastián: (6.) ¿Cómo es?

Carmen: Es joven y muy inteligente.

Sebastián: (7.) ¿Cuándo es la clase?

Carmen: ¡Es ahora! now

 2-17 ¿Cuál es la pregunta?   Take turns asking the *questions* that would elicit each of the following *answers*, and then practise the exchanges with your partner.

MODELO: ¿...? Estoy bien, gracias.
→ *¿Cómo estás?*

1. ¿...? Me llamo Andrés. ¿Como te llamas tú?
2. ¿...? Es el 843-0092. ¿Cuál es tu numoro de telephone?

3. ¿...? La fiesta es el sábado.   ¿ Cuándo es la fiesta?

4. ¿...? Hay treinta estudiantes en la clase.   ¿ Cuántos estudiantes en la clase?

5. ¿...? Muy bien, gracias.   ¿ Cómo estás?

6. ¿...? Soy de Saskatchewan.   ¿ De dónde eres?

7. ¿...? La ciudad de Toronto es grande y cosmopolita.   ¿ Commo es la ciudad de Toronto?

8. ¿...? Mi mochila es roja y azul.   ¿ De qué color de mochila?

9. ¿...? Es a las diez de la mañana.   ¿ Cuándo es tu clase?

10. ¿...? El libro es de Patricia.   ¿ De quién es el libro?

 2-18 ¿De dónde sois?   In groups, answer the following questions about your classmates.

1. ¿Cuántos estudiantes hay en la clase?   Hay — estudiantes en la clase.

2. ¿Cuántas son chicas y cuántos son chicos?

3. ¿Cuántos son canadienses?

4. ¿De qué ciudades son?

5. ¿Quiénes son los estudiantes internacionales?

6. ¿De qué países son?

7. ¿De qué nacionalidad es el/la profesor/a?

8. ¿Cómo es él/ella?

¿Cuál es tu postre (dessert) favorito?

Learning Tips

¿QUÉ...? VERSUS ¿CUÁL(ES)...?

- The interrogatives **¿qué?** and **¿cuál?** may cause some confusion for English speakers learning Spanish because each may be translated as *what* or *which* in different contexts. Generally, **¿qué?** is used to request a definition and/or explanation and is translated as *what?*

¿Qué es esto?	**What** is this?
¿Qué es ecología?	**What** is ecology?
¿Qué tecnología hay en la clase?	**What** technology is there in the class?

- When followed by a noun, **¿qué?** means *which?*

¿Qué clase es a las nueve?	**Which** (What) class is at nine o'clock?
¿Qué clases son por la tarde?	**Which** (What) classes are in the afternoon?

- **¿Cuál?** also means *which?* but is generally not followed by a noun. In some cases, it can be translated as *what?*, but it always implies a choice indicating *which one(s)?*. Use the plural **¿cuáles?** when that choice includes more than one person or thing.

¿Cuál de las profesoras es la profesora Luna?	**Which** of the professors is Professor Luna?
¿Cuál es tu clase?	**Which** (one) is your class?
¿Cuáles son tus amigos?	**Which** (of those people) are your friends?
¿Cuál es tu número de teléfono?	**What** is your phone number?
¿Cuáles son las capitales de España y Cuba?	**What** are the capitals of Spain and Cuba?

Segunda parte

 ¡Así lo decimos! VOCABULARIO

CD Track 2.4

2-25 to
2-29

¿Qué haces?	What do you do?
¿Qué te gusta hacer[1]?	What do you like to do?

bailar salsa	*to dance . . .*
comprar un bolígrafo	*to buy . . .*
escuchar música latina	*to listen (to) . . .*
estudiar el vocabulario	*to study . . .*
hablar inglés y francés	*to talk . . .; to speak . . .*
llegar a las ocho	*to arrive . . .*
necesitar un cuaderno	*to need . . .*
practicar (el) fútbol	*to practise . . . ; to play (a sport)*
preparar la lección	*to prepare . . .*
tener un examen	*to have . . .*
tomar cinco clases; café	*to take . . . ; to drink . . .*
trabajar en la librería	*to work . . .*

Expresiones con "tener"	"Tener" expressions
tener calor en el verano	*to be hot . . .*
cuidado por la noche	*careful . . .*
frío en el invierno	*cold . . .*
hambre al mediodía	*hungry . . .*
miedo el 31 de octubre	*afraid . . .*
prisa para no llegar tarde	*in a hurry . . .*
razón en el examen	*right . . .*
sed en el desierto	*thirsty . . .*
sueño a la una de la mañana	*sleepy . . .*
suerte en la lotería	*lucky . . .*
tener (X) años	*to be (X) years old*
tener que (+ infin.)	*to have to (+ infin.)*

¿Qué estudias?[2]	What do you study?
la biología	*biology*
las ciencias	*sciences*
la historia	*history*
los idiomas	*languages*
las matemáticas	*mathematics*
la sociología	*sociology*

¿Qué deportes practicas?	What sports do you play?
el básquetbol (el baloncesto)	*basketball*
el béisbol	*baseball*
el fútbol	*soccer*
el fútbol norteamericano	*football*
el hockey (sobre hielo)	*(ice) hockey*
el tenis	*tennis*

[1]In Spanish, the infinitive forms end in **–r (-ar, -er,** or **-ir**). An infinitive in English is the "to + verb" form.
[2]Many subjects are cognates, but be careful as you pronounce them to use the Spanish sounds for the vowels.

Sustantivos	Nouns
la ayuda	*help*
el examen	*exam*
la fiesta	*party*
la librería	*bookstore*

Adverbios	Adverbs
hoy	*today*
mañana	*tomorrow*

Otras expresiones	Other expressions
¿Qué te gusta[3] hacer?	*What do you like to do?*
Me gusta (+ infin.)	*I like (+ infin.)*
Me gusta bailar en las fiestas.	*I like to dance at parties.*

[3] You will learn more about **gustar** and similar verbs in **Lección 6**.

¡Así es la vida! ¿Qué haces? ¿Qué te gusta hacer?

2-30 to 2-31

CD Track 2.6

¡Hola! Soy Celia Cifuentes Bernal y tengo veintidós años. Hablo español y francés. Estudio ciencias en la Universidad Complutense de Madrid. Hoy tengo que estudiar mucho porque mañana tengo un examen de biología a las dos de la tarde. Trabajo y estudio mucho de lunes a viernes pero los sábados por la noche mis amigos y yo escuchamos música y bailamos en las fiestas.

CD Track 2.6

Soy Alberto López Silvero. Hablo español, portugués, italiano y un poco de inglés. Tengo veintiún años. Estudio idiomas en la Universidad de Valencia. Por la tarde trabajo en la librería de la universidad. En el verano y el otoño me gusta practicar el tenis con mis amigos.

EXPANSIÓN
¿De dónde eres? ¿Qué idiomas hablas?

(el) alemán – Alemania

(el) chino – China

(el) coreano – Corea

(el) español – España, México

(el) francés – Francia, Canadá

(el) inglés – Inglaterra, los Estados Unidos, Canadá

(el) italiano – Italia

(el) japonés – el Japón

(el) portugués – Portugal, el Brasil

(el) ruso – Rusia

APLICACIÓN

2-19 ¿Qué pasa? Indicate whether each of the following statements is true (**cierto**) or false (**falso**), based on the **¡Así es la vida!** readings, and correct any false statements.

1. Celia tiene 24 años. *[have 22]*
2. Ella estudia inglés. *[español]*
3. El examen de biología es por la tarde.
4. Alberto habla muy bien el inglés. *[talk un poco de]*
5. Él trabaja en la universidad.
6. Alberto practica el fútbol con sus (*his*) amigos. *[tenis with]*

2-20 Asociaciones. Make logical connections between the following two groups.

1. necesitar *d*
2. comprar *e* *[buy]*
3. tomar *a* *[take/drink]*
4. practicar *c*
5. estudiar *f*
6. trabajar *b*

    a. café con los amigos
    b. 10 horas por semana *[week]*
    c. deportes *[sport]*
    d. mucha ayuda *[help]*
    e. unos lápices
    f. para un examen *[for]*

2-21 ¿Cuál es? Match each drawing with the corresponding statement.

1. Los amigos estudian para un examen. *b*
2. Hablo francés. *c*
3. Pablo trabaja en una librería. *d*
4. Nosotros practicamos el fútbol. *e*
5. Jorge y Teresa toman café. *a*
6. El profesor y la estudiante llegan a clase a las nueve. *f*

a.   b.   c.   d.   e.   f.

2-22 ¿Te gusta? Ask a classmate if she or he enjoys the following activities. *[Do you like?]*

MODELO: bailar
    E1: ¿*Te gusta* bailar?
    E2: *Sí, me gusta (mucho/ un poco)./ No, no me gusta.*

1. bailar merengue
2. escuchar música *[listen]*
3. estudiar idiomas
4. hablar en español *[speak]*
5. practicar deportes *[sport]*
6. preparar la lección de español
7. trabajar los sábados y domingos

2-23 ¿Qué te gusta hacer? First, complete the following statements as they apply to you. Then, compare your answers with those of your partner.

MODELO: E1: Me gusta escuchar *salsa*.
E2: *¡Me gusta escuchar salsa también! (No me gusta escuchar salsa. Me gusta escuchar música clásica.)*

1. Me gusta escuchar... K-Pop
2. Me gusta practicar... deportes
3. Me gusta comprar... buy zapatos ←
4. Me gusta estudiar... español
5. Por la noche me gusta... estudiar
6. Los sábados me gusta... tomar café descansar (relax)

Comparaciones

HIGHER EDUCATION IN SPANISH-SPEAKING COUNTRIES

En tu experiencia. How are undergraduate programs structured in universities in Canada? Are there many required courses in most programs? Which are the largest universities in Canada? Which are the smallest? Which size do you prefer and why?

University studies in Spanish-speaking countries are structured differently than in Canada, where students usually choose a major during their first or second year of study. Students in Spain and Latin America must choose their field of study prior to enrolling. Moreover, every area of specialization requires students to take a pre-established set of courses each semester; few, if any, elective courses are available to Hispanic students outside of their designated field of study.

One of the oldest universities in Europe is La Universidad de Salamanca in Spain. The university was founded in 1218 by King Alfonso IX of León. La Universidad de Salamanca currently has approximately 2,100 professors and a student population of over 30,000. Many students from all over the world travel to Salamanca to study the Spanish language and culture in the summer or during the regular academic year.

 ¡A conversar! Which system do you prefer? Discuss your preferences with a partner.

Prefiero... (*I prefer . . .*)

1. el sistema canadiense/ hispano
2. las clases grandes/ pequeñas
3. los laboratorios/ las clases de conversación
4. los programas fijos (*fixed*)/ los programas flexibles
5. las universidades nuevas/ viejas

La Universidad de Salamanca, fundada en 1218, es una de las más antiguas de Europa.
Have a look at La Universidad de Salamanca at www.usal.es

¡Así lo hacemos! ESTRUCTURAS

2-32 to 2-37

4. The present tense of regular *-ar* verbs

- Spanish verbs are classified into three groups, referred to as conjugations, according to their infinitive ending (**-ar**, **-er**, or **-ir**). Each of the three conjugations uses different endings to produce verb forms in the various tenses. The first conjugation, with infinitives ending in **-ar**, is the largest of the three groups.

- As you saw with the verb **ser**, Spanish verbs have different forms depending on the subject. To conjugate regular **-ar** verbs, first remove the ending from the infinitive and then add the verb endings which agree with each subject, as in the following box.

hablar (*to speak, to talk*)						
habl + ar						
(stem) (ending)						
SINGULAR FORMS				**PLURAL FORMS**		
	STEM	ENDING	VERB FORM		STEM	ENDING	VERB FORM
yo	habl	+ **o**	habl**o**	nosotros/as	habl	+ **amos**	habl**amos**
tú	habl	+ **as**	habl**as**	vosotros/as	habl	+ **áis**	habl**áis**
Ud. él/ella	habl	+ **a**	habl**a**	Uds. ellos/as	habl	+ **an**	habl**an**

- The following verbs are some of the many regular **-ar** verbs that are conjugated like **hablar**.

  bailar (en una fiesta) **necesitar** (un diccionario; ayuda)
  comprar (muchos libros) **practicar** ((el) hockey; el piano)
  escuchar (música) **preparar** (los ejercicios)
  estudiar (en la clase) **tomar** (mucho café; el autobús)
  hablar (por teléfono) **trabajar** (en la ciudad)
  llegar (por la mañana)

- The Spanish present tense has several equivalents in English. In addition to the simple present, it can express ongoing actions and even the future tense. Note the following examples.

Estudio historia. { *I study* history. / *I am studying* history. }

Hablamos con Ana mañana. *We will speak* with Ana tomorrow.

Learning Tips

WORKING WITH REGULAR VERB CONJUGATIONS

1. The first step in learning regular verb conjugations is being able to recognize the infinitive stem, which is the part of the verb that remains after you remove the **-ar**, **-er**, or **-ir** ending of the infinitive.

INFINITIVE		STEM
hablar	habl**ar**	habl
estudiar	estudi**ar**	estudi
trabajar	trabaj**ar**	trabaj

2. As subject pronouns are often not used in Spanish, it is important for you to be able to associate the verb endings with the different subjects. For example, if I wish to speak about myself, I add **-o** (i.e., the **yo** ending) to the stem of the verb: Habl**o** español. *I speak Spanish.* Practise conjugating several **-ar** verbs in writing first. Identify the stem, then write the various verb forms by adding the present tense endings listed on page 62. Once you have done this, say the forms you have written out loud several times.

3. Now you need to practise the **-ar** verb forms orally. Look at the list of **-ar** infinitives in the third bullet on p. 62 and randomly select subject pronouns from the box above, then conjugate the verb forms accordingly: **bailar + yo = bailo/ bailar + ella = baila/ bailar + nosotros = bailamos**, etc.

4. Think about how each verb activity relates to your own experience by putting verbs into a meaningful context. For example, think about what you and each of your friends study: **Estudio matemáticas. Juan estudia idiomas.** Refer to the **-ar** verb list on p. 62 to develop more contexts.

APLICACIÓN

2-24 ¿Quién?   Match the following subjects with the actions in the second column.

1. Yo... *e*
2. Tú... *a*
3. Celia... *f*
4. Celia y Alberto... *c*
5. La profesora y yo... *b*
6. ¿Usted... *d*

a. bailas en la fiesta.
b. practicamos los verbos.
c. trabajan mucho.
d. necesita ayuda?
e. estudio idiomas.
f. estudia para un examen.

 2-25 Preguntas y respuestas.   With your partner, match the following questions with the logical responses, and then practise the exchanges.

1. ¿Qué compras en la librería? *e*
2. ¿A qué hora llegas a la universidad? *d*
3. ¿Qué necesitas para la clase de matemáticas? *b*
4. ¿Con quiénes estudias? *f*
5. ¿Qué deporte practicas? *h*
6. ¿Quiénes preparan la lección? *c*
7. ¿Dónde trabajas? *g*
8. ¿Cuándo escuchas música? *a*

a. Por la noche.
b. Una calculadora.
c. Los estudiantes.
d. A las nueve y media.
e. Libros y lápices.
f. Con mis amigos.
g. En la librería.
h. El básquetbol.

2-26 En la universidad. Repeat each sentence, changing the italicized verbs to agree with the subjects given in parentheses.

MODELO: *Camino* a la clase de español. (ella)
→ *Camina* a la clase de español.

1. *Hablo* español. (ella, ellas, él, Uds., mi amiga, tú)
2. *Estudio* para un examen. (los amigos, nosotros, María, Ud., Paco, tú)
3. *Tomo* cinco clases. (él, tú, vosotros, nosotros, ellos, Juan)
4. *Trabajo* en la librería. (ella, tú, nosotros, María y Paco, Ud., Luisa)
5. *Practico* el fútbol. (nosotros, ella, los chicos, tú, Uds., Eduardo)

2-27 Una semana típica. Complete the paragraph about a typical week for Sarita by giving the correct forms of the verbs in parentheses.

Yo (1. estudiar) ___estudio___ ciencias en la universidad. Yo (2. tomar) ___tomo___ seis clases este (*this*) semestre y (3. estudiar) ___estudio___ mucho porque las clases son difíciles. Mi novio Antonio y yo (4. trabajar) ___trabajamos___ en la cafetería de la universidad. Yo (5. trabajar) ___trabajo___ los lunes y los miércoles y Antonio (6. trabajar) ___trabaja___ los miércoles y los jueves. Los sábados Antonio y su amigo Luis (7. practicar) ___practican___ el tenis por la mañana. Yo (8. preparar) ___preparo___ el laboratorio de biología y (9. escuchar) ___escucho___ música. Por la noche Antonio y yo (10. bailar) ___bailamos___ en una fiesta con los amigos.

2-28 ¿Qué hacen? Create sentences describing what these people are doing.

MODELO: Eugenia (practicar el tenis)
→ *Eugenia practica el tenis.*

Eugenia

escucha música

1. Jacinto (escuchar)

practicamos (el) fútbol

3. Nosotros (practicar)

toman café

5. Ustedes (tomar)

llegan a clase

7. El profesor y la estudiante (llegar)

habla por teléphono

2. Sonia (hablar)

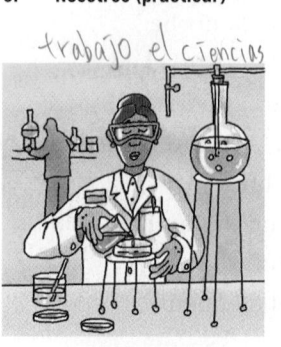
trabajo el ciencias

4. Yo (trabajar)

estudian en la librería

6. Katia / Gisela (estudiar)

bailan la salsa

8. Mis amigos (bailar)

2-29 ¿A qué hora? Take turns asking your partner at what time you do the following activities. Follow the model and use the expressions **de la mañana**, **de la tarde**, **de la noche**.

MODELO: E1: *¿A qué hora llegas a la universidad?*
E2: *Los lunes llego a las nueve y media de la mañana. ¿Y tú?*
E1: ...

1. llegar a la universidad *llego a las doce y cuarto de la tarde.*
2. estudiar para las clases *estudio para las clases a las tres de la tarde*
3. tomar café *tomo café a las tres de la tarde.*
4. escuchar música *escucho música a las diez de la noche*
5. practicar deportes *practico deportes a las seis de la noche*
6. preparar la lección de español *preparo la lección de español a las cuatro de la noche.*

 2-30 Entrevista. Ask each other the following questions.

MODELO: E1: *¿Qué estudias en la universidad?*
E2: *Estudio español, inglés,... ¿y tú?*

1. ¿Te gusta estudiar? ¿Qué estudias? *no, no me gusta estudiar. estudio buisness*
2. ¿Qué idiomas hablas bien? *hablo ingles.*
3. ¿Compras libros en la librería de la universidad? ¿Qué más compras? *sí, compro libros en la librería... compras*
4. ¿Hablas por teléfono con tus amigos?
5. ¿Trabajas? ¿Qué días trabajas?
6. ¿Qué deportes practicas?
7. ¿Te gusta bailar? ¿Cuándo bailas?
8. ¿Necesitas ayuda con la clase de español? ¿Con qué clases necesitas ayuda?

英語の to be としての使い方もある.

 # 5. The present tense of *tener (to have)* and *tener* expressions ☆ *tener que (have to)*

2-38 to 2-44

- Although the Spanish verb **tener** is irregular, the endings used in its conjugation are the same ones used in conjugating regular **-er** verbs, which will be presented in **Lección 3**.

tener (*to have*)			
yo	**tengo**	nosotros/as	**tenemos**
tú	**tienes**	vosotros/as	**tenéis**
Ud. } él/ella }	**tiene**	Uds. } ellos/as }	**tienen**

Tengo que terminar esta pintura para las cinco de la tarde.

- As in English, **tener** is used to show possession:

  Tengo tres clases y una hora de laboratorio. — *I have three classes and one lab hour.*
  ¿**Tienes** un bolígrafo? — *Do you have a pen?*
  No **tenemos** amigos mexicanos. — *We don't have any Mexican friends.*

- The verb **tener** is also used in many day-to-day expressions that are expressed in English with forms of the verb *to be*.

  ¿**Tienes** hambre? — *Are you hungry?*
  No **tengo** mucha suerte con mi horario de exámenes. — *I'm not very lucky with my exam schedule.*
  Nosotros **tenemos** prisa. — *We're in a hurry.*

• Here are some of the more common expressions with **tener**: Note that many of these refer to things we might feel (hunger, thirst, cold, etc.).

tener calor	tener hambre	tener miedo	tener cuidado	tener razón
tener frío	tener sed	tener sueño	tener prisa	no tener razón

• The verb **tener** is also used to express age, as well as the idea of *to have to (do something)*.

tener... años	*to be . . . years old*
¿Cuántos años **tienes**?	*How old **are you**?*
Tengo diecinueve años.	*I am nineteen (years old).*
tener que (+ infin.)	*to have to (do something)*
¿**Tienes que** trabajar esta noche?	*Do you have to work tonight?*
Sí, **tengo que** trabajar por tres horas.	*Yes, I have to work for three hours.*

• The adjective **mucho** (or **mucha** with feminine nouns) can be used for emphasis:

Tenemos **mucho** frío.	*We're **very** cold.*
¡Tengo **mucha** sed!	*I'm **very** thirsty!*

APLICACIÓN

2-31 ¿Lógico o ilógico? Say whether you think the following statements are logical (**lógico**) or illogical (**ilógico**).

MODELOS: La profesora de inglés tiene un diccionario.
→ *Es lógico.*
Tengo mucho calor en Iqaluit.
→ *Es ilógico.*

1. La librería de la universidad tiene muchos libros.
2. Somos de Ontario. Tenemos amigos canadienses.
3. Estudias ciencias. No tienes clases de laboratorio.

4. El profesor de español tiene un libro de biología. *es ilo*

5. Me gusta escuchar música. Tengo un iPod.

6. Tengo sueño en una clase interesante.

7. Tengo prisa a las tres de la mañana.

8. "La capital de España es Barcelona". Tengo razón.

9. Tengo calor en el gimnasio.

10. Por la noche tengo mucho cuidado en la ciudad.

2-32 ¿Qué tenemos? Repeat each sentence, changing the italicized verbs to agree with the subjects given in parentheses.

MODELO: *Tengo* que estudiar mucho. (tú)
→ *Tienes* que estudiar mucho.

1. *Tengo* que llegar temprano. (Juan, tú, nosotros, vosotros, los profesores)

2. No *tenemos* mucha suerte. (yo, los estudiantes, Ud., Marta, tú)

3. ¿Cuántos años *tienes?* (Uds., Carlos, tu amigo, ellos, la profesora)

2-33 ¿Qué tienen? Match the two columns to complete the sentences logically.

1. En un accidente mi amiga...	a. ...tenemos calor.
2. Hoy es el cumpleaños de Pedro. Él...	b. ...tenemos que estudiar.
3. Cuando nosotros practicamos el fútbol,...	c. ...tiene mucho calor.
4. Es muy tarde. Los estudiantes...	d. ...tiene veinte años.
5. Hay examen mañana. Tú y yo...	e. ...tengo frío.
6. ¡La hamburguesa es muy grande! Tú...	f. ...tienes mucha hambre.
7. ¡No, no es correcto! El profesor...	g. ...tiene miedo.
8. La temperatura está a 0° centígrados. Yo...	h. ...tengo prisa.
9. La temperatura está a 40° centígrados. Ud....	i. ...no tiene razón.
10. ¡Es urgente! Yo...	j. ...tienen sueño.

Learning Tips

MUY AND *MUCHO*

1. The words *muy* and *mucho* are often confused, as they are both used to express emphasis and can be translated as "very" in English. However, their applications in Spanish are quite different.

2. *Muy* is an adverb meaning "very". It is used before another adverb (*¡Estoy muy bien!*) or before an adjective (*Adela es muy alta, ¿verdad?*) but it is never used before a noun. Its form is invariable.

3. *Mucho* is used in different ways. As an adverb, its form is invariable (*Estudio mucho aquí.*). In this context, its meaning is "a lot". *Mucho* (*a/os/as*) is also used as an adjective meaning "a lot of", "much", "many", or "very", depending on the context. Just as with any adjective, it agrees with the noun that it modifies (*Tengo mucho frío. Tengo mucha hambre. Compro muchos libros. Muchas gracias.*).

4. *Muy* and *mucho* are never used together. The idea of "very much" is expressed by the use of the superlative form *muchísimo*, both as an adjective and an adverb (*¡Muchísimas gracias! Ellos trabajan muchísimo.*).

2-34 ¿Qué tienen? Describe how the following people feel.

MODELO: Yo...

→ *¡Tengo hambre!*

1. **Alicia y Juanita...**   2. **José Luis...**   3. **Tú...**   4. **Rosa y yo...**   5. **Los estudiantes...**

 2-35 ¿Cuándo? Take turns asking your partner when you feel the following sensations.

MODELO: tener hambre
E1: *¿Cuándo tienes hambre?*
E2: *Tengo hambre por la tarde/ a las cinco de la tarde/... ¿Y tú?*

1. tener hambre
2. tener sed
3. tener calor
4. tener frío
5. tener sueño
6. tener miedo

 2-36 Entrevista. Ask each other about the things that you have to do.

MODELO: E1: ¿Qué tienes que estudiar para el examen de español?
E2: *Tengo que estudiar el vocabulario. ¿Y tú?*

1. ¿Tienes que preparar la lección de español por la noche?
2. ¿Tienes que estudiar mucho para tus clases?
3. ¿Cuándo tienes que practicar los deportes?
4. ¿Tienes que hablar con un/a profesor/a hoy?
5. ¿Cuántas clases tienes que tomar este (*this*) semestre?
6. ¿Tienes que trabajar el sábado o el domingo?
7. ¿Qué tienes que hacer (*to do*) mañana?

Algo más

2-45 to 2-47

¡Vamos a leer!

2-37 El horario de Alberto. Read Alberto's description of his weekly schedule. Then pair up with a student beside you to ask each other the questions that follow.

¡Hola! Soy Alberto López Silvero, estudiante de idiomas en la Universidad de Valencia. Me gusta estudiar idiomas pero tengo muchas horas de clase de lunes a viernes. Todos los días llego a la universidad a las ocho y tengo clases hasta el mediodía. Por la tarde tengo una clase o preparo la lección con mis amigos.

Los lunes, miércoles y viernes tengo la clase de portugués de las ocho y media a las nueve y media. Luego tengo italiano de las diez y media a las once y media. Después de tomar café con mis amigos, tenemos una clase de literatura latinoamericana a las doce. La clase es de dos horas y a las dos de la tarde comemos (*we eat*) en la cafetería de la universidad.

Los martes y jueves son menos ocupados porque solamente tengo dos clases: la clase de historia europea de las ocho y media a las diez y después tengo la clase de inglés a las diez. Es una clase muy interesante y la profesora Greenwood es buena pero ¡soy un estudiante muy malo!

Tengo que estudiar y preparar mis clases todas las noches menos (*except*) los viernes cuando mis amigos y yo escuchamos música, conversamos y tomamos algo en un café o un bar. Generalmente hay una fiesta los viernes o los sábados en casa de un amigo. Me gusta bailar los ritmos latinoamericanos: la salsa o el merengue. Tengo que trabajar en un restaurante todos los domingos por la tarde, a veces (*sometimes*) hasta las once o doce de la noche. Es una semana muy ocupada.

CUESTIONARIO:

1. ¿Qué materias (*subjects*) estudia Alberto? ¿Cuáles no son clases de idiomas?
2. ¿Cuántas horas de clase tiene los lunes?
3. ¿Qué días y a qué hora es la clase de inglés? ¿Cómo se llama la profesora?
4. ¿Qué tiene que hacer Alberto los lunes? ¿Tiene que estudiar los viernes por la noche?
5. ¿Trabaja Alberto? ¿Dónde y cuándo?

¡Vamos a hablar!

2-38 ¿De dónde eres? ¿Qué estudias? Pair up with a student whom you do not already know, and ask each other the following questions. Use the *Modelo* as a guide to begin your conversation.

MODELO: E1: *Hola, ¿cómo te llamas?*

E2: *Me llamo _____. ¿Y tú?*

E1: *_____. ¿De dónde eres, _____?*

E2: *Soy de _____. ¿Y tú?*

E1: *_____. ¿De qué nacionalidad eres?*

E2: *Soy* _____.

E1: ¿Qué estudias?

E2: *Estudio* _____. *Mi clase de* _____ *es los* _____ *y* _____ *de* _____ *a* _____.

1. ¿De dónde eres? ¿De qué nacionalidad eres?
2. ¿Qué estudias?
3. ¿Cuándo son tus clases? ¿A qué hora?
4. ¿Cuándo preparas tus clases? ¿Tienes que estudiar mucho?
5. ¿Trabajas? ¿Dónde? ¿A qué hora?

¡Vamos a escribir!

2-39 El día de un/a estudiante de la clase de español. Pair up with a classmate to develop the questions that you will need to ask another classmate in order to complete the information below about his/her schedule today. Use interrogative words and phrases such as **¿Cómo...?**, **¿A qué hora...?**, **¿Qué...?**, **¿Quién(es)...?**, and **¿Cuándo...?**.

El día de (Alicia/ Juan/ etc.).

Hoy, (Alicia/ Juan/ etc.) llega a la universidad a _____. Tiene clases de _____, _____ y _____.
Por la mañana, _____. Por la tarde, _____.
La clase de _____ es de _____ a _____ La clase de _____ es de _____ a _____.

En la clase, sus (*his/her*) amigos son _____. En la clase, ellos tienen que _____.

Hoy por la tarde (Alicia/ Juan/ etc.) tiene que _____. Por la noche _____ que _____.
Él/ Ella prepara la clase de español (a las/ por la) _____.

- La tarea (*Homework*)

As homework for your next class, write about your own daily or weekly routine. Check for agreement of nouns, articles, and adjectives, agreement of subjects and verbs, and correct spelling, including accents.

¡Vamos a explorar!

 2-40 **¿Quién es? ¿Por qué es famoso/a?**

In groups, choose a famous Spanish[1] person and answer the following questions about him or her:

¿Quién es?   ¿Cómo es?

¿De dónde es?   ¿Por qué es famoso/a?

You might want to try the following websites, or find ones of your own:

Pablo Picasso:
www.picasso.fr/us/picasso_page_index.php

Miguel de Cervantes Saavedra:
www.online-literature.com/cervantes

Andrés Iniesta:
www.andresiniesta.es

Penélope Cruz:
www.penelope-cruz.com

---

[1]The word **Spanish** (*español*), unless it pertains to the language, refers only to Spain. The term **Hispanic** (*hispano*) refers to all Spanish-speaking countries, including Spain.

Nuestro mundo

 Panoramas

 ## España: Tierra de don Quijote

Millones de turistas visitan España todos los años para descubrir (*discover*) sus bonitas vistas, su rica historia, su innovador presente y su fabulosa comida.

Spanish cuisine

En las largas y ricas costas de España, la pesca (*fishing*) es maravillosa. La gastronomía española es famosa por sus (*its*) excelentes platos, como la paella.

Pedro Almodóvar es un director de cine español muy famoso. Sus (*his*) obras (*works*) incluyen *Volver* con Penélope Cruz y *Todo sobre mi madre*, por la que recibió un Oscar. Penélope también aparece en su película, *Los abrazos rotos*.

 La Copa Mundial

2-53 to
2-54

El 11 de julio de 2010 el equipo (*team*) de fútbol de España gana 1-0 contra Holanda en la final de la Copa Mundial en Johannesburgo, Sudáfrica. Los aficionados (*fans*) del equipo español celebran la victoria en ciudades por todo el mundo.

La fiesta de San Fermín es muy famosa. Es en Pamplona, en el norte de España, del 6 al 14 de julio. Durante nueve días sueltan toros (*they release bulls*) y españoles y turistas corren delante de ellos (*run in front of them*) por las calles de la ciudad. Por las noches hay muchas fiestas.

España

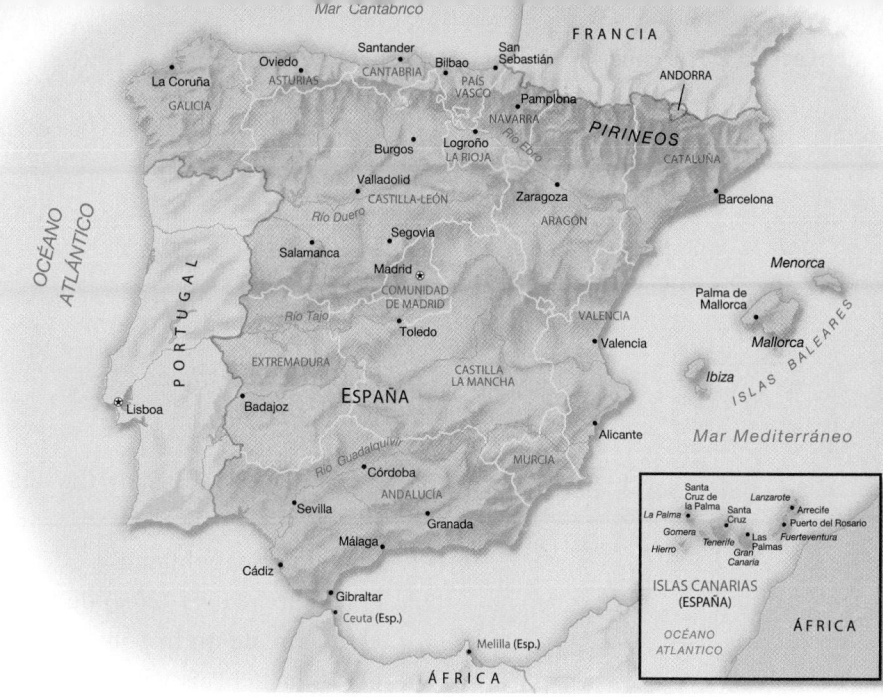

El famoso acueducto de Segovia fue construido por los romanos durante los siglos I–II.

¡ALÓ!

LOS PRÍNCIPES DE ASTURIAS, FELICES CON SUS HIJAS.

España tiene una monarquía parlamentaria. El príncipe Felipe de Borbón, nacido el 30 de enero de 1968 y heredero al trono de España, estudió por un año en Lakefield College School, en Ontario.

 2-41 ¿Qué sabes tú?   How many of the following can you name?

1. la capital de España
2. una ciudad famosa por su acueducto
3. un pintor español famoso
4. el nombre del príncipe de España
5. un plato (*dish*) típico de España
6. el nombre de uno de los mares (*seas*) de España
7. el nombre de otro país que ocupa la Península Ibérica
8. el nombre del océano donde están las Islas Canarias

2-42 ¿Dónde?   Match these places in Spain with the things you might find there.

1. Salamanca
2. los Pirineos
3. Segovia
4. Madrid
5. las costas
6. el Mar Mediterráneo
7. Pamplona

a. un grupo de islas
b. arquitectura romana
c. playas
d. muchos turistas en julio
e. una universidad antigua
f. el gobierno
g. montañas

2-43 Conexiones.   Consult the library or the Internet to find the following information:

1. un autor español famoso
2. el nombre del rey (*king*) de España
3. el nombre de un futbolista español
4. el idioma del País Vasco
5. el nombre de un baile tradicional español
6. un deporte popular en España

Ritmos

2-55

El baile flamenco: ritmo y pasión

Flamenco music and dance, usually associated with the region of Andalucia in southern Spain, has its roots in many cultures: elements from Roma (gypsy), Moorish, and Sephardic music combine in this distinctive genre. Flamenco dance may be performed individually, in pairs, or in informal groups, and is characterized by the ruffled dresses worn by the women and by graceful movements of the arms and hands and rapid taps or stamps of the feet. The *cantaor* (singer) may sing unaccompanied, or the music may be provided by a guitar, along with the complicated rhythmic patterns of the castanets, *palmas* (rhythmic clapping), or foot stamping. Flamenco was declared a Masterpiece of the Oral and Intangible Heritage of Humanity by UNESCO in 2010.

As you explore the links below, listen for the different components of the music: the singer, guitar, palmas, and stamping.

Para escuchar música flamenca:
www.flamenco.ca/music.asp

El baile flamenco en Canadá:
http://topdocumentaryfilms.com/flamenco-at-515

Para ver y escuchar más flamenco en Canadá:
www.torontoflamencofestival.com

Dos españolas bailan flamenco en Sevilla.

Compañía Azul: El flamenco en Halifax, Nueva Escocia

Compañía Azul is a dynamic flamenco group based in Halifax, Nova Scotia. The seven members who currently make up the group are from all parts of Atlantic Canada, including St. John's, NFLD, Lunenburg, NS, and Cape Breton, NS. Perhaps the most unlikely of places for fiery flamenco to flourish, Atlantic Canada is becoming a hot spot for the genre. Drawn to the beauty of the music, movement, and rhythms of flamenco, the group creates their own place in it, through a passionate, stunning display of emotion, sound, and colour.

Photo credit: Holly Crooks

Compañía Azul baila en esta página:
www.compania-azul.com

MySpanishLab

Access *¡Arriba!'s* MySpanishLab at **www.myspanishlab.com**. MySpanishLab offers a variety of online resources, including

- Student Activities Manual exercises
- self-grading tests
- videos

Vocabulario

Primera parte

Adjetivos de nacionalidad	Adjectives of nationality
argentino/a	*Argentinian*
boliviano/a	*Bolivian*
canadiense	*Canadian*
chileno/a	*Chilean*
colombiano/a	*Colombian*
costarricense	*Costa Rican*
cubano/a	*Cuban*
dominicano/a	*Dominican*
ecuatoriano/a	*Ecuadorian*
español/a	*Spanish*
guatemalteco/a	*Guatemalan*
hondureño/a	*Honduran*
mexicano/a	*Mexican*
nicaragüense	*Nicaraguan*
norteamericano/a (estadounidense)	*American (U.S.)*
panameño/a	*Panamanian*
paraguayo/a	*Paraguayan*
peruano/a	*Peruvian*
puertorriqueño/a	*Puerto Rican*
salvadoreño/a	*Salvadorian*
uruguayo/a	*Uruguayan*
venezolano/a	*Venezuelan*

Palabras interrogativas	Interrogative Words
¿Cómo?	*How . . . ? What . . . ?*
¿Cuál(es)?	*What . . . ? Which (one(s)) . . . ?*
¿Cuándo?	*When . . . ?*
¿Cuánto/a/s?	*How much/many . . . ?*
¿Dónde?	*Where . . . ?*
¿De dónde?	*Where . . . from?*
¿De qué?	*What . . . ?*
¿De quién(es)?	*Whose . . . ?*
¿Por qué?	*Why . . . ?*
¿Qué?	*What . . . ?*
¿Quién(es)?	*Who . . . ?*

¿Cuándo?	When?
ahora	*now*
por la mañana (la tarde/ la noche)	*in (during) the morning (afternoon/night)*
¿Qué hora es?	*What time is it?*
Es la una.	*It's one o'clock.*
Son las dos/ tres/ etc.... de la mañana (la tarde/ la noche)	*It's two/three/etc. . . . (o'clock) . . . in the morning (afternoon/night)*
Es tarde/ temprano.	*It's late/early.*

Otras palabras y expresiones	Other words and expressions
muy	*very*
pero	*but*
porque	*because*
también	*also*
¿Verdad?	*Is that right? Really?*

Sustantivos	Nouns
el/la amigo/a	*friend*
la capital	*capital city*
el/la chico/a	*boy/girl; young person*
la ciudad	*city*
el/la novio/a	*boyfriend/girlfriend*
el país	*country*

Adjetivos descriptivos	Descriptive adjectives
alto/a	*tall*
bajo/a	*short*
bonito/a	*pretty; cute*
delgado/a	*thin; slender*
feo/a	*unattractive; ugly*
gordo/a	*plump; fat*
guapo/a	*good looking*
joven	*young*
moreno/a	*brunette; dark complexion*
nuevo/a	*new*
pobre	*poor*
rico/a	*rich*
rubio/a	*blond; fair complexion*
viejo/a	*old*

Segunda parte

¿Qué haces? ¿Qué te gusta hacer?	**What do you do? What do you like to do?**
bailar	*to dance*
comprar	*to buy*
escuchar	*to listen (to)*
estudiar	*to study*
hablar	*to talk; speak*
llegar	*to arrive*
necesitar	*to need*
practicar	*to practise; to play (a sport)*
preparar	*to prepare*
tener	*to have*
tomar	*to take; to drink*
trabajar	*to work*

Expresiones con "tener"	**"Tener" expressions**
tener calor	*to be hot*
cuidado	*careful*
frío	*cold*
hambre	*hungry*
miedo	*afraid*

prisa	*in a hurry*
razón	*right*
sed	*thirsty*
sueño	*sleepy*
suerte	*lucky*
tener (X) años	*to be (X) years old*
tener que (+ infin.)	*to have to (+ infin.)*

¿Qué estudias?	**What do you study?**
la biología	*biology*
las ciencias	*sciences*
la historia	*history*
los idiomas	*languages*
las matemáticas	*mathematics*
la sociología	*sociology*

¿Qué deportes practicas?	**What sports do you play?**
el básquetbol (el baloncesto)	*basketball*
el béisbol	*baseball*
el fútbol	*soccer*

el fútbol norteamericano	*football*
el hockey (sobre hielo)	*(ice) hockey*
el tenis	*tennis*

Sustantivos	**Nouns**
la ayuda	*help*
el examen	*exam*
la fiesta	*party*
la librería	*bookstore*

Adverbios	**Adverbs**
hoy	*today*
mañana	*tomorrow*

Otras expresiones	**Other expressions**
¿Qué te gusta hacer?	*What do you like to do?*
Me gusta (+ infin.)	*I like (+ infin.)*
Me gusta bailar en las fiestas.	*I like to dance at parties.*

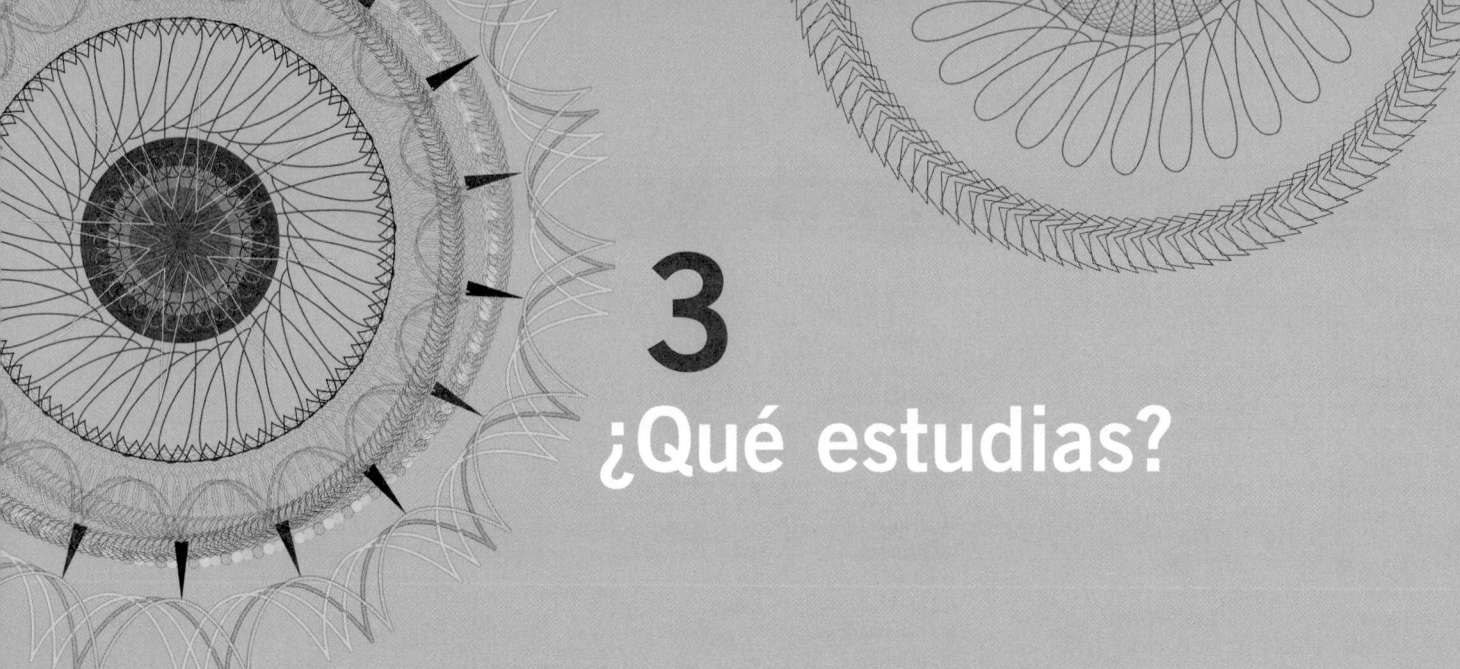

3
¿Qué estudias?

OBJETIVOS COMUNICATIVOS

- Exchanging information about classes
- Expressing possession
- Talking about what you're doing and where you're going

- Expressing location
- Expressing the way you and others feel

Diagnostic
Test

¡México lindo!

OCÉANO
ÁRTICO

ESTADOS
UNIDOS

CANADÁ

OCÉANO
PACÍFICO

ESTADOS
UNIDOS

OCÉANO
ATLÁNTICO

MÉXICO

Golfo de
México

Autorretrato con mono, 1940 *(Self-Portrait with Monkey)*,
un autorretrato de la pintora mexicana, Frida Kahlo.

La casa de Frida Kahlo en la Ciudad de México.

Primera parte

¡Así lo decimos! VOCABULARIO

CD Track 3.1

3-1 to 3-4

¿Qué materias vas a tomar? *What courses are you going to take?*

Yo estudio ~~la economía~~

Contabilidad
fin
cuatro de la tardes

Materias académicas	Academic subjects
la administración de empresas	business administration
la antropología	anthropology
las ciencias políticas	political science
la computación	computer science
la economía	economics
la física	physics
la geografía	geography
las humanidades	humanities
la literatura	literature
la música	music
la psicología	psychology
la química	chemistry

La vida universitaria	University life
la biblioteca	library
la cafetería	cafeteria
el centro estudiantil	student centre
el curso	course
el diccionario	dictionary
el ejercicio	exercise
el gimnasio	gymnasium
el horario (de clases)	(class) schedule
el laboratorio	laboratory
la materia	(academic) subject
el semestre	semester
la tarea	assignment; homework

La chica estudia computación.

Verbos	Verbs
buscar mi bolígrafo	*to look for…*
caminar a clase	*to walk…*
conversar con mis amigos	*to converse; to chat…*
hacer la tarea	*to do…; to make*
hacer preguntas	*to ask questions*
ir (a) (voy/ vas/ vamos)	*to go (to) (I go/you go/we go)*
mirar la televisión	*to look at; to watch…*
nadar todos los días	*to swim…*
regresar del gimnasio	*to return…*

Otras palabras y expresiones	Other words and expressions		
bastante	*rather; quite; enough*	**generalmente**	*generally*
complicado/a	*complicated*	**pues**	*well (interjection)*
		si	*if*
		solamente	*only*
		ya	*already*

¡Así es la vida! ¿Qué materias vas a tomar?

CD Track 3.2

Alberto: ¡Hola, Laura! Ya tienes *already* tu horario de clases, ¿verdad?

Laura: Sí, y tú también, ¿no? ¿Qué materias vas a tomar?

Alberto: Mi horario es bastante *scheduled* complicado. Voy a tomar cinco materias *5 classes* y tengo clases todos los días. *every*

Laura: ¿Vas a tomar economía con el profesor Molina?

Alberto: Sí, y ¡es una clase muy difícil! Sus estudiantes *always* siempre tienen que hacer mucha tarea. *have to*

CD Track 3.3

Luisa: Carmen, ¿qué haces? *what are you doing?*

Carmen: Hago la tarea de física para mañana. *I'm doing physics assignment for tmr.*

Luisa: ¿Cuántos ejercicios *exercises* tenemos que preparar?

Carmen: Solamente hay dos.

Luisa: Pues, ¿vamos a la clase de biología?

Carmen: ¿Qué hora es? *What time is it.*

Luisa: Son las nueve menos cinco. Nuestra clase es en cinco minutos.

Carmen: ¡Ay, sí! ¡Vamos a clase!

EXPANSIÓN

Todo (*every; everything; all*) can be either a pronoun or an adjective.

todo/a/s (*pron.*)	*everything; all; everyone; everybody*
Todo es interesante.	***Everything*** is (*It is **all***) *interesting.*
Todos están en clase hoy.	***Everyone (Everybody)*** *is in class today.*
todo/a/s (*adj.*)	*all (of); every*
todo el día/ toda la noche	*all day/all night*
todos los días/ todas las noches	*every day/every night*
todo el mundo	*everyone; everybody*
No **todos** los estudiantes van a **todas** sus clases **todos** los días.	*Not **all** of the students go to **all** of their classes **every** day.*

APLICACIÓN

3-1 ¿Qué pasa? Indicate whether each of the following statements is true (**cierto**) or false (**falso**), based on the **¡Así lo decimos!** vocabulary and reading, and correct any false statements.

1. Alberto tiene clases los viernes. *cierto*
2. Alberto toma muchas materias. *cierto*
3. Todas las clases de Alberto son fáciles. *difícil*
4. Carmen no estudia ciencias. *física*
5. Las chicas tienen una clase de psicología. *biología*
6. Su clase de biología es por la mañana. *cierto*

3-2 ¿Cuál no pertenece? Identify the item that *does not belong* in each of the following lists.

1. economía/ gimnasio/ literatura/ música
2. materia/ horario/ clase/ computadora *schedule*
3. complicado/ centro estudiantil/ gimnasio/ laboratorio
4. antropología/ química/ física/ computación
5. bastante/ hacer/ generalmente/ solamente
   enough   to do   generally

3-3 ¿Qué estudias? Match each item with the corresponding class. Then, say what you have and what you study, based on the information.

MODELO: *Tengo* una computadora. *Estudio* computación.

español	física	geografía	música	literatura	psicología

1. la novela *Don Quijote de la Mancha* *literatura*
2. un libro de Freud *psicología*
3. muchos mapas *geografía*
4. un diccionario bilingüe *español*
5. clases de laboratorio *física*
6. un piano *música*

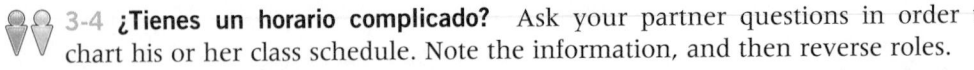

3-4 ¿Tienes un horario complicado? Ask your partner questions in order to chart his or her class schedule. Note the information, and then reverse roles.

MODELO: E1: *¿A qué hora llegas a clase los lunes?*
E2: *Llego a las…*
E1: *¿Qué clases tienes?*
E2: *Tengo clase de…, de… y de…*
E1: *¿A qué hora es la clase de…?*
E2: *Es a las…*
E1: *¿A qué hora regresas a casa (home)?*
E2: *Regreso a las…*

	lunes	martes	miércoles	jueves	viernes
9:00					
10:00					
11:00					
¿...?					

CD Track
3.4

Letras y sonidos

Syllabification

In Spanish, a syllable is a unit of timing for rhythm. Every syllable contains one vowel, which may be accompanied by glides and/or consonants. Consonants combine with vowels to form syllables as follows.

- A single consonant (including **ch**, **ll**, **rr**) attaches to the following vowel.

  se-ño-ri-ta   **mu-cha-cho**   **bo-ca-di-llo**   **pi-za-rra**

- Two consonants attach to the following vowel when they consist of a strong consonant (**p**, **b**, **t**, **d**, **c**, **g**, **f**) followed by **r** or **l**.

  a-**brir**   **pro-ble**-ma   no-so-**tros**   bo-lí-**gra**-fo

  When two consonants do not form this combination, they are separated.

  tar-**de**   de-por-**te**   blan-**co**   es-**tu**-dian-te

- With combinations of three consonants that include **p**, **b**, **t**, **d**, **c**, **g**, **f** plus **r** or **l**, in positions two and three, the last two consonants attach to the following vowel.

  c**om-pli**-ca-do   hom-**bre**   es-**cri**-to-rio   in-**glé**s

  Without this sequence of sounds, only the last consonant attaches to the following vowel.

  pe**rs-pec-ti**-va   in**s-ta**-lar   con**s-tan**-te   sol**s-ti**-cio

- With four consonants, the last two always attach to the following vowel.

  in**s-tru**c-tor   ab**s-tra**c-to

Comparaciones

LAS UNIVERSIDADES HISPANAS

En tu experiencia. ¿Cuántos estudiantes hay en una clase típica en tu universidad? ¿Cuántos hay en tu clase de español? ¿Cuántas clases tienes por semana? ¿Es muy importante el examen final en tu clase de español? ¿Hablan mucho los estudiantes en tus clases? Por lo general, ¿dónde viven (*live*) tus amigos (en una residencia estudiantil (*student residence*), con su familia o en un apartamento)?

Generalmente, las clases en las universidades hispanas son más formales que las clases en las universidades canadienses. En muchos países hispanos:

- Los estudiantes no tienen mucha tarea.
- Las clases son conferencias (*lectures*) dictadas por profesores y los estudiantes no participan mucho.
- Hay pocas clases opcionales o electivas; casi todas son obligatorias.
- Toda la evaluación académica consiste en un examen final.

En muchos países hispanos, no hay residencias estudiantiles en las universidades como en Canadá. Los estudiantes viven en casa con su familia o, si la universidad está en otra ciudad, en una pensión estudiantil (*boarding house*) o en un apartamento con amigos. En las pensiones estudiantiles los estudiantes no tienen que preparar la comida (*food*) o lavar la ropa (*wash clothes*). Sus habitaciones (*bedrooms*) normalmente son pequeñas, pero una pensión tiene un sabor (*flavour*) más familiar. En muchas pensiones los estudiantes comen con la familia que administra la pensión.

¿Entiendes (*Do you understand*)? Indicate whether or not each of the following statements is true, based on your own experience and the reading above.

1. El sistema de educación en los países hispanos es bastante formal.
2. En las universidades canadienses los estudiantes no participan mucho en las clases.
3. Hay pocas pruebas (*tests*) y tareas en el sistema hispano.
4. Muchos estudiantes mexicanos viven en residencias en la universidad.
5. Los estudiantes que viven en pensiones tienen que preparar la comida.

 ¡A conversar! ¿Qué creen ustedes?
¿Prefieren (*Do you prefer*) el sistema hispano o el sistema canadiense? ¿Por qué?

¡Así lo hacemos! ESTRUCTURAS

 ## 1. Possession

(handwritten: ◯◯ of ✕✕ eg) the dog of Lola)

A. Indicating possession with "de + noun"

- In Spanish, the construction **de + *noun*** is used to indicate possession. It is equivalent to the English **apostrophe** *s*.

> El libro **de Raúl** es interesante.   ***Raúl's*** *book is interesting.*
> La amiga **de Laura** estudia química.   ***Laura's*** *friend studies chemistry.*

- When the preposition **de** is followed by the definite article **el**, it contracts to **del: de + el = del.**

> Los libros **del** estudiante son caros.   *The student's books are expensive.*
> *(handwritten: (mis de + el))*

- The preposition **de** does not contract with **la**, **los**, **las**, or the prepositional pronoun **él**.

> Los lápices **de la** profesora García son amarillos.   *Professor García's pencils are yellow.*
>
> No es mi mochila; es la **de él**.   *It's not my backpack, it's **his**.*

¡No es mi coche! Es el coche de Raúl.

B. Possessive adjectives

Sí, pero tu profesor es excelente.

Mi clase es bastante grande.

(handwritten:
· the book of profesor
↳ El libro de + el profesor
↓
del)

- Possession is also expressed by using the possessive adjectives. You are already familiar with the forms **mi/s** and **tu/s**.

Subject pronoun	With singular nouns	With plural nouns	
yo	mi	mis	*my*
tú	tu	tus	*your* (inf.)
Ud.	su	sus	*your* (form.)
él/ella	su	sus	*his, her*
nosotros/as	nuestro/a	nuestros/as	*our*
vosotros/as	vuestro/a	vuestros/as	*your* (inf.)
Uds.	su	sus	*your* (form.)
ellos/as	su	sus	*their*

(handwritten:
- mi mesa
- mis mesas)

- All possessive adjectives agree in number with the nouns that they modify. Note that **nuestro/a** and **vuestro/a** are the only possessive adjectives that show agreement in both gender and number.

- Unlike descriptive adjectives, which are normally placed *after* the noun that they modify, possessive adjectives are always placed *before* the noun.

Mis clases son grandes.	*My* classes are big.
Nuestros amigos llegan a las ocho.	*Our* friends arrive at eight o'clock.

Learning Tips

SU AND SUS

The possessive adjectives **su** and **sus** can have different meanings (*your, his, her, its, their*). The context often indicates who the possessor is.

María lee **su** libro.	*María reads **her** book.*
Luisa vive con **sus** amigas.	*Luisa lives with **her** friends.*
Ramón y José hablan con **su** profesor.	*Ramón and José talk with **their** professor.*
¿Ud. tiene **su** bolígrafo?	*Do you have **your** pen?*
¿Uds. viven con **sus** amigos?	*Do you live with **your** friends?*

When the identity of the possessor is not clear, the construction **de + *noun*** or **de + *prepositional pronoun*** can be used for clarification.[1]

¿De quién es el libro?	***Whose** book is it?*
Es **su** libro. Es el libro **de Paco**.	*It's **his** book. It's **Paco's** book.*
¿Son **sus** amigas?	*Are they **her** friends?*
Sí, son las amigas **de ella**.	*Yes, they're **her** friends.*

---

[1] With the exception of first and second persons singular (**yo** and **tú**), prepositional and subject pronouns are the same: **de él, de usted, de nosotros/as, de ellas.** The prepositional pronouns for **yo** and **tú** are **mí** and **ti.** The preposition **con** has special forms with **yo** and **tú: conmigo** and **contigo.**

APLICACIÓN

Whose is it?

3-5 ¿De quién es? Choose the most likely owner for each object.

MODELO: El lápiz es (<u>del estudiante</u>/ de la dentista).

1. El diccionario es (de la cafetería/ <u>de la biblioteca</u>).
2. El laboratorio de química es (de María/ <u>de la universidad</u>).
3. La tarea de economía es (de la clase de español/ <u>del profesor de economía</u>).
4. Los ejercicios de física son (de la estudiante de idiomas/ <u>del estudiante de ciencias</u>).
5. El horario de clases es (<u>de Carlos</u>/ de la mamá de Carlos).
6. La oficina es (de Luisa/ <u>del profesor Carlino</u>).
7. Los mapas son (de los estudiantes de matemáticas/ <u>de la profesora de geografía</u>).
8. El centro estudiantil es (<u>de Paco y Jorge</u>/ de los profesores Sánchez y Rojas).

whose things are these?

3-6 ¿De quiénes son estas cosas? Complete the sentence fragments with the correct forms of the verb **ser** and any other necessary elements to indicate to whom these objects belong.

de + el = del

MODELO: los libros/ los estudiantes
→ Los libros *son de* los estudiantes.

1. la clase/ la profesora García   *es de la*
2. el bolígrafo/ Luis   *es de*
3. los exámenes/ los estudiantes de psicología   *son de los*
4. las tareas/ Rosa   *son de*
5. el diccionario bilingüe/ el profesor Quispe   *es del*
6. el horario de clases/ Ana   *es de*
7. los microscopios/ el laboratorio de biología   *son del*
8. las mochilas/ Sandra y Ramón   *son de*

3-7 ¿De quién es el libro? As your instructor points to different objects within the classroom, indicate to whom each belongs.

MODELO: el libro
→ El libro *es de David.*

1. la mochila
2. el bolígrafo
3. el lápiz
4. la computadora
5. el cuaderno
6. el café
7. el diccionario
8. la silla

3-8 ¡Es mi cuaderno! Complete the following with the correct forms of the possessive adjectives, changing the italicized elements as necessary.

MODELO: Llevo *mis cuadernos* a la clase. (diccionario/ calculadora/…)
→ Llevo *mi diccionario* a la clase./ Llevo *mi calculadora* a la clase./…

1. ¿Tú no tienes *tus bolígrafos?* (calculadora/ diccionarios/ tareas/ lápiz)   *tu   tus   tus   tu*
2. Los estudiantes buscan *su clase.* (ejercicios/ mapa/ universidad/ libros)   *sus   su   su   sus*
3. Necesitamos *nuestros cuadernos.* (laboratorio/ computadora/ horarios/ mochilas)   *nuestro   nuestra   nuestros   nuestras*

3-9 Un estudiante mexicano. Read the following paragraph about Pedro, a university student. First, underline all of the possessive adjectives. Then, indicate whether the statements that follow are **cierto** or **falso**.

Soy Pedro, estudiante de la UNAM en la Ciudad de México, donde estudio idiomas en la facultad de humanidades. Mi programa de estudios es difícil pero interesante: los martes y jueves tengo clases de inglés, historia latinoamericana y literatura. Mis clases son por la mañana y por la tarde trabajo en una de las cafeterías de nuestra universidad. Mi familia es de Guanajuato pero yo vivo (*I live*) en la capital, en un apartamento con mi amigo José. Nuestro apartamento es pequeño y tenemos que tomar el autobús para llegar a la universidad. La novia de José es de Quebec y muchos de sus amigos estudian francés. Una de mis profesoras también es de Canadá y su especialización es la literatura canadiense.

¿Cierto o falso?

1. Las clases de Pedro son fáciles.   *difíciles*
2. Sus clases son interesantes.   *Cierto*
3. Su familia es mexicana.   *Cierto*
4. Uno de sus amigos se llama José.   *Cierto*
5. La novia de José estudia francés.   *Cierto*

3-10 En la cafetería. Complete the following paragraph with the correct forms of the possessive adjectives. In each sentence, the italicized subject is the owner of the object.

A las 7:30 de la mañana *yo* tomo (1.) _mi_ primer café porque (2.) _mi_ clase de ciencias políticas es a las ocho. Mis amigos *Pancho y Beto* llegan a (3.) _sus_ clase de física a las nueve de la mañana. Después de (*After*) clase *nosotros* vamos a la cafetería de (4.) _nuestra_ universidad al mediodía. En la cafetería, conversamos con (5.) _nuestros_ amigas y con (6.) _nuestros_ profesores. Estudiamos (7.) _nuestras_ lecciones. *Yo* practico inglés con (8.) _mis_ amigos canadienses y (9.) _mis_ amigas *Carol y Kim* practican español con (10.) _sus_ amigos mexicanos. ¿*Tú* vas a la cafetería de (11.) _tu_ universidad con (12.) _tus_ amigos también?

3-11 ¿Cómo es? ¿Cómo son? Fill in the missing possessive adjectives and take turns asking your partner the following questions.

MODELO: ¿Cómo es _____ clase de francés?

E1: ¿Cómo es *tu* clase de francés?

E2: *Mi* clase de francés es interesante pero difícil. ¿Cómo es *tu* clase de...?

1. ¿Cómo es _tu_ clase de...?
2. ¿Cómo es _tu_ horario de clases?
3. ¿Cuántos exámenes tienes en _tus_ clases?
4. ¿Qué tienes que hacer en _tus_ clases de ciencias?
5. ¿De dónde son _tus_ amigos?
6. ¿Cómo son _tus_ amigos?
7. ¿Qué deporte/s practica _tu_ novio/a?

3-13 to 3-22

2. The present tense of *hacer* (*to do; to make*) and *ir* (*to go*)

hacer (*to do; to make*)				ir (*to go*)			
yo	**hago**	nosotros/as	**hacemos**	yo	**voy**	nosotros/as	**vamos**
tú	hace**s**	vosotros/as	hac**éis**	tú	**vas**	vosotros/as	**vais**
Ud. él/ella }	hace	Uds. ellos/as }	hacen	Ud. él/ella }	**va**	Uds. ellos/as }	**van**

- The Spanish verbs **hacer** and **ir** have irregular forms. **Hacer** is only irregular in the first-person singular: **hago**.

  Hago la tarea por la noche.   *I **do** homework at night.*

- When you are asked a question using **hacer**, you usually respond with a verb that describes your activity.

  [handwritten: just give the answer (don't restate hacer)]

  Ricardo, ¿qué **haces** aquí?   *Ricardo, what **are you doing** here?*
  Busco un libro para mi clase. *I'm **looking for** a book for my class.*

- The verb **ir** is used in two ways. It normally expresses the idea of movement towards a destination (**ir a** + *destination*). The construction **ir a** + *infinitive* is used to express future action, and is equivalent to the English construction *to be going + infinitive.*

  Voy a la biblioteca. *[handwritten: library / Voy a casa]* *I'm **going to** the library.*
  ¿Qué **vas a hacer** esta noche? *What **are you going to do** tonight?*
  Voy a estudiar en la biblioteca. *I'm **going to study** in the library.*

- **Ir** is almost always followed by the preposition **a**. When this **a** is followed by the definite article **el**, the two words combine to form the contraction **al**: **a + el = al**. *[handwritten: Van a el]*

  [handwritten: a + el = al]

  Luis y Ernesto **van al** centro *Luis and Ernesto **are going/go to the***
  estudiantil.   *student centre.*

- The preposition **a** does not contract with **la**, **las**, **los** or with the prepositional pronoun **él**.

  Carmen va **a la** cafetería. *Carmen is going/goes **to the** cafeteria.*

EXPANSIÓN Verbs followed by an infinitive

With few exceptions, when two verbs are used in the same phrase in Spanish, the second verb is in the infinitive form. The infinitive is always used after prepositions and in impersonal expressions.

Necesito **tomar** un curso de sociología.	*I need **to take** a sociology course.*
Espero **estudiar** francés.	*I hope **to study** French.*
Me gusta **estudiar** idiomas.	*I like **to study** languages.*
Tengo **que trabajar** a las nueve.	*I have **to work** at nine.*
Voy **a estudiar** dos idiomas.	*I am going **to study** two languages.*
Es importante **hacer** los ejercicios escritos.	*It is important **to do** the written exercises.*
Es necesario **practicar** el vocabulario.	*It is necessary **to practise** the vocabulary.*

APLICACIÓN

3-12 ¿Qué hacen? Complete the sentences with the correct forms of the verb **hacer**.

1. (Yo, Carlos, Los estudiantes, Tú, Nosotros) _____ la tarea por la noche.
   [handwritten: hago hace hacen haces hacemos]
2. ¿_____ (tú, Ud., Uds., Carmen, Raquel y Sara) muchas preguntas en la clase?
   [handwritten: haces hace hacen hace hacen / question]
   [margin handwritten: ¿Haces tú → / Yo no hago →]
3. (Yo, Nosotros, Tus amigos, María, Ud.) no (hacer) mucho ejercicio los fines de semana.
   [handwritten: hago hacemos hacen hace hacéis / end / week]

3-13 ¿Qué haces? Complete each sentence with the correct form of the verb **hacer** and a logical activity.

[handwritten: 6 / all] todas las comidas (*meals*)   *[handwritten: 4]* ejercicio   *[handwritten: 5]* muchas preguntas
[handwritten: 1] la tarea   *[handwritten: 3]* mucho trabajo   *[handwritten: 2]* los ejercicios orales

1. En la biblioteca, yo _hago_.
2. En el laboratorio de idiomas, mis amigos y yo _hacemos_.
3. En clase, nosotros _hacemos_.
4. En el gimnasio, tú _haces_.
5. En la oficina, los secretarios _hacen_.
6. En el restaurante, la señora _hace_.

3-14 ¿Adónde vas? Complete the sentences with the correct forms of the verb **ir**.

1. (Nosotros, Yo, Nuestros amigos, La profesora, Ud.) _____ a la biblioteca ahora.
   [handwritten: vamos voy van va va]
2. ¿Adónde _____ (los estudiantes, Uds., tú, Ud., Carlos)?
   [handwritten: van van vas va va]
3. (Yo, Todo el mundo, Mis amigos, Nosotros, Sara) _____ a una fiesta el viernes.
   [handwritten: voy van van vamos va / every body / Friday]

3-15 En la universidad. Take turns saying where you go to do the following things.

MODELO: comprar un libro
   E1: *¿Adónde vas para comprar un libro?*
   E2: *Voy a la librería.*

1. hacer la tarea de química *[handwritten: Hw]*
2. estudiar *[handwritten: voy a la biblioteca]*
3. hacer ejercicio *[handwritten: voy al gimnasio]*
4. escuchar música *[handwritten: voy a la fiesta]*
5. bailar *[handwritten: voy]*
6. conversar con tus amigos/as *[handwritten: voy a la cafetería]*
7. mirar la televisión *[handwritten: voy a la casa]*
8. tomar un café *[handwritten: voy a la cafetería a tim hortons .]*

3-16 Los amigos. Complete the following paragraph with the correct forms of the verb **ir**.

José, Marta, María y yo somos buenos amigos. Nosotros (1.) _vamos_ juntos (*together*) a la universidad todos los días. José (2.) _va_ a la clase de español a las nueve y luego (*then*) (3.) _va_ a la clase de inglés. Marta y María (4.) _van_ a la clase de psicología a las once y a las doce (5.) _van_ a la clase de biología. Yo también (6.) _voy_ con ellas a la clase de psicología y después ellas (7.) _van_ a la cafetería. Nosotros (8.) _vamos_ a la biblioteca a las tres y por la tarde regresamos a casa. ¿A qué hora (9.) _van_ ustedes a la universidad? *[handwritten: return / regresar]*

3-17 ¿Adónde van? Match the activities that these people are going to do with the places they are going.

MODELO: Tú vas a tomar un café.
→ *Vas a la cafetería.*

1. Tú vas a hacer la tarea de biología. _a_
2. Voy a mirar un poco de televisión. _c_
3. Vamos a hablar con la profesora Galdós. _d_
4. Pepe y Carmen van a bailar salsa. _b_
5. Ustedes van a practicar fútbol. _e_

a. Voy a mi apartamento.
b. Van a la fiesta de Carlos.
c. Vas al laboratorio.
d. Vamos a su oficina.
e. Van al gimnasio.

3-18 ¿Qué van a hacer? Use your imagination to complete each sentence with the construction **ir a + *infinitive*** and a logical activity.

MODELO: Esta noche los estudiantes/ en el gimnasio.
→ Esta noche los estudiantes *van a practicar básquetbol* en el gimnasio.

1. Mañana yo/ en la biblioteca. _Mañana yo voy a estudiar en la biblioteca._
2. El viernes los estudiantes/ en la clase de español. _El viernes los estudiantes van a hacer preguntas en la clase de español._
3. Más tarde Carlos/ en la cafetería. _Más tarde Carlos va a comer en la cafetería._
4. El sábado nosotros/ en una fiesta. _El sábado nosotros vamos a bailar en una fiesta._
5. Ud./ en la librería. _Ud va a estudiar el libro en la librería._
6. Pepe/ en el laboratorio. _Pepe va a hacer la tarea en el laboratorio._
7. Marta/ en el centro estudiantil. _Marta va a conversar con sus amigos en el centro estudiantil._
8. Los chicos/ en la residencia. _Los chicos van a mirar la televisión en la residencia._

3-19 Situaciones. Ask your partner the following questions to find out what he or she will do later in the day.

1. ¿Adónde vas después de la clase? _Voy a español_
2. ¿Qué vas a hacer allí (*there*)?
3. ¿Cuándo vas a hacer la tarea de español?
4. ¿Vas a estudiar en la biblioteca? _Voy a tarde_
5. ¿A qué hora vas a regresar a casa o a la residencia? _cinco de la tarde_
6. ¿...?

beber → to drink
cerveza → Beer

Segunda parte

¡Así lo decimos! VOCABULARIO

CD Track 3.5

¿Dónde está la librería?

3-23 to
3-26

Actividades	Activities
abrir la puerta	to open...
aprender (a) el vocabulario/ a nadar	to learn (to)...
beber agua, café, jugo	to drink...
comer un sándwich	to eat...
comprender el problema	to understand...
creer que sí	to believe; to think...
decidir ir a clase	to decide...
escribir con bolígrafo	to write...
leer en la biblioteca	to read...
ver la televisión	to see; to watch (television)
vivir con mi familia	to live...

¿Dónde está?	Where is it?
a la derecha (de)	to/on the right (of)
a la izquierda (de)	to/on the left (of)
al lado (de)	next to; beside
cerca (de)	near; close (to); nearby
delante (de)	in front (of)
detrás (de)	behind
enfrente (de)	in front (of); across (from)
entre	between
lejos (de)	far (from)

¿Cómo estás?	How are you (feeling)?
aburrido/a	bored[1]
cansado/a	tired
contento/a	happy
enfermo/a	sick
enojado/a	angry
nervioso/a	nervous
ocupado/a	busy
preocupado/a	worried
triste	sad

(estar と一緒に使う。)→ temporary の時

---

[1]You learned **ser aburrido/a** (to be boring) in **Lección 1**. Note the change in meaning when used with **estar**. You'll learn more about this in this lesson.

¿Cómo está?	**How is it?**
abierto/a	*open*
cerrado/a	*closed*
limpio/a	*clean*
sucio/a	*dirty*

Adverbios	*Adverbs*
antes (de)	*before*
después (de)	*after*
siempre	*always*

Anita lee en la biblioteca.

Para comer y beber	*To eat and drink*
el agua	*water*
(tomar) el almuerzo	*(to have) lunch*
el café	*coffee*
(tomar) la cena	*(to have) dinner; supper*
la comida	*food; meal*
(tomar) el desayuno	*(to have) breakfast*
la ensalada	*salad*
la hamburguesa	*hamburger*
el jugo	*juice*
la leche	*milk*
la merienda	*(afternoon) snack*
el refresco	*soft drink*
el sándwich	*sandwich*

¡Así es la vida! ¿Dónde está la librería?

CD Track 3.6

3-27 to
3-28

Ana Rosa: ¡Hola, Carlos! ¿Qué tal? ¿Cómo estás?

Carlos: ¡Hola, chica! Estoy bien, pero un poco cansado. Estoy muy ocupado con mis clases.

Ana Rosa: ¡Yo también! Ahora voy a la librería para comprar una novela para mi clase de literatura. Leemos muchas novelas en la clase.

Carlos: ¿Dónde está la librería?

Ana Rosa: Está cerca, en el centro estudiantil, a la derecha de la biblioteca.

Carlos: ¿Qué novela leen Uds.?

Ana Rosa: Ahora leemos una novela de Carlos Fuentes, un autor mexicano. Estoy preocupada, porque es difícil y tenemos que escribir una composición. No comprendo muy bien la novela.

Carlos: ¿Por qué no hablas con Marisa? Ella lee mucho y creo que estudia literatura mexicana. Siempre come en la cafetería a la una después de sus clases.

Ana Rosa: ¡Buena idea! Pues, ahora tengo hambre. ¿Vamos a comer un sándwich?

APLICACIÓN

3-20 ¿Qué pasa? Indicate whether each of the following statements is true (**cierto**) or false (**falso**), based on the **¡Así lo decimos!** vocabulary and reading, and correct any false statements.

1. Carlos tiene mucho que hacer en sus clases. _cierto_
2. Carlos ^no^ toma una clase de literatura.
3. La librería no está muy lejos. _cierto_
4. La novela de Carlos Fuentes es fácil. _difícil_
5. Marisa estudia español. _literatura mexicana_
6. Marisa ^no^ tiene clases por la tarde.

3-21 En la sala de clase. Indicate whether these statements are true (**cierto**) or false (**falso**) according to the picture below and correct the false information.

1. Jorge está ^cerca^ lejos de la puerta.
2. La profesora está ^delante^ detrás de la clase.
3. Laura está al lado de Mateo. _cierto_
4. Laura está a la izquierda de Mateo. _cierto_
5. La ventana está a la ^derecha^ izquierda de la puerta.
6. El mapa está cerca de la pizarra. _cierto_
7. La pizarra está entre el mapa y la puerta.
8. Mateo está detrás de Laura. _cierto_

Hoy vamos a escribir una composición.

Jorge

Mateo

Laura

3-22 ¿Dónde está? Complete the sentences to say where these objects are in your classroom or on campus, using as many different expressions as possible.

MODELO: Raúl está _delante de_ Carmen. Carmen está _detrás de_ Raúl.

1. La pizarra está _enfrente de_ la puerta.
2. La ventana está _al lado de_ la pizarra.
3. Los estudiantes están _cerca de_ la profesora
4. La profesora/ El profesor _está delante de_ la clase
5. Mi libro _está detrás de_ la clase
6. La mochila de (Laura/ David/ etc.) _está a la derecha de_ Carmen
7. La biblioteca _está lejos del_ centro estudiantil
8. El centro estudiantil _a la izuierda de_ la bibilioteca

3-23 ¿Cómo están? Complete the sentences logically, explaining how these people might feel.

MODELO: Tengo A+ en mi clase de español. ¡Estoy muy _contento/a_!

1. Estamos en el gimnasio. Estamos _cansados_
2. La clase es de dos horas y es aburrida. Los estudiantes están _aburridos_
3. Es la una de la mañana. Pepe no va a estudiar más. Está _enfermo_
4. Un amigo de María está muy enfermo. María está _preocupada_
5. Tú llegas a casa muy tarde sin llamar por teléfono. Tus padres están _enojado_.
6. ¡Tengo dos composiciones y tres exámenes esta semana! Estoy _ocupada_
7. Es el cumpleaños de Ángela y hay una fiesta. Ella está muy _contenta_
8. Álvaro escribe un examen difícil. Está _cansado_

¡Así lo hacemos! ESTRUCTURAS

3. The present tense of _estar_ (_to be_)

3-29 to 3-33

Las formas y los usos de estar

The English verb _to be_ has two equivalents in Spanish, **ser** and **estar**. You have already learned the verb **ser** in **Lección 1**, and you have used some forms of **estar** to say how you feel, to ask how someone else feels, and to say where things and places are. The chart shows the present tense forms of **estar**.

¡Estoy muy ocupado!

Hola, Carlos. ¿Cómo estás?

estar (_to be_)			
yo	**estoy**	nosotros/as	**estamos**
tú	**estás**	vosotros/as	**estáis**
Ud. él/ella	**está**	Uds. ellos/as	**están**

- **Estar** is used to indicate the _location_ of specific objects, people, and places.

  Tu libro **está** aquí.   _Your book **is** here._
  Ana Rosa y Carmen **están** en la   _Ana Rosa and Carmen **are** in the_
    cafetería.   _cafeteria._
  La cafetería **está** en el centro   _The cafeteria **is** in the student centre._
    estudiantil.

• Estar is also used to express a *condition* or *state*, such as how someone is feeling.

¡Hola, Luis! ¿Cómo **estás**?	*Hi, Luis! How **are you**?*
¡Hola, Carmen! **Estoy** muy ocupado.	*Hi, Carmen! **I'm** very busy.*
Elena **está** enferma.	*Elena **is** sick.*

• Adjectives that describe physical, mental, and emotional conditions are used with estar.

abierto/a	**contento/a**	**nervioso/a**	**triste**
aburrido/a	**enfermo/a**	**ocupado/a**	
cansado/a	**enojado/a**	**preocupado/a**	
cerrado/a	**limpio/a**	**sucio/a**	

Mi mochila **está** muy **sucia**.	*My backpack **is** very **dirty**.*
Los estudiantes **están nerviosos** porque hay un examen hoy.	*The students **are nervous** because there is an exam today.*

APLICACIÓN

3-24 La Casa Azul. Read the following paragraph about the Frida Kahlo Museum, which is housed in the Casa Azul, where Kahlo lived for many years with her husband, the muralist Diego Rivera. First, underline all of the examples of the verb **estar**. Then, answer the questions that follow.

La Casa Azul (Museo Frida Kahlo) está en la Ciudad de México, cerca de la UNAM. La casa está pintada (*painted*) de azul, el color favorito de Frida. El museo tiene una colección grande de fotografías, libros y otros objetos personales de Frida y Diego. En una de las fotos, Frida está en su estudio donde trabaja en una de sus pinturas famosas, con colores vívidos. En otra foto Frida está con Diego. Frida es muy delgada y baja, pero Diego es alto y gordo. Ellos están muy contentos en la foto. En muchas fotos Frida está con personas importantes como León Trotsky. El museo está abierto de martes a domingo de 10 a 6 de la tarde.

1. ¿En qué ciudad está la Casa Azul?
2. ¿De qué color está pintada la casa?
3. ¿Dónde está Frida en una de las fotos?
4. ¿Con quiénes está en otras fotos?
5. ¿Cuántas horas al día está abierto el museo?
6. ¿Qué día(s) <u>no</u> está abierto?

3-25 Una conversación telefónica. Complete the telephone conversation between Mar and Pepe with the correct forms of **estar**.

Pepe: ¿Bueno?

Mar: Pepe, habla Mar. ¿Cómo (1.) estás (tú)?

Pepe: Muy bien, ¿y tú?

Mar: (Yo) (2.) Estoy bastante bien, gracias. ¿Dónde (3.) estás (tú) ahora?

Pepe: (4.) Estoy en la cafetería.

Mar: ¿(5.) Están Raúl y Roberto también?

Pepe: No, ellos (6.) están en el gimnasio.

Mar: ¿Tú también vas al gimnasio?

Pepe: No, tengo que (7.) _estoy_ en la biblioteca en cinco minutos porque voy a trabajar en una composición con María Aurora. Nosotros (8.) _estamos_ muy ocupados con la clase de literatura mexicana.

Mar: Yo también (9.) _estoy_ muy ocupada, pero ahora voy a hacer un poco de ejercicio. Hasta luego.

Pepe: Chao.

3-26 ¿Cómo están? Describe how the people in the following drawing feel.

MODELO: Esteban _no está contento._

1. Juan _está aburrido_
2. Manuela _está occupada_
3. Esteban _está enfermo_
4. Gloria y Luis _están enojado_
5. Pedro y Rubén _están contento_

3-27 ¿Cómo estás...? Take turns asking a classmate how you might feel in the following situations.

MODELO: E1: ¿Cómo estás si la clase no es muy interesante?
E2: _Estoy aburrido/a._

1. ...cuando tienes mucha tarea?
2. ...cuando tienes 40° de fiebre (_fever_)?
3. ...después de estudiar muchas horas?
4. ...cuando tienes que estudiar para cuatro exámenes?
5. ...después de un examen muy difícil?
6. ...después de un examen muy fácil?
7. ...si tu amigo/a está muy enfermo/a?
8. ...el día de tu cumpleaños?

Comparaciones

LA UNIVERSIDAD NACIONAL AUTÓNOMA DE MÉXICO

En tu experiencia. ¿Cuáles son las universidades más grandes de Canadá y de los Estados Unidos? ¿Qué programas son populares? ¿Cuánto cuesta estudiar por un año en una de estas universidades? En los países hispanohablantes hay mucha competencia (*competition*) para entrar a las universidades públicas pero los estudiantes no tienen que pagar (*pay*) mucho. En el siguiente (*following*) artículo, vas a leer sobre la universidad más grande de México.

La Universidad Nacional Autónoma de México (UNAM) tiene unos 168.000 estudiantes en total. Solamente en la Facultad de Filosofía y Letras

(Humanidades) hay 7.000 estudiantes. En la Facultad de Derecho (*Law*) hay unos 23.000 estudiantes. En la UNAM hay muchas oportunidades de estudiar una gran variedad de programas y materias. Hay clases de tipo conferencia (*lecture*) y también talleres (*workshops*) más pequeños donde los estudiantes conversan y hacen preguntas. El examen de admisión es bastante caro y difícil, pero como (*as*) la UNAM es una universidad pública, la matrícula (*tuition*) es muy baja. Por eso, cuando se gradúan, los estudiantes tienen que hacer un año de servicio público. La ciudad universitaria está en la Ciudad de México, pero la UNAM tiene centros en muchos de los estados mexicanos y también en las ciudades de Chicago, Los Ángeles y San Antonio en los Estados Unidos y en la Ciudad de Quebec en Canadá.

¿Entiendes (*Do you understand*)**?** Answer the following questions according to what you have read.

1. ¿Cómo se llama la universidad más grande de México?
2. ¿Dónde está?
3. ¿Cuántos estudiantes hay en total?
4. ¿Cómo son las clases?
5. ¿Qué tienen que hacer los estudiantes después de graduarse?

 ¡A conversar! ¿Qué creen ustedes?
¿Es bueno pagar muy poco por los estudios universitarios? ¿Es una buena idea tener que hacer servicio público después de graduarse?

4. Uses of *ser* and *estar*

3-34 to
3-42

Ser is used

- with the preposition **de** to indicate origin, possession, and to tell what material something is made of.

¿De dónde **es** Alberto?	**Es de** Guatemala.
¿De quién **son** los libros?	**Son de** Luisa.
¿De qué **es** la mochila?	**Es de** nailon.

Bob es de California.

- with adjectives to express characteristics of the subject, such as size, colour, shape, religion, and nationality.

¿De qué color **es** el coche de Raúl?	**Es** azul.
¿Cómo **es** Tomás?	**Es** alto y delgado.
¿De qué nacionalidad **son** ustedes?	**Somos** mexicanos.

- with the subject of a sentence before a noun or a noun phrase.

¿Qué **es** tu mamá?	**Es** profesora.
¿Quiénes **son** Juan Ramón y Lucía?	**Son** mis amigos.

- to express dates, days of the week, months, and seasons of the year.

¿Qué estación **es**?	**Es** primavera.
¿Qué fecha **es**?	**Es** el 10 de octubre.

- to express time.

¿Qué hora **es**?	**Son** las cinco de la tarde.
	Es la una de la mañana.

- with the preposition **para** to tell for whom or for what something is intended or to express a deadline.

¿Para quién **es** la hamburguesa?	**Es para** mi amiga Sara.
¿Para cuándo **es** la composición?	**Es para** el viernes.

- with impersonal expressions.

Es importante ir al laboratorio.
Es fascinante estudiar la cultura hispana.

- to indicate where and when events take place.

¿Dónde **es** la fiesta?	**Es** en mi casa.
¿A qué hora **es** el concierto?	**Es** a las ocho.

Estar is used

- to indicate the location of people and objects.

¿Dónde **está** la librería?	**Está** cerca.
¿Dónde **está** Rosa?	**Está** en clase.

El museo está allí a la derecha.

- with adjectives to describe a changeable state or condition of the subject.

¿Cómo **están** las chicas?	**Están** contentas.
¿Está abierta la biblioteca?	No, **está** cerrada hoy.

- with descriptive adjectives (or adjectives normally used with **ser**) to indicate that something is exceptional or unusual. This structure may be used when complimenting someone; in English this idea is often expressed with *look*.

Señora Ramos, usted **está** muy elegante esta noche.	*Mrs. Ramos, you **look** very elegant tonight.*

Learning Tips

DIFFERENCES IN USAGE: SER, ESTAR, TENER, AND HAY

1. The verbs **ser**, **estar**, **tener**, and the irregular form **hay** are commonly used in Spanish. However, their uses may be confusing, as the English equivalents are often expressed with the single verb *to be*.

2. **Ser** is often used with descriptive adjectives that indicate an inherent characteristic or trait: Luisa **es** muy guapa. (*Luisa is very good-looking.*)

3. **Estar** may be used with adjectives that indicate a condition or state which is considered to be temporary or unusual: Luisa **está** muy guapa esta noche. (*Luisa looks very nice tonight.*)

4. **Estar** + *adjective* and **tener** + *noun* can both be used to express temporary conditions that are expressed in English with the verb *to be*. To avoid confusion, it is important to learn the limited number of expressions which use the verb **tener**: **Estoy** (muy) cansado/a. (*I am (very) tired.*), but **Tengo** (mucho) sueño. (*I am (very) sleepy.*)

5. **Hay** means *There is* or *There are*, and should not be confused with **Es** (*He/She/ It is*) or **Son** (*They are*): **Hay** 25 estudiantes. (*There are 25 students.*) Ellos **son** buenos estudiantes. (*They are good students.*)

APLICACIÓN

3-28 ¿Cierto o falso? Note how the verbs **ser** and **estar** are used in the following statements. Indicate whether each of the statements is true (**cierto**) or false (**falso**), and correct any false information.

1. Los estudiantes de la clase de español **son** de diferentes países. ~~Cierto~~ *Cierto*
2. Ellos **están** contentos antes del examen. *Falso*
3. La puerta de la clase **está** cerrada. *Cierto*
4. Hoy **es** el veinte de octubre. *Falso*
5. **Son** las dos y media de la tarde. *Falso*
6. Mi mochila **está** en el piso. *Cierto*
7. La sala de clase **está** muy limpia. *Cierto*
8. ¡**Es** muy importante escuchar en la clase de español! *Cierto*

3-29 La familia Oquendo. Underline examples of **ser** and **estar** in the following description of the Oquendo family, indicating how they are used in each example.

La familia Oquendo _es una familia_ mexicana que vive en Juárez, una ciudad que _está_ en el norte (*north*) de México. Antonio, el papá, _es_ muy trabajador. Teresa, la mamá, _es originalmente_ de México, D.F., la capital. Ellos tienen dos hijos: Jaime y Eva. Jaime _está_ en Monterrey donde estudia en el Instituto Tecnológico de Estudios Superiores. Eva _es_ muy inteligente y _está_ en la Universidad de Guadalajara en Jalisco. Esta noche la familia _está_ muy contenta. Todos _están_ en Juárez y van a ir a un concierto en El Paso, Texas. El concierto _es_ a las nueve de la noche y _es_ en la Universidad de Texas, El Paso.

3-30 ¿Ser o estar? Choose the correct verb for each of the examples.

1. La mochila (es/ está) de Laura.
2. Carmen y Luis no (son/ están) en la residencia. *location*
3. Carola (es/ está) una chica muy bonita.
4. ¿Dónde (son/ están) mis libros?
5. Después de estudiar mucho, los estudiantes (son/ están) cansados.
6. Pepe y yo (somos/ estamos) muy buenos amigos.
7. El examen (es/ está) a las nueve de la mañana.
8. ¿Cómo (es/ está) el curso de español?
9. ¿De dónde (eres/ estás) tú?
10. Hoy (es/ está) el cumpleaños de Pedro. *event*
11. La fiesta (es/ está) en el apartamento de Alberto y Paco.
12. ¡Tú (eres/ estás) muy guapo esta noche! *exceptional*

3-31 En la residencia estudiantil. Ana describes what is happening in the student residence this evening. Complete her description with the correct forms of **ser** or **estar**.

La residencia estudiantil (1.) _es_ grande pero mi cuarto (*room*) (2.) _es_ pequeño. La residencia (3.) _está_ cerca del gimnasio y de la cafetería. Esta noche hay una fiesta. (4.) _Es_ a las diez de la noche. Unos amigos ya (5.) _están_ aquí. Siempre llegan temprano. Ahora (6.) _están_ en el patio. Alfredo (7.) _es_ alto y guapo. Julia (8.) _es_ baja y rubia. Rafa no (9.) _está_ en la fiesta porque (10.) _está_ enfermo. Él (11.) _está_ en su cuarto. Ahora (12.) _son_ las diez y media de la noche y hay muchas personas en la residencia. Mis amigos Carlos y Saúl conversan en el patio. Ellos (13.) _son_ de México, D.F., la capital. ¡Bienvenidos todos! ¡Hay música, refrescos y comida! ¡Todo (14.) _es_ para nosotros!

3-32 Entrevístense. First, write six questions using **ser** and **estar** to ask a partner. Then, take turns interviewing each other.

> **MODELOS:** E1: *¿De dónde eres?*
> E2: *Soy de Ontario.*
> E1: *¿Cómo eres?*
> E2: *¡Soy muy simpática!*

5. The present tense of regular *-er* and *-ir* verbs

3-43 to 3-47

You learned the present tense forms of regular **-ar** verbs in **Lección 2**. Remember that the present tense of regular Spanish verbs is formed by adding the endings for each conjugation (**-ar**, **-er**, and **-ir**) to the stem of the infinitive. The following chart includes the forms for regular **-ar**, **-er**, and **-ir** verbs.

	hablar (*to speak*)	comer (*to eat*)	vivir (*to live*)
yo	hablo	como	vivo
tú	hablas	comes	vives
Ud. él/ella	habla	come	vive
nosotros/as	hablamos	comemos	vivimos
vosotros/as	habláis	coméis	vivís
Uds. ellos/as	hablan	comen	viven

¿Viven Uds. en la capital?

No, vivimos en la costa.

- The present tense endings of **-er** and **-ir** verbs are identical except for the **nosotros** and **vosotros** forms.

- Other common **-er** and **-ir** verbs are:

aprender a (+ infinitive)	to learn (to do something)	**abrir**	to open
		decidir	to decide
beber	to drink	**escribir**	to write
comer	to eat	**vivir**	to live
comprender	to understand		
creer	to believe		
leer	to read		

- **Ver** (*to see*) is an **-er** verb with an irregular **yo** form. Also note that the **vosotros/as** form has no accent because it is only one syllable.

ver (*to see*)			
yo	**veo**	nosotros/as	vemos
tú	ves	vosotros/as	veis
Ud. él/ella	ve	Uds. ellos/as	ven

APLICACIÓN

3-33 En la universidad. Repeat each sentence, changing the italicized verbs to agree with the subjects given in parentheses.

MODELO: *Como* en la cafetería. (ella)
→ *Come* en la cafetería.

1. *Como* en la cafetería. (ellas, mis amigos, Marcos, tú, Ud.)
   comen   comen   come   comes   come
2. *Leo* novelas mexicanas. (él, Ana y María, mis amigos, tú, tú y yo)
   lee   leen   leen   lees   leemos
3. *Escribo* en el cuaderno. (él, tú, mi amigo, nosotros, Uds.)
   escribe   escribes   escribe   escribimos   escriben
4. *Vivo* en la residencia estudiantil. (mis amigos, nosotros, María, Ud., Carmen y tú)
   viven   vivimos   vive   vive   viven

3-34 Quique y yo. Laura and Quique are students in Veracruz, México. Complete Laura's description with the correct form of each verb.

MODELO: Quique y yo (decidir) <u>*decidimos*</u> ir a la biblioteca por la noche.

Quique y yo (1. vivir) <u>vivimos</u> en Guadalajara. Él (2. vivir) <u>vive</u> en una residencia estudiantil pero yo (3. vivir) <u>vivo</u> en un apartamento. Nosotros (4. comer) <u>comemos</u> en la cafetería por la noche. Quique siempre *always* (5. beber) <u>bebe</u> refrescos y yo (6. beber) <u>bebo</u> *milk* leche. Yo (7. creer) <u>creo</u> *believe* que vamos a estudiar en la biblioteca esta noche porque mañana hay examen de literatura mexicana. En la clase de literatura yo (8. aprender) <u>aprendo</u> *learn* mucho: nosotros (9. aprender) <u>aprendemos</u> a escribir composiciones efectivas. Yo (10. leer) <u>leo</u> todas las noches para la clase y nosotros (11. escribir) <u>escribimos</u> una composición todas las semanas.

3-35 ¿Qué hacen?   Say what the following students are doing in the student residence using **-er** and **-ir** verbs.

MODELO: Anita y Pedro *comen pizza.*

1. Roberto y Darío *ven la televisión*
2. Alicia *abre la puerta*
3. Jorge *bebe jugo*
4. Laura *escribe con bolígrafo y papel.*
5. Carmen y Lupe *leen en ~~los~~ libros.*

3-36 La vida estudiantil.   Use your imagination to complete the following sentences using the correct forms of the verbs in parentheses.

MODELO: Juan y Marta (aprender)...
→ Juan y Marta *aprenden a leer y escribir en español.*

1. En la clase de español nosotros (aprender)... *to learn* *aprendemos a leer, escribir y hablar en español.*
2. Nosotros (decidir)... *decidir* *decidimos ir a la clase*
3. Yo siempre (leer)... *to read* *leo en la biblioteca*
4. Mis amigos (comer)... *to eat* *comen el sandwich*
5. ¿Ustedes (comprenden)...? *to understand* *comprenden el ~~problema~~ libro*
6. Los estudiantes (abrir)... *to open* *abren la puerta*
7. ¿Tú (escribir)...? *to write* *escribes tus tareas*
8. Mi familia (vivir)... *to live* *viven en españa.*
   singular

3-37 Entrevístense.   In pairs, ask your partner the following questions.

1. ¿Dónde vives? ¿Con quién vives?
2. ¿Dónde comes? ¿A qué hora comes?
3. ¿Escribes mucho en la computadora? ¿Qué escribes?
4. ¿Ves mucha televisión? ¿Qué programas ves?
5. ¿Lees mucho? ¿Qué lees? (novelas, revistas, el periódico, etc.)
6. ¿...?

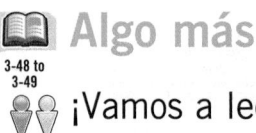

Algo más

3-48 to
3-49

¡Vamos a leer!

3-38 **El Museo Nacional de Antropología.**

El Museo de Antropología de México

El Museo Nacional de Antropología del Distrito Federal de México (la capital) abre en 1964. En este museo hay ejemplos de lo más representativo de la investigación antropológica sobre el mundo prehispánico y sus descendientes, los pueblos (*peoples*) indígenas de México.

La Sala de los Mayas en el museo contiene una importante colección de piezas de las ancestrales comunidades mayas, que nos permiten apreciar diferentes etapas (*stages*) de su historia y su visión del mundo. En la sala hay testimonios de la vida de todos los días de los mayas, de sus costumbres y tradiciones, su comercio y las prácticas rituales de su religión. Los mayas desarrollaron (*developed*) una brillante cultura a base de grandes centros cívico-ceremoniales con pirámides y obras (*works*) de arte.

El museo está abierto de martes a domingo de 9:00 a 19:00 hrs. Los lunes está cerrado.

Admisión: $51,00 pesos mexicanos, de martes a sábado

Entrada gratuita de 9:00 a 17:00 hrs:

* Niños menores de 13 años
* Estudiantes y profesores
* Adultos mayores de 60 años
* Todos los visitantes tienen entrada gratuita los domingos de 9:00 a 17:00 hrs.

CUESTIONARIO:

1. ¿Dónde está el museo?

2. ¿Qué civilización importante está representada en el museo?

3. ¿Sobre qué aspectos de la vida de los mayas vas a aprender en la Sala de los Mayas?

4. ¿Hasta qué hora de la tarde está abierto el museo?

5. Excepto los domingos, ¿qué personas NO tienen entrada gratuita al museo?

 ## ¡Vamos a hablar!

3-39 ¿Qué vamos a hacer esta tarde? Create a dialogue with your partner about what you are going to do this afternoon. Use the *Modelo* and the questions that follow as a guide, or create your own dialogue.

MODELO: E1: *Hola, ¿cómo estás?*
E2: *...., ¿y tú?*
E1: *Estoy... ¿Adónde vas? ¿Qué vas a hacer por la tarde?*
E2: *Voy a clase/ al gimnasio/ a la biblioteca/... Voy a estudiar/ a hacer ejercicio/ a escribir una composición/...*

1. ¿Cómo estás?

2. ¿Adónde vas?

3. ¿Qué vas a hacer por la tarde?

4. ¿A qué hora es (tu clase de...)? ¿Dónde es (la clase)?

5. ¿Qué tienes que hacer después de (tu clase)?

6. ¿A qué hora vas a (comer/ hacer la tarea/...)?

7. ¿...?

 ## ¡Vamos a escribir!

3-40 Por la tarde. Use the conversation in the previous exercise to write a short description of what you and your partner are going to do this afternoon.

- **La tarea.** Write a short paragraph about what you are going to do/ have to do tomorrow. Check for the correct use of **tener**, **ir**, **hacer**, and other **-er** and **-ir** verbs; the use of **ser** and **estar**; agreement of nouns, articles, and adjectives; agreement of subjects and verbs; and correct spelling, including accents.

 ## ¡Vamos a explorar!

 3-41 ¿Dónde estudiamos? In your group, visit the websites of some universities in Spanish-speaking countries, and decide where you would be interested in studying, and why. Try these or other sites:

La Universidad de Salamanca, España:
www.usal.es/web-usal

La Universidad Nacional Autónoma de México:
www.unam.mx

La Universidad de La Habana, Cuba:
www.uh.cu

Nuestro mundo

 ¡México lindo!

3-55 to
3-57

El México de hoy es una síntesis de influencias indígenas, coloniales, modernas y naturales.

México es famoso por su artesanía, incluidas las figuras fantásticas de madera (*wood*) y las calaveras (*skulls, skeletons*) que fusionan las culturas indígenas y la española.

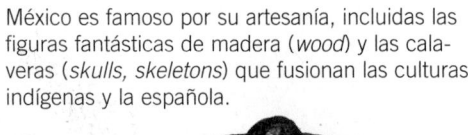

Para muchas personas, los mariachis con sus guitarras, bajos y trompetas representan la música folklórica mexicana. Aunque los mariachis tienen origen en el siglo XVII, todavía son populares en los bares, los restaurantes, las fiestas y las bodas.

La Reserva de la biosfera Celestún, en la península de Yucatán, se extiende unos 600 km². Es reconocida internacionalmente por ser el refugio invernal (*winter*) de numerosos flamencos y de muchas otras especies de aves. Los flamencos de Celestún son los más rosados de todo el mundo.

México

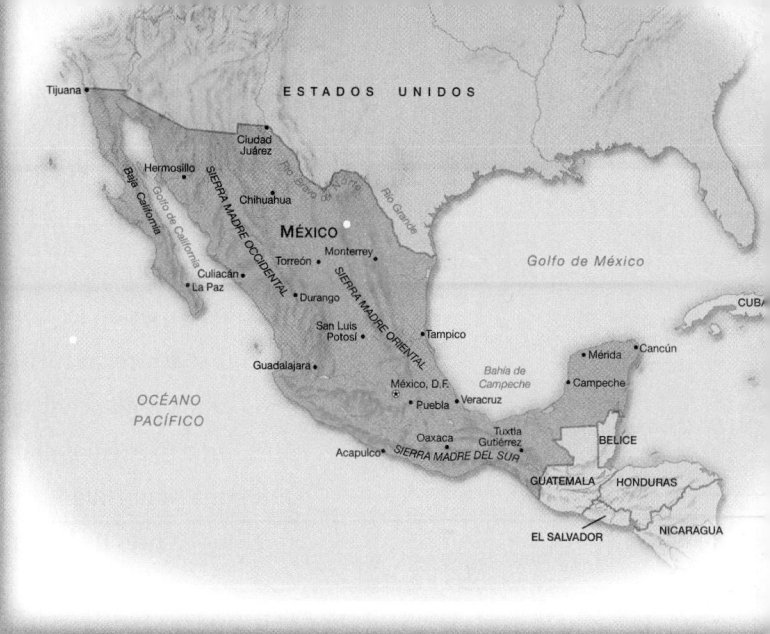

Frida Kahlo fue (*was*) la esposa del gran muralista mexicano, Diego Rivera. Empezó (*She started*) su carrera artística como terapia después de sufrir un terrible accidente. Recibió (*She received*) poca atención durante su vida, pero hoy en día es considerada una de las mejores (*best*) pintoras del mundo hispano.

La capital de México es enorme y su metro es uno de los más extensos del mundo. Durante la excavación para el metro, encontraron (*they found*) una pirámide azteca completa. Los ingenieros dejaron (*they left*) la pirámide intacta en la estación.

La lucha libre (*wrestling*) es un deporte muy popular en México y toda la familia va a ver a sus luchadores favoritos, que usan máscaras y vestimentas llamativas (*brightly-coloured costumes*). En una pelea (*match*) típica, que es todo un espectáculo, uno de los luchadores es "el malo" y el otro es "el bueno".

3-42 ¿Qué sabes tú?   What information can you give about Mexico?

1. la capital de México
2. una ciudad en la costa de México
3. grupos musicales de México
4. los países en las fronteras (*borders*) de México
5. una atracción turística
6. una antigua civilización
7. un deporte popular
8. una península
9. los colores de la bandera (*flag*) de México

3-43 ¿Dónde?   Match these places in México with the following things that can be found there.

1. la península de Yucatán
2. Ciudad Juárez
3. Museo Frida Kahlo, Ciudad de México
4. bares y restaurantes
5. el metro en la Ciudad de México
6. la Sierra Madre

a. la frontera con los Estados Unidos
b. arte moderno
c. ruinas arqueológicas
d. música folklórica
e. una reserva para flamencos
f. montañas

 3-44 ¿Cierto o falso?   Working in pairs, indicate the false sentences and correct them.

1. México está en América Central.
2. Hay una reserva de la biosfera en la capital de México.
3. La lucha libre es un deporte para toda la familia.
4. Hay ruinas aztecas en una estación de metro.
5. Los mariachis cantan jazz y rock.
6. Kahlo y Rivera son arquitectos mexicanos.
7. La artesanía de México no tiene muchos colores.
8. Los luchadores de lucha libre usan máscaras de muchos colores.
9. Frida Kahlo todavía (*still*) vive.
10. Los aztecas construyeron (*they built*) pirámides.

3-45 Conexiones. Consult the library or the Internet to find the following information:

1. el arte de Diego Rivera y Frida Kahlo
2. las novelas de Carlos Fuentes
3. la segunda ciudad más grande de México
4. las ruinas mayas y aztecas
5. la música de los mariachis

Ritmos

3-58

La música tradicional de México: La Llorona

México has a rich tradition of folk music. "La Llorona" or "The Weeping Woman" is a figure from Mexican folk tradition, supposedly a woman who drowned her children in order to be with a man who later betrayed her, and who now travels the world weeping for her children. The song *La Llorona* is a traditional one which has had many variations throughout the years.

Lhasa de Sela: ciudadana (*citizen*) del mundo

Born in 1972 of Mexican and American parents, Lhasa spent her childhood travelling between Mexico and the U.S. She started singing in public when she was 13. At 19 she moved to Montreal where she sang in bars and developed the material for her first album, *La Llorona*, released in 1997, for which she received a Juno Award for Best Global Artist in 1998. Although this album was in Spanish, Lhasa also sang in English and French. She travelled extensively with her group and produced two more albums, the last one, *Lhasa*, in 2009. In 2005 she received the BBC World Music Award for Best Artist of the Americas. It was a great loss to the music world when Lhasa died at her home in Montreal in January 2010 after a battle with cancer. One of the songs Lhasa is known for is *La Llorona,* and her smoky voice and passionate rendition make her version unique. It is sung from the perspective of a man who is in love with La Llorona and claims that not even death will prevent him from loving her.

Para escuchar la canción *La Llorona*: Busca "Lhasa de Sela, La Llorona" en YouTube.

Para aprender más sobre Lhasa: Busca "Lhasa de Sela" en el Internet.

MySpanishLab

Access *¡Arriba!'s* MySpanishLab at **www.myspanishlab.com**. MySpanishLab offers a variety of online resources, including

- Student Activities Manual exercises
- self-grading tests
- videos

Vocabulario

CD Track
3.1

Primera parte

Materias académicas	Academic subjects
la administración de empresas	business administration
la antropología	anthropology
las ciencias políticas	political science
la computación	computer science
la economía	economics
la física	physics
la geografía	geography
las humanidades	humanities
la literatura	literature
la música	music
la psicología	psychology
la química	chemistry

La vida universitaria	University life
la biblioteca	library
la cafetería	cafeteria
el centro estudiantil	student centre
el curso	course
el diccionario	dictionary
el ejercicio	exercise
el gimnasio	gymnasium
el horario (de clases)	(class) schedule

el laboratorio	laboratory
la materia	(academic) subject
el semestre	semester
la tarea	assignment; homework

Verbos	Verbs
buscar	to look for
caminar	to walk
conversar	to converse; to chat
hacer	to do; to make
hacer preguntas	to ask questions
ir (a) (voy/ vas/ vamos)	to go (I go/you go/we go)
mirar	to look at; to watch
nadar	to swim
regresar	to return

Otras palabras y expresiones	Other words and expressions
bastante	rather; quite; enough
complicado/a	complicated
generalmente	generally
pues	well (interjection)
si	if
solamente	only
ya	already

CD Track
3.5

Segunda parte

Actividades	Activities
abrir	to open
aprender (a)	to learn (to)
beber	to drink
comer	to eat
comprender	to understand
creer	to believe; to think
decidir	to decide
escribir	to write
leer	to read
ver	to see; to watch
vivir	to live

¿Dónde está?	Where is it?
a la derecha (de)	to/on the right (of)
a la izquierda (de)	to/on the left (of)
al lado (de)	next to; beside
cerca (de)	near; close (to); nearby
delante (de)	in front (of)
detrás (de)	behind
enfrente (de)	in front (of); across (from)
entre	between
lejos (de)	far (from)

¿Cómo estás?	How are you (feeling)?
aburrido/a	bored
cansado/a	tired
contento/a	happy
enfermo/a	sick
enojado/a	angry

nervioso/a	nervous
ocupado/a	busy
preocupado/a	worried
triste	sad

¿Cómo está?	How is it?
abierto/a	open
cerrado/a	closed
limpio/a	clean
sucio/a	dirty

Adverbios	Adverbs
antes (de)	before
después (de)	after
siempre	always

Para comer y beber	To eat and drink
el agua	water
el almuerzo	lunch
el café	coffee
la cena	dinner; supper
la comida	food; meal
el desayuno	breakfast
la ensalada	salad
la hamburguesa	hamburger
el jugo	juice
la leche	milk
la merienda	(afternoon) snack
el refresco	soft drink
el sándwich	sandwich

4

¿Cómo es tu familia?

Diagnostic
Test

La América Central:
Guatemala, El Salvador, Honduras, Nicaragua, Costa Rica, Panamá

Las molas tienen su origen en las islas de San Blas, Panamá, pero son populares por toda la América Central. Estos textiles representan la flora y la fauna de la región.

La ciudad de Tikal en Guatemala es una ruina grande y antigua de la civilización maya.

Primera parte

¡Así lo decimos! VOCABULARIO

CD Track 4.1

 Miembros de la familia

4-1 to 4-4

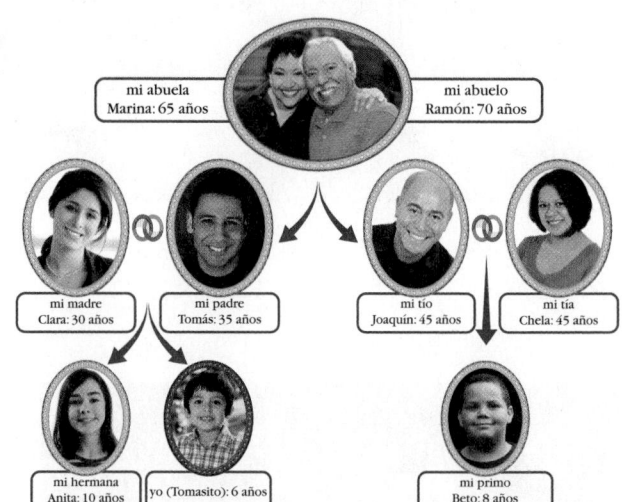

mi abuela
Marina: 65 años

mi abuelo
Ramón: 70 años

mi madre
Clara: 30 años

mi padre
Tomás: 35 años

mi tío
Joaquín: 45 años

mi tía
Chela: 45 años

mi hermana
Anita: 10 años

yo (Tomasito): 6 años

mi primo
Beto: 8 años

Otros miembros de la familia	Other members of the family
el esposo/a	husband/wife
el/la hijo/a	son/daughter
la mamá	mom (mother)
el/la nieto/a	grandson/granddaughter
el/la niño/a	child
el papá	dad (father)
el pariente	relative
el/la sobrino/a	nephew/niece

Adjetivos	Adjectives
alegre	happy
amable	kind
atractivo/a	attractive
mayor	older; oldest
menor	younger; youngest
querido/a	dear
responsable	responsible

Verbos	Verbs
almorzar (ue) en casa	to have lunch . . .
ayudar a mi madre	to help . . .
conseguir (i) una computadora	to get, to obtain . . .
decir (i) la verdad	to say; to tell . . .
descansar por la tarde	to rest . . .
dormir (ue) ocho horas	to sleep . . .
empezar (ie) a las nueve	to begin . . .
encontrar (ue) mi mochila	to find . . .
entender (ie) el vocabulario	to understand . . .
esperar el autobús	to hope; to expect; to wait for . . .
jugar (ue) (al) fútbol	to play (a game or a sport)
pedir (i) un sándwich	to ask for; to request; to order . . .
pensar (ie) (+ infin.) leer una novela	to think; to intend (to do something)
perder (ie) mi lápiz	to lose . . .
poder (ue) ir a la fiesta	to be able; may; can . . .
poner mi libro en la mesa	to put . . . ; to turn on (TV etc.)

( )の内は不規則動詞
の group.

preferir (ie) dormir	*to prefer . . .*
querer (ie) comer	*to want . . . ; to like or love (someone)*
recibir un correo (electrónico)	*to receive . . .*
recordar (ue) su nombre	*to remember . . .*
repetir (i) la pregunta	*to repeat . . . ; to have a second helping*
salir de la clase	*to go out; to leave . . .*
seguir (i) el programa	*to follow . . . ; to continue*
servir (i) la comida	*to serve . . .*
traer a tu amiga	*to bring . . .*
<u>**venir (ie)**</u> en autobús	*to come . . .* yo ven̶g̶o
volver (ue) a la residencia	*to return (go back) . . .*

CD Track 4.2

¡Así es la vida! Miembros de la familia

4-5 to
4-6

Un correo electrónico[1]

Ana María Pérez es una chica guatemalteca. Vive con su familia en la Ciudad de Guatemala y estudia en la Universidad Nacional con su nuevo amigo, Juan Antonio Márquez. Él es costarricense y vive en San José. Ahora Ana María contesta un correo electrónico de Juan Antonio para describir a su familia y también sus planes para las vacaciones de verano.

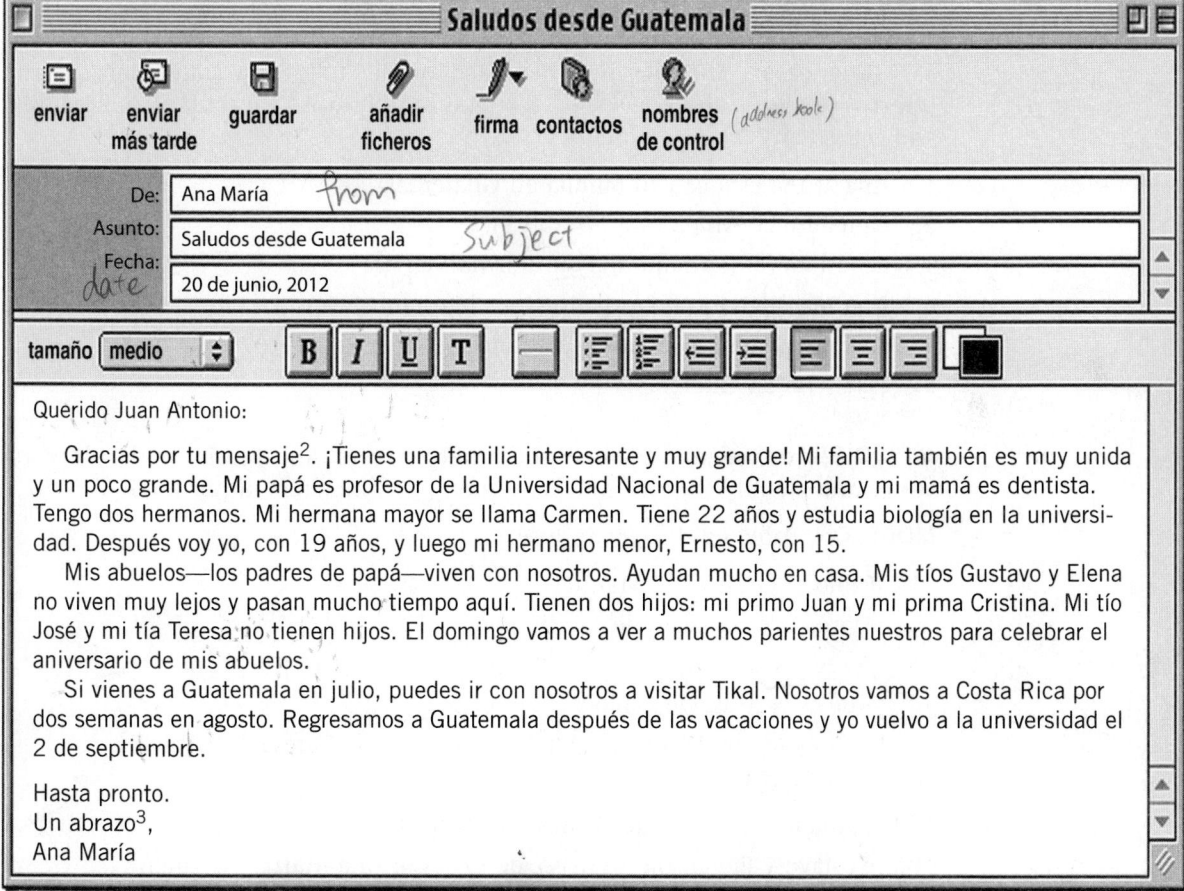

Saludos desde Guatemala

enviar   enviar   guardar   añadir   firma   contactos   nombres *(address book)*
          más tarde   ficheros   de control

De: Ana María   *from*
Asunto: Saludos desde Guatemala   *Subject*
Fecha: *date*   20 de junio, 2012

tamaño [medio ▾]   **B** *I* <u>U</u> T

Querido Juan Antonio:

Gracias por tu mensaje[2]. ¡Tienes una familia interesante y muy grande! Mi familia también es muy unida y un poco grande. Mi papá es profesor de la Universidad Nacional de Guatemala y mi mamá es dentista. Tengo dos hermanos. Mi hermana mayor se llama Carmen. Tiene 22 años y estudia biología en la universidad. Después voy yo, con 19 años, y luego mi hermano menor, Ernesto, con 15.

Mis abuelos—los padres de papá—viven con nosotros. Ayudan mucho en casa. Mis tíos Gustavo y Elena no viven muy lejos y pasan mucho tiempo aquí. Tienen dos hijos: mi primo Juan y mi prima Cristina. Mi tío José y mi tía Teresa no tienen hijos. El domingo vamos a ver a muchos parientes nuestros para celebrar el aniversario de mis abuelos.

Si vienes a Guatemala en julio, puedes ir con nosotros a visitar Tikal. Nosotros vamos a Costa Rica por dos semanas en agosto. Regresamos a Guatemala después de las vacaciones y yo vuelvo a la universidad el 2 de septiembre.

Hasta pronto.
Un abrazo[3],
Ana María

---

[1]email message
[2]message
[3]hug

La familia de Ana María

APLICACIÓN

4-1 ¿Qué pasa? Indicate whether each of the following statements is true (**cierto**) or false (**falso**), based on the **¡Así lo decimos!** vocabulary and reading, and correct any false statements.

1. Ana María está con su familia en Guatemala. *cierto*
2. La madre de Ana María no trabaja. *f*
3. Ernesto es el hermano mayor de Ana María. *f*
4. Ana María vive con sus padres, sus hermanos y sus abuelos. *f*
5. José es el padre de Juan y Cristina. *Gustavo*
6. Tikal está en Guatemala. *cierto*

4-2 ¿Quién es quién? Look at the family tree of Ana María in the drawing above and identify the relationships among the members of her family.

MODELO: Pablo es el *padre* de José.

1. Pablo es el *esposo* de Manuela.
2. Manuela es la *madre* de Teresa.
3. Teresa es la *hermana* de José.
4. José es el *hijo* de Pablo y Manuela.
5. Pablo y Manuela son los *padres* de Juana, José, Teresa y Gustavo.
6. José es el *tío* de Ernesto, Ana María y Carmen.
7. Carmen es la *sobrina* de Gustavo y Elena.
8. Gustavo y Elena son los *tíos* de Ernesto, Ana María y Carmen.
9. Carmen es la *prima* de Juan y Cristina.
10. Juan y Cristina son los *nietos* de Pablo y Manuela.

4-3 **¿Quién es?** Identify these family relationships.

MODELO: El padre de mi madre es mi _abuelo_.

1. La hermana de mi madre es mi ___tía___.
2. El hijo de mi tía es mi ___primo___.
3. La hija de mi hermano es mi ___sobrina___.
4. La madre de mi padre es mi ___abuela___.
5. La hija de mis padres es mi ___prima___.
6. El hijo de mi hijo es mi ___nieto___
7. El hijo de mis abuelos es mi ___tío___ o mi ___tía___.

 4-4 **¿Cómo es tu familia?** Take turns asking and answering questions about your families.

MODELO: E1: _¿Viven tus abuelos con tu familia?_
 E2: _Sí, viven con nosotros. ¿Y tus abuelos?_
 E1: _No, mis abuelos no viven con nosotros._

1. ¿Es grande o pequeña tu familia?
2. ¿Dónde vive tu familia?
3. ¿De dónde son tus padres?
4. ¿Cómo son tus padres?
5. ¿Cuántos/as hermanos/as (hijos/as) tienes?
6. ¿Tus hermanos son mayores o menores que tú?
7. ¿Trabajan o estudian tus hermanos?
8. ¿Tienes sobrinos?
9. ¿Cuántos tíos/ primos tienes?
10. ¿Viven cerca o lejos tus tíos/ primos?

¿Cómo es esta familia guatemalteca?

CD Track 4.3

Letras y sonidos

Word stress and written accent marks in Spanish

Most words in Spanish (for example, all nouns, verbs, adjectives, and adverbs) carry word stress, where one syllable in the word is given special emphasis. In Spanish, word stress always falls on one of the last three syllables of the word: tra-ba-ja-**dor**, in-te-li-**gen**-te, sim-**pá**-ti-co. In some cases, word stress is indicated in writing with an accent mark, or **acento (ortográfico)**, according to the following rules:

- Usually, words ending in a consonant (except **n** or **s**) are stressed on the last syllable.

  a-**brir**   ins-truc-**tor**   es-pa-**ñol**   re-**loj**   us-**ted**   ac-**triz**

- Exceptions to this rule require a written accent mark.

  Víc-tor   **ú**-til   di-**fí**-cil   **fút**-bol   **lá**-piz   **sánd**-wich

- Usually, words ending in a vowel or the consonant **n** or **s** are stressed on the second to last syllable.

  bo-**ni**-ta   tra-**ba**-jo   tra-**ba**-jan   **jo**-ven   tra-**ba**-jas   no-**so**-tros

(continued)

(continued)

- Exceptions to this rule require a written accent mark.

  es-**tá**   a-**quí**   es-**tán**   lec-**ción**   es-**tás**   in-**glés**

- Words with stress on the third to last syllable always require a written accent mark.

  nú-me-ro   **mú**-si-ca   bo-**lí**-gra-fo   **jó**-ve-nes   **miér**-co-les

- Some words are identical in spelling but different in emphasis and meaning. In such cases, words with emphasis are marked with a written accent to differentiate them from the versions without emphasis, which have a different meaning.

  él = *he*   **tú** = *you*   **mí** = *(to) me*   **¿Qué?** = *What?*   **¿Cómo?** = *How?*
  el = *the*   tu = *your*   mi = *my*   que = *that*   como = *how, as, like*

- A written accent mark also is used with an **i** or **u** to indicate hiatus (that is, when one of these letters, adjacent to another vowel, represents a separate syllable).

  dí-a   **grú**-a   pa-**ís**   Ra-**úl**

Comparaciones

LA FAMILIA HISPANA

En tu experiencia. ¿A quiénes consideras tu núcleo familiar? ¿Cuántos miembros de tu familia viven en casa? ¿Dónde viven los otros miembros de tu familia? Y tú, ¿vives en una residencia estudiantil, en tu casa o en un apartamento? ¿Por qué? En las familias que conoces (*you know*), ¿quién cuida (*looks after*) a los niños cuando los padres no están en casa? ¿Quién ayuda a los padres con los quehaceres (*chores*) de la casa? En el siguiente (*following*) artículo, ¿en qué consiste el concepto de familia para muchos hispanos?

Una familia hispana.

El núcleo familiar generalmente incluye solamente a los padres y a los hijos pero el concepto hispano de familia puede incluir también a los abuelos, a los tíos y a los primos. Por lo general, los miembros de una familia hispana viven juntos más tiempo que los miembros de una familia canadiense. Los hijos solteros (*single*) generalmente viven en casa, aun (*even*) cuando trabajan o van a la universidad. En muchas casas hispanas, los padres, los hijos y un abuelo, tío o primo viven juntos. Las familias son muy unidas y forman un sistema de apoyo (*support*). Por ejemplo, un abuelo o una abuela puede cuidar a los niños de la casa mientras los padres trabajan. Un tío soltero o una tía viuda (*widowed*) ayuda en la casa y forma parte de la familia. Aunque (*Although*) la situación cambia poco a poco, los miembros de la familia que viven fuera de casa (*outside the home*) usualmente viven cerca, en la misma ciudad y frecuentemente en el mismo barrio (*neighbourhood*).

¿Entiendes? Indica si cada una de las siguientes oraciones es **cierta** o **falsa**, según la lectura (*reading*) y tu propia (*own*) experiencia. Luego, corrige (*correct*) la información falsa.

1. El núcleo familiar canadiense consiste solamente en los padres y los hijos.
2. El núcleo familiar hispano no incluye a los abuelos.
3. Muchos hijos hispanos viven con su familia cuando van a la universidad.
4. En Canadá, cuando trabajan los padres, otros miembros de la familia ayudan en la casa.
5. Muchas veces los miembros de una familia hispana viven en la misma ciudad.

¡A conversar! ¿Qué creen Uds.? Take turns asking each other the following questions.

> **MODELO:** E1: *En el futuro, ¿vas a vivir cerca de tu familia?*
> E2: *Sí, porque mi familia me ayuda mucho./ No, porque yo no necesito ayuda. ¿Y tú?*

1. ¿Tú crees que el núcleo familiar consiste en los padres, los hijos, los abuelos y toda la familia política (*in-laws*)?
2. ¿Tus abuelos viven cerca o lejos de tu familia?
3. ¿Tienes una buena relación con ellos?
4. ¿Te gusta ir de vacaciones con tus padres (y tus abuelos)?
5. ¿Tú esperas tener hijos y nietos?

¡Así lo hacemos! ESTRUCTURAS

4-7 to 4-14

1. The present tense of stem-changing verbs: e → ie, e → i, o → ue

You have already learned how to form regular **-ar**, **-er**, and **-ir** verbs, and a few irregular verbs. This group of stem-changing verbs requires a change in the *stem vowel* of the present indicative forms, excluding **nosotros/as** and **vosotros/as**.

Los verbos e → ie

querer (*to want; to love*)			
yo	quiero	nosotros/as	queremos
tú	quieres	vosotros/as	queréis
Ud. él/ella	quiere	Uds. ellos/as	quieren

- Note that the changes occur in the first, second, and third persons singular, and in the third person plural.[1]

¿Quiere un sándwich de pollo?

No señor, prefiero una hamburguesa.

---

[1]Note that in these forms the stem contains the stressed syllable.

Other common **e ⟶ ie** verbs are:

empezar	*to begin*
entender	*to understand*
pensar (+ infin.)	*to think; to intend (to do something)*
perder	*to lose*
preferir	*to prefer*

Quiero volver a Guatemala.	*I want to return to Guatemala.*
Pensamos mucho en los exámenes.	*We think a lot about the exams.*
Pienso ver una película esta noche.	*I intend to watch a movie tonight.*
¿A qué hora **empieza** la fiesta?	*At what time does the party start?*

- Some common **e ⟶ ie** verbs, such as **tener** (which you learned in **Lección 2**) and **venir** (*to come*), have an additional irregularity in the first person singular.

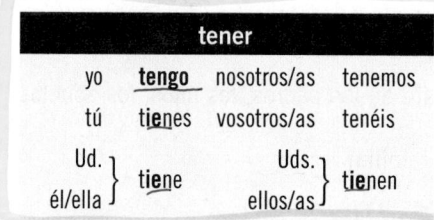

tener			
yo	**tengo**	nosotros/as	tenemos
tú	ti**e**nes	vosotros/as	tenéis
Ud. él/ella	ti**e**ne	Uds. ellos/as	**tie**nen

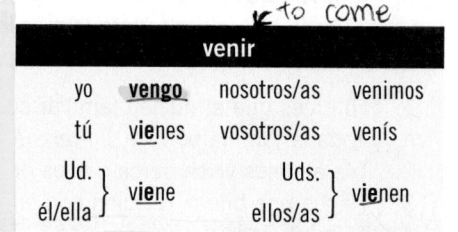

to come

venir			
yo	**vengo**	nosotros/as	venimos
tú	vi**e**nes	vosotros/as	venís
Ud. él/ella	vi**e**ne	Uds. ellos/as	vi**e**nen

Tengo que hacer mucha tarea hoy.	*I have to do a lot of homework today.*
Si Ester **viene** el viernes, yo **vengo** también.	*If Ester comes on Friday, I'll come too.*

Los verbos e ⟶ i

Another stem-changing pattern changes the stressed **e** of the stem to **i** in all forms except the first and second person plural.

pedir (*to ask for; to request*)			
yo	p**i**do	nosotros/as	pedimos
tú	p**i**des	vosotros/as	pedís
Ud. él/ella	p**i**de	Uds. ellos/as	p**i**den

All **e ⟶ i** stem-changing verbs have the **-ir** ending. The following are some other common **e ⟶ i** verbs.

conseguir	*to obtain*	**seguir**	*to follow; to continue*
decir	*to say; to tell*	**servir**	*to serve*
repetir	*to repeat*		

La chica **pide** un café.	*The girl orders a coffee.*
Servimos el desayuno a las ocho.	*We serve breakfast at eight o'clock.*

- Note that **decir** has an irregular first person singular form (like **tener** and **venir**): **digo**.

decir (*to say; to tell*)			
yo	<u>**digo**</u>	nosotros/as	decimos
tú	d<u>i</u>ces	vosotros/as	decís
Ud.	d<u>i</u>ce	Uds.	d<u>i</u>cen
él/ella		ellos/as	

- Note that **seguir** and **conseguir** drop the **u** in the first person: **sigo, consigo**.

El profesor **sigue** el programa.	*The professor **follows** the program.*
Nunca **consigo** las clases que necesito.	*I never **get** the classes that I need.*

> ¿**Puedes** terminar la tarea para mañana?

> ¡Si **encuentro** mi cuaderno!

Los verbos o ⟶ ue

volver (*to return; to come back*)			
yo	v<u>ue</u>lvo	nosotros/as	volvemos
tú	v<u>ue</u>lves	vosotros/as	volvéis
Ud.	v<u>ue</u>lve	Uds.	v<u>ue</u>lven
él/ella		ellos/as	

Another category of stem-changing verbs is one in which the stressed **o** changes to **ue**. As with **e ⟶ ie** and **e ⟶ i**, there is no stem change in the **nosotros/as** and **vosotros/as** forms.

- You used the verb **costar** in the expression: **¿Cuánto cuesta?** in **Lección 1**. Other commonly used **o ⟶ ue** stem-changing verbs are:

alm<u>o</u>rzar	*to eat lunch*
d<u>o</u>rmir	*to sleep*
enc<u>o</u>ntrar	*to find*
j<u>u</u>gar[1]	*to play*
p<u>o</u>der	*to be able to*
rec<u>o</u>rdar	*to remember; to remind*

¿Cuánto **cuesta** ir a Guatemala?	*How much **does it cost** to go to Guatemala?*
Mañana **juego** al tenis con mi tía.	*Tomorrow **I'm playing** tennis with my aunt.*
Almorzamos en el club todos los sábados.	*We **have lunch** at the club every Saturday.*
Duermo la siesta después de almorzar.	*I **take** a nap after having lunch.*
¿**Puedes** terminar la tarea para mañana?	***Can you** finish the homework for tomorrow?*

4-5, 4-6, 4-7
4-8, 4-9

---

[1]**Jugar** is not an **-o-** verb, but it follows the **o ⟶ ue** pattern.

APLICACIÓN

4-5 Esta noche (*Tonight*). Repeat the following sentences, changing the italicized verbs (**e ⟶ ie**) to agree with the subjects given in parentheses.

MODELO: Esta noche no *quiero* estudiar. (él)
→ Esta noche no *quiere* estudiar.

1. Esta noche no *quiero* estudiar. (él, nosotros, Elena, Elena y Juan, tú, yo, Ud.)
2. *Prefiero* ver la televisión. (ella, ellas, él, yo, nosotros, tú, mis amigos)
3. Pero *tengo* que hacer la tarea. (él, nosotros, Ana y María, yo, ella, tú, Uds.)

4-6 ¡Vamos a comer! Repeat the following sentences, changing the italicized verbs (**e ⟶ i**) to agree with the subjects given in parentheses.

MODELO: *Pido* agua para el almuerzo. (él)
→ *Pide* agua para el almuerzo.

1. *Pido* agua para el almuerzo. (él, nosotros, yo, tú, Pepe, ellas, mi familia)
2. *Sirvo* la comida en casa. (mi madre, mis hermanos, nosotros, tú, él, Ud., mi hermana)
3. *Sigo* las instrucciones para la tarea. (mis tíos, Ud., nosotros, tú, yo, mis primas, Ud. y Laura)

4-7 Por la tarde. Repeat the following sentences, changing the italicized verbs (**o ⟶ ue**) to agree with the subjects given in parentheses.

MODELO: *Almuerzo* en la cafetería. (ellos)
→ *Almuerzan* en la cafetería.

1. *Almuerzo* en la cafetería. (ellos, ella, él, nosotros, tú, los estudiantes, Paco)
2. Luego *duermo* la siesta. (él, nosotros, Ana y María, ella, tú, Uds., mi hermano)
3. Más tarde *juego* al fútbol. (ella, ellos, mis amigas, Pedro, nosotros, yo, Ud.)

4-8 Vamos a almorzar. You and your friends decide to have lunch together in a restaurant. Complete each sentence with the correct form of the verb in parentheses.

Yo (1. pensar) _pienso_ almorzar en la cafetería con mis amigos pero ellos (2. decir) _dicen_ que la comida de la universidad (3. costar) _costa_ mucho y que ellos (4. preferir) _prefieren_ comer en un restaurante. Nosotros no (5. tener) _tenemos_ clases por la tarde y (6. encontrar) _encontam__in_ buen restaurante. Yo (7. pedir) _pido_ un sándwich y una ensalada y, luego, (8. recordar) _recuerdo_ que no (9. poder) _poudo_ comer mucho porque (10. tener) _tengo_ que ir a una clase que (11. empezar) _empezo_ a las dos y media. Una muchacha muy simpática (12. servir) _sirve_ la comida y nosotros (13. conseguir) _conseguimos_ un almuerzo bueno y barato. Luego yo (14. volver) _vuelvo_ a la universidad en autobús pero mis amigos (15. tener) _tienen_ sueño y (16. querer) _quieren_ ir a casa a dormir la siesta.

4-9 La vida universitaria. Ask each other questions about your daily routine at the university.

MODELO: E1: Generalmente, ¿a qué hora vienes a la universidad?
E2: *Generalmente, vengo a las nueve. ¿Y tú?*

1. ¿Cómo vienes a la universidad? (¿en autobús? ¿en coche? ¿en bicicleta?)
2. ¿A qué hora empiezan tus clases hoy?
3. ¿Dónde almuerzas? (¿en la cafetería? ¿en casa? ¿en tu cuarto?)
4. ¿Duermes la siesta después de almorzar?

5. ¿Juegas a un deporte en tu tiempo libre? (¿al hockey? ¿al tenis? ¿al fútbol?) *to play*

6. ¿Puedes hacer ejercicio en el gimnasio durante el día? *can*

7. ¿Dónde prefieres hacer la tarea? (¿en la biblioteca? ¿en tu cuarto?)

8. ¿Tienes que estudiar mucho por la noche?

4-10 En casa. First of all, complete the following sentences according to your normal routine and then compare them to see what you have in common.

MODELO: En casa nosotros (**servir**)... (refrescos/ agua/ vino/ café/ té) con el almuerzo.

→ En casa *servimos refrescos* con el almuerzo.

En casa...

1. Yo (**almorzar**) *almuerzo* (con mi novio/a/ con mi familia/ con mis amigos/as...)

2. Durante el almuerzo (mi novio/a/ mi familia/ mis amigos/as...) (**preferir**) *ie* (ver la televisión/ hablar de sus actividades/ escuchar música/ hacer la tarea...)

3. (Mi novio/a/ Mi familia/ Mis amigos/as...) no (**poder**) *ue can* comer (conmigo (*with me*)/ con nosotros/as...) (todos los días/ los lunes, martes etc./ los fines de semana...) porque (**tener**) que (trabajar/ comer en la universidad/ ir a clase...).

4. Por la tarde (yo/ nosotros/as/ mi amigo/a...) (**dormir**) *ue* la siesta (después de almorzar/ todos los días/ por una hora/ cuando (**tener**) sueño...)

5. Luego (yo/ nosotros/as/ mi amigo/a...) (**pensar**) *ie to think* en (las actividades de la tarde/ ir al centro/ comprar la comida...).

6. Por fin (yo/ nosotros/as/ mi amigo/a...) (**querer**) *ie* (ir de compras/ ver una película/ volver a la universidad...) *maybe to return toward love*

En mi casa servimos tamales para Navidad.

2. The present tense of *poner* (*to put; to turn on*), *salir* (*to go out; to leave*), and *traer* (*to bring*)

4-15 to 4-19

You have already learned some Spanish verbs which are irregular only in the **yo** form of the present indicative tense (**hacer → hago** and **ver → veo**). With these verbs, all other forms follow the regular conjugation patterns.

	poner (to put; to turn on)	salir (to go out; to leave)	traer (to bring)
yo	**pongo**	**salgo**	**traigo**
tú	pones	sales	traes
Ud. } él/ella }	pone	sale	trae
nosotros/as	ponemos	salimos	traemos
vosotros/as	ponéis	salís	traéis
Uds. } ellos/as }	ponen	salen	traen

¿Traes la comida ahora?

Sí, la pongo en la mesa en un momento.

Si ustedes **traen** los platos, yo **pongo** la mesa.   *If you **bring** the plates, I'll **set** the table.*
Siempre **salgo** al parque a las ocho.   *I always **go out** to the park at eight.*

Prepositions
a, de, en, para, por

Learning Tips

COMMON USES OF THE PREPOSITIONS *A, DE, EN, PARA,* AND *POR*

As you are learning to form and manipulate sentence structures, you will need to know how to use such common prepositions as **a**, **de**, **en**, **para**, and **por**.

1. The preposition **a** is used:

   - with a verb of motion before a destination:

Voy **a** la universidad.	*I am going **to** the university.*
Salen **al** parque.	*They are going out **to** the park.*

   - with verbs of motion (such as **ir**, **venir**, and **salir**) and some other non-motion verbs (such as **aprender**, **ayudar**, and **empezar**) before an infinitive:

¿Vas **a** comer?	*Are you going to eat?*
Empezamos **a** estudiar.	*We begin to study.*

   - in set phrases and expressions:

Está **a** la derecha.	*It's **to/on** the right.*
Es **a** las dos.	*It's **at** two o'clock.*

2. The preposition **de** is used:

   - with a verb of motion to express departure from a location:

Salimos **de** casa a las ocho.	*We leave home at eight.*
¿Vienes **de** la cafetería?	*Are you coming **from** the cafeteria?*

   - with the verb **ser** to express origin, possession, and material:

Soy **de** Edmonton.	*I am **from** Edmonton.*
Vamos a la casa **de** Isabel.	*We are going to Isabel's house.*
Mi bolígrafo es **de** plástico.	*My pen is plastic.*

   - with times and dates:

Son las dos **de** la tarde.	*It's two p.m.*
Hoy es el 10 **de** noviembre.	*Today is November 10th.*

   - with set phrases and expressions:

Mis padres están **de** vacaciones.	*My parents are **on** vacation.*
Estoy cansado/a **de** estudiar.	*I am tired **of** studying.*

3. The preposition **en** is used:

   - to express location:

Leemos **en** la biblioteca.	*We read **in** the library.*
Mi mochila está **en** el piso.	*My backpack is **on** the floor.*
Almuerzan **en** la universidad.	*They have lunch **at** the university.*

   - in set phrases and expressions:

Llego **en** autobús.	*I arrive **by** bus.*
Ella está **en** casa.	*She is **at** home.*
¿Vuelven Uds. **en** marzo?	*Are you returning **in** March?*

4. The preposition **para** is used:

   - to express the purpose of an action (*in order to* + infinitive) or an object (*for*):

Miguel va a casa **para** comer.	*Miguel is going home **to** eat.*
Los libros son **para** leer.	*Books are **for** reading.*

   - to express a destination (a place or a recipient):

Su hermano sale **para** Montreal.	*Her brother is leaving **for** Montreal.*
El café es **para** ti.	*The coffee is **for** you.*

5. The preposition **por** is used:

- to express the time during which an action takes place:

| Prefiero estudiar **por** la tarde. | *I prefer to study **in** the afternoon.* |
| Hoy trabajan **por** tres horas. | *Today they work **for** three hours.* |

- to express motion (*through, by, along, around*):

Entramos **por** la puerta azul.	*We enter **through** the blue door.*
El autobús pasa **por** mi casa.	*The bus passes **by** my house.*
Me gusta pasear **por** el parque.	*I like to stroll **around** the park.*

- with set phrases and expressions:

por ejemplo	*for example*
por favor	*please*
por fin	*finally*

APLICACIÓN

4-11 En la universidad. Repeat the following sentences, changing the italicized verbs to agree with the subjects given in parentheses.

MODELO: *Salgo* de casa a las ocho. (ella)
→ *Sale* de casa a las ocho.

P. 123
1. *Salgo* de casa a las ocho. (ella, nosotros, sus amigos, tú, mi padre, Ud.)
2. *Pongo* la mochila en el piso. (ellas, él, nosotros, Mariana, tú, Uds.)
3. *Traigo* muchos libros a la universidad. (mis hermanos, nosotros, yo, tú, Ud., Pablo)

4-12 ¿A qué hora salen Uds. de casa? Complete these sentences with the correct forms of the irregular and stem-changing verbs in parentheses.

Generalmente, yo (1. salir) _salgo_ [leave] de casa con mi hermana Carmen a las ocho y media de la mañana porque nuestras clases (2. empezar) _empiezo_ a las nueve. Antes de salir, nosotros (3. poner) _ponemos_ los libros en la mochila. Yo (4. poner) [to put] _pongo_ jugo también pero Carmen (5. poner) _pone_ un refresco. Nosotros (6. traer) _traemos_ [to bring] un sándwich para el almuerzo y Carmen siempre (7. traer) [also] _trae_ una ensalada también. Los días en que yo (8. jugar) _juego_ al fútbol, (9. traer) _traigo_ una merienda [snack] para la tarde. Después de las clases, nosotros (10. salir) _salimos_ de la universidad para volver a casa.

4-13 En la universidad. Take turns asking each other about your daily routine.

MODELO: E1: ¿A qué hora sales de tu casa (o tu cuarto) por la mañana?
E2: *Salgo a las nueve menos cuarto. ¿Y tú?*

1. ¿A qué hora sales para venir a la clase de español? ¿Vienes con tus amigos?
2. ¿Qué traes a la clase? ¿Traes tu computadora, un diccionario, agua o jugo? Traigo ~
3. ¿Qué trae nuestro/a profesor/a a la clase de español? Trae ~
4. ¿Dónde pones [to put] tu mochila en la clase? ¿Y tu cuaderno? Pongo ~
5. ¿Para dónde sales después de la clase? ¿Con quiénes sales? Salgo ~

Segunda parte

¡Así lo decimos! VOCABULARIO

El tiempo libre

Actividades y pasatiempos	Activities and pastimes
asistir (a un partido)	to go (to a game)
conocer (zc)	to know or meet (someone); to be familiar with (something)
conversar (en un café)	to chat (at a cafe)
correr (por el parque)	to run (in the park)
invitar (a una fiesta)	to invite (to a party)
ir (a la playa)	to go (to the beach)
ir de compras	to go shopping
pasear (por el centro)	to take a walk (downtown)
saber	to know (how to do) something
tocar (un instrumento)	to play (an instrument)
tomar el sol	to sunbathe
ver (una película)	to see (a movie)
visitar (a los amigos)	to visit (friends)

Para hacer una invitación	Extending an invitation
¿Qué tal si...?	How about . . . ?
¿Quieres ir a...?	Do you want to go to . . . ?
¿Vamos a...?	Shall we go to . . . ?

Para aceptar una invitación	Accepting an invitation
De acuerdo.	Fine with me; Okay.
Paso por ti.	I'll pick you up.
Sí, claro.	Yes, of course.
Vamos.	Let's go.

Para rechazar una invitación	Rejecting an invitation
Estoy muy ocupado/a.	I am very busy.
Gracias, pero no puedo...	Thanks, but I can't . . .
Lo siento; tengo que...	I'm sorry; I have to . . .

Toman un refresco en un café al aire libre.

Escuchan música clásica en un concierto.

Corren por la ciudad en un maratón.

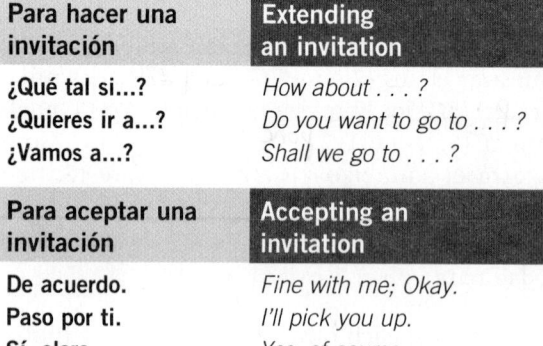

Sustantivos	Nouns
el café (al aire libre)	*(outdoor) cafe*
el carro, el coche	*car*
el cine	*movie theatre*
el concierto	*concert*
el dinero	*money*
la entrada	*admission ticket*
la función	*show*

¡Así es la vida! El tiempo libre

CD Track 4.5

4-25 to 4-27

Una invitación

Raúl invita a Laura a ver una película.

Raúl: Laura, soy Raúl. ¿Cómo estás?

Laura: Muy bien, gracias. ¿Y tú?

Raúl: También. ¿Estás en el centro ahora?

Laura: Sí, estoy en el café que está al lado de *De Moda*. ¿Lo conoces?

Raúl: Sí, estoy bastante cerca. Bueno, te llamo para ver si quieres ir al cine esta tarde.

Laura: Sí, claro. ¿Sabes qué película ponen?

Raúl: Sí, hay una película nueva en el Rialto. No sé si la conoces. Se llama *Sobreviviendo Guazapa*. La función de la tarde empieza a las cuatro y media. ¿Vamos?

Laura: Un momento. Me llama mi madre. Te llamo en unos minutos.

Pasan unos minutos y Laura llama a Raúl.

Laura: Hola, Raúl. Lo siento, pero no puedo ir hoy. Voy de compras con mi madre. ¿Quieres ir mañana por la tarde?

Raúl: De acuerdo. ¿Paso por ti a las cuatro menos cuarto?

Laura: Perfecto. Hasta mañana.

APLICACIÓN

4-14 ¿Qué pasa? Indicate whether each of the following statements is true (**cierto**) or false (**falso**), based on the **¡Así lo decimos!** vocabulary and reading, and correct any false statements.

1. Raúl llama a Laura para saber si quiere ir al cine.
2. Ella está en casa ahora.
3. *El Rialto* es un cine.
4. La película empieza a las cuatro.
5. Laura no quiere ver la película.
6. Deciden ir mañana por la tarde.

4-15 Los pasatiempos. Complete each sentence with a logical word or expression from **¡Así lo decimos!**.

1. Nosotros corremos por _el parque_
2. Alicia toma el sol en _la playa_
3. Voy al _cine_ para ver una película.
4. Yo paseo todos los días por _el centro_
5. Ellos toman refrescos en un _café_.
6. Si quieres ir al cine, necesitas una _entrada_
7. ¿Quieres ir al _partido_ de hockey?
8. Voy de _paseo_ al centro.

 4-16 Una invitación. Complete this telephone conversation. Try to incorporate vocabulary from **¡Así lo decimos!** and practise it with your partner.

Suena el teléfono. Lo contesta Manuel.

Manuel: Aló.

Concha: Hola, Manuel. Soy Concha.

Manuel: Hola, Concha. ¿...?

Concha: Muy bien, Manuel. ¿...?

Manuel: También.

Concha: Manuel, te llamo para invitarte a... _ver una película_

Manuel: Sí, _claro_ ¿A qué hora...?

Concha: A las...

Manuel: El cine está en el..., ¿verdad? ¿Vamos en...?

Concha: Sí, paso por ti...

Manuel: De acuerdo, Concha. Hasta pronto.

Concha: Hasta..., Manuel.

 4-17 ¡Estoy aburrido/a! Explain to your partner that you are bored, so that he/she will invite you to do something. Accept or reject the invitation. If you reject it, give excuses.

MODELO: E1: Estoy aburrido/a.
E2: ¿Quieres ir a bailar?
E1: Sí, claro. ¡Vamos!/ Gracias, pero no puedo. No tengo dinero. _have no money_

Algunas actividades

ir a un partido de básquetbol	salir a tomar un café	ir de compras al centro
jugar al hockey	dar un paseo por... _go for a walk_	escuchar música
visitar a los amigos	ir al cine	ver la televisión

Algunas excusas

estar cansado/a *tired*	no tener coche *car*	tener mucho sueño
estar enfermo/a *ill*	no tener tiempo	tener mucha tarea
estar ocupado/a	no tener dinero	tener que estudiar

4-18 El fin de semana. Make plans for this weekend. Use the activities and questions to guide your conversation.

MODELO: *Vamos a pasear por el centro...*

Algunas actividades *some*

escuchar música	pasear por el centro *walk*	ir a un partido de hockey *game*
jugar al básquetbol	visitar a mi/tu familia	ir al cine
salir a comer *go to eat*	ir a una fiesta	ir de compras *to go shopping*

Algunas preguntas

¿Adónde quieren Uds. ir? *where* *want*	¿Qué quieren hacer?
¿Qué día?	¿A qué hora empieza? *begins*
¿Con quiénes vamos?	¿Cuánto cuesta? *how much does it cost?*
¿Cómo vamos?	¿A qué hora volvemos a casa? *return*

Comparaciones

LA VIDA SOCIAL DE LOS HISPANOS

En tu experiencia. ¿Cómo pasas tu tiempo libre? ¿Sales mucho con tus amigos? ¿Adónde van Uds.? ¿Van de compras al centro? ¿Almuerzan en un restaurante? ¿Dan un paseo por el parque o el centro? ¿Qué actividades prefieren Uds. hacer los sábados por la noche? ¿Salen a comer? ¿Van al cine o al teatro? ¿Van a una fiesta o a un bar? ¿A qué hora vuelven normalmente a casa? En el siguiente artículo, ¿cómo pasan los hispanos su tiempo libre?

Los hispanos disfrutan de (*enjoy*) la vida y dedican mucho tiempo a las actividades recreativas y a sus pasatiempos favoritos. Generalmente estas actividades son de tipo social y ocurren por la noche: visitar a la familia y a los amigos, salir en grupo al cine, al teatro, a un concierto, o a pasear por el parque, ir a un partido de fútbol, béisbol o básquetbol, o simplemente quedarse (*staying*) en casa para ver la televisión o conversar con la familia. Durante el fin de semana (*weekend*) muchas familias pasan el día en el club social, donde los padres y los hijos se reúnen (*get together*) con sus amigos para hacer actividades deportivas o sociales.

A los hispanos les gusta bailar.

El fútbol es el deporte más popular de los hispanos.

¿Entiendes? Indica si cada una de las siguientes oraciones es **cierta** o **falsa**, según la lectura (*reading*) y tu propia experiencia. Luego, corrige la información falsa.

1. Los hispanos pasan poco tiempo libre con sus amigos.
2. Muchas de sus actividades sociales son nocturnas.
3. Los hispanos salen a menudo (*often*) en grupo para ir al centro.
4. Durante el fin de semana los padres van al club social mientras los hijos estudian.
5. En el club social los hispanos pueden ver a sus amigos y jugar al tenis.

 ¡A conversar! Escribe (*Write*) una lista de ocho actividades que haces con tus amigos en orden de preferencia. Luego, compara (*compare*) tu lista con la de un/a compañero/a de clase para ver qué actividades tienen en común.

MODELO: *Número uno, corro por el parque.*
→ *Número dos...*

 ¡Así lo hacemos! ESTRUCTURAS

4-28 to
4-37

3. Direct objects, the personal *a*, and direct object pronouns

Los complementos **directos**

- The direct object is the noun that generally follows the verb that acts upon it. The direct object is identified by asking *whom?* or *what?* about the verb. Note that the direct object can be either an inanimate object (**un carro**) or a person (**Jorge**).

  Pablo va a comprar **un carro.** *Pablo is going to buy **a car**.*
  Anita llama a **su amigo Jorge.** *Anita calls **her friend Jorge**.*

La *a* personal

- When the direct object is a definite person or persons, the preposition **a** precedes the noun in Spanish. This is known as the *personal **a**.*

  Quiero mucho **a** mi papá. *I love my father a lot.*

- Note, however, that the personal **a** is omitted after the verb **tener** when it means *to have* or *possess.*

  Marta y Ricardo tienen un hijo. *Marta and Ricardo have a son.*

- The personal **a** is not used with a direct object that is an indefinite or unspecified person.

  Ana quiere **un novio inteligente.** *Ana wants **an intelligent boyfriend**.*

- The preposition **a** followed by the definite article **el** contracts to form **al.**

  Alicia visita **al** profesor Rojas. *Alicia visits Professor Rojas.*

- When the interrogative **quién(es)** requests information about the direct object, the personal **a** precedes it.

  ¿A quién llama Juanita? ***Whom** is Juanita calling?*

¿Quieres invitar a Jorge?

¡Sí, vamos a invitarlo!

after "tener", do not need "a"

- The personal **a** is required before every specific, human direct object in a series.

    Visito **a Jorge** y **a Elisa**.   *I'm visiting **Jorge** and **Elisa**.*

Los pronombres de complemento directo

The direct object pronouns often replace direct object nouns in order to avoid a repetition of the nouns. The chart below shows the forms of the direct object pronouns.

英語の it, her とかと同じ。

	Singular		Plural
me	*me*	**nos**	*us* Ν
te	*you (informal)*	**os**	*you (informal)* V
lo	*him, you, it (masc.)*	**los**	*you, them (masc.)*
la	*her, you, it (fem.)*	**las**	*you, them (fem.)*

- Direct object pronouns are generally placed directly <u>before</u> the conjugated verb. If the sentence is negative, the direct object pronoun goes between **no** and the verb.

La quiero mucho.	*I love **her** a lot.*
¿**Me** esperas?	*Are you waiting for **me**?*
No, no **te** espero.	*No, I am not waiting for **you**.*

Te quiero mucho.

- Third person direct object pronouns agree in gender and number with the noun that they replace.

    Quiero **el dinero**. → **Lo** quiero.
    Necesitamos **los cuadernos**. → **Los** necesitamos.
    Llamo **a Teresa**. → **La** llamo.
    Buscamos **a las chicas**. → **Las** buscamos.

- Direct object pronouns are commonly used in conversation when the object is established or known. When the conversation involves first and second persons (*me, us, you*), remember to make the proper transitions.

¿Dónde ves **a Jorge** y **a Adela**?	*Where do you see **Jorge** and **Adela**?*
Los veo en clase.	*I see **them** in class.*
¿Visitas **a tu abuela**?	*Do you visit **your grandmother**?*
Sí, **la** visito mucho.	*Yes, I visit **her** a lot.*
¿**Me** llamas esta noche?	*Will you call **me** tonight?*
Sí, **te** llamo a las ocho.	*Yes, I'll call **you** at eight.*

- In constructions that use the infinitive, direct object pronouns may either precede the conjugated verb or be attached to the end of the infinitive.

    Adolfo va a llamar **a Ana**.   *Adolfo is going to call **Ana**.*
    conjugated Adolfo **la** va a llamar.   } *Adolfo is going to call **her**.*
    Adolfo va a llamar**la**.
    infinitive

- In negative sentences, the direct object pronoun is placed between **no** and the conjugated verb. The object pronoun may also be attached to the end of the infinitive in negative sentences.

    Adolfo no **la** va a llamar.   } *Adolfo is not going to call **her**.*
    Adolfo no va a llamar**la**.
    one word

Learning Tips

USING DIRECT OBJECT PRONOUNS

Using the direct object pronoun in Spanish takes practice. The following general tips might be helpful.

- A direct object pronoun is used only after the noun to which it refers has been introduced. Otherwise, the use of the pronoun can create ambiguity.
- In English, direct object pronouns are placed **after** the verb. In Spanish, direct object pronouns usually **precede** the conjugated verb.
- The direct object pronouns **lo, la, los, las** can refer to both people (*him, her, them, you*) and objects (*it, them*).

APLICACIÓN

4-19 ¿A quién ves? Complete this conversation with the preposition **a** (or **al**), wherever necessary.

Éste es un ejemplo del arte precolombino. Puedes verlo en el Museo Popol Vuh en Guatemala.

Teresa: ¿(1.) ___ quién ves todos los días?

Carlos: Yo siempre veo (2.) ___ Tomás en la universidad. Tomás y yo tomamos (3.) ___ café juntos todas las tardes.

Teresa: ¿Ven (4.) ___ sus amigos allí?

Carlos: Sí, claro. Siempre vemos (5.) ___ Elisabet y (6.) ___ Gustavo. A veces (*Sometimes*) vemos (7.) ___ hermano de Tomás también.

Teresa: ¿Es simpático su hermano?

Carlos: Sí, él tiene (8.) ___ un hermano muy simpático. Esta noche todos vamos a ver (9.) ___ una película muy buena, pero Gustavo no puede ir porque tiene que visitar (10.) ___ la familia de su novia.

4-20 Sustitución. Replace the direct object nouns with the appropriate direct object pronouns.

MODELO: Pensamos hacer *ejercicio.*
→ *Lo* pensamos hacer./ Pensamos hacer*lo.*

1. Pensamos hacer *ejercicio.* (la tarea, los ejercicios, las lecciones de español, un café)
2. Compro *un libro.* (unos libros, dos bolígrafos, tres entradas, un coche nuevo)
3. Busco *mi calculadora.* (mis libros, la casa de José, a la profesora, a mis amigos)
4. No necesito *el dinero.* (tu coche, las entradas, más tarea, al doctor, a la secretaria)

4-21 ¿Quién es quién? In each of the following sentences, identify the subject (S) and the direct object (DO). Then, complete the question or statement that follows with the correct pronoun.

MODELO: <u>Mis amigos y yo</u> <u>vamos a tomar</u> <u>café</u> en el centro esta tarde.
         S   V   DO
→ *Lo* tomamos allí todos los viernes.

1. Mis amigos piensan ver una película española. ¿ _La_ quieres ver?
2. Carlos invita a su novia Amanda. Carlos siempre _la_ invita a salir.
3. Amanda llama a Sara y a Pedro. _Los_ ve todos los días en clase.
4. ¿A qué hora pasas por mí? ¿ _Te/Me_ llamas antes de salir? *4. At what time do you pick me up?*
5. Visito mucho a mis abuelos. Voy a visitar _los_ el domingo.
6. Carlos y Amanda prefieren escuchar música. _La_ escuchan cuando corren *They listen to it~*
   por el parque.
7. Tomamos un taxi para volver a casa. _Lo_ tomamos juntos porque es más *We take it~*
   barato.
8. Nosotros queremos invitarte a ti. ¿ _Te_ buscamos a las cuatro?

4-22 Planes. Match each question with the corresponding response.

1. ¿Dónde vemos _la película_? h
2. ¿Quién sirve _la comida_? f
3. ¿A qué hora _me_ llamas? e
4. ¿Tus amigos _te_ invitan a tomar un café? a
5. ¿Vas a visitar _a tus amigas_? b
6. ¿Haces _la tarea_ con Juana? g
7. ¿Cuándo piensas visitar_nos_? C
8. ¿Vas a comprar _las entradas_? d

a. No, _me_ invitan a almorzar.
b. Sí, voy a visitar_las_ mañana.
c. Pienso visitar_los_ el sábado.
d. Sí, voy a comprar_las_ por la tarde.
e. _Te_ llamo a las nueve.
f. _La_ sirvo yo.
g. No, no _la_ hago con ella.
h. _La_ vemos en el Cine Rialto.

4-23 ¿Qué haces por la mañana? Answer each question, replacing the direct object noun with its corresponding pronoun.

MODELO: ¿Escuchas _la radio_ por la mañana?
→ _Sí, **la** escucho./ No, no **la** escucho._

1. ¿Tomas _el desayuno_? lo tomo
2. ¿Bebes _café_? lo bebo
3. ¿Preparas _tus clases_? las preparo
4. ¿Pones _tu computadora_? la pono
5. ¿Lees _tu correo electrónico_? lo leo
6. ¿Escuchas _música_? lo escucho
7. ¿Haces _la tarea_? la hago
8. ¿Llamas _a tus amigos_? los llamo
9. ¿Ves _la televisión_? la veo
10. ¿Buscas _tu mochila_? la busco

4-24 ¿Qué vas a hacer esta noche? Answer each question, replacing the direct object noun with its corresponding pronoun.

MODELO: ¿Vas a escuchar _la radio_ esta noche?
→ _Sí, **la** voy a escuchar./ No, no **la** voy a escuchar._
→ _Sí, voy a escuchar**la**./ No, no voy a escuchar**la**._

1. ¿Vas a hacer _la tarea_? la
2. ¿Vas a abrir _el libro de español_? lo
3. ¿Vas a preparar _los ejercicios_? los
4. ¿Vas a tomar _té_? lo
5. ¿Vas a leer _tu correo electrónico_? lo
6. ¿Vas a ver _una película_? la
7. ¿Vas a escuchar _música_? la
8. ¿Vas a comprar _la comida_? la
9. ¿Vas a llamar _a tu familia_? la
10. ¿Vas a visitar _a tus amigos_? los

↳ Sí, lo voy a leer.
· Sí, voy a leerlo.

↳ Sí, los voy a visitar. No, no los voy a visitar.
· Sí, voy a visitarlos. No, no voy a visitarlos.

4-25 Algunas actividades. Take turns asking each other about some of your weekend activities.

MODELO: E1: *¿Practicas el fútbol?*
E2: *No, no lo practico. ¿Y tú?*
E1: *Sí, lo practico los sábados.*

llamar a tu novio/a	poner la televisión	dormir la siesta
visitar a tus amigos	hacer la tarea	estudiar español
comprar la comida	pedir ayuda (con la tarea)	servir una comida especial

 ## 4. *Saber* (*to know*) and *conocer* (*to know*)

4-38 to 4-42

Although the verbs **saber** and **conocer** can both mean *to know*, they are not interchangeable. Note that both verbs have irregular **yo** forms, while all of the other forms follow the regular conjugation patterns.

¡Ellos saben bailar muy bien!

	saber (*to know*)	conocer (*to know*)
	fact	*acquainted*
yo	**sé**	**conozco**
tú	sabes	conoces
Ud. él/ella	sabe	conoce
nosotros/as	sabemos	conocemos
vosotros/as	sabéis	conocéis
Uds. ellos/as	saben	conocen

✗ *yo conozco a lola*
personal "a"

- The verb **saber** means *to know a fact* or to have knowledge or information about someone or something.

¿Sabes dónde está el cine?	*Do you know* where the movie theatre is?
No, no **sé** dónde está.	No, *I don't know* where it is.

- With an infinitive, the verb **saber** means *to know how to do* something.

Sabemos bailar tango.	*We know how* to dance the tango.
Tía Teresa **sabe** escribir bien.	*Aunt Teresa knows how* to write well.

- **Conocer** means *to be acquainted* or *to be familiar* with a person, thing, or place.

Tina **conoce** a mis abuelos.	*Tina knows my grandparents.*
Conozco San Salvador.	*I know (am familiar with) San Salvador.*

- Use the personal **a** with **conocer** to express

María, conoces a Pablo, ¿verdad?

that you know a specific person.

La profesora **conoce a** mi tío.   *The professor **knows** my uncle.*

Learning tips

A SUMMARY OF *SABER* AND *CONOCER*

saber (fact)
- knowing a fact, skill
- knowing how to do something
- knowing information
- may be followed by an infinitive
- may be followed by *que* that   eg. Sé que ~   I know that ~

conocer (acquainted) (familiar with)
- knowing people
- knowing a place
- meeting someone for the first time
- may *not* be followed by an infinitive
- not normally followed by *que*

APLICACIÓN

4-26 ¿Conoces bien la universidad?   Repeat the following sentences, changing the italicized verbs to agree with the subjects given in parentheses.

MODELO: *Conozco* bien la universidad. (ellos)
  → *Conocen* bien la universidad.

1. *Conozco* a muchos estudiantes. (él, ellas, nosotros, Uds., yo, mis amigos)

2. *Yo sé* nadar. (mi hermana, Carmen y Tomás, tú, nosotros, yo, Uds.)

4-27 Un programa impresionante.   Use the correct forms of **saber** and **conocer** to complete the following conversation between Marcela and Carmiña who are talking about two student volunteers in a program to help save sea turtles in Tortuguero, Costa Rica.

MODELO: Marcela: ¿Tú <u>conoces</u> a Ramón Vázquez?

Carmiña: No, yo (1.) _conozco_ quién es pero mi primo [cousin] lo (2.) _conoce_ muy bien.

Marcela: ¿Tú (3.) _sabes_ [if] si Ramón vive en Tortuguero?

Carmiña: No (4.) _sé_ dónde vive pero mi primo (5.) _sabe_ su número de teléfono.

Marcela: Quiero (6.) _saber_ más sobre [on] el programa que se organiza en Tortuguero para proteger las tortugas marinas. ¿Tú (7.) _sabe_ / _conoces_ el programa?

Carmiña: Sí, mi primo y yo (8.) _conocemos_ a una chica que participa también. Es un programa importante para la protección de las tortugas.

Marcela: Vamos a llamarla. ¿Tú (9.) _sabe_ su teléfono?

Carmiña: No, no lo (10.) _sé_. No la (11.) _sé_ muy bien.

4-28 ¿Quién? Take turns asking each other questions about the following information.

MODELOS: la fecha
E1: *¿Sabes la fecha?*
E2: *Sí, la sé. Es el 15 de noviembre.*
E1: *¿Conoces a Marcela?*
E2: *No, no la conozco.*

la fecha

las estudiantes hispanas

las ciudades de Calgary y Edmonton

dónde vivo yo

jugar al béisbol

los países de Honduras y Guatemala

bailar bien

preparar café

los libros de un autor centroamericano

los números de teléfono de tus profesores

el restaurante salvadoreño en Vancouver

si hay chicos centroamericanos en la universidad

cuándo hay examen

los nombres de todos los estudiantes de la clase

 Algo más

4-43 to
4-44

¡Vamos a leer!

 4-29 Mi experiencia en Tortuguero, Costa Rica. Read the following blog written by Ramón Vázquez and then answer the questions:

Ramón Vázquez, Panamá.

¡Hola! Voy a describir mi experiencia muy emocionante aquí en Tortuguero, Costa Rica, uno de los parques nacionales más importantes del mundo para la protección de las tortugas marinas. Soy de Panamá pero todos los años voy a Tortuguero como voluntario para ayudar en la protección de esta especie de tortuga que está en peligro (*danger*) de extinción.

Cada año las tortugas llegan aquí entre julio y septiembre para poner sus huevos (*eggs*). Participo con mis amigos en los programas de criadero (*hatchery*) dirigidos por un grupo de naturalistas. Durante las masivas arribadas (así se llama la llegada de las tortugas a la playa), voluntarios como yo desenterramos (*dig up*) los huevos y los llevamos a un lugar seguro hasta que nacen las crías (*the hatchlings are born*). De esta manera sobreviven muchas de las crías.

Después, recogemos (*gather up*) las crías en cubetas (*buckets*) y vamos a la playa donde, con mucho cuidado, las depositamos. ¡Tienes que ver cómo corren las pequeñas tortugas hacia el mar! Repito esta experiencia todos los años aunque (*even though*) es un viaje de más de setecientos kilómetros en carro desde Panamá. El viaje es entretenido porque voy con mis amigos y escuchamos música de nuestros grupos favoritos. Acampamos por el camino (*way*) y a veces dormimos en la playa. ¿Te interesa?

CUESTIONARIO:

1. ¿Dónde vive Ramón?
2. ¿Dónde está ahora?
3. ¿Por qué va a Costa Rica todos los años?
4. ¿Qué hacen los voluntarios en Tortuguero?
5. ¿Por qué es tan importante este proyecto?
6. ¿Cómo pasan el tiempo Ramón y sus amigos durante el viaje en carro?

 ## ¡Vamos a hablar!

4-30 El sábado. Discuss with your partner some possible activities for Saturday morning, afternoon, and evening. Use the following vocabulary as a guide.

MODELO: E1: *¿Quieres salir el sábado por la mañana?*
E2: *Sí, claro. ¿Adónde vamos?*
E1: *¿Vamos al gimnasio a jugar al básquetbol?*
E2: *De acuerdo. Paso por ti a las nueve.*

ir al centro, al restaurante, al cine, a un partido, al gimnasio, a una fiesta, a la discoteca, al bar, a la biblioteca, de compras, al supermercado

ir a visitar a los amigos, escuchar música, conversar, bailar, ver la televisión o una película, jugar a un deporte, hacer la tarea, tomar un refresco en un café, comer en un restaurante, pasear por..., comprar la comida

 ## ¡Vamos a escribir!

4-31 Actividades del sábado. Use the conversation in the previous exercise to write a short description of how you and your partner intend to spend Saturday.

- **La tarea.** Write a short paragraph about your upcoming activities for Saturday. Make certain that the verb forms that you use are accurate. Check also for proper agreements (i.e. of nouns, articles, and adjectives, as well as of subjects and verbs) and confirm that your spelling is correct, including accents.

 ## ¡Vamos a explorar!

4-32 ¿Vamos al cine? Visit one of the following websites to see the movies that are playing and to decide which one(s) you would like to see:

http://es.movies.yahoo.com
www.todocine.com/estrenos.htm

Nuestro mundo

 Panoramas

 La América Central: Guatemala, El Salvador, Honduras, Nicaragua, Costa Rica, Panamá

04-51 to 04-53

El paisaje (*landscape*), la economía y el modo de vivir en los países centroamericanos presentan contrastes notables. Son países en vías de desarrollo (*developing*) y la población conserva muchas tradiciones de su pasado indígena.

Concepción, Honduras.

Es evidente el contraste de la vida en las zonas rurales y en las ciudades grandes. Por razones económicas, mucha gente busca mejores oportunidades en la capital o en el extranjero (*abroad*). Las remesas (*money sent home*) representan una significante proporción de la economía de los países centroamericanos.

Centro comercial Miraflores, Ciudad de Guatemala.

Estas niñas guatemaltecas usan huipiles (*regional clothing*) tejidos (*woven*) y bordados (*embroidered*) a mano como sus antepasados mayas.

Juventud Canadá Mundo (*Canada World Youth*) es una organización benéfica (*charitable*) que diseña e implementa programas internacionales de educación para los jóvenes de 15 a 29 años, enfocando el trabajo de voluntarios y el desarrollo (*development*) comunitario en un ambiente multicultural. Trabaja en Canadá y en varios países hispanos incluido Nicaragua.

Los gobiernos centroamericanos y organizaciones canadienses como CIDA trabajan para hacer llegar al pueblo (*people*) los avances de la medicina.

Guatemala, El Salvador, Honduras, Nicaragua, Costa Rica, Panamá

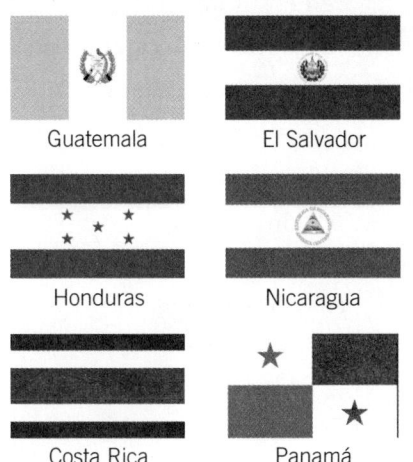

Guatemala   El Salvador

Honduras   Nicaragua

Costa Rica   Panamá

 4-33 ¿Qué sabes tú? What do you know about the Hispanic countries of Central America?

1. ¿Cuáles son las capitales de Guatemala, Nicaragua y Costa Rica?
2. ¿Cuál es el país más pequeño de los seis países de la América Central?
3. ¿Cuál es el más grande?
4. ¿Qué país está más cerca de México?
5. ¿Qué país NO tiene costas en dos océanos o mares?
6. ¿Cuál es una civilización antigua de esta región?
7. ¿Qué dos mares son unidos por el Canal de Panamá?
8. ¿Qué país tiene un lago muy grande?

4-34 ¿Dónde? Identify the place or places on the map of Central America where you can find the following:

1. centros comerciales
2. huipiles
3. Isla de Coiba
4. Tegucigalpa
5. trabajadores de CIDA
6. voluntarios canadienses
7. ecoturismo
8. Rigoberta Menchú

4-35 ¿Cierto o falso? Indicate whether each sentence is true (**cierto**) or false (**falso**). Correct the false sentences.

1. Las remesas representan un elemento importante de la economía centroamericana.
2. Juventud Canadá Mundo es una organización multinacional.
3. Rigoberta Menchú es artista.
4. Los países centroamericanos tienen muchas tradiciones indígenas.
5. Los huipiles son tejidos tradicionales de los mayas.
6. La organización canadiense CIDA no ayuda en proyectos de salud.

Rigoberta Menchú recibe el premio Nobel en 1992 por su lucha (*fight*) por los derechos humanos de los indígenas de Guatemala.

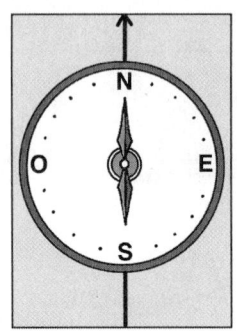

4-36 El mapa. Look over the map of Central America and indicate where the following places are located.

MODELO: Paxbán

→ Paxbán *está* en el norte de *Guatemala, cerca de México.*

en el oeste de…	en el norte de…
en el este de…	en el sur de…
en el centro de…	al norte/ sur/ oeste/ este de…
en la costa del Pacífico	en la costa del Caribe

1. Puerto Lempira
2. Lago de Nicaragua
3. Santa Ana
4. Tikal
5. San José
6. Colón

📖 Ritmos

4-54

Estos músicos guatemaltecos tocan la marimba.

La música de Guatemala: la marimba, símbolo nacional

La marimba is a national symbol of Guatemala where it has played a significant cultural role since its arrival from Africa in the late 1500s. The keys of traditional marimbas are made from the wood of the **hormigo**, a tree native to Guatemala, and so named because ants (*hormigas*) are attracted to its sweetness. **La marimba sencilla**, a descendant of the African xylophone, is a large version which can be played by three to five people. It contains about forty-five keys, each with a gourd attached below to act as a resonator. On modern marimbas, boxes have replaced the gourds. The most popular marimba rhythm of Guatemala is the "Son", which, with its ¾ time, is similar to the waltz. There are ceremonial, religious, festive, happy, and sad "Sones".

The evolution of the Guatemalan marimba led to the appearance of the chromatic version (having both the black and white keys of a piano) which allows for the playing of any type of music, from the most simple rhythm of basic, two-part "Sones" to the most complex works of great maestros. Made from native wood, interpreting the sounds of nature and manifesting the state of mind of its players and the general community, the Guatemalan marimba is a collective instrument in its expression of cultural and ceremonial music. However, for the Mayans of Guatemala, the marimba is much more than a symbol; it forms an integral part of life, just as with corn, beans, mountains, air, and water, because its sound strengthens the spirit and the soul.

Para escuchar y ver la marimba: Busca "Guatemala AEG - Marimba de Concierto de Bellas Artes".
Para aprender más sobre la marimba: Busca "All about mallet percussion".

Concierto de Marimba Voces del Maíz: la marimba guatemalteca en Toronto

Marimba de Concierto Voces del Maíz is a Guatemalan marimba ensemble who live and perform in Toronto. The group was formed in 1990 in Toronto by Guatemalan immigrants who fled their country during the civil unrest of the 1980s. Over the years Voces del Maíz has evolved and the ensemble now consists of eight members, several of whom are quite young. The group plays a variety of traditional and contemporary Mayan songs, inspired by the everyday life of the Guatemalan people.

Para ver y escuchar a Voces del Maíz: Busca "videos for Voces del Maíz".

Marimba de Concierto Voces del Maíz toca las marimbas guatemaltecas en Toronto.

MySpanishLab

Access *¡Arriba!'s* MySpanishLab at **www.myspanishlab.com**. MySpanishLab offers a variety of online resources, including

- Student Activities Manual exercises
- self-grading tests
- videos

Vocabulario

Primera parte

Miembros de la familia	Members of the family
el/la abuelo/a	grandfather/ grandmother
el/la esposo/a	husband/wife
el/la hermano/a	brother/sister; sibling
el/la hijo/a	son/daughter
la madre	mother
la mamá	mom (mother)
el/la nieto/a	grandson/ granddaughter
el/la niño/a	child
el padre	father
el papá	dad (father)
el pariente	relative
el/la primo/a	cousin
el/la sobrino/a	nephew/niece
el/la tío/a	uncle/aunt

Adjetivos	Adjectives
alegre	happy
amable	kind
atractivo/a	attractive
mayor	older; oldest
menor	younger; youngest
querido/a	dear
responsable	responsible

Verbos	Verbs
almorzar (ue)	to have lunch
ayudar	to help
conseguir (i)	to get, to obtain
decir (i)	to say; to tell
descansar	to rest
dormir (ue)	to sleep
empezar (ie)	to begin
encontrar (ue)	to find
entender (ie)	to understand
esperar	to hope; to expect; to wait for

jugar (ue)	to play (a game or a sport)
pedir (i)	to ask for; to request; to order
pensar (ie) (+ infin.)	to think; to intend (to do something)
perder (ie)	to lose
poder (ue)	to be able; may; can
poner	to put; to turn on (TV etc.)
preferir (ie)	to prefer
querer (ie)	to want; to like or love (someone)
recibir	to receive
recordar (ue)	to remember
repetir (i)	to repeat; to have a second helping
salir	to go out; to leave
seguir (i)	to follow; to continue
servir (i)	to serve
traer	to bring
venir (ie)	to come
volver (ue)	to return (go back)

El tiempo libre	Spare time
Actividades y pasatiempos	**Activities and pastimes**
asistir (a un partido)	*to go (to a game)*
conocer (zc)	*to know or meet (someone); to be familiar with (something)*
conversar (en un café)	*to chat (at a cafe)*
correr (por el parque)	*to run (in the park)*
invitar (a una fiesta)	*to invite (to a party)*
ir (a la playa)	*to go (to the beach)*
ir de compras	*to go shopping*
pasear (por el centro)	*to take a walk (downtown)*
saber	*to know (how to do) something*

tocar (un instrumento)	*to play (an instrument)*
tomar el sol	*to sunbathe*
ver (una película)	*to see (a movie)*
visitar (a los amigos)	*to visit (friends)*
Para hacer una invitación	**Extending an invitation**
¿Qué tal si...?	*How about . . . ?*
¿Quieres ir a...?	*Do you want to go to . . . ?*
¿Vamos a...?	*Shall we go to . . . ?*
Para aceptar una invitación	**Accepting an invitation**
De acuerdo.	*Fine with me; Okay.*
Paso por ti.	*I'll pick you up.*
Sí, claro.	*Yes, of course.*
Vamos.	*Let's go.*

Para rechazar una invitación	**Rejecting an invitation**
Estoy muy ocupado/a.	*I am very busy.*
Gracias, pero no puedo...	*Thanks, but I can't . . .*
Lo siento; tengo que...	*I'm sorry; I have to . . .*
Sustantivos	**Nouns**
el café (al aire libre)	*(outdoor) cafe*
el carro, el coche	*car*
el cine	*movie theatre*
el concierto	*concert*
el dinero	*money*
la entrada	*admission ticket*
la función	*show*

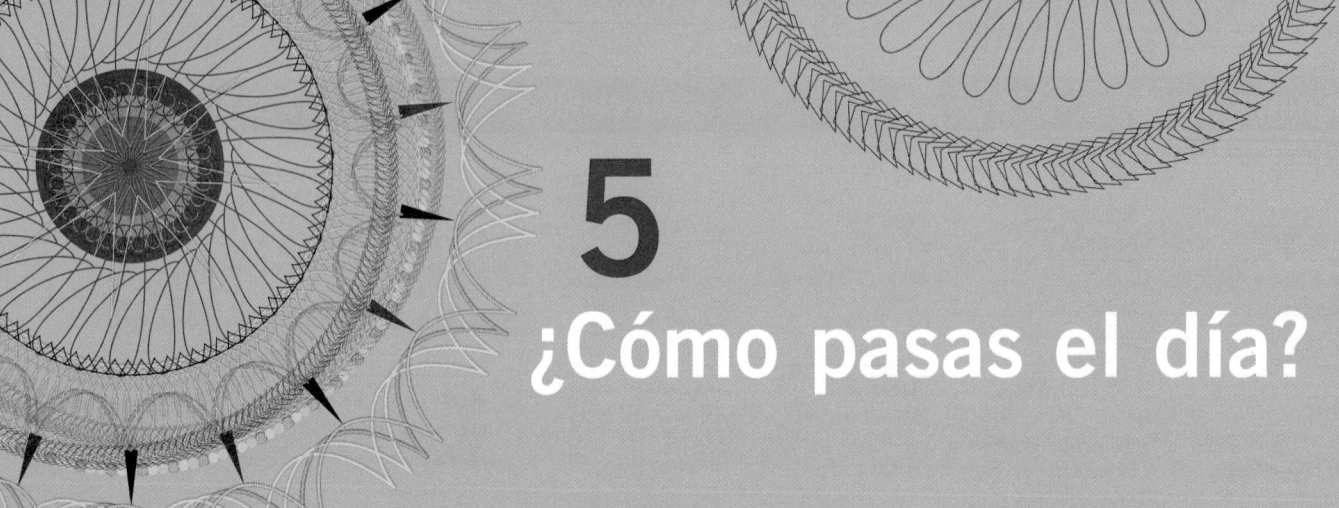

5

¿Cómo pasas el día?

Diagnostic
Test

Los países del sur: Chile, Argentina y Uruguay

Las cataratas del Iguazú son cuatro veces más grandes que las del Niágara. Las cataratas son parte del patrimonio de la humanidad de la UNESCO.

En las tunas (prickly pear cacti) es del pintor uruguayo Pedro Figari (1861–1938).

Primera parte

🔊 ¡Así lo decimos! VOCABULARIO
CD Track 5.1

📖 Los quehaceres domésticos (*household chores*)

5-1 to
5-6

Aparatos domésticos	Household appliances
la aspiradora	*vacuum cleaner*
la lavadora	*washing machine*
el lavaplatos	*dishwasher*
la secadora	*clothes dryer*

Tomás recoge la ropa
del piso.

Los quehaceres domésticos	Household chores
barrer (el piso con escoba (f.))	*to sweep (the floor with a broom)*
comprar la comida	*to buy groceries*
hacer la cama	*to make the bed*
lavar (el piso/ los platos/ la ropa)	*to wash (the floor/the dishes/the clothes)*
limpiar/ ordenar la casa	*to clean/to straighten up the house*
llenar/ vaciar el lavaplatos	*to fill/to empty the dishwasher*
pasar la aspiradora	*to vacuum*
poner/ quitar la mesa	*to set/to clear the table*
recoger (recojo) la ropa (del piso/ de la secadora)	*to pick up/to collect clothes (from the floor/from the dryer)*
sacar la basura	*to take out the garbage*
secar la ropa	*to dry the clothes*

Teresa pone la mesa.

¿Cuántas veces...?	How many times ...?
a veces	*sometimes; at times*
frecuentemente	*frequently*
nunca	*never*
una vez (dos tres, cuatro... veces) (a la semana)	*once (two, three, four ... times) (a week)*

Salva pasa la
aspiradora.

¿Dónde está?	Where is it?
contra	*against*
debajo de	*under*
dentro de	*within; inside of*
encima de	*on top of*
sobre	*on*

Los números 100–1.000.000		Numbers 100–1,000,000	
cien	*100*	setecientos/as	*700*
ciento uno/a	*101*	ochocientos/as	*800*
doscientos/as	*200*	novecientos/as	*900*
trescientos/as	*300*	mil	*1,000*
cuatrocientos/as	*400*	dos mil	*2,000*
quinientos/as	*500*	un millón	*1,000,000*
seiscientos/as	*600*		

¡Así es la vida! Los quehaceres domésticos

CD Track 5.2

5-7 to 5-9

La familia Pérez Zamora es argentina y vive en Buenos Aires. Esta noche celebra en su casa el cumpleaños del señor Pérez. La señora Pérez tiene una lista de quehaceres para sus hijos que están en el sofá de la sala. Rosa está leyendo un libro, Antonio está escuchando música y Cristina está comiendo un sándwich. En este momento la señora Pérez entra en la sala para hablar con sus hijos sobre los quehaceres que tienen que hacer para la fiesta de su padre.

Sra. Pérez: Tenemos mucho que hacer hoy para la fiesta de papá. Antonio, tú vas a pasar la aspiradora por toda la casa, especialmente debajo de la mesa del comedor. Cristina, tienes que lavar la ropa sucia y después secarla. También necesitas limpiar los baños. Rosa, tú pones la mesa y ves si tenemos todo para los sándwiches. Vamos a hacer una lista de compras para ir al mercado. Yo voy a limpiar la cocina. Vamos a trabajar mucho ahora y después celebramos en la fiesta.

APLICACIÓN

5-1 ¿Qué pasa? Indica si cada una de las siguientes oraciones es **cierta** o **falsa**, según el vocabulario y la lectura (*reading*) de **¡Así lo decimos!**. Luego, corrige (*correct*) la información **falsa**.

1. Esta noche la familia Pérez Zamora celebra el cumpleaños de Cristina.
2. La señora Pérez tiene una lista de quehaceres para sus hijos.
3. Antonio va a limpiar la cocina.
4. Cristina tiene que lavar la ropa.
5. Rosa va a poner la mesa.
6. La señora Pérez va a barrer el piso.

5-2 Los aparatos, muebles (*furniture*) y accesorios domésticos. ¿Cómo se llaman los siguientes aparatos, muebles y accesorios?

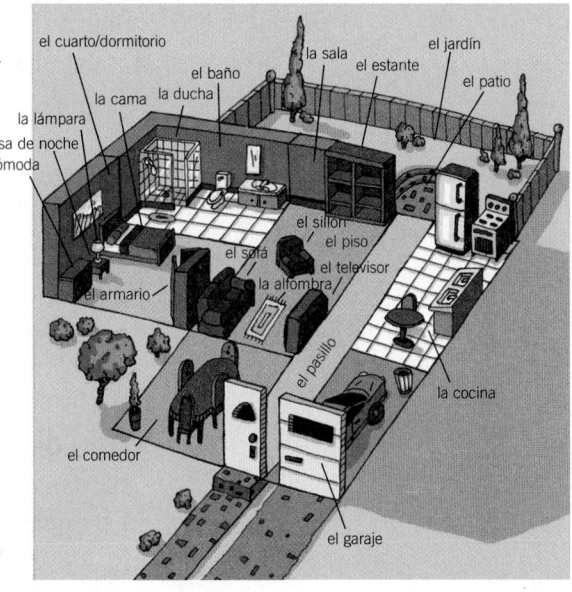

el cuarto/dormitorio
el baño   la sala   el jardín
la cama   la ducha   el estante   el patio
la lámpara
la mesa de noche
la cómoda
el sillón
el piso
el sofá   el televisor
el armario   la alfombra
el pasillo
la cocina
el comedor
el garaje

Las partes de una casa

MODELO:

Es *una escoba.*

1.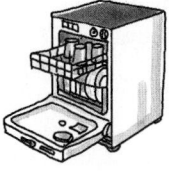

Es _____.

2.

Es _____.

3.

Es _____.

4.

Es _____.

5.

Son _____.

5-3 ¿Qué necesitas? ¿Qué necesitas para hacer los siguientes quehaceres domésticos?

MODELO: Para limpiar la casa, necesito (la lavadora/ <u>la aspiradora</u>/ la secadora).

1. Para preparar la cena, necesito (la sala/ la cocina/ el comedor).
2. Para poner la mesa, necesito (los platos/ la basura/ las sillas).
3. Para limpiar las alfombras, necesito (la escoba/ la secadora/ la aspiradora).
4. Para lavar los platos, necesito (la lavadora/ la aspiradora/ el lavaplatos).
5. Para lavar la ropa, necesito (la lavadora/ la secadora/ el lavaplatos).
6. Para secar la ropa, necesito (la lavadora/ la secadora/ el lavaplatos).

5-4 La rutina diaria. Completa las frases para indicar en qué parte de la casa hacemos estas actividades.

MODELO: Yo (poner) <u>pongo</u> la mesa en el <u>comedor.</u>

1. Mi hermana (preparar) _____ el desayuno en la _____.
2. Nosotros (comer) _____ en el _____ pero mis amigos (preferir) _____ comer en la _____.
3. Mi madre (pasar) _____ la aspiradora en el _____, en la _____ y en los _____.
4. ¿Tú (barrer) _____ el piso en la _____ y en los _____?
5. Mi familia (ver) _____ la televisión en la _____.

5-5 En tu casa. ¿En qué parte de tu casa están los siguientes muebles y accesorios?

MODELO: Las mesas de noche *están en los dormitorios.*

los sillones	los teléfonos	la escoba	las lámparas
las cómodas	los televisores	la lavadora	las mesas
las camas	las radios	la aspiradora	los estantes

 5-6 ¿Cómo es tu dormitorio? Usen las siguientes frases[1] para describir su dormitorio.

MODELO: El escritorio *está* contra *la pared.*

a la derecha de	al lado de	delante de	encima de	contra	cerca de	en
a la izquierda de	dentro de	detrás de	debajo de	entre	enfrente de	sobre

1. La cama…
2. El escritorio…
3. La silla…
4. La mesa de noche…
5. La lámpara…

6. El estante…
7. El sillón…
8. La cómoda…
9. El televisor…
10. La ropa…

 5-7 División del trabajo. Túrnense para indicar quiénes hacen los siguientes quehaceres domésticos en su casa.

MODELO: *En mi casa, mi madre prepara la cena.*

limpiar la cocina	pasar la aspiradora	recoger la ropa
hacer la cama	limpiar mi dormitorio	barrer el piso
lavar la ropa	comprar la comida	sacar la basura

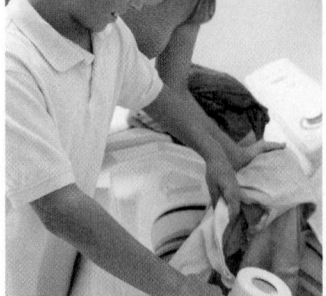

Este niño lava la ropa con su mamá.

_____

[1]You have already learned some of these phrases on p. 92 of **Lección 3**—Segunda parte.

5-8 Los quehaceres domésticos. Durante el año académico, ¿con qué frecuencia hacen Uds. los quehaceres domésticos del ejercicio **5-7**?

MODELO: *Yo paso la aspiradora una vez a la semana.*

a veces   nunca   una vez (dos veces…) a la semana
frecuentemente   todos los días

Comparaciones

LOS QUEHACERES DOMÉSTICOS

En tu experiencia. ¿Qué quehaceres domésticos haces tú en la casa de tu familia? ¿Qué quehaceres hacen tus padres? ¿Haces muchos quehaceres donde vives ahora? Por ejemplo, ¿lavas los platos, pasas la aspiradora, sacas la basura? En el siguiente artículo, ¿quiénes ayudan con la labor doméstica en muchos países del mundo hispano?

En la gran mayoría de los países hispanos el costo de la mano de obra (*manual labour*) todavía es bastante barato. Por eso, muchas familias pueden tener empleados domésticos (*domestic help*) en las casas. Ellos ayudan en la cocina y en el jardín, lavan la ropa y limpian la casa. Estos empleados a veces viven con la familia.

En algunos países hispanos, ciertos aparatos domésticos, como la lavadora, el lavaplatos y el horno microondas (*microwave*), son todavía un lujo (*luxury*). Entonces, en esos países los empleados o los residentes de la casa hacen los quehaceres a mano.

¿Entiendes? Indica si cada una de las siguientes oraciones es **cierta** o **falsa**, según la lectura y tu propia experiencia. Luego, corrige la información **falsa**.

1. En los países hispanos el costo de la mano de obra es más caro que en Canadá.
2. La mayoría de las familias hispanas prefieren hacer los quehaceres domésticos sin ayuda.
3. Hay empleados domésticos que trabajan en el jardín también.
4. Algunos empleados viven con la familia.
5. En los países donde los aparatos domésticos son muy caros, los hispanos hacen los quehaceres a mano.

¡A conversar! Escribe una lista de los tres quehaceres que no te gusta hacer y los tres que prefieres. Luego compara tu lista con la de un/a compañero/a. ¿Tienen algunos quehaceres en común?

MODELO: E1: *No me gusta limpiar el baño. Prefiero pasar la aspiradora.*

Una familia hispana prepara el almuerzo.

CD Track
5.3

Letras y sonidos

The consonants *h* and *ch* in Spanish

In Spanish, the letter **h** is silent. In other words, it is a letter for which there is no corresponding sound.

ho-la	**h**a-cer	**h**om-bre	**h**er-mo-sa	que-**h**a-ce-res

In the sequence **ch**, however, the letters **c** and **h** combine to create one single sound **ch**, which is pronounced the same as in English *church*.

mu-**ch**o	no-**ch**e	plan-**ch**a	cu-**ch**i-lla	mu-**ch**a-**ch**o

5-10 to
5-14

¡Así lo hacemos! ESTRUCTURAS

1. The present progressive

The present progressive tense describes an action that is in progress at the time that the statement is made (*She is talking to her parents.*). This tense is formed using the present indicative of **estar** as an auxiliary verb and the present participle (the **-ndo** form) of the main verb. The present participle is invariable. It never changes its ending, regardless of the subject. Only **estar** is conjugated when using the present progressive forms.

Present progressive of *hablar*			
yo	estoy habl**ando**	nosotros/as	estamos habl**ando**
tú	estás habl**ando**	vosotros/as	estáis habl**ando**
Ud. él/ella	está habl**ando**	Uds. ellos/as	están habl**ando**

- To form the present participle of regular **-ar** verbs, add **-ando** to the verb stem.

hablar + -ando ⟶ **hablando**

La señora Pérez **está limpiando** la cocina.　　　　*Mrs. Pérez **is cleaning** the kitchen.*

- For **-er** and **-ir** verbs, add **-iendo** to the verb stem.

comer + -iendo ⟶ **comiendo**

escribir + -iendo ⟶ **escribiendo**

Rosa **está poniendo** la mesa.   *Rosa **is setting** the table.*

- **Leer** and **traer** have an irregular present participle: the **i** from **-iendo** changes to **y**.[1]

leer + -iendo ⟶ **leyendo**

traer + -iendo ⟶ **trayendo**

Cristina **está leyendo** un libro.   *Cristina **is reading** a book.*

Antonio **está trayendo** los platos.   *Antonio **is bringing** the plates.*

- Stem-changing **-ir** verbs also have a stem change in the present participle (**-ndo**). From **Lección 6** on, this change will be indicated in parentheses after the infinitive in the **¡Así lo decimos!** vocabulary lists.

d<u>o</u>rmir (ue, u)	*to sleep*	⟶	**d<u>u</u>rmiendo**	*sleeping*
p<u>e</u>dir (i, i)	*to ask for*	⟶	**p<u>i</u>diendo**	*asking for*
s<u>e</u>rvir (i, i)	*to serve*	⟶	**s<u>i</u>rviendo**	*serving*

- With the present progressive tense, object pronouns may either precede **estar** or be attached to the present participle (**-ndo**). Note that when the pronoun is attached to the participle, an accent is used on the vowel before **-ndo**.

¿Estás haciendo **la cama**?   *Are you making **the bed**?*

Sí, **la** estoy haciendo. }
Sí, estoy haci**é**ndo**la**. }   *Yes, I am making **it**.*

EXPANSIÓN   Expressing the future

Unlike English, the Spanish present progressive is not used to express the future. Spanish uses the present indicative or **ir** + **a** + infinitive.

Lavamos la ropa el domingo.   ***We're washing** the clothes on Sunday.*

Compro la comida esta tarde.   ***I am buying** groceries this afternoon.*

¿**Vas a sacar** la basura hoy?   ***Are you taking** out the garbage today?*

APLICACIÓN

5-9 ¿Qué estamos haciendo?   Match the place where we are with the activity that we would most likely be doing there.

MODELO: Estamos en el laboratorio de ciencias.
→ Estamos estudiando para un examen de biología.

1. _____ Estamos en un café.
2. _____ Estamos en el sofá.
3. _____ Estamos en el parque.
4. _____ Estamos en un concierto.
5. _____ Estamos en clase.
6. _____ Estamos en un partido.
7. _____ Estamos en la biblioteca.
8. _____ Estamos en casa a las cuatro de la mañana.

a. Estamos viendo la televisión.
b. Estamos escuchando música.
c. Estamos escribiendo en un cuaderno.
d. Estamos jugando al tenis.
e. Estamos leyendo un libro.
f. Estamos tomando un refresco.
g. Estamos durmiendo.
h. Estamos haciendo un picnic.

[1]You will encounter other irregular present participles as you learn new verbs. The present participle for **creer** is also irregular: **creyendo**.

5-10 ¿Qué están haciendo?   Completa las siguientes oraciones con las actividades más lógicas.

1. La señora Pérez está en la cocina. Ella (está comprando la comida/ está lavando los platos).

2. Yo estoy en la sala. (Estoy pasando la aspiradora/ Estoy preparando la cena).

3. Rosa está en el comedor. Ella (está lavando la ropa/ está poniendo la mesa).

4. Cristina está en su dormitorio. Ella (está haciendo la cama/ está secando la ropa).

5. Antonio está en el garaje. Él (está sacando la basura/ está preparando el desayuno).

5-11 ¿Qué están haciendo hoy?   Completa la segunda oración con el verbo en cursiva (*italicized*) para indicar lo que está haciendo cada persona en este momento.

MODELO: José *pone* la mesa para la cena. Ahora <u>está poniendo</u> los platos.

1. María *seca* su ropa antes de salir para la universidad. Hoy _____ una blusa.

2. Nosotros *limpiamos* la casa todos los días. Hoy _____ la sala.

3. Yo *lavo* los platos después de comer. Ahora _____ los platos del desayuno.

4. Tú *ordenas* toda la casa los sábados. ¿Qué cuarto _____ ahora?

5. Raúl y Marcos *compran* la comida para la semana. Ahora _____ en el supermercado.

5-12 En el centro.   Mira el dibujo y completa las siguientes oraciones para describir lo que están haciendo estas personas en el centro.

MODELO: María (cambiar) <u>está cambiando</u> una bombilla (*lightbulb*).

1. Gloria (trabajar) _____ en su oficina.

2. Manuela (conversar) _____ con su cliente.

3. Luis (traer) _____ una carta a la clínica.

4. Rubén (ayudar) _____ a un hombre enfermo.

5. Esteban (servir) _____ la cena en el restaurante.

6. Ana y Juan (comer) _____ una ensalada deliciosa.

7. Pedro (preparar) _____ un plato especial en la cocina.

8. Carlos (reparar) _____ un coche en la calle.

 5-13 ¿Qué estoy haciendo? Mientras (*While*) actúas una de las siguientes actividades, tu pareja trata de adivinar (*guess*) lo que estás haciendo. Túrnense para actuar y adivinar.

MODELO: ver la televisión

E1: (imita a una persona que está viendo la televisión) ¿Qué estoy haciendo?

E2: *Estás viendo la televisión.*

beber	escribir	pasar la aspiradora	hacer la cama
abrir y cerrar el libro	pensar	barrer el piso	recoger la ropa del piso
nadar	estudiar	lavar los platos	sacar la basura

 ## 2. Numbers 100–1,000,000

5-15 to
5-19

Quinientos, seiscientos, setecientos, ochocientos, novecientos, ¡mil!

100	cien	700	**setecientos/as**
101	ciento uno/a	800	ochocientos/as
200	doscientos/as	900	**novecientos/as**
300	trescientos/as	1.000	mil
400	cuatrocientos/as	2.000	dos mil
500	**quinientos/as**	1.000.000	un millón (de)
600	seiscientos/as	2.000.000	dos millones (de)

- **Ciento** is used in compound numbers from **101** to **199**. **Cien** is used before nouns, as well as before **mil** and **millones**.

  ciento diez, **ciento** treinta y cuatro, etcétera
  cien estudiantes, **cien** mil, **cien** millones

- When **200–900** modify a noun, they agree with it in number and gender.

  cuatrocient**os** lavaplat**os** (400)   quinient**as** lavador**as** (500)

- **Mil** is not used with **un** and is never used in the plural for counting.

  mil, dos mil, tres mil, etcétera
  1985   **mil** novecientos ochenta y cinco
  2012   dos **mil** doce

- The plural of **millón** is **millones**, and when they are followed by a noun, both take the preposition **de**.

  un **millón de** pesos
  dos **millones de** dólares

- In Spain and in most of Latin America, thousands are represented with a period, except for years. Decimals are represented with a comma.

Canada/U.S.	Spain/Latin America
$1,000	$1.000
$2.50	$2,50
$10,450.35	$10.450,35
$2,341,500	$2.341.500

APLICACIÓN

5-14 ¿Qué número es? Escribe los siguientes números.

1. ciento dieciséis
2. quinientos ochenta y tres
3. mil setecientos dos
4. cien mil doscientos veinte
5. un millón trescientos mil ochocientos
6. cinco millones seiscientos treinta y tres mil doscientos quince

5-15 ¡Muchos números! Lee en voz alta (*aloud*) los siguientes números.

MODELO: 365

→ *trescientos sesenta y cinco*

1. 115
2. 226
3. 498
4. 764
5. 1.359
6. 66.014
7. 900.835
8. 5.600.150

5-16 ¿En qué año? Lee los años. ¿Con qué eventos históricos corresponden?

MODELO: 1867

→ *mil ochocientos sesenta y siete*, el año de la Confederación en Canadá

1. 1492	a.	la Segunda Guerra mundial (*Second World War*)
2. 1939	b.	el nuevo milenio
3. 2001	c.	los Juegos Olímpicos en Vancouver
4. 2010	d.	Cristóbal Colón llega a Santo Domingo
5. ¿...?	e.	tu año de nacimiento (*year of birth*)

5-17 ¿Cuántos hay? Lee la lista del inventario de unas residencias estudiantiles. ¡Cuidado con la concordancia! (*Be careful with agreement!*)

MODELO: 747 mesas

→ setecient**as** cuarenta y siete mes**as**

1. 152 aspiradoras
2. 318 sofás
3. 965 sillones
4. 1.570 lámparas
5. 110.000 muebles
6. 2.700.000 libros

5-18 ¿Cuánto cuesta? Pregúntale a tu compañero/a cuánto cuestan los siguientes artículos y actividades. Luego, responde a su respuesta.

MODELO: una aspiradora
E1: *¿Cuánto cuesta una aspiradora?*
E2: *Cuesta doscientos dólares.*
E1: *Estoy de acuerdo. (o, ¡No! Cuesta…)*

1. un buen sofá
2. un lavaplatos
3. un coche híbrido
4. estudiar en la universidad por un año
5. pasar una semana en Cuba

El correlimos gordo (*red knot*) vuela 16.000 km en su migración anual del norte de Canadá a Argentina.

Segunda parte

¡Así lo decimos! VOCABULARIO

5-20 to
5-25

Actividades diarias	Daily activities
acostarse (ue)	to go to bed
afeitarse	to shave
bañarse	to take a bath
cepillarse (los dientes/ el pelo)	to brush (your teeth/your hair)
despertarse (ie)	to wake up
dormirse (ue, u)	to fall asleep
ducharse	to take a shower
lavarse (la cara)	to wash (your face)
levantarse	to get up; to stand up
maquillarse	to put on makeup
mirarse (en el espejo)	to look at yourself (in the mirror)
peinarse	to comb (your hair)
ponerse/ quitarse (la camisa)	to put on/to take off (your shirt)
secarse (el pelo)	to dry (your hair)
sentarse (ie)	to sit down
vestirse (i, i)	to get dressed

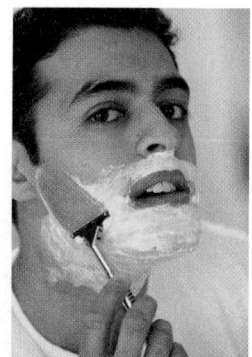

Ramón se afeita por la mañana.

Algunas partes del cuerpo	Some parts of the body
la cara	face
los dientes	teeth
la mano	hand
la nariz	nose
el ojo	eye
el pelo	hair

María se maquilla después de bañarse.

Algunas emociones	Some emotions
divertirse (ie, i)	to enjoy yourself
ponerse contento/a	to become happy
furioso/a	furious
impaciente	impatient
nervioso/a	nervous
triste	sad
sentirse (ie, i)	to feel

José se cepilla los dientes.

Artículos de uso personal	Personal care items
el cepillo (de dientes)	(tooth)brush
el champú	shampoo
el desodorante	deodorant
el despertador	alarm clock
el espejo	mirror
el jabón	soap
el lápiz labial	lipstick
la máquina de afeitar	electric razor
el peine	comb
el secador	hair dryer
la toalla	towel

Nieves se duerme en la biblioteca.

Las actividades diarias de Pepe y su familia

La madre de Pepe se despierta temprano.

La hermana mayor se lava las manos y la cara.

La abuela se cepilla los dientes.

El abuelo se afeita antes de vestirse.

El hermano menor se quita la ropa y se baña.

El tío se ducha y canta.

Pepe se acuesta a las ocho.

El hermano mayor se duerme después de leer.

El arreglo personal

1. Rosa se maquilla.
2. Isabel se seca el pelo.
3. Julia se mira en el espejo.
4. María se ducha.
5. Graciela se peina.

6. Enrique se viste.
7. Alfredo se quita el suéter.
8. Pepe se cepilla el pelo.
9. Antonio se seca con una toalla.
10. Francisco se cepilla los dientes.

CD Track 5.5

¡Así es la vida! Las actividades diarias

5-26 to
5-27

El arreglo personal

Fabián tiene cita (*an appointment*) con Rosa a las diez y media de la mañana. Ahora son las once menos cuarto y Rosa se pone impaciente porque sabe que, a veces, Fabián no se despierta a tiempo cuando se acuesta tarde la noche anterior. Rosa se quita el suéter y se sienta en el Café Solo para llamar a Fabián.

Fabián:	¿Sí?
Rosa:	¡Hola, Fabián!
Fabián:	¿Sí? ¿Quién es?
Rosa:	¡Yo! ¡Rosa! Estoy aquí en el Café Solo. ¿Dónde estás tú?
Fabián:	¡Ay! En la cama pero ahora me levanto. Llego en veinte minutos. Sólo tengo que ducharme, afeitarme, peinarme, cepillarme los dientes, vestirme…
Rosa:	¡Fabián! ¡Eres un caso!

Rosa toma el desayuno, se levanta de la mesa, se pone el suéter y piensa…

Rosa:	A veces me pongo furiosa con Fabián pero, bueno, también es un buen amigo y nos divertimos mucho.

APLICACIÓN

5-19 ¿Qué pasa?   Indica si cada una de las siguientes oraciones es **cierta** o **falsa**, según el vocabulario y la lectura de **¡Así lo decimos!**. Luego, corrige la información falsa.

1. Rosa está esperando a Fabián en el Café Solomillo.
2. Fabián está afeitándose en el baño.
3. Rosa se siente impaciente porque Fabián va a llegar tarde.
4. Fabián tiene que ducharse y vestirse.
5. Fabián dice que puede prepararse y llegar en quince minutos.
6. Cuando salen Fabián y Rosa, siempre se divierten.

5-20 ¿Qué necesitas?   ¿Qué necesitas para hacer las siguientes actividades?

MODELO: Para despertarme, necesito (la máquina de afeitar/ el despertador/ el secador).

1. Para ducharme, necesito (el jabón/ el lápiz labial/ el desodorante).
2. Para lavarme el pelo, necesito (el lápiz labial/ el jabón/ el champú).
3. Para secarme, necesito (la toalla/ el espejo/ el cepillo de dientes).
4. Para mirarme, necesito (el peine/ el espejo/ el despertador).
5. Para cepillarme el pelo, necesito (el cepillo/ el cepillo de dientes/ el peine).
6. Para maquillarme, necesito (el secador/ la toalla/ el lápiz labial).
7. Para afeitarme, necesito (la máquina de afeitar/ el champú/ el secador).
8. Para cepillarme los dientes, necesito (el peine/ el cepillo de dientes/ la máquina de afeitar).

5-21 ¿Probable o improbable? Explica si cada oración a continuación es probable o improbable. Corrige las oraciones improbables.

MODELO: Rosa se mira en el despertador.

→ *Improbable. Se mira en el espejo.*

1. Rosa se maquilla después de lavarse la cara.
2. Fabián va a cepillarse los dientes con el lápiz labial.
3. Rosa necesita jabón para bañarse.
4. Fabián compra un secador porque tiene que afeitarse.
5. Rosa se seca después de bañarse.

5-22 La rutina diaria. ¿Cuál es el contexto más lógico?

MODELO: Cuando tengo mucho sueño, (me despierto/ me levanto/ <u>me duermo</u>).

1. A las once de la noche, (me acuesto/ me despierto/ me levanto).
2. A las ocho de la mañana, (me duermo/ me acuesto/ me despierto).
3. Después de despertarme, (me levanto/ me acuesto/ me duermo).
4. Luego voy al baño donde (me acuesto/ me baño/ me levanto).
5. Después de bañarme, (me lavo/ me seco/ me ducho).
6. Después de secarme, (me visto/ me ducho/ me baño).
7. Voy al espejo donde (me lavo las manos/ me seco la cara/ me cepillo el pelo).
8. Antes de salir del baño, (me maquillo/ me acuesto/ me levanto).
9. Salgo para la cocina donde (me despierto/ me siento/ me acuesto) a desayunar.
10. Después de desayunar, vuelvo al baño donde (me lavo el pelo/ me cepillo los dientes/ me lavo la cara).

5-23 Las actividades diarias. ¿Qué tienen que hacer estos miembros de la familia de Pepe para prepararse?

MODELO: *Pepe tiene que acostarse temprano.*

Pepe

Su hermano mayor…

Su tío…

Su hermano mayor…

Su madre…

Su hermana mayor…

Su padre…

Su abuela…

Su abuelo…

5-24 Las emociones. Túrnense para preguntarse cómo se sienten en las situaciones a continuación.

MODELO: llegas tarde a clase
E1: *¿Cómo te sientes cuando llegas tarde a clase?*
E2: *Me pongo nervioso/a. ¿Y tú?*

Algunos cambios emotivos

sentirse {
aburrido/a   furioso/a   preocupado/a
cansado/a   impaciente   tranquilo/a
contento/a   nervioso/a   triste
}

1. te acuestas muy tarde
2. sacas una "A" en un examen
3. conoces a una persona importante
4. pierdes tu libro de texto

5. el/la profesor/a llega tarde para un examen
6. tus amigos se ponen tristes
7. ves una película muy mala
8. tu padre/madre se pone enfermo/a

Comparaciones

LA RUTINA DIARIA

En tu experiencia. ¿De lunes a viernes tienes una rutina diaria organizada? ¿Crees que los estudiantes universitarios necesitan establecer una buena rutina diaria? En la siguiente lectura, ¿qué aspectos de tu rutina diaria tienes en común con la de Marilú Santos?

"Hola. Me llamo Marilú Santos. Soy uruguaya. Vivo en la ciudad de Montevideo donde estudio matemáticas en la Universidad de la República. Mi programa de estudios es difícil, así que (*so*) de lunes a viernes necesito una rutina diaria organizada. Los fines de semana mi rutina es mucho más espontánea.

Normalmente me levanto a las **7:00** pero es difícil si me acuesto tarde. Luego me ducho en el baño del apartamento y me visto en mi cuarto. Voy a la cocina a las **7:45** para preparar el desayuno. Tomo cereales y un café con leche y pongo la computadora para leer mi correo electrónico. Después vuelvo al cuarto de baño donde me cepillo los dientes. También me maquillo y salgo de casa a las **8:15** para ir en coche a la universidad. Llego a las **8:50**. Mis clases empiezan a las **9:00**. Tengo cinco clases de 50 minutos con un descanso de 30 minutos. Salgo de la universidad a las **2:15** y vuelvo a casa a almorzar con mi novio. Por la tarde hago la tarea, escucho música y trabajo en la computadora. A las **7:30** ceno (*eat dinner*) con mi novio y después limpiamos la cocina. Luego vamos a la sala a sentarnos a conversar y ver la televisión hasta las **10:00** cuando me preparo para acostarme. Leo un libro en la cama y me duermo a las **11:00**."

Marilú Santos es de Montevideo, Uruguay.

¿Entiendes? Indica si cada una de las siguientes oraciones es **cierta** o **falsa**, según la lectura y tu propia experiencia. Luego, corrige la información falsa.

1. Marilú Santos es uruguaya y estudia en la Universidad de Montevideo.

2. De lunes a viernes tiene una rutina diaria organizada.

3. Marilú se levanta normalmente a las 7:00 y toma el desayuno a las 7:30.

4. Antes de salir de casa a las 8:15, ella se cepilla los dientes.

5. Durante el día tiene cinco clases de 50 minutos y un descanso.

6. Hace su tarea después de cenar.

 ¡A conversar! ¿Cuáles son las semejanzas (*similarities*) y diferencias entre su rutina diaria y la de Marilú?

¡Así lo hacemos! ESTRUCTURAS

 3. Reflexive constructions: Pronouns and verbs

A reflexive construction is one in which the subject is both the performer and the receiver of the action expressed by the verb.

- The drawing on the left depicts a reflexive action (Isabel is combing her own hair). The drawing on the right depicts a non-reflexive action (Isabel is combing her sister's hair).

Isabel **se peina**.
*Isabel combs **her (own) hair**.*

Isabel **peina** a su hermana.
*Isabel combs **her sister's hair**.*

Los pronombres reflexivos

- Reflexive constructions require reflexive pronouns.

Subject pronouns	Reflexive pronouns	Verb (lavarse)
yo	**me** (*myself*)	**lavo**
tú	**te** (*yourself*)	**lavas**
Ud.	**se** (*yourself*)	**lava**
él/ella	**se** (*himself, herself*)	**lava**
nosotros/as	**nos** (*ourselves*)	**lavamos**
vosotros/as	**os** (*yourselves*)	**laváis**
Uds.	**se** (*yourselves*)	**lavan**
ellos/as	**se** (*themselves*)	**lavan**

- Reflexive pronouns have the same forms as direct object pronouns, except for the third person singular (**Ud.**, **él/ella**) and plural (**Uds.**, **ellos/ellas**). The reflexive pronoun of the third person singular and plural is **se**.

  Paco **se baña** por la mañana.   *Paco **bathes** in the morning.*
  ¿**Se levantan** Uds. temprano?   *Do you **get up** early?*

- As with the direct object pronouns, reflexive pronouns are placed immediately before the conjugated verb. Note that in Spanish, the definite article, not the possessive adjective, is used to refer to parts of the body and articles of clothing.

  Me lavo las manos.   *I **wash my** hands.*
  Pedro **se pone el** suéter.   *Pedro **puts on his** sweater.*

- In progressive constructions and with infinitives, reflexive pronouns are either attached to the present participle (**-ndo**) or the infinitive, or placed in front of the conjugated verb. A written accent is required with the present participle if the pronoun is attached.

El niño **está peinándose.**
El niño **se está peinando.** } *The boy is combing his hair.*
Sofía **va a maquillarse** ahora. } *Sofía is going to put her makeup on now.*
Sofía **se va a maquillar** ahora. }

- In English, reflexive pronouns are frequently omitted but in Spanish, reflexive pronouns are required in all reflexive constructions.

Pepe **se afeita** antes de **acostarse.**[1]   *Pepe shaves before going to bed.*
Marina siempre **se baña** por la noche.   *Marina always takes a bath at night.*

Los verbos reflexivos

- Verbs that describe personal care and daily habits need a reflexive pronoun if the same person performs and receives the action.

Me voy a acostar temprano.   *I'm going to bed early.*
Mis hermanos **se levantan** tarde.   *My brothers get up late.*

- Such verbs are used non-reflexively when someone other than the subject receives the action.

Elena **acuesta** a su hija menor.   *Elena puts her youngest daughter to bed.*
¿Despiertas a tu hermana?   *Do you wake up your sister?*

- Some verbs have different meanings when used with a reflexive pronoun.

Non-Reflexive		Reflexive	
acostar	*to put to bed*	acostarse	*to go to bed*
dormir	*to sleep*	dormirse	*to fall asleep*
enfermar	*to make sick*	enfermarse	*to become sick*
ir	*to go*	irse	*to go away, to leave*
levantar	*to lift*	levantarse	*to get up*
llamar	*to call*	llamarse	*to be called*
poner	*to put, to place*	ponerse	*to put on; to become*
quitar	*to remove*	quitarse	*to take off*
vestir	*to dress*	vestirse	*to get dressed*

APLICACIÓN

5-25 ¿Te estás bañando?   Escoge la opción más apropiada.

MODELO: A las ocho de la mañana, mi hermana y yo (nos dormimos/ nos despertamos/ nos acostamos).

1. Tenemos que (acostarnos/ dormirnos/ levantarnos) temprano todas las mañanas.

2. Estoy en el baño. Me estoy (duchando/ acostando/ levantando).

3. Papá se afeita (la cara/ las manos/ el pelo) en el espejo.

4. Después de ducharme, (me duermo/ me baño/ me visto).

5. María va al baño donde (se cepilla los dientes/ se despierta/ se acuesta).

6. A las once de la noche (me acuesto/ me levanto/ me despierto).

---

[1]Remember that the infinitive form of the verb is always used after a preposition. In these cases, the infinitive translates as the present participle (*-ing*) in English: **antes de acostarse** = *before going to bed.*

5-26 Por la mañana. Repite las siguientes frases, sustituyendo los sujetos indicados.

MODELO: *Me siento* muy bien. (él)
→ *Se siente* muy bien.

1. *Me despierto* temprano. (Rosa, tú, mis amigas, nosotros, mi madre, ellos)
2. *Me levanto* a las nueve. (Cristina, nosotros, mis hermanos, tú, mis padres)
3. *Voy* al baño para *ducharme*. (Antonio, ellas, los estudiantes, nosotros, tú, Uds.)

5-27 La rutina diaria. Completa el párrafo con la forma correcta del verbo entre paréntesis.

MODELO: Sara y yo (cepillarse) <u>nos cepillamos</u> los dientes antes de (acostarse) <u>acostarnos</u>.

Para ir a la escuela mis hermanos y yo (1. levantarse) _____ a las siete. Cuando yo (2. acostarse) _____ muy tarde la noche anterior, no (3. sentirse) _____ muy bien por la mañana. Después de (4. levantarse: yo) _____, voy al baño para (5. ducharse) _____. Luego, (6. secarse: yo) _____ el pelo y (7. vestirse: yo) _____. Después, voy a la cocina donde (8. sentarse) _____ a la mesa para comer y conversar con mi familia. Antes de salir de casa, vuelvo al baño donde (9. cepillarse) _____ los dientes y (10. mirarse) _____ en el espejo.

 5-28 ¿Qué tienen Uds. en común? Háganse (*Ask one another*) preguntas sobre su rutina diaria para comparar sus horarios.

MODELO: despertarse
E1: *¿A qué hora te despiertas?*
E2: *Me despierto a las seis. ¿Y tú?*

1. levantarse
2. bañarse/ ducharse
3. lavarse el pelo
4. vestirse
5. maquillarse
6. afeitarse
7. cepillarse los dientes
8. acostarse
9. dormirse

 5-29 ¿Qué estoy haciendo? Túrnense (*Take turns*) para representar cada actividad de la lista mientras tus compañeros/as adivinan lo que estás haciendo.

MODELO: afeitarse
E1: (Act out shaving.) *¿Qué estoy haciendo?*
E2: *Te estás afeitando./ Estás afeitándote.*

1. ducharse
2. lavarse el pelo
3. levantarse
4. peinarse
5. vestirse
6. ponerse el desodorante
7. ¿...?

Me estoy afeitando.

5-30 ¿Cuándo...? Comparen cuándo y por qué reaccionan Uds. de las siguientes maneras.

MODELO: ponerse triste
E1: *¿Cuándo te pones triste?*
E2: *Me pongo triste cuando veo una película triste.*
E1: *Pues yo me pongo triste cuando mi abuela se pone enferma.*

1. ponerse contento/a
2. ponerse triste
3. ponerse nervioso/a
4. ponerse impaciente
5. divertirse
6. sentirse bien

 ## 4. Ordinal numbers

5-38 to 5-40

Ordinal numbers give the order in which things appear or events occur.

primero/a	*first*	**sexto/a**	*sixth*
segundo/a	*second*	**séptimo/a**	*seventh*
tercero/a	*third*	**octavo/a**	*eighth*
cuarto/a	*fourth*	**noveno/a**	*ninth*
quinto/a	*fifth*	**décimo/a**	*tenth*

- Ordinal numbers in Spanish agree in gender and number with the noun that they modify.

  Es la **primera** puerta a la derecha. — *It's the **first** door to the right.*

  Agosto es el **octavo** mes del año. — *August is the **eighth** month of the year.*

- **Primero** and **tercero** are shortened to **primer** and **tercer** before **masculine singular** nouns.

  Los dormitorios están en el **tercer** piso. — *The bedrooms are on the **third** floor.*

  El examen es el **primer** lunes del mes. — *The exam is the **first** Monday of the month.*

- In Spanish, ordinal numbers are rarely used after **décimo**. The cardinal numbers are used instead and follow the noun.

  La oficina de mi profesor está en el piso **doce**. — *My professor's office is on the **twelfth** floor.*

- The masculine singular form is used when listing items.

  Primero, necesito comprar jabón y champú. — *First, I need to buy soap and shampoo.*

APLICACIÓN

5-31 ¿En qué orden lo haces? Pon (*Put*) estas actividades en orden lógico, según tu rutina diaria.

MODELO: Me despierto. *Primero*

Me duermo.	_____	Me peino/ cepillo.	_____
Me lavo la cara.	_____	Me ducho/ baño.	_____
Me afeito.	_____	Me cepillo los dientes.	_____
Me acuesto.	_____	Me despierto.	_____
Me levanto.	_____	Me visto.	_____

5-32 En el almacén *VendeTodo*. Usa la siguiente guía para completar las siguientes oraciones.

MODELO: Si quieres comprar un artículo para la cocina, lo vas a buscar en el *segundo piso*.

Almacén VendeTodo
1er piso	supermercado y farmacia
2do piso	muebles; artículos para la cocina
3er piso	accesorios para la casa; aparatos domésticos; librería
4to piso	ropa para hombres, mujeres y niños
5to piso	restaurante

1. Si tienes hambre, puedes ir al _____.
2. Si quiero leer una novela de Isabel Allende, voy al _____.
3. Busco una aspiradora nueva en el _____.
4. Necesito un lápiz labial. Voy al _____.
5. Beatriz quiere un estante para su dormitorio. Lo busca en el _____.
6. Antonio va a preparar la cena esta noche. Busca los ingredientes en el _____.

5-33 En orden de importancia. Individualmente, pongan (*place*) los siguientes artículos en orden de importancia en este momento (de primero a décimo). Luego, comparen sus listas y expliquen el orden.

MODELO: el televisor
→ *Primero. Lo necesito para ver la televisión todos los días.*

	MI LISTA	MI EXPLICACIÓN
el televisor	_____	_____
la radio	_____	_____
la computadora	_____	_____
el lavaplatos	_____	_____
el coche	_____	_____
el espejo	_____	_____
la cama	_____	_____
la aspiradora	_____	_____
la lavadora	_____	_____
el teléfono	_____	_____

Vivimos en el cuarto piso.

¿A qué hora sale el primer tren?

5-41 to 5-42

Algo más

¡Vamos a leer!

Miguel Salinas esquía en Bariloche, Argentina.

5-34 Miguel y Mercedes Salinas. Lee el artículo siguiente sobre las actividades de Miguel y Mercedes y luego contesta las preguntas.

Miguel es un atleta consciente que lleva una vida activa. Casi todas las noches se acuesta temprano porque tiene que levantarse a las seis de la mañana para hacer ejercicio y correr. Así está en buenas condiciones. Después va al baño para ducharse y afeitarse. Luego toma un buen desayuno en la cocina con su esposa Mercedes que también es una atleta muy activa.

Mientras comen, hablan de cómo piensan pasar el día. Es sábado y deciden salir de compras por la mañana pero antes Mercedes quiere ordenar la casa y pasar la aspiradora. Miguel limpia la cocina y el baño.

Pronto Mercedes se maquilla y se viste y Miguel se pone la camisa. A las diez salen los dos para el centro donde pasean primero por el parque. Allí se sientan a tomar el sol y mirar a los niños que siempre están jugando. Los niños se divierten mucho al aire libre. Mercedes y Miguel se ponen contentos mirándolos y pensando en su futura familia. A las once y media salen caminando del parque para ir de compras.

CUESTIONARIO:

1. ¿Por qué se acuesta temprano Miguel?
2. ¿Qué hace antes de tomar el desayuno? ¿Y después?
3. ¿Qué hace Mercedes antes de salir de casa?
4. ¿Qué hacen Mercedes y Miguel en el parque?
5. ¿Qué están haciendo los niños en el parque? ¿Están contentos?

¡Vamos a hablar!

5-35 La rutina diaria. ¿Qué tienes en común con tu compañero/a de clase? Indiquen Uds. primero si hacen las siguientes actividades, incluyendo algunos detalles. Luego describan lo que tienen en común.

MODELO: despertarse antes de las ocho de la mañana

E1: *Me despierto antes de las ocho cuando tengo clase a las nueve. ¿A qué hora te despiertas tú?*

E2: *Si no tengo clase a las nueve, me despierto después de las ocho porque me acuesto tarde.*

despertarse antes de las ocho de la mañana

bañarse o ducharse por la noche o por la mañana

maquillarse o afeitarse todos los días

tomar el desayuno todos los días

ordenar el cuarto (hacer la cama, recoger la ropa del piso, etc.)

vestirse durante los fines de semana

almorzar con los amigos en la cafetería

hacer ejercicio en el gimnasio

dormir la siesta

jugar a algún deporte

ir de compras

hacer la tarea

divertirse con los amigos

acostarse temprano o tarde

¡Vamos a escribir!

5-36 la rutina diaria. Escriban una lista de las actividades que Uds. tienen en común y otra de las que no tienen en común.

- **La tarea.** Escriban un párrafo para comparar su rutina diaria. Revisen su trabajo escrito para comprobar los siguientes puntos: el uso correcto de los verbos reflexivos, el vocabulario, el género, la concordancia (*agreement*) y la ortografía.

¡Vamos a explorar!

5-37 ¿Qué casa compramos? Tu grupo va a vivir en Argentina y quiere comprar una casa. Miren las casas en este sitio web y decidan cuál les interesa. ¿Cuánto cuesta su nueva casa?

http://inmuebles.mercadolibre.com.ar/casa/venta

Nuestro mundo

 Panoramas

 ## Los países del sur: Chile, Argentina y Uruguay

5-48 to 5-50

Chile, Argentina y Uruguay tienen mucha variedad topográfica y climática: la Patagonia, los Andes, las pampas, los parques nacionales, los bosques, los ríos, las cataratas y las costas.

Isabel Allende es una de las novelistas contemporáneas más importantes de las Américas. Es chilena pero vive en los EE.UU. Ha escrito más de 18 novelas y libros de cuentos en español.

El clima templado del valle central de Chile es ideal para el cultivo de frutas y verduras. El vino chileno es uno de los más apreciados del mundo.

Los gauchos (no todos son hombres) viven en las pampas de Argentina y Uruguay. La producción de carne (*meat*) es muy importante en los dos países.

Los glaciares de El Calafate en Patagonia, Argentina, atraen a turistas de todas partes del mundo.

La bella ciudad de Colonia del Sacramento, Uruguay, fue fundada en 1680 por los portugueses. Ahora, su barrio histórico es un sitio del Patrimonio de la Humanidad de la UNESCO.

Chile, Argentina y Uruguay

Chile

Argentina

Uruguay

 5-38 ¿Qué sabes tú?   Trata de identificar o explicar lo siguiente.

1. las capitales de Chile, Argentina y Uruguay
2. una cordillera (*range*) de montañas (*mountains*) importantes
3. un deporte muy popular en estos países
4. una novelista chilena
5. dónde trabajan los gauchos
6. los países en la frontera de Argentina
7. una región popular entre los turistas
8. un barrio protegido por la UNESCO

5-39 ¿Dónde?   Identifica un lugar o unos lugares en el mapa donde puedes encontrar lo siguiente.

1. selección de vinos
2. glaciares
3. pampas
4. Patagonia
5. los Andes
6. el río que marca la frontera entre Argentina y Uruguay

El argentino Leo Messi es uno de los mejores jugadores de fútbol de la FIFA.

5-40 ¿Cierto o falso?   Indica si las siguientes oraciones son **ciertas** o **falsas**. Si son **falsas**, explica por qué.

1. La costa de Chile está en el Océano Atlántico.
2. El Calafate está en Patagonia.
3. Uruguay es el país más pequeño de los tres.
4. Isabel Allende es una poeta chilena.
5. La ciudad de Colonia del Sacramento, Uruguay, fue fundada por los españoles.
6. La producción de carne es una industria importante en Argentina.
7. Los gauchos son los "cowboys" de Chile y Argentina.
8. Los vinos chilenos son conocidos en todo el mundo.

5-41 Conexiones. Busca la siguiente información en la biblioteca o el Internet.

1. la primera presidenta electa de América del Sur
2. Manuel Puig, Julio Cortázar o Jorge Luis Borges, escritores argentinos
3. las cataratas del Iguazú
4. los deportes de invierno en los Andes argentinos
5. la producción de vino en Chile y Argentina
6. la región más seca del mundo: el desierto de Atacama
7. las ciudades en Chile y Argentina más próximas al polo sur

Ritmos

5-51

El tango argentino: pasión y sensualidad

El tango: la danza del abrazo.

El tango, la música y el baile típico de Argentina, tiene su origen a fines del siglo XIX en el puerto de Buenos Aires y se extiende a los barrios del sur por las márgenes del Río de la Plata. En los barrios surge "el tango arrabalero", o sea el tango que bailan en el arrabal (*slum quarter*), hombres y mujeres con los cuerpos fuertemente abrazados, lo que escandaliza a la sociedad de la época. La iglesia lo condena y la policía lo prohíbe por ser una diversión "non sancta". Por eso, en esa época el tango se baila en sitios ocultos (*hidden*) y en la oscuridad de la noche.

A principios del siglo XX el tango llega a Europa donde se baila primero en París y luego en muchas de las capitales europeas. Durante su historia el tango ha adquirido un prestigio y reconocimiento internacional como danza de expresión popular.

Para ver y escuchar el tango argentino: Busca "tango argentino" en el Internet.

Gabriela Rojo: maestra, bailarina de escenario y coreógrafa en Vancouver.

Nacida (*Born*) en Argentina, su amplia experiencia en el mundo del espectáculo como bailarina, cantate y coreógrafa le da a Gabriela Rojo un enfoque único para la enseñanza del tango y danzas folklóricas argentinas, así como (*as well as*) el baile y cante flamenco.

Actualmente (*At present*) Gabriela se dedica a la enseñanza del tango en Vancouver. Como coreógrafa y productora de numerosos espectáculos locales, a menudo (*often*) trae a la ciudad a las más grandes figuras argentinas para impartir seminarios y presentar galas de tango. Su dedicada labor ha ayudado a impulsar notablemente la popularidad de la música de Buenos Aires en Canadá.

Según Gabriela, "el tango es nuestra mayor expresión cultural en Argentina. Lo que caracteriza el tango para sus intérpretes y compositores son su ritmo, compás (*beat*) y musicalidad. Bailar al compás de la música es un privilegio de los gran-

Gabriela Rojo.

des bailarines. Para las clases de tango rítmico o romántico que ofrecemos en Vancouver, elegimos (*select*) a músicos que se destacan (*stand out*) por su estilo y que son maestros de los ritmos para que los alumnos aprendan a distinguir e interpretar los movimientos con pasión y sensualidad. A través de los instrumentos de las grandes orquestas, el tango nos llega a nuestro corazón, y expresamos en forma mágica, sentimientos de emoción."

Para aprender más sobre el tango y Gabriela Rojo: Ve a www.bctango.com o busca "Gabriela Rojo" en el Internet.

MySpanishLab

Access *¡Arriba!'s* MySpanishLab at **www.myspanishlab.com**. MySpanishLab offers a variety of online resources, including

- Student Activities Manual exercises
- self-grading tests
- videos

Vocabulario

CD Track
5.1

Aparatos domésticos	**Household appliances**
la aspiradora	*vacuum cleaner*
la lavadora	*washing machine*
el lavaplatos	*dishwasher*
la secadora	*clothes dryer*

Muebles y accesorios	**Furniture and accessories**
la alfombra	*rug*
el armario	*closet*
la cama	*bed*
la cómoda	*dresser*
el estante	*bookcase*
la lámpara	*lamp*
la mesa	*table*
la mesa de noche	*bedside table*
el sillón	*armchair*
el sofá	*sofa*
el televisor	*television set*

Las partes de una casa	**Parts of a house**
el baño	*bathroom*
la casa	*house*
la cocina	*kitchen*
el comedor	*dining room*
el cuarto	*room; bedroom*
el dormitorio	*bedroom*
la ducha	*shower*
el garaje	*garage*
el jardín	*garden*
el pasillo	*hallway*
el patio	*patio*
el piso	*floor*
la sala	*living room*

Los quehaceres domésticos	**Household chores**
barrer (el piso con escoba)	*to sweep (the floor with a broom)*
comprar la comida	*to buy groceries*
hacer la cama	*to make the bed*
lavar (el piso/ los platos/ la ropa)	*to wash (the floor/the dishes/the clothes)*

limpiar/ ordenar la casa	*to clean/to straighten up the house*
llenar/ vaciar el lavaplatos	*to fill/to empty the dishwasher*
pasar la aspiradora	*to vacuum*
poner/ quitar la mesa	*to set/to clear the table*
recoger (recojo) la ropa (del piso/ de la secadora)	*to pick up/to collect clothes (from the floor/from the dryer)*
sacar la basura	*to take out the garbage*
secar la ropa	*to dry the clothes*

¿Cuántas veces...?	**How many times...?**
a veces	*sometimes; at times*
frecuentemente	*frequently*
nunca	*never*
una vez (dos, tres, cuatro... veces) (a la semana)	*once (two, three, four... times) (a week)*

¿Dónde está?	**Where is it?**
contra	*against*
debajo de	*under*
dentro de	*within; inside of*
encima de	*on top of*
sobre	*on*

Los números 100-1.000.000	**Numbers 100–1,000,000**
cien	*100*
ciento uno/a	*101*
doscientos/as	*200*
trescientos/as	*300*
cuatrocientos/as	*400*
quinientos/as	*500*
seiscientos/as	*600*
setecientos/as	*700*
ochocientos/as	*800*
novecientos/as	*900*
mil	*1,000*
dos mil	*2,000*
un millón	*1,000,000*

CD Track 5.4

Segunda parte

Actividades diarias — Daily activities

acostarse (ue)	to go to bed
afeitarse	to shave
bañarse	to bathe
cepillarse (los dientes/ el pelo)	to brush (your teeth/your hair)
despertarse (ie)	to wake up
dormirse (ue, u)	to fall asleep
ducharse	to take a shower
lavarse (la cara)	to wash (your face)
levantarse	to get up; to stand up
maquillarse	to put on makeup
mirarse (en el espejo)	to look at yourself (in the mirror)
peinarse	to comb your hair
ponerse/ quitarse (la camisa)	to put on/to take off (your shirt)
secarse (el pelo)	to dry (your hair)
sentarse (ie)	to sit down
vestirse (i, i)	to get dressed

Algunas partes del cuerpo — Some parts of the body

la cara	face
los dientes	teeth
la mano	hand
la nariz	nose
el ojo	eye
el pelo	hair

Algunas emociones — Some emotions

divertirse (ie, i)	to enjoy yourself
ponerse contento/a	to become happy
furioso/a	furious
impaciente	impatient
nervioso/a	nervous
triste	sad
sentirse (ie, i)	to feel

Artículos de uso personal — Personal care items

el cepillo (de dientes)	(tooth)brush
el champú	shampoo
el desodorante	deodorant
el despertador	alarm clock
el espejo	mirror
el jabón	soap
el lápiz labial	lipstick
la máquina de afeitar	electric razor
el peine	comb
el secador	hair dryer
la toalla	towel

6

¡Buen provecho!

Diagnostic Test

Las islas hispanas del Caribe: Cuba, la República Dominicana y Puerto Rico

La fortaleza de El Morro en San Juan, Puerto Rico.

La obra del artista cubano Wifredo Lam muestra una síntesis de dos culturas, la afrocubana y la europea. Se considera la pintura *La jungla* su obra maestra.

¡Así lo decimos! VOCABULARIO

CD Track 6.1

 En el mercado

6-1 to
6-6

la lechuga · las judías · las papas · los tomates

el salmón · la langosta

el pollo · el jamón

el ajo

las zanahorias · las cebollas

los plátanos

los camarones

el bistec · el cerdo

las uvas

las naranjas · **Las verduras y las frutas** · las manzanas

Los pescados · **Los mariscos** · **Las carnes**

el melón

Las comidas y las bebidas	Foods and drinks
el ajo	garlic
el arroz	rice
el café (con leche/ solo)	coffee (with milk/black)
la cebolla	onion
el cereal	cereal
la cerveza	beer
los frijoles	(kidney, pinto, red) beans
el huevo	egg
el jugo (de naranja/ manzana/ etc.)	(orange/apple/etc.) juice
el maíz	corn
el pan tostado	toast
el plátano	banana; plantain (green banana)
el queso	cheese
el refresco	soft drink
la salsa (de tomate)	(tomato) sauce
la sopa	soup
el té	tea
el vino (tinto/ blanco)	(red/white) wine

¡Buen provecho!

En la mesa

Los postres	Desserts
la galleta	*cookie; cracker*
el helado (de chocolate)	*(chocolate) ice cream*
el pastel (de limón)	*(lemon) pie; pastry*
la torta	*cake*
el yogur	*yogurt*

Para describir la comida	To describe the food
caliente	*hot (to the touch)*
crudo/a	*raw*
fresco/a	*fresh*
frío/a	*cold*
frito/a	*fried*
picante	*hot (spicy)*
rico/a	*delicious[1]*
vegetariano/a	*vegetarian*

¡Vamos a comer!	Let's eat!
¡Buen provecho!	*Enjoy your meal!*
el/la camarero/a	*waiter/waitress, server*
el/la cliente	*client*
la cuenta	*bill*
el menú	*menu*
el plato del día	*the daily special*
la propina	*tip*
el restaurante	*restaurant*
el (super)mercado	*(super)market*

Verbos	Verbs
caer bien/ mal	*to like/dislike (a person)*
cenar	*to have dinner/supper*
dar	*to give*
desayunar	*to have breakfast*
desear	*to want; to desire*
encantar	*to like very much; to love (usually a thing)*
gustar	*to please (to like)*
interesar	*to interest*
molestar	*to bother; to annoy*
pagar	*to pay*
parecer	*to seem*
probar (ue)	*to taste; to try*

[1]Used with **estar** to talk about food, **rico/a** means *delicious*. As you learned in **Lección 2**, it normally means *rich* or *wealthy* when used with **ser**.

CD Track 6.2

6-7 to
6-8

¡Así es la vida! ¡Buen provecho!

En casa

Marta:	Tengo mucha hambre, Arturo. ¿Quieres salir a comer?
Arturo:	De acuerdo. ¿Adónde te interesa ir?
Marta:	¿Por qué no almorzamos en el restaurante Don Pepe? Me encantan sus platos cubanos.

En el restaurante Don Pepe

Arturo:	Camarero, ¿nos trae una copa de vino tinto y una cerveza, por favor?
Camarero:	Muy bien. ¿Ya saben qué van a pedir?
Marta:	¿Cuál es el plato del día?
Camarero:	Es el arroz cubano. Lo servimos con carne, frijoles y plátanos fritos. ¿Ustedes lo quieren probar?
Marta:	Me parece interesante. Voy a probarlo.
Arturo:	Yo también. ¿Y puede traernos una ensalada de lechuga y tomates?

El camarero les trae la comida

Camarero:	¡Buen provecho!
Marta:	Gracias. Mmmm, ¡el arroz está muy rico! Me gusta mucho la comida aquí.
Arturo:	A mí también.

APLICACIÓN

6-1 ¿Qué pasa? Indica si cada una de las siguientes oraciones es **cierta** o **falsa**, según el vocabulario y la lectura de **¡Así lo decimos!**. Luego, corrige la información **falsa**.

1. Arturo no quiere salir a almorzar.
2. A Marta le encanta la comida cubana.
3. Arturo y Marta van a tomar un refresco.
4. El plato del día viene con carne y papas.
5. Arturo y Marta desean comer ensalada.
6. A Marta no le gusta la comida del restaurante Don Pepe.

6-2 ¿Qué es? Empareja la comida con su descripción.

1. _____ Es una fruta amarilla.
2. _____ Se comen con el arroz.
3. _____ Es una carne rosada.
4. _____ Es un postre muy rico.
5. _____ Es una bebida caliente.
6. _____ Es rojo y se usa en la salsa picante.
7. _____ Es un postre frío hecho con crema, huevos y azúcar.
8. _____ Se comen y también se usan para hacer vino.

a. el jamón
b. el tomate
c. el plátano
d. las uvas
e. el té
f. los frijoles
g. el helado
h. la torta de chocolate

6-3 ¿Qué necesitas? ¿Qué necesitas para hacer lo siguiente?

MODELO: Para cortar la carne, necesito un (una cuchara/ <u>un cuchillo</u>/ una cucharita/ un vaso).

1. Para cortar el pan, necesito (pimienta/ una cuchara/ un cuchillo/ un plato).
2. Para beber vino, necesito (una taza/ un vaso/ una copa/ un cuchillo).
3. Para tomar sopa, necesito (una propina/ crema/ una taza/ una cuchara).
4. Para comer helado, necesito (una cucharita/ sal/ un vaso/ un cuchillo).
5. Para beber leche, necesito (una copa/ una cuchara/ mantequilla/ un vaso).
6. Para comer papas fritas, necesito (un tenedor/ azúcar/ pan/ una cucharita).
7. Para ponerle mantequilla al pan, necesito (un plato/ una cuchara/ una servilleta/ un cuchillo).
8. Para ponerle azúcar al café, necesito (un tenedor/ una cucharita/ una servilleta/ una copa).

6-4 ¿Qué prefieres? Completa las oraciones con palabras o expresiones de **¡Así lo decimos!**.

MODELO: Prefiero beber *café* con el desayuno.

¿Te gustan las empanadas?

1. Prefiero beber _____ con el desayuno.
2. Bebo _____ con la cena.
3. Me gusta _____ en el café.
4. El/La _____ es mi carne favorita.
5. Pongo _____ en el bistec.
6. Soy vegetariana. Prefiero comer _____ y _____.
7. Mi fruta preferida es el/la _____.
8. ¡No me gusta comer _____!

6-5 ¿Qué están comiendo? Indica lo que están comiendo o bebiendo estas personas.

MODELO: *Antonio está comiendo una hamburguesa y bebiendo agua.*

1.

3.

5.

2.

4.

6.

 6-6 La comida. Túrnense para hacer preguntas sobre sus preferencias.

MODELO: desayunar todos los días
E1: *¿Desayunas todos los días?*
E2: *Sí, desayuno todos los días./ No, ¡prefiero dormir! ¿Y tú?*

1. desayunar todos los días
2. almorzar en la universidad
3. cenar tarde
4. tomar té o café con la cena
5. comer mucha ensalada
6. ser vegetariano/a
7. comer mucha comida frita
8. probar comidas nuevas

 6-7 En el supermercado. Uds. van al supermercado para comprar la comida. ¿Qué compran?

MODELO: E1: *¿Qué pescados y mariscos compras en el supermercado?*
E2: *Compro salmón y camarones. ¿Y tú?*

1. ¿Qué carnes compras?
2. ¿Qué frutas compras?
3. ¿Qué bebidas compras?
4. ¿Qué postres compras?

Comparaciones

¡A COMER!

En tu experiencia. ¿En qué consiste el desayuno "típico" en Canadá? ¿Cuál es una comida común en tu región de Canadá? Describe una cena típica. ¿Siempre hay postre? ¿Existe la merienda o su equivalente en Canadá? Este artículo describe las comidas en los países hispanohablantes.

Las comidas en los países hispanohablantes varían de país a país. El desayuno casi siempre es ligero (*light*) y consiste en café con leche o chocolate caliente, pasteles o pan y mantequilla. En algunos países, como México y Chile, es común el desayuno fuerte (*heavy*), como por ejemplo huevos, pan tostado, frijoles y queso o un bistec. La comida más importante del día en todos los países hispanohablantes es el almuerzo, que se toma entre la una y las cuatro de la tarde. Un almuerzo típico comienza con sopa; después hay pescado o carne, verduras o arroz y para terminar a veces hay fruta o un postre con café[1]. Por la tarde, a muchas personas les gusta tomar una merienda. La última comida es la cena, por lo general más ligera que el almuerzo, que se toma entre las ocho y las once de la noche.

A los hispanos les gusta comer en la mesa con la familia. Hay restaurantes de comida rápida, pero no es típico comer en el coche o solo. Una costumbre en la mesa, especialmente durante el almuerzo y la cena, es la sobremesa; es decir, la conversación después de la comida. Muchas comidas duran (*last*) mucho más de una hora, porque la familia y los amigos continúan la conversación después de terminar de comer.

¿Entiendes? Contesta las siguientes preguntas según la lectura (*reading*) y tu propia experiencia.

1. ¿Es ligero el desayuno en todos los países hispanohablantes?
2. Típicamente, ¿a qué hora se sirve el almuerzo?
3. ¿Cuándo se toma la merienda?
4. ¿Qué es la sobremesa?
5. ¿Es común la sobremesa en Canadá?

¡A conversar! ¿Cuáles son las diferencias principales entre las comidas de Canadá y las del mundo hispano? ¿Cómo es la rutina en tu casa? ¿Qué te parecen las costumbres de las comidas en los países hispanohablantes?

A Ramoncito le gusta tomar una merienda.

---

[1] In Spanish, **café**, when used alone, is often understood as referring to the type of coffee called "espresso" in Italian.

Learning Tips

USING THE DEFINITE AND INDEFINITE ARTICLES FOR EXPRESSING QUANTITIES OF FOOD

- In Spanish, the article is omitted when the quantity of a food item is *unspecified* but it is retained when the quantity is *specified*.

  Quiero tomar leche.   *I want to drink (some) milk.*
  Pido pescado para la cena.   *I order fish for dinner.*
  Voy a comer **un** sándwich.   *I'm going to eat **a** sandwich.*

- As in English, some foods can be referred to either as an *unspecified* or as a *specified* quantity.

  Prefiero ensalada.   *I prefer (some) salad.*
  Prefiero **una** ensalada.   *I prefer **a** salad.*

- The definite article is used, as it is in English, to indicate a specific food item.

  Voy a pedir **el** bistec.   *I'm going to order **the** steak.*

- The definite article is also used to indicate an entire category.

  A Juanita le encantan **las** verduras.   *Juanita loves (all) vegetables.*

- Remember that the definite article is included only when you are making a *specific* reference to a particular food item.

  Mario está comiendo pollo.   *Mario is eating chicken.*
                                       (an *indefinite* reference)
  Mario está comiendo **el** pollo.   *Mario is eating **the** chicken.*
                                       (a *specific* reference)

CD Track 6.3

Letras y sonidos

The sequences *s, z, ce, ci* in Spanish

Generally in Spanish, the letters **s** and **z**, as well as **c** before the vowels **e** and **i**, all correspond to the same sound: the *s* sound in English *sip*.

sal   de-**s**a-yu-no   a-**z**ú-car   **ce**-na   ha-**cer**   de-**cir**

In most parts of Spain, only the letter **s** sounds like the *s* in English *sip*. The letter **z**, as well as **ce** and **ci**, are pronounced like the *th* sound in English *thanks*. Keep these differences in mind as you refine your listening skills. Follow the pronunciation that is consistent with the variety of Spanish that you want to speak, Latin American or Peninsular.

 ¡Así lo hacemos! ESTRUCTURAS

6-9 to 6-16

Te doy mi pelota si me das tu sándwich.

1. The verb *dar* (*to give*), and the indirect object and indirect object pronouns

- **Dar** has an irregular first person singular form like **ser** and **estar**: **doy**.

dar (*to give*)			
yo	**doy**	nosotros/as	damos
tú	das	vosotros/as	dais
Ud. él/ella	da	Uds. ellos/ellas	dan

- **Dar** is often accompanied by an indirect object pronoun.

Los complementos indirectos

- In **Lección 4** you learned to use a direct object noun or pronoun to indicate the person or thing which is directly acted upon by the verb. The **indirect object** is used in Spanish, as in English, to express **to whom** or **for whom** an action is carried out.

Ella **le** da una propina.	*She gives **him/her** a tip.*
¡**Te** voy a preparar una cena deliciosa!	*I'm going to prepare a delicious supper **for you**!*

- The **indirect object** is also used to express **from whom** something is bought, borrowed or taken away.

Les compro todas mis verduras.	*I buy all my vegetables **from them**.*
La madre **le** quita el cuchillo **a su hijito**.	*The mother takes the knife away **from her little boy**.*

Indirect object pronouns

- The indirect object pronouns are identical to the direct object pronouns, except for the **third person singular (le)** and **plural (les)** forms.

	Singular		Plural
me	*(to/for/from) me*	**nos**	*(to/for/from) us*
te	*(to/for/from) you* (inf.)	**os**	*(to/for/from) you* (inf. Sp.)
le	*(to/for/from) you* (form.), *him, her*	**les**	*(to/for/from) you, them*

- Unlike the direct object pronouns, indirect object pronouns agree only in number (singular/plural) with the noun to which they refer. There is no gender agreement (masculine/feminine).

Le traigo más café.	*I'll bring more coffee **for you/him/her**./ I'll bring **you/him/her** more coffee.*
¿**Les** pongo la mesa?	*Shall I set the table **for you/them**?*

- Indirect object pronouns usually **precede** the conjugated verb.

La camarera **nos** dice "¡Buen provecho!".	*The server says **to us**, "Enjoy your meal!".*
Ella **le** trae la comida.	*She brings the food **to you/him/her**./ She brings **you/him/her** the food.*

- In negative sentences, the indirect object pronoun is placed between **no** and the conjugated verb.

¿No **me** vas a pagar la cuenta?	*Aren't you going to pay the bill **for me**?*

- In constructions with an infinitive or a present participle, the indirect object pronouns, like the direct object and reflexive pronouns, may either precede the conjugated verb or be attached to the infinitive or the present participle. Note that when you attach an indirect object pronoun to the present participle, you must also use a written accent mark over the vowel in the stressed syllable. The position of the indirect object pronoun makes no difference to the meaning.

Mamá **nos** quiere enseñar a hacer el arroz con leche. Mamá quiere enseñar**nos** a hacer el arroz con leche.	*Mom wants to teach **us** how to make rice pudding.*
Te estoy preparando la cena. Estoy preparándo**te** la cena.	*I am making supper **for you**.*

¡Pienso hacerles un postre especial!

EXPANSIÓN   Redundant indirect objects

When the **indirect object noun** refers to a specific person or group of people and is included in the sentence, the corresponding **indirect object pronoun** is also included. These are called *redundant* or *repetitive* object pronouns. They have no English equivalent, and are only used with third person objects.

Le damos el menú **a Julia.**	*We give the menu **to Julia.***
Les preparo el almuerzo **a mis amigos.**	*I prepare lunch **for my friends.***

Use of the prepositional pronouns for clarification or emphasis

To emphasize or clarify an **indirect object pronoun**, you can also use the corresponding *prepositional pronouns* with a phrase beginning with the preposition **a.**

Ella **le** pide una galleta.	*She asks **you/him/her** for a cookie.*
Ella **le** pide una galleta **a él.**	*She asks **him** for a cookie.*
Laura **me** da la torta **a mí**, no **a ti.**	*Laura is giving the cake **to me**, not **to you.***

indirect object pronouns	prepositional pronouns	indirect object pronouns	prepositional pronouns
me	a mí	nos	a nosotros
te	a ti	os	a vosotros
le	a Ud.	les	a Uds.
le	a él/ella	les	a ellos/as

APLICACIÓN

6-8 En el restaurante.   Junta las dos columnas para terminar las siguientes oraciones.

1. Luis y Laura no comen carne. A ellos...
2. ¿A Ud....
3. A ti...
4. A la camarera...
5. A mí...
6. A mí y a ti...
7. A mi amigo Pedro...
8. A Uds...

a. le traen el arroz con pollo?
b. le damos una buena propina.
c. nos traen el menú.
d. les traen unos platos vegetarianos.
e. le traen una cerveza fría.
f. les traen los bistecs.
g. te dan una copa de vino blanco.
h. me dan la cuenta.

6-9 Sustitución.   Sustituye los pronombres de complemento indirecto.

MODELO: Mi madre *me* da muchas verduras. (a nosotros)
→ Mi madre *nos* da muchas verduras.

1. Mis padres *nos* compran la comida. (a mí/ a mi hermano/ a mis abuelos/ a ti/ a Uds.)
2. ¿*Te* preparo la cena? (a mi amigo/ a vosotros/ a tus padres/ a mi familia/ a Ud.)
3. No pensamos pagar*les* la cuenta. (a ti/ a tu madre/ a tus padres/ a Uds./ a tía Julia)

6-10 ¿Qué te trae el camarero? Completa las siguientes oraciones con el pronombre de complemento indirecto para describir lo que trae el camarero en el restaurante.

MODELO: A Luis *le* trae un plato de pollo frito.

1. A mí _____ trae helado de chocolate.
2. A mi hermano Juan _____ trae una ensalada de frutas.
3. A Ud. _____ trae la cuenta.
4. A tus padres _____ trae una paella valenciana.
5. A Susana _____ trae un bistec con papas fritas.
6. A nosotros _____ trae frijoles con arroz.
7. A ti _____ trae un café con leche.
8. A mí y a ti _____ trae sopa de cebolla.

6-11 ¡Camarera! Estás almorzando con tu familia en un restaurante y Uds. *le* hacen estas preguntas a la camarera. ¿Cómo *les* responde ella? (*Note: Remember to use the formal "usted" forms of address in this context.*)

MODELO: *¿Me* trae (Ud.) un tenedor limpio, por favor?
→ *Sí, le traigo un tenedor limpio.*

1. *¿Me* describe los platos del día?
2. *¿Le* da un vaso de agua *a mi hermano*?
3. *¿Nos* pone sal y pimienta en la mesa?
4. *¿Le* pregunta *al cocinero* si el pescado está fresco?
5. *¿Me* va a traer más café?
6. *¿Nos* puede explicar el menú?
7. *¿Me* sirve más crema con el postre?
8. *¿Le* dice *al cocinero* que la comida está muy rica?

6-12 La familia. Conversen sobre cómo celebran las familias los días especiales, usando las siguientes preguntas como guía.

MODELO: E1: ¿Les das regalos (*gifts*) de cumpleaños a tus padres?
E2: Sí, les doy regalos. Les compro un/una.../ No, no les doy regalos.

1. ¿Le das un regalo de Navidad a tu hermano/a?
2. ¿Le das algo especial a tu madre/ padre el Día de la Madre/ Día del Padre?
3. ¿Le preparas una cena a tu mejor (*best*) amigo/a para su cumpleaños?
4. ¿Qué le das/ dices a tu novio/a/ esposo/a el Día de San Valentín?
5. ¿Y a ti? ¿Qué te dan tus padres para tu cumpleaños?
6. ¿Ellos te preparan una cena especial?

2. *Gustar* (*to like*) and similar verbs

6-17 to 6-23

- The verb **gustar**, used most commonly to express preferences, likes and dislikes, literally means *to be pleasing/to please,* and is used with an **indirect object pronoun**.

¿Te gusta mi coche?

Sí, me gusta mucho.

A mí		me		gusta el queso/
A ti		te		gusta comer queso/
A Ud., Juan, María, él, ella		le		gustan los quesos
	(no)			
A nosotros		nos		gusta el queso/
A vosotros		os		gusta comer queso/
A Uds., los chicos, ellos, ellas		les		gustan los quesos

Me gusta comer en los restaurantes. *I like to eat in restaurants.(Eating in restaurants is pleasing to me.)*

No **le gustan** las cebollas. *He doesn't like onions. (Onions are not pleasing to him.)*

- The subject of the verb **gustar** is whatever is pleasing to someone. Since we generally use **gustar** to indicate that something (singular) or some things (plural) are pleasing, **gustar** is most often conjugated in the third person singular or third person plural forms, **gusta** and **gustan**. The indirect object pronoun indicates who is being pleased.

Me gusta el pollo frito. *I like fried chicken.*
Nos gusta el pollo frito. *We like fried chicken.*
No me gustan los tomates. *I don't like tomatoes.*
No nos gustan los tomates. *We don't like tomatoes.*

- To express the idea that one likes to do something, **gustar** is followed by an infinitive. In such cases the third person singular of **gustar** is used, even when you use more than one infinitive.

Les gusta cenar en casa siempre. *They always **like** to have dinner at home.*

Me gusta desayunar y almorzar con mis amigos. *I **like** to have breakfast and lunch with my friends.*

Me cae mal el camarero.

- Some other verbs like **gustar** are listed. Note that the equivalent expressions in English are not direct translations.

caer bien/ mal	*to like/dislike (a person)*
encantar	*to like very much, to love (usually a thing)*
interesar	*to interest*
molestar	*to bother; to annoy*
parecer	*to seem*

Me molestan las cafeterías sucias. *Dirty cafeterias **bother me**.*

Nos parece caro el restaurante cubano. *The Cuban restaurant **seems** expensive **to us**.*

- Remember to use a prepositional phrase beginning with **a** to emphasize or to clarify the indirect object pronoun.

A mí me encanta la comida caribeña pero **a ti** no **te** parece buena. *I love Caribbean food but it doesn't seem good **to you**.*

A Óscar y **a Teresa les** gusta mucho el café. *Oscar and Teresa like coffee a lot.*

 6-17 Sus gustos culinarios. Túrnense para hacer y contestar preguntas sobre sus gustos culinarios.

MODELO: gustar/ el pescado
E1: *¿Te gusta el pescado?*
E2: *¡Sí, me encanta!/ No, no me gusta mucho. ¿Y a ti?*

1. gustar/ la comida mexicana, japonesa, italiana, francesa
2. interesar/ los restaurantes latinos, chinos, baratos, caros, al aire libre
3. molestar/ la comida de la universidad, la comida frita, los restaurantes sucios
4. caer bien/ mal/ los camareros rápidos, antipáticos, simpáticos, arrogantes
5. gustar mucho/ la comida frita, cruda, picante, vegetariana
6. encantar/ los postres, las frutas, las verduras, los mariscos

6-18 ¿Qué te gusta hacer? Túrnense para completar las frases de manera lógica, usando los verbos como **gustar**.

MODELO: Cuando tengo mucha hambre,...
E1: Cuando tengo mucha hambre, *me gusta salir a comer con mis amigos. ¿Y a ti?*
E2: *A mí no. A mí me gusta comer algo rápido en la cafetería.*

1. Cuando tengo mucha hambre,...
2. Cuando tengo frío,...
3. Cuando estoy aburrido/a,...
4. Cuando estoy triste,...
5. Cuando estoy contento/a,...
6. Cuando estoy nervioso/a,...
7. Cuando estoy enfermo/a,...
8. Cuando tengo tiempo libre,...

Segunda parte

¡Así lo decimos! VOCABULARIO

CD Track
6.4

En la cocina

6-24 to
6-28

Las medidas	Measurements
la cucharada	tablespoon
la cucharadita	teaspoon
el kilo	kilogram
el litro	litre
el pedazo	piece
la taza	cup

Actividades	Activities
añadir	to add
batir	to beat
calentar (ie)	to heat
cocinar	to cook
cortar	to cut
echar	to add; to throw in
freír (i, i)[1]	to fry
hervir (ie, i)	to boil
mezclar	to mix; to stir
pelar	to peel
picar	to chop
tapar	to cover

Otras palabras y expresiones	Other words and expressions
el aceite	oil
a fuego alto/ medio/ bajo	on high/medium/low heat
el jugo de limón	lemon juice
el pimiento	green pepper
la receta	recipe

Expresiones adverbiales para hablar del pasado	Adverbial expressions to talk about the past
anoche	last night
anteayer	day before yesterday
ayer	yesterday
el año (mes, febrero, lunes, etcétera) pasado	last year (month, February, Monday, etc.)
la semana pasada	last week

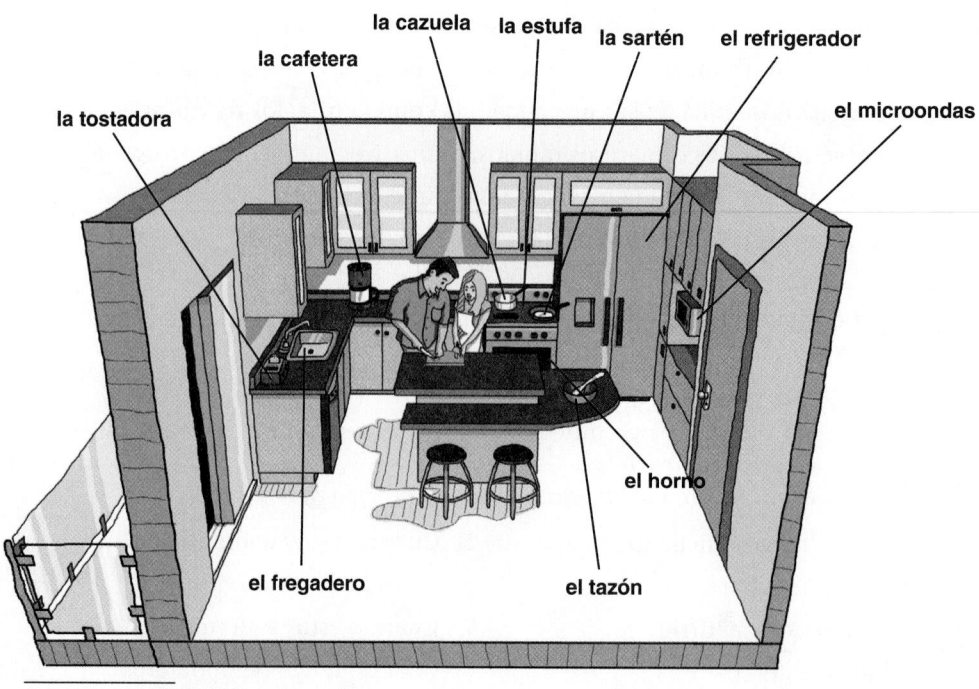

la cazuela   la estufa   la sartén   el refrigerador

la cafetera   el microondas

la tostadora

el horno

el fregadero   el tazón

[1] frío, fríes, fríe, freímos, freís, fríen

190 ●●● ciento noventa

CD Track 6.5

6-29 to 6-30

¡Así es la vida! En la cocina

Miguel:	¡Hola, Mónica! ¿Qué tal? ¿Te gustó tu primera semana en la clase de cocina?
Mónica:	Sí, ¡me gustó mucho! Trabajamos mucho pero aprendimos a preparar unos platos deliciosos.
Miguel:	¿Sí? ¿Qué cocinaron ustedes?
Mónica:	Bueno, mi amiga Julia y yo preparamos un rico arroz con pollo. Yo piqué las cebollas y el ajo y Julia calentó el aceite y añadió los otros ingredientes.
Miguel:	¡Sabes que a mí me encanta el arroz con pollo! ¿Por qué no me invitaron a probarlo?
Mónica:	La verdad es que nosotras lo comimos todo en el almuerzo. Si te gusta tanto (*so much*) el arroz con pollo, ¡tú tienes que aprender a cocinarlo!

APLICACIÓN

6-19 ¿Qué pasa? Indica si cada una de las siguientes oraciones es **cierta** o **falsa**, según el vocabulario y la lectura de **¡Así lo decimos!**. Luego, corrige la información **falsa**.

1. A Mónica le gustó mucho su primera semana en la clase de cocina.
2. Mónica y Julia prepararon una sopa de verduras.
3. Mónica y Julia picaron las cebollas y el ajo.
4. Ellas cocinaron el pollo en mantequilla.
5. A Miguel le gusta mucho el arroz con pollo.
6. Mónica le va a preparar el arroz con pollo a Miguel.

6-20 En la cocina. Completa cada oración con la palabra correspondiente.

1. Voy a freír el pescado en...
2. Ella mezcla los huevos en...
3. Tú lavas los platos en...
4. Están tostando el pan en...
5. Hay una botella de agua en...
6. Preparamos el café en...
7. Cocino el arroz en...
8. Pongo el pastel en...

a. la cazuela.
b. la cafetera.
c. el refrigerador.
d. el horno.
e. la sartén.
f. la tostadora.
g. el tazón.
h. el fregadero.

6-21 ¿Qué necesitas? ¿Qué necesitas para hacer las siguientes actividades? Completa las oraciones con palabras de **¡Así lo decimos!**.

MODELO: Caliento la sopa en *la cazuela*.

1. No tengo lavaplatos. Lavo los platos en _____.
2. Pongo la leche en _____ para mantenerla fría.
3. ¡Tengo prisa! No tengo tiempo para usar el horno. Voy a usar _____.
4. Quiero preparar café. Voy a usar _____.
5. Para hervir el agua, pongo la cazuela en _____.
6. Quiero freír un huevo. Lo pongo en _____.
7. Mezclo los ingredientes para una torta en _____.
8. Voy a preparar un plato complicado. No recuerdo las instrucciones. Necesito _____.

6-22 ¿Qué hacen? Describe lo que hace la persona en cada dibujo con expresiones de **¡Así lo decimos!**.

MODELO:

Mario   Lola   El señor Barroso

Mario pone el pollo en el horno.

3. Dolores   4. Diego   5. Estela   6. Pilar

6-23 En mi cocina. ¿Les gusta cocinar? Túrnense para hacer preguntas sobre sus preferencias.

1. ¿Te gusta cocinar? ¿Qué platos sabes preparar?
2. ¿Preparas muchas comidas en el microondas?
3. ¿Usas aceite o mantequilla cuando fríes la comida?
4. ¿Usas una receta cuando cocinas? (siempre/ a veces/ nunca)
5. ¿Qué comida hay en tu refrigerador en este momento?
6. ¿Qué frutas pelas antes de comerlas?

Comparaciones

LA COMPRA DE LA COMIDA Y LA COCINA HISPANA

En tu experiencia. Por lo general, ¿dónde se compra la comida en Canadá? ¿Hay mercados? ¿Qué productos se venden en los mercados? ¿Qué tiendas especializadas hay en Canadá? ¿Dónde compra tu familia la comida? ¿Cuántas veces por semana va de compras?

En el mundo hispano, la comida sirve una función social muy importante. Se dice que en los países hispanos se vive para comer, no se come para vivir. Cada región tiene sus especialidades o platos típicos. Los nombres y las descripciones de las comidas varían mucho, también; por ejemplo, la tortilla es un tipo de "omelette" en España pero en México y Centroamérica es un tipo de pan de maíz que se puede usar para preparar enchiladas y tacos.

¿Te gustan los mariscos? En el mundo hispano hay muchas comidas que no son comunes en Canadá.

Aunque (*Although*) los supermercados ya son muy populares, todavía es común ir al mercado dos o tres veces por semana para comprar los productos más frescos. El mercado típico es un edificio grande con tiendas (*shops*) pequeñas donde se vende todo tipo de comidas. Cada tienda se especializa en un tipo de comida; por ejemplo, la carne, el pescado o las frutas y verduras. En cada barrio (*district*) también hay tiendas donde se puede comprar pan, pasteles y helados.

Las comidas típicas de cada región varían y dependen mucho de los productos típicos de esa región. Por ejemplo, la comida caribeña normalmente no es picante y se sirve frecuentemente acompañada de arroz, frijoles y plátanos verdes fritos. Como Cuba, la República Dominicana y Puerto Rico son países marítimos, los pescados y mariscos son populares, aunque también se come mucho pollo y cerdo. El flan es un postre popular en todos los países hispanos.

El flan es un postre popular.

¿Entiendes? Contesta las siguientes preguntas según la lectura (*reading*) y tu propia experiencia.

1. ¿Hay una frase en inglés para expresar lo mismo (*the same thing*) que "se vive para comer, no se come para vivir"?

2. ¿Cuál es un ejemplo de las diferencias culinarias entre las regiones del mundo hispano? ¿Puedes pensar en otros?

3. ¿Dónde se hacen las compras en los países hispanohablantes?

4. ¿Te interesa probar la comida caribeña? ¿Por qué?

¡A conversar! ¿Cómo es la comida en la región donde vives? ¿Hay una especialidad? ¿Cuándo la comen? ¿Comen Uds. muchos mariscos y pescado donde vives? ¿Qué otras comidas son populares?

¡Así lo hacemos! ESTRUCTURAS

6-31 to
6-38

3. The preterit of regular verbs

So far you have learned to use verbs in the present indicative and the present progressive. In this lesson you will learn about the preterit, one of two simple past tenses in Spanish. In **Lección 9** you will be introduced to the imperfect, which is also used to refer to events in the past.

	-ar tomar	-er comer	-ir vivir
yo	tom**é**	com**í**	viv**í**
tú	tom**aste**	com**iste**	viv**iste**
Ud. él/ella }	tom**ó**	com**ió**	viv**ió**
nosotros/as	tom**amos**	com**imos**	viv**imos**
vosotros/as	tom**asteis**	com**isteis**	viv**isteis**
Uds. ellos/as }	tom**aron**	com**ieron**	viv**ieron**

- The preterit tense is used to report actions completed at a given point in the past and to narrate past events.

  Calenté el aceite y luego **añadí** el arroz. *I heated the oil and then I added the rice.*

  Ayer **comimos** en la cafetería. *Yesterday we ate in the cafeteria.*

- The preterit endings for the -**er** and -**ir** verbs are the same.

- The preterit forms for **nosotros** of -**ar** and -**ir** verbs are identical to the corresponding present tense forms. The situation or context of the sentence will clarify the meaning.

  Siempre **hablamos** *de recetas.* *We always talk about recipes.*
  La semana pasada **hablamos** *de tu receta de pollo.* *Last week we talked about your chicken recipe.*
  Vivimos *aquí ahora.* *We live here now.*
  Vivimos *allí el año pasado.* *We lived there last year.*

- Always use an accent mark over the final vowel for the first and third person singular forms of regular verbs, unless the verb is only one syllable.

  Compré aceite de oliva. *I bought olive oil.*
  Ana Luisa **picó** las verduras. *Ana Luisa chopped the vegetables.*

- All -**ar** and -**er** stem-changing verbs are regular in the preterit.

  Generalmente **vuelvo** a casa a las cinco, pero ayer **volví** a las seis. *I generally return home at five, but yesterday I returned home at six.*
  Usualmente, Jorge **almuerza** en la cafetería, pero el lunes **almorzó** en un restaurante. *Usually, Jorge has lunch in the cafeteria, but on Monday he had lunch in a restaurant.*

- The verbs **leer**, **caer**, and **creer** are slightly irregular in the preterit, in the third person forms only. These are: *leyó/ leyeron; cayó/ cayeron; creyó/ creyeron*.

Los verbos que terminan en -car, -gar y -zar

- Verbs that end in -**car**, -**gar**, and -**zar** have the following spelling changes in the **first person singular** of the preterit in order to retain the infinitive sound of the **c**, **g**, and **z**. All other forms of these verbs are conjugated regularly.

c → qu	buscar	yo **busqué**
g → gu	llegar	yo **llegué**
z → c	almorzar	yo **almorcé**

Almorcé arroz con pollo.

Busqué el programa en la tele.   ***I looked for*** *the program on TV.*
Llegué tarde a clase.   ***I arrived*** *late for class.*
Almorcé poco hoy.   ***I had*** *little for* **lunch** *today.*

- Some other verbs which follow this pattern are:

comenzar	*to begin*	**pagar**	*to pay*
empezar	*to begin*	**practicar**	*to practise*
explicar	*to explain*	**tocar**	*to touch; to play*
jugar (a)	*to play (a game)*		*(a musical instrument)*

APLICACIÓN

6-24 Una tortilla española.   Lee el párrafo en el que Mónica explica cómo preparó una tortilla española. Subraya (*Underline*) los verbos en el pretérito y luego contesta las preguntas que siguen.

Me levanté temprano y salí para el mercado donde compré seis huevos, dos cebollas y dos papas. Volví a casa donde lavé y pelé las papas. Luego corté las papas en pedazos pequeños y piqué las cebollas. Eché un poco de aceite de oliva en una sartén. Lo calenté y cociné las papas y las cebollas. Batí los huevos en un tazón. Les eché un poco de sal a los huevos y los eché a la sartén. Mezclé todos los ingredientes con una espátula. Cociné la tortilla por diez minutos. ¡Qué rico!

1. ¿Cuándo salió Mónica para el mercado?
2. ¿Qué ingredientes compró?
3. ¿Qué cocinó primero?
4. ¿Cuántos huevos usó?
5. ¿Por cuánto tiempo cocinó la tortilla?

6-25 ¿Qué pasó?   Indica si cada una de las siguientes oraciones es **cierta** o **falsa** para ti y corrige la información **falsa**.

1. **Tomé** café en el desayuno esta mañana.
2. **Cené** en el comedor de la universidad anoche.
3. **Comí** pescado la semana pasada.
4. **Compré** leche en el supermercado ayer.
5. Mi mamá/ papá me **preparó** un plato especial cuando visité a mi familia.
6. Mi mamá/ papá **cocinó** una comida especial para mi cumpleaños.

6-26 ¿Qué pasó ayer?   Repite las siguientes oraciones, sustituyendo los sujetos indicados.

MODELO: Anoche *tomé* jugo con la comida. (él)
→Anoche *tomó* jugo con la comida.

1. *Compré* fruta para el almuerzo. (él, nosotros, Ana y María, ella, tú, Uds.)
2. *Comí* pescado el domingo pasado. (ella, Ud., ellos, nosotros, tú, mis amigos)
3. *Salí* tarde de casa esta mañana. (Uds., Juan, tú y yo, tu familia, yo, ella)

6-27 Un restaurante inolvidable.   Usa el pretérito de los verbos entre paréntesis para completar el párrafo.

El sábado pasado dos amigos y yo (1. visitar) _____ un restaurante que nos (2. gustar) _____ mucho. Nosotros (3. encontrar) _____ el nombre del restaurante en la guía telefónica. (4. Salir: nosotros) _____ a las siete de la tarde y (5. llegar) _____ al restaurante a las siete y media. La comida estuvo (*was*) muy buena.

Yo (6. comer) _____ pescado y mis amigos (7. comer) _____ arroz con pollo. Todos nosotros (8. tomar) _____ agua mineral y, después, café. A la hora de salir, yo (9. buscar) _____ mi tarjeta de crédito y (10. pagar) _____ la cuenta.

6-28 ¿Qué pasó? Túrnense para preguntar si tu compañero/a hizo estas actividades ayer.

MODELO: cenar en la cafetería
E1: *¿Cenaste en la cafetería ayer?*
E2: *Sí, cené en la cafetería. ¿Y tú?*
E1: *Cené en casa.*

levantarte temprano
E1: *¿Te levantaste temprano ayer?*
E2: *Sí, me levanté a las siete y media. ¿Y tú?*
E1: *Yo no, me levanté a las nueve.*

1. bañarte por la mañana
2. hablar mucho en tus clases
3. estudiar en la biblioteca
4. escribir una composición
5. almorzar en un restaurante
6. comer carne
7. salir con tus amigos por la noche
8. acostarte tarde

6-29 ¿Quiénes comieron mejor? En sus grupos, hagan una lista de todo lo que cada persona comió y bebió ayer. Luego comparen su lista con la de otro grupo para ver qué grupo comió mejor (*better*).

MODELO: E1: *En el desayuno, comí cereal y tomé café con leche.*
E2: *Yo comí huevos y ensalada de frutas.*
E3: *Me levanté tarde. ¡No desayuné!*

1. el desayuno
2. el almuerzo
3. la merienda
4. la cena

 Algo más

6-39 to 6-40

¡Vamos a leer!

6-30 Nuestra visita al restaurante "Tía María". Lee la descripción de Elisa sobre su visita a La Habana.

Cuando Carlos y yo pasamos una semana en La Habana, Cuba, el año pasado, decidimos comer en un restaurante diferente cada noche. El mejor fue (*was*) "Tía María", que encontramos en una calle pequeña en el centro de la ciudad. Es un restaurante muy popular entre la gente local, pero pocos turistas lo conocen. Nos recibió un camarero que nos llevó a una mesa en la terraza, donde nos sentamos y miramos el menú.

Empezamos con dos mojitos y le preguntamos al camarero sobre el plato del día. Él nos explicó que la especialidad del restaurante era (*was*) el pescado. Decidimos pedir una ensalada de papa con huevos y pepinos

y el filete de pescado "Tía María" como plato principal. De postre comimos un rico flan de coco. Carlos tomó cerveza y yo tomé agua. Toda la comida nos pareció deliciosa y nos costó menos de $50 con bebida incluida.

Después de comer salimos a un club para bailar un poco de salsa y luego caminamos por el famoso Malecón (*seaside boulevard*). Regresamos tarde a nuestro hotel y dormimos muy bien. El día siguiente regresamos a Toronto y al trabajo, pero tenemos un lindo recuerdo de una noche y una cena excelente en La Habana.

Si quieren comer bien en La Habana, ¡les recomiendo "Tía María"!

¿Cierto o falso?   Indica si cada una de las siguientes oraciones es **cierta** o **falsa**, según la lectura. Luego, corrige la información **falsa**.

1. Carlos y Elisa pasaron un año en La Habana.

2. Ellos comieron en el restaurante "Tía María".

3. Los dos comieron carne.

4. La comida les costó $50.

5. Después de comer, ellos salieron a bailar y a caminar antes de regresar a su hotel.

 ## ¡Vamos a hablar!

6-31 En el restaurante.   En su grupo, desarrollen un diálogo sobre una visita a un restaurante. Pueden usar el *Modelo* para empezar.

MODELO: E1: *...Bienvenidos al restaurante "Tía María". ¿Desean tomar algo?*
E2: *Para mí, una cerveza fría.*
E1: *¿Y para usted, señorita?*
E3: *Voy a tomar un refresco. ¿Nos trae el menú, por favor?*

 ## ¡Vamos a escribir!

6-32 ¿Qué hicieron (*did you do*) ayer?   Túrnense para describir sus actividades de ayer y luego escriban una descripción corta de lo que hicieron. Pueden usar el *Modelo* y los verbos que siguen como una guía.

MODELO: E1: *... ¿Qué hiciste (did you do) ayer?*
E2: *Me desperté temprano, a las siete. Después, me levanté, me bañé y fui (I went) a la cafetería para desayunar. Comí cereal y pan tostado y bebí jugo de naranja. ¿Y tú?*

despertarse	comer/ beber	leer
levantarse	salir (de casa/ para la universidad)	estudiar
bañarse	ver a (mis amigos)	almorzar (con/ en)
desayunar	escribir	cenar

- **La tarea.** Escribe una descripción de lo que hiciste (*you did*) ayer. Revisa tu composición para comprobar los siguientes puntos: el uso correcto del pretérito, la ortografía, la concordancia (*agreement*) de adjetivos y sustantivos.

 ## ¡Vamos a explorar!

6-33 ¿Qué cocinamos esta noche?   En su grupo, busquen recetas interesantes y decidan qué van a cocinar para la cena esta noche. ¿Algo fácil o complicado? ¿Carne, pollo o pescado? ¿Van a preparar una sopa o una ensalada? ¿Les gusta comer postre?

Comida cubana:
http://cocina.cuba.cu

Comida mexicana:
http://cocina-mexico.com

Nuestro mundo

Las islas hispanas del Caribe: Cuba, la República Dominicana y Puerto Rico

6-48 to
6-49

La isla de Cuba, un paraíso visual y cultural, es el lugar preferido de muchos canadienses que van al país a disfrutar de su agradable clima y de sus playas. Su rica historia se refleja en su gente, su arquitectura, su música y su arte.

Santo Domingo, la capital de la República Dominicana, es una de las ciudades más antiguas de las Américas. Fue fundada (*It was founded*) por el hermano de Cristóbal Colón en 1496.

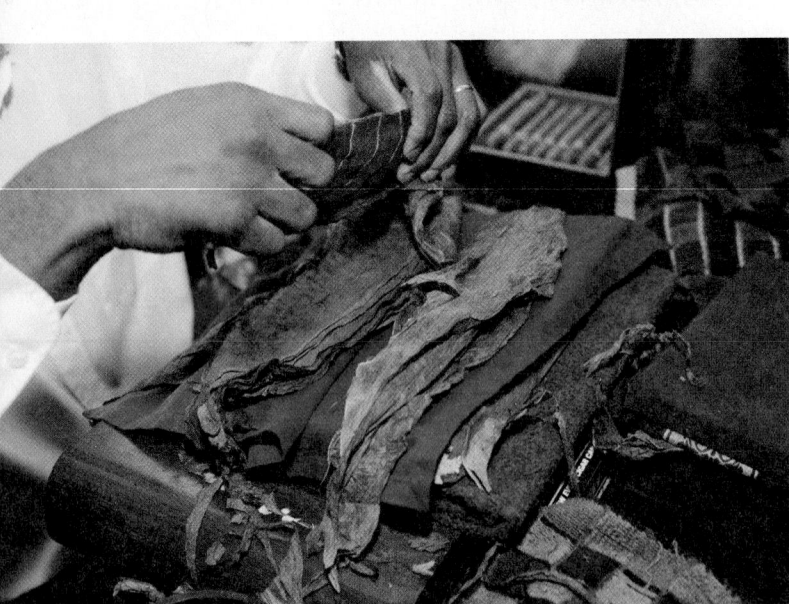

Muchos de los puros habanos que se fabrican en Cuba están hechos a mano. Se dice que el tabaco cubano que se cultiva en la zona de Pinar del Río es el mejor del mundo.

Las aguas cristalinas, el sol y las bellas playas atraen a miles de turistas a la República Dominicana todos los años.

Cuba, la República Dominicana y Puerto Rico

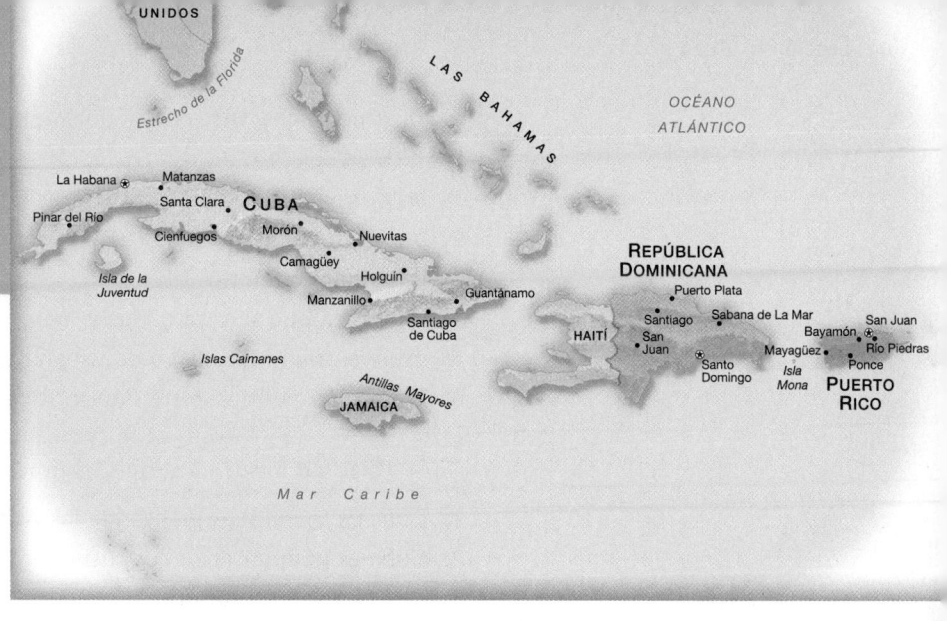

Cuba

la República Dominicana

Puerto Rico

Puerto Rico mantiene sus raíces españolas a pesar de ser estado libre asociado (*commonwealth*) de los EE. UU. La isla también se conoce como Borinquen, su nombre indígena. El viejo San Juan conserva el ambiente de la colonia española.

El turismo es una industria importante en todas las islas del Caribe. Este mercado en San Juan vende comida y artesanías.

6-34 ¿Qué sabes tú? Trata de identificar y/o explicar las siguientes cosas y personas.

1. las dos naciones de la isla de la Española (*Hispaniola*)
2. un producto agrícola de las islas del Caribe
3. la capital de Puerto Rico
4. la música que se toca en las islas hispanas
5. un explorador que llegó de España en el siglo XIV
6. la relación política entre Puerto Rico y los EE. UU.

6-35 ¿Cierto o falso? Corrige las oraciones **falsas**.

1. Cuba es la isla más grande de las Antillas.
2. Cuba es popular entre los turistas canadienses.
3. La República Dominicana comparte (*shares*) la isla de La Española con Puerto Rico.
4. Ciudades en las tres islas tienen zonas históricas con edificios coloniales.
5. El nombre indígena de Puerto Rico es Borinquen.
6. La República Dominicana es famosa por su tabaco.

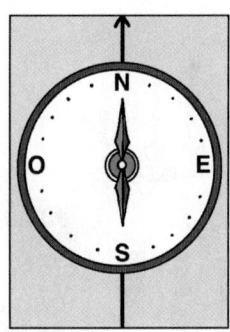

6-36 El mapa. Explica dónde está cada lugar en relación al otro lugar mencionado.

MODELO: Haití y la República Dominicana
→ Haití *está al oeste de* la República Dominicana. La República Dominicana *está al este de* Haití.

al este de...	al norte de...	al oeste de...	al sur de...
a... kilómetros de	cerca de...	entre...	lejos de...

1. Cuba y la Florida
2. Puerto Rico y La Española
3. Pinar del Río y La Habana
4. Jamaica y Puerto Rico
5. La Républica Dominicana y las Bahamas

 6-37 Conexiones. Consulta la biblioteca o el Internet para encontrar información sobre los siguientes temas:

1. la música de Cuba
2. la política de Cuba
3. la asociación de Puerto Rico con los Estados Unidos
4. la historia de la esclavitud (*slavery*) en las islas caribeñas
5. el turismo en las islas hispánicas
6. la fabricación de los puros cubanos

Ritmos

La música de Cuba: una tradición con muchas raíces

Cuba es famosa por la variedad y complejidad de su música, que tiene sus raíces (*roots*) en muchas culturas. Es una mezcla de tradiciones españolas y africanas y se puede notar hasta influencias del jazz norteamericano en ritmos como la salsa. La instrumentación es tan variada como los ritmos; instrumentos de percusión como maracas, congas y bongós complementan el sonido del violín, la guitarra y el "tres", una guitarra de tres cuerdas que da un toque muy cubano a la música tradicional. La salsa y el son cubano se distinguen por el uso de instrumentos de bronce como la trompeta.

¿A quién no le encanta la música cubana?

Para escuchar la música de Cuba: Hay muchos ejemplos. Busca "Buena Vista Social Club", "Polo Montañez", "Los Van Van" en el Internet.

Si te interesa bailar: Busca "salsa", "son", "mambo", "guaracha".

Frederic Mujica: un músico cubano en Nueva Escocia

Frederic Mujica es un joven cubano que empezó a cantar cuando tenía 8 años. A los 16 años fue invitado a tocar guitarra y cantar con *Tropical salsa*, un conjunto de salsa compuesto de 17 músicos, que tocaba en carnavales tradicionales y en los lugares turísticos populares en Cuba. Frederic llegó a Canadá en 2009 y ahora vive con su familia en Nueva Escocia donde da a conocer la música cubana en festivales de música y conciertos en todas las provincias marítimas.

Páginas

"Versos sencillos"
José Martí (1853–1895), Cuba

José Martí fue (*was*) un político y escritor cubano del siglo XIX. En este tiempo, Cuba era (*was*) todavía una colonia de España, y el joven Martí participó en actividades revolucionarias, esperando conseguir la independencia de Cuba. A los diecisiete años lo condenaron a seis años de prisión por su colaboración con grupos independentistas y luego lo deportaron a España, donde él desarrolló un fuerte amor por ese país pero no así por su política. Martí vivió varios años en los Estados Unidos, donde en 1892 fundó el Partido Revolucionario Cubano. En 1895 regresó a Cuba para luchar (*fight*) por la independencia de Cuba, donde lo mataron (*killed*) las tropas españolas.

Antes de leer

6-38 Las imágenes. La poesía depende muchas veces de imágenes para comunicar las ideas y los sentimientos. A veces un color o un objeto puede representar un tema o una emoción. Los temas de la obra de José Martí son muy variados. En estos versos él expresa su amor por su tierra (*land; country*) y por los cubanos, especialmente la gente pobre. ¿Qué ideas o imágenes sugieren los siguientes colores?

    verde   carmín (*crimson*)   blanca

¿y los siguientes lugares?

    el monte   la sierra   el mar

A leer

6-39 ¿Sabías? Muchas personas conocen la canción popular *Guantanamera*, que combina una melodía de la música tradicional cubana con algunos de los versos de Martí. La letra del coro es "guajira Guantanamera", o sea, una mujer del campo (*country*) de la provincia cubana de Guantánamo; la letra de la canción viene de varios de los poemas en la colección de "Versos sencillos". Ahora se canta en todas partes. Mientras lees estos fragmentos de los versos de Martí, piensa en la melodía de la canción.

Yo soy un hombre sincero	
De donde crece° la palma.	*grows*
Y antes de morirme° quiero	*I die*
Echar mis versos del alma°.	*soul*
Mi verso es de un verde claro	
Y de un carmín encendido°	*flaming*
Mi verso es un ciervo herido°	*wounded deer*
Que busca en el monte amparo°.	*refuge*
Cultivo una rosa blanca,	
En julio como en enero,	
Para el amigo sincero	
Que me da su mano franca.	
Con los pobres de la tierra	
Quiero yo mi suerte° echar:	*fate*
El arroyo° de la sierra	*stream, brook*
Me complace° más que el mar.	*pleases*

Después de leer

 6-40 Un héroe nacional. Además de ser un gran poeta, Martí es ahora un héroe nacional en Cuba por sus actividades revolucionarias. Si quieres saber más de su vida, puedes buscar información en este sitio web: www.josemarti.org

---

MySpanishLab

Access *¡Arriba!'s* MySpanishLab at **www.myspanishlab.com**. MySpanishLab offers a variety of online resources, including

- Student Activities Manual exercises
- self-grading tests
- videos

Vocabulario

Primera parte

Las comidas y las bebidas — Foods and drinks

el ajo	garlic
el arroz	rice
el bistec	steak
el café (con leche/ solo)	coffee (with milk/ black)
los camarones	shrimp
la carne	meat
la cebolla	onion
el cerdo	pork
el cereal	cereal
la cerveza	beer
los frijoles	(kidney, pinto, red) beans
las frutas	fruits
el huevo	egg
el jamón	ham
las judías	green (string) beans
el jugo (de naranja/ manzana/ etc.)	(orange/apple/etc.) juice
la langosta	lobster
la lechuga	lettuce
el maíz	corn
las manzanas	apples
los mariscos	shellfish
el melón	melon
las naranjas	oranges
el pan tostado	toast
las papas	potatoes
el pescado	fish
el plátano	banana; plantain (green banana)
el pollo	chicken
el queso	cheese
el refresco	soft drink
el salmón	salmon
la salsa (de tomate)	(tomato) sauce
la sopa	soup
el té	tea
los tomates	tomatoes
las uvas	grapes
las verduras	vegetables
el vino (tinto/ blanco)	(red/white) wine
las zanahorias	carrots

En la mesa — On the table

el azúcar	sugar
la copa	wine glass
la crema	cream
la cuchara	spoon
la cucharita	teaspoon
el cuchillo	knife
la mantequilla	butter
el pan	bread
la pimienta	pepper
el plato	plate; dish
la sal	salt
la servilleta	napkin; serviette
la taza	cup
el tenedor	fork
el vaso	glass

Los postres — Desserts

la galleta	cookie; cracker
el helado (de chocolate)	(chocolate) ice cream
el pastel (de limón)	(lemon) pie; pastry
la torta	cake
el yogur	yogurt

Para describir la comida — To describe the food

caliente	hot (to the touch)
crudo/a	raw
fresco/a	fresh
frío/a	cold
frito/a	fried
picante	hot (spicy)
rico/a	delicious
vegetariano/a	vegetarian

¡Vamos a comer! — Let's eat!

¡Buen provecho!	Enjoy your meal!
el/la camarero/a	waiter/waitress, server
el/la cliente	client
la cuenta	the bill
el menú	menu
el plato del día	the daily special
la propina	tip
el restaurante	restaurant
el (super)mercado	(super)market

Verbos — Verbs

caer bien/ mal	to like/dislike (a person)
cenar	to have dinner/supper
dar	to give
desayunar	to have breakfast
desear	to want; to desire
encantar	to like very much; to love (usually a thing)
gustar	to please (to like)
interesar	to interest
molestar	to bother; to annoy
pagar	to pay
parecer	to seem
probar (ue)	to taste; to try

Segunda parte

Las medidas — Measurements

la cucharada	tablespoon
la cucharadita	teaspoon
el kilo	kilogram
el litro	litre
el pedazo	piece
la taza	cup

Actividades — Activities

añadir	to add
batir	to beat
calentar (ie)	to heat
cocinar	to cook
cortar	to cut
echar	to add; to throw in
freír (i, i)	to fry
hervir (ie, i)	to boil
mezclar	to mix; to stir
pelar	to peel
picar	to chop
tapar	to cover

Otras palabras y expresiones — Other words and expressions

el aceite	oil
a fuego alto/ medio/ bajo	on high/medium/low heat
el jugo de limón	lemon juice
el pimiento	green pepper
la receta	recipe

Expresiones adverbiales para hablar del pasado — Adverbial expressions to talk about the past

anoche	last night
anteayer	day before yesterday
ayer	yesterday
el año (mes, febrero, lunes, etcétera) pasado	last year (month, February, Monday, etc.)
la semana pasada	last week

En la cocina — In the kitchen

la cafetera	coffee maker
la cazuela	saucepan
la estufa	stove
el fregadero	sink
el horno	oven
el microondas	microwave oven
el refrigerador	fridge
la sartén	frying pan
el tazón	bowl; mixing bowl
la tostadora	toaster

7

¡A divertirnos!

Diagnostic
Test

El imperio inca: el Perú y Ecuador

El ecuatoriano Oswaldo Guayasamín fue uno de los pintores latinoamericanos más importantes del siglo XX. Muchas de sus obras tienen temas sociales.

Machu Picchu, en el Perú, fue un centro importante de la civilización inca.

Primera parte

 ¡Así lo decimos! VOCABULARIO

 El tiempo libre

Los pasatiempos	Pastimes
dar un paseo	to go for a stroll
hacer una excursión	to take a day trip/excursion/tour
hacer un picnic	to have a picnic
ir a un concierto	to go to a concert
una discoteca	a club
un partido (de béisbol)	a (baseball) game
leer una novela	to read a novel
un periódico	a newspaper
nadar en el mar	to swim in the sea
una piscina	a swimming pool
pasarlo bien	to have a good time
ver una película	to watch a movie

Teresa llevó gafas de sol y un sombrero grande.

¿Qué tiempo hace?	What is the weather like?
Está despejado.	It's (a) clear (day).
húmedo.	(a) humid (day).
nublado.	(a) cloudy (day).
Hace buen/ mal tiempo.	It's good/bad weather.
(mucho) calor.	(very) hot.
(mucho) fresco.	(very) cool.
(mucho) frío.	(very) cold.
(mucho) sol.	(very) sunny.
(mucho) viento.	(very) windy.
Hay (mucha) neblina.	There is (a lot of) fog.
llover (ue)	to rain
nevar (ie)	to snow

Dorotea llevó una bolsa grande a la playa.

Manuel y Luisa lo pasaron muy bien durante sus vacaciones.

En la playa

7-7 to
7-8

la toalla

la sombrilla

el mar

la playa

el traje de baño

el hielo

la bolsa

la heladera

El fin de semana

Manuel y Luisa son de Ecuador. Viven en la costa del norte, cerca de Esmeraldas y la playa de Tonsupa en el Pacífico. Es sábado y hace buen tiempo.

Manuel: Luisa, ¿qué quieres hacer hoy? Hace sol y mucho calor.

Luisa: ¿Por qué no vamos a Tonsupa? Podemos nadar en el mar, tomar el sol y hacer un picnic. Hoy no hace mucho viento y no va a llover.

Manuel: ¡Buena idea! ¿Llamamos a Elena y a Carlos para ver si también quieren ir?

Luisa: ¡Perfecto! A ellos les gusta mucho la playa.

Manuel: Bueno. ¿Quieres hacer los sándwiches? Tú los hiciste el fin de semana pasado y estuvieron muy buenos.

Luisa: Pues, bien. Entonces, ¿tú vas a comprar los refrescos y el hielo para la heladera? ¿Y dónde están las sombrillas? Le diste la amarilla a tu hermana cuando fue a Atacames.

Manuel: Está bien. Primero compro los refrescos y luego llamo a mi hermana pero creo que ella tuvo que trabajar esta mañana.

Luisa: No importa. (*It doesn't matter.*) La sombrilla roja está bien. A propósito (*By the way*), esta noche, si no hace fresco, ¿quieres ir a Atacames para dar un paseo por el mercado y luego probar el ceviche de camarón que me encanta?

Manuel: Muy bien. ¡Vamos a prepararnos!

APLICACIÓN

Un plato especial que se sirve en el Perú y en Ecuador es el ceviche, pescado fresco "cocinado" en jugo de limón.

7-1 ¿Qué pasa? Indica si cada una de las siguientes oraciones es **cierta** o **falsa**, según el vocabulario y la lectura de **¡Así lo decimos!**. Luego, corrige la información **falsa**.

1. Manuel y Luisa son de Ecuador. Viven en la ciudad de Quito.
2. Es sábado y es un día perfecto para ir a la playa.
3. Luisa quiere ir a la playa de Tonsupa para hacer un picnic.
4. A Elena y a Carlos no les gusta mucho la playa.
5. Manuel va a hacer los sándwiches y comprar los refrescos para el picnic.
6. A Luisa le encanta el ceviche de camarón.

7-2 ¿Qué hacer? Algunos amigos hacen planes para el fin de semana. Completa las oraciones con una palabra o expresión de **¡Así lo decimos!**.

MODELO: No quiero tomar el sol. ¿Hay _sombrillas_ en la playa?

1. Queremos ir a escuchar música. Vamos a un _____.
2. Hace buen tiempo. ¿Por qué no vamos al parque? Llevamos sándwiches y hacemos un _____.
3. Hoy hace sol. Vamos a hacer una _____ a la playa de Tonsupa.
4. Los refrescos están en la _____.
5. El sábado va a hacer mucho calor. ¿Por qué no vamos a nadar en _____?
6. El domingo hay un _____ de básquetbol en el gimnasio.
7. Hoy hace muy mal tiempo: está _____.
8. Si hace mal tiempo, vamos a _____.

7-3 ¿Qué tiempo hace hoy? Mira en el mapa el tiempo que hace para decidir si las siguientes oraciones son **ciertas** o **falsas**. Corrige la información **falsa**.

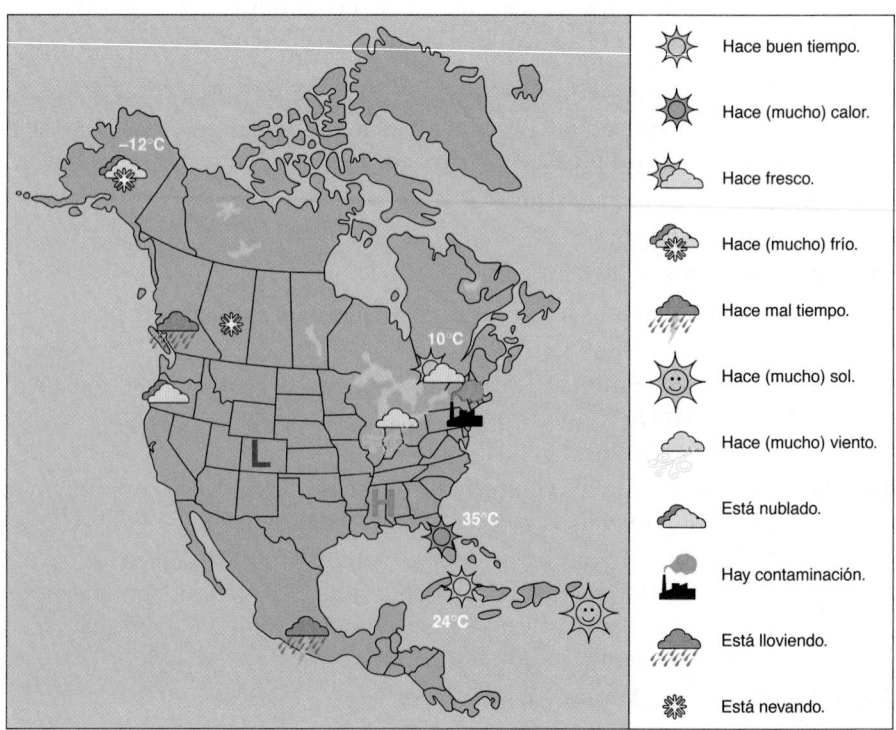

1. Hace mucho frío hoy en Fairbanks (Alaska).
2. Está nevando en Vancouver.
3. Hace mucho viento en Edmonton.
4. Hace fresco en Montreal.
5. Está nublado en Detroit.
6. Hace mucho calor en Miami.
7. Está lloviendo en La Habana.
8. Hace buen tiempo en la Ciudad de México.

7-4 El tiempo. Describe el tiempo que hace en los dibujos, usando expresiones de **¡Así lo decimos!**.

1.
2.
3.

4.
5.

 7-5 El clima. Hablen del clima en varios lugares del mundo durante diferentes meses del año. Mencionen por lo menos seis lugares.

MODELO: E1: *¿Qué tiempo hace en enero en Lima?*
E2: *En enero probablemente hace sol y calor.*

 7-6 ¿Qué te gusta hacer cuando...? Túrnense para preguntarse qué les gusta hacer, según el tiempo que hace.

MODELO: E1: *¿Qué te gusta hacer cuando nieva?*
E2: *Me gusta leer una novela.*

Algunas actividades

dar un paseo/ una fiesta
dormir una siesta
hacer un picnic
ir a un partido/ a un concierto
ir de compras
escuchar música

leer un libro/ un periódico/
  una revista (*magazine*)
nadar en la piscina/ en el mar
salir con los amigos
tomar el sol/ un refresco
ver una película/ la televisión

¿Qué te gusta hacer cuando...

1. hace calor?
2. llueve?
3. hace frío?

4. hace mucho sol?
5. hace buen tiempo?
6. hace mal tiempo?

Letras y sonidos

CD Track
7.3

The sequences *ca, co, cu, que, qui,* and *k* in Spanish

The letter **c** before the vowels **a**, **o**, and **u** sounds like the *c* in English *scan* in all varieties of Spanish. The combinations **que** and **qui** in Spanish, as well as the letter **k**, likewise correspond to the *c* sound in *scan*.

ca-lor   **co**-mi-da   **Cu**-ba   **que**-rer   **qui**-tar-se   **ki**-lo

Be careful not to pronounce the **u** in the sequences **que** and **qui** as a glide. For example, the first syllable in Spanish **qui**-tar-se sounds like English *key*, not *queen*.

Comparaciones

EL CLIMA DEL PERÚ

En tu experiencia. ¿Cómo es el clima de Canadá? En Canadá, ¿hay áreas climáticas que corresponden a zonas geográficas? Por ejemplo, ¿hay muchas diferencias climáticas entre Vancouver, Winnipeg y Halifax? ¿Tú crees que las actividades recreativas del invierno son diferentes en estas tres partes del país? En el siguiente artículo, ¿cómo es el clima del Perú?

El clima del Perú es moderado, sin grandes lluvias (*rainfalls*) en el invierno ni excesivo calor en el verano, menos en la selva (*rainforest*) donde hace calor y es húmedo todo el año. Lima tiene una temperatura media (*average*) de 25°C en el verano y de 12° a 15°C en el invierno cuando hay muchos días nublados y húmedos. Aquí están las fechas de las estaciones en el Perú:

Verano: del 22 de diciembre al 21 de marzo

Otoño: del 22 de marzo al 21 de junio

Invierno: del 22 de junio al 21 de septiembre

Primavera: del 22 de septiembre al 21 de diciembre

Las tres áreas climáticas del país corresponden a las tres zonas geográficas:

* En **la costa** hace calor en el verano. En el invierno llueve bastante y es húmedo.
* **La sierra** (*mountain range*) tiene una estación seca de mayo a octubre cuando hace calor durante el día y frío por la noche. También tiene una estación lluviosa de noviembre a abril cuando puede hacer sol por la mañana y llover por la tarde. Por la noche hace fresco.
* En **la selva** el clima es tropical, caluroso y húmedo. La temperatura media es de 25° a 28°C. En la selva, como en la sierra, las lluvias empiezan en noviembre y terminan en abril.

El valle del río Urubamba.

Por las condiciones climáticas y geográficas en el Perú, se ofrecen muchas oportunidades para disfrutar de (*enjoy*) los deportes y la naturaleza.

¿Entiendes? Indica si cada una de las siguientes oraciones es **cierta** o **falsa**,
según la lectura y tu propia experiencia. Luego, corrige la información **falsa**.

1. En la selva del Perú hace frío en el invierno.
2. En el invierno en Lima hay humedad y no hace mucho sol.
3. Enero es un mes del verano peruano.
4. La sierra tiene una estación lluviosa de mayo a octubre.
5. Por sus tres zonas geográficas, se puede decir que el Perú tiene un clima
   variado.

 ¡A conversar! Escribe una lista de cinco actividades que haces en tu
tiempo libre, según el tiempo que hace. Luego, compara tu lista con la
de tu compañero/a.

¡Así lo hacemos! ESTRUCTURAS

7-9 to
7-14

1. Verbs with irregular preterit forms (I)

	Irregular preterit forms				
	ser/ ir	estar	tener	dar	hacer
yo	fui	estuve	tuve	di	hice
tú	fuiste	estuviste	tuviste	diste	hiciste
Ud. } él/ella }	fue	estuvo	tuvo	dio	hizo
nosotros/as	fuimos	estuvimos	tuvimos	dimos	hicimos
vosotros/as	fuisteis	estuvisteis	tuvisteis	disteis	hicisteis
Uds. } ellos/as }	fueron	estuvieron	tuvieron	dieron	hicieron

- The verbs **ser** and **ir** have the same forms in the preterit. The context of the
  sentence or the situation will clarify the meaning.

  Mis abuelos **fueron** profesores. *My grandparents **were** professors.*
  Fuimos al parque a dar un paseo. ***We went** to the park for a walk.*

- Note that **estar** and **tener** have the same irregularities in the preterit.

  Anoche **estuve** en casa. *Last night **I was** at home.*
  Gloria **tuvo** que salir temprano. *Gloria **had** to leave early.*

- The preterit forms of **dar** are the same as for regular **-er** and **-ir** verbs.
  However, since the first and third persons singular have only one syllable, they
  do not require an accent mark. The same is true of **ver**.

  Víctor me **dio** una película excelente. *Victor **gave** me an excellent movie.*
  Vi a Alicia en el partido. *I **saw** Alicia at the game.*

- **Hacer** changes the stem vowel from **a** to **i**, and the **c** to **z** in the third person
  singular.

  Hice sándwiches para el picnic. *I **made** sandwiches for the picnic.*
  Hizo mucho frío anoche en el *It **was** very cold last night at the*
  concierto. *concert.*

APLICACIÓN

7-7 Anoche. Repite las siguientes oraciones, sustituyendo los sujetos indicados.

MODELO: Anoche *estuve* en casa. (él)
→ Anoche *estuvo* en casa.

1. Ayer *estuve* en casa. (nosotros, mi familia, tú, Uds., Juan y Esteban, ellas)
2. *Hice* la tarea después de almorzar. (María, los chicos, nosotros, yo, Ud., Uds.)
3. *Tuve* que escribir un ensayo. (él, nosotros, mis amigos, tú, yo, Rosa y yo)
4. Luego *di* un paseo por el centro. (ellos, tú, Laura, nosotros, yo, Uds.)
5. Después *fui* al cine. (Mario, Maribel y yo, mis padres, yo, tú, ella)

Ayer fuimos a ver una película.

7-8 En la discoteca. Completa el párrafo con la forma correcta del pretérito del verbo entre paréntesis.

El fin de semana pasado mis amigos y yo (1. ir) _____ a una discoteca donde (2. tener) _____ que esperar en la calle. Por fin un agente nos (3. dar) _____ las entradas. Los músicos (4. ser) _____ muy buenos, así que (5. nosotros: estar) _____ bailando por horas. En el restaurante nos (6. ellos: hacer) _____ unas fajitas que (7. estar) _____ excelentes. (8. Ser) _____ una noche muy divertida. Al salir de la discoteca (9. nosotros: ir) _____ al parque donde (10. dar) _____ un paseo.

 7-9 El fin de semana pasado. Túrnense para hacerse preguntas sobre sus actividades del fin de semana pasado.

MODELO: salir con tus amigos
E1: *¿Saliste con tus amigos?*
E2: *Sí, salí con ellos. (No, no salí con ellos.) ¿Y tú?*

estar en la biblioteca	ver una película	hacer mucha tarea
ir a una discoteca	tener que leer mucho	dar un paseo

2. Indefinite and negative expressions

7-15 to
7-21

Afirmativo		Negativo	
algo	something, anything	nada	nothing, not anything
alguien	someone, anyone	nadie	nobody, no one
algún, alguno/a(s)	any, some	ningún, ninguno/a	none, not any
siempre	always	nunca, jamás	never, not ever
también	also, too	tampoco	neither, not either
o... o	either... or	ni... ni	neither... nor

No hay nadie en la playa hoy.

Es verdad. Y nunca vamos a ver el mar más tranquilo.

- In Spanish, verbs are made negative through the use of **no** or a negative expression. There can be more than one negative expression (a double or triple negative) in a single sentence in Spanish. When **no** is used in a sentence, a second negative (e.g., **nada**, **nadie**, **nunca**) can either immediately follow the verb or be placed at the end of the sentence.

| **No** fuimos **nunca** a la playa con Esteban. | We **never** went to the beach with Esteban. |
| **No** le di la bolsa a **nadie**. | I did**n't** give the bag to **anyone**. |

- When the negative expression precedes the verb, **no** is omitted.

| **Nunca** fuimos a la playa con Esteban. | We **never** went to the beach with Esteban. |
| **Nadie** me dio la bolsa. | **No one** gave the bag to me. |

- The expressions **alguien** and **nadie** refer only to people and require the personal **a** when they appear as direct objects of the verb.

| ¿Viste **a alguien** especial anoche en la discoteca? | Did you see **anyone** special last night at the club? |
| **No**, **no** vi **a nadie** especial. | No, I did**n't** see **anyone** special. |

- The adjectives **alguno** and **ninguno** drop the **-o** before a masculine singular noun in the same way that the number **uno** shortens to **un**. Note the use of a written accent when the **-o** is dropped.

| ¿Bebiste **algún** tipo de refresco? | Did you drink **any** type of soft drink? |
| **No**, **no** bebí **ningún** tipo de refresco. | No, I did**n't** drink **any** type of soft drink. |

- **Ninguno** is almost always used in the singular form.

¿Compraste **algunas** entradas?	Did you buy **any** tickets?
No, no compré **ninguna** entrada.	No, I did**n't** buy **any** tickets.
No, no compré **ninguna**.	No, I did**n't** buy **any**.
¿Encontraste los regalos?	Did you find the gifts?
No, no encontré **ningún** regalo.	No, I did**n't** find **any** gifts.
No, no encontré **ninguno**.	No, I did**n't** find **any**.

- Once a sentence is negative, all other indefinite words are also negative.

No conseguí **ninguna** entrada para **ninguno** de los partidos.	I did**n't** get **any** tickets for **any** of the games.
Lucía **no** conoce a **nadie tampoco**.	Lucía does**n't** know **anybody either**.
No voy a traer **ni** refrescos **ni** sándwiches para **nadie**.	I'm **not** bringing **either** refreshments **or** sandwiches for **anyone**.

Ramón no encontró nada en sus bolsillos.

APLICACIÓN

7-10 No. Completa estas respuestas con las expresiones negativas apropiadas.

MODELO: ¿Hay *alguien* en el coche? No, no hay (alguien/ <u>nadie</u>) en el coche.

1. ¿Tienes *algo* en la mano? No, no tengo (nadie/ nada) en la mano.

2. ¿Yo tengo *algo* en la mano? No, no tienes (nada/ algo) en la mano (tampoco/ también).

3. ¿Ves *a alguien* en la calle? No, no veo (a alguien/ a nadie) en la calle.

4. ¿Hay *algún* peruano en la clase? No, no hay (ningún/ ninguno) peruano en la clase.

5. ¿Tienes *alguna* entrada para el concierto? No, no tengo (ningún/ ninguna) entrada para el concierto.

6. ¿Ves *a alguna* chica en el pasillo? No, no veo (a ninguna/ a alguna) chica en el pasillo.

7. ¿Tú conoces *a alguno* de mis amigos? No, no conozco (a alguno/ a ninguno) de ellos.

8. ¿Vienes *siempre* en autobús a la universidad? No, no vengo (nunca/ siempre) en autobús.

7-11 En la playa. Mira el dibujo de la playa para decidir si las siguientes oraciones son **ciertas** o **falsas**. Corrige la información **falsa**.

1. Nadie está nadando en el mar.
2. Alguien está cocinando en la playa.
3. Alguno de los hombres está leyendo una novela.
4. No hay ninguna sombrilla en la playa.
5. La chica rubia tiene una sombrilla.
6. Hay algo en la toalla de rayas (*striped*).

7-12 Una entrevista. Entrevístense para saber algo de sus experiencias. Usen expresiones afirmativas o negativas en sus respuestas, según el contexto.

MODELO: E1: Alguno de tus amigos vive en Halifax?
E2: *No, ninguno de mis amigos vive en Halifax. ¿Y tú?*
E1: *No, ninguno de ellos vive allí tampoco.*

1. ¿Tienes que preparar algo importante hoy para tus clases?
2. ¿Vas a salir esta noche con algún/alguna amigo/a especial?
3. ¿Conoces algún restaurante peruano en esta ciudad?
4. ¿Alguno de tus amigos trabaja para la universidad?
5. ¿Vas a algún partido este fin de semana?
6. ¿Conoces a alguna chica ecuatoriana?
7. ¿Vas a visitar a alguien después de cenar esta noche?
8. ¿Vienen algunos amigos a tu casa este fin de semana?

 7-13 Ayer. Háganse preguntas sobre sus actividades de ayer. Usen expresiones afirmativas o negativas en sus respuestas, según el contexto.

MODELOS: E1: ¿Llamaste a alguien ayer?
E2: *No, no llamé a nadie ayer. ¿Y tú?*
E1: *No, no llamé a nadie tampoco.*

1. ¿Visitaste a alguien anoche?
2. ¿Viste algún programa en la televisión?
3. ¿Llamaste por teléfono a tus tíos o a tus abuelos?
4. ¿Le escribiste a algún amigo?
5. ¿Cenaste con alguien?
6. ¿Leíste algo?
7. ¿Viste alguna película?
8. ¿Fuiste a alguna fiesta anoche?

Segunda parte

 ¡Así lo decimos! VOCABULARIO

CD Track 7.4

 Los deportes[1]

7-22 to
7-26

Términos deportivos	Sports terms
el/la aficionado/a	fan
el/la árbitro/a	referee
el/la atleta	athlete
la cancha (de fútbol)	(soccer) field
(de tenis)	(tennis) court
el/la entrenador/a	coach, trainer
la pista (de atletismo)	(running) track

Lola hace gimnasia deportiva.

El equipo	Equipment; team
el balón (de básquetbol)	(basket)ball
la bicicleta	bicycle
los esquís	skis
el guante (de béisbol)	(baseball) glove
los patines (en línea)	(inline) skates
la pelota (de béisbol)	(base)ball
la raqueta (de tenis)	(tennis) racket

Lorenzo lanza la pelota de béisbol.

Deportes (actividad)	Sports (activity)
el atletismo (correr)	track and field
el básquetbol (jugar al...)	basketball
el béisbol (jugar al...)	baseball
el ciclismo (montar en bicicleta)	cycling
el esquí (esquiar)	skiing
el fútbol (americano) (jugar al...)	soccer (football)
la gimnasia deportiva (hacer...)	gymnastics
el golf (jugar al...)	golf
el hockey (jugar al...)	hockey
el jogging (hacer...)	jogging
la natación (nadar)	swimming
el patinaje (patinar)	skating
el vóleibol (jugar al...)	volleyball

Jorge practica el atletismo.

Otras actividades deportivas	Other sporting activities
animar (a los jugadores)	to encourage; to cheer (the players)
batear (la pelota)	to bat (the ball)
competir (i, i)	to compete
correr	to run

A Ramón le gusta esquiar.

[1]See **Lección 2** to review other sports.

216 ●●● doscientos dieciséis

empatar	to tie (the score)
entrenar	to train
esquiar (esquío)	to ski (I ski)
ganar (el partido)	to win (the game)
gritar	to shout
hacer ejercicio	to exercise
lanzar (el balón; la pelota)	to throw (the ball)
levantar pesas	to lift weights
patear (el balón)	to kick (the ball)
patinar	to skate

¡Así es la vida! Los deportes

CD Track 7.5

Los atletas

7-27 to 7-29

Es muy bueno hacer ejercicio todos los días. Durante el verano, cuando hace calor, juego al fútbol. En el invierno, cuando hace fresco, me gusta nadar en la piscina de mi club de natación en Vancouver. Hoy hice ejercicio y nadé por una hora. Hay deportes que me gustan y hay otros que no. Me encanta el tenis pero no me interesa mucho el golf. No entiendo el hockey sobre hielo pero me gustó el partido de los Canucks que vi anoche en la televisión.

María Elena Salazar (fútbol).

El deporte más popular en mi familia es el fútbol, pero mi deporte favorito es el béisbol. Juego todo el verano en un equipo juvenil en Ottawa. No soy un jugador muy bueno pero bateo bastante bien. Mi equipo favorito son los Blue Jays de Toronto de la Liga Americana. El año pasado quise ir a Toronto para verlos jugar pero no pude porque el día del partido me puse enfermo. Este año espero tener más oportunidades porque ahora mis abuelos viven en Toronto.

Daniel Sánchez Ramírez (béisbol).

APLICACIÓN

7-14 ¿Qué pasa? Indica si cada una de las siguientes oraciones es **cierta** o **falsa**, según el vocabulario y la lectura de **¡Así lo decimos!**. Luego, corrige la información **falsa**.

1. María Elena Salazar juega al fútbol en el verano.

2. En el invierno le gusta jugar al básquetbol en su club.

3. A María le encantan el tenis y el golf.

4. Daniel Sánchez Ramírez juega al béisbol en Vancouver.

5. El año pasado no pudo ver jugar a su equipo favorito en Toronto.

6. Este año espera ir a algunos partidos de béisbol.

7-15 Los deportes. ¿Con qué deportes asocias estos términos deportivos?

MODELO: el guante, la pelota, batear
→ *el béisbol*

1. el balón, patear, la cancha
2. la raqueta, la pelota, la cancha
3. el traje de baño, el agua, la piscina

4. los esquís, la nieve, la pista
5. el balón, el árbitro, el gimnasio
6. la bicicleta, el entrenador, la pista

7-16 Los atletas. ¿Qué están haciendo estos atletas?

MODELO: *La chica está haciendo gimnasia deportiva.*

1.

el baloncesto/básquetbol

3.

el ciclismo

la gimnasia

2.

el vóleibol

4.

el golf

7-17 ¿Qué les interesa? Completen estas oraciones y luego comparen sus intereses. ¿Qué tienen en común?

1. Soy aficionado/a al/a la...
2. Mi equipo favorito son los/las...
3. Mi jugador/a favorito/a es...

4. Me gusta practicar/ jugar al...
5. No me gusta practicar/ jugar al...

7-18 Consejos. Explíquense cómo se sienten y pidan consejos (*ask advice*) sobre lo que deben hacer. Pueden aceptar o rechazar (*reject*) los consejos, pero es necesario dar excusas si no los aceptan.

MODELO: E1: *Estoy aburrido/a. ¿Qué hago?*
E2: *¿Por qué no das un paseo?*
E1: *No, no quiero porque estoy cansado/a también.*
E2: *¿Por qué no lees un libro?*

Situaciones	Sugerencias	Reacciones
Estás aburrido/a.	ir a un partido de...	¡Estupendo!
Estás cansado/a.	salir con tus amigos	No me gusta(n)...
Estás enfermo/a.	dar un paseo	¡Ideal!
Necesitas aire fresco.	ir a la cama	¡Qué buena idea!
Necesitas hacer ejercicio.	jugar al tenis	No quiero porque...
Tienes mucha tarea.	nadar en la piscina	Tienes razón.
Tienes mucho calor.	ver la televisión	No puedo porque...
No tienes nada que hacer.	ir a la biblioteca	¡Vamos!

Comparaciones

EL FÚTBOL EN EL MUNDO HISPANO Y EN CANADÁ

En tu experiencia. ¿Te gusta el fútbol? ¿Lo practicas? ¿Te interesan los equipos Toronto FC y Vancouver Whitecaps de la MLS (*Major League Soccer*)? ¿Hay jugadores hispanos en estos dos equipos? ¿Sabes de dónde son? Según el siguiente artículo, ¿qué deporte en Canadá tiene el número de jugadores más alto?

El fútbol en el mundo hispano representa el deporte más popular entre los hispanohablantes de todas las edades y esferas sociales. Los países de habla hispana son bien representados en el campeonato mundial de fútbol (la Copa Mundial) que se realiza cada cuatro años. En 2014 va a ser en el Brasil y el equipo nacional canadiense aspira a participar si tiene éxito en los partidos eliminatorios.

El fútbol en Canadá es el deporte que cuenta con el número de jugadores más alto en comparación con los otros deportes practicados en este país. No sólo se practica en el verano sino también durante los fríos inviernos dentro de canchas cerradas sobre césped artificial. Toronto FC y Vancouver Whitecaps son los equipos que representan al fútbol canadiense en la MLS.

¿Entiendes? Indica si cada una de las siguientes oraciones es **cierta** o **falsa**, según la lectura (*reading*) y tu propia experiencia. Luego, corrige la información **falsa**.

1. El fútbol es el deporte más popular en el mundo hispano.
2. Algunos países hispanos compiten en la Copa Mundial que se realiza cada tres años.
3. En 2014 la Copa Mundial va a ser en Canadá.
4. En Canadá se juega al fútbol en el invierno también.
5. Hay tres equipos canadienses en la MLS.

Toronto FC juega contra Chivas USA en California.

¡A conversar! ¿Por qué creen Uds. que el fútbol es el deporte más popular en el mundo hispano? ¿Cuáles son los deportes favoritos de Uds.? ¿Qué deportes practican? ¿Son aficionados/as a varios deportes? ¿Quiénes son los/las atletas canadienses que admiran más? ¿A qué deportes juegan sus atletas favoritos/as? ¿Creen Uds. que se justifican los salarios tan altos que reciben muchos/as atletas profesionales?

¡Así lo hacemos! ESTRUCTURAS

 3. Verbs with irregular preterit forms (II)

7-30 to
7-34

Here are some additional common verbs with irregular stems and special endings in the preterit.

¿Dónde pusiste el balón?

	Irregular preterit forms						
	poder	**poner**	**saber**	**venir**	**querer**	**decir**	**traer**
yo	pude	puse	supe	vine	quise	dije	traje
tú	pudiste	pusiste	supiste	viniste	quisiste	dijiste	trajiste
Ud. él/ella	pudo	puso	supo	vino	quiso	dijo	trajo
nosotros/as	pudimos	pusimos	supimos	vinimos	quisimos	dijimos	trajimos
vosotros/as	pudisteis	pusisteis	supisteis	vinisteis	quisisteis	dijisteis	trajisteis
Uds. ellos/as	pudieron	pusieron	supieron	vinieron	quisieron	dijeron	trajeron

- The preterit forms of **poder**, **poner**, and **saber** have a **u** in the stem. (See also **estar** ⟶ **estuve** and **tener** ⟶ **tuve** on p. 211.)

  No **pude** ir a la piscina.   *I wasn't able to go to the pool.*
  ¿Dónde **pusiste** la toalla?   *Where did you put the towel?*
  Anoche **supimos** quién ganó.   *Last night we found out (learned about) who won.*

- The preterit form of **hay** (from the verb **haber**) is **hubo**, for both singular and plural.

  Ayer **hubo** un partido de fútbol en el estadio.   *Yesterday there was a football game in the stadium.*
  Hubo más de 50.000 espectadores.   *There were more than 50,000 spectators.*

- The preterit forms of **venir**, **querer**, and **decir** have an **i** in the stem. (See also **hacer** —→ **hice** on p. 211.)

> **Vinimos** para esquiar en las montañas.   *We came to ski in the mountains.*
> El entrenador le **dijo** la verdad al equipo.   *The coach **told** the truth to the team.*
> **Quise** ir al partido contigo, pero   *I **tried** to go to the game with you,*
> no **pude**.   *but I **wasn't able to**.*

- Since the stem of the preterit forms of **decir** and **traer** ends in **j**, the third person plural form of these verbs ends in **-eron**, not **-ieron**.

> Los atletas **dijeron** cosas buenas   *The athletes **said** good things about the*
> del entrenador.   *coach.*
> Me **trajeron** los esquís que pedí.   *They **brought** me the skis that I asked for.*

EXPANSIÓN   Special Meanings in the Preterit

Certain Spanish verbs have different meanings when used in the preterit.

	Present	**Preterit**
conocer	to know	to meet someone (the beginning of knowing)
poder	to be able (have the ability)	to manage (to do something)
no poder	to not be able (without necessarily trying)	to fail (after trying to do something)
querer	to want	to try
no querer	to not want	to refuse
saber	to know	to find out, to learn

Mario **conoció** a una jugadora muy buena.   *Mario **met** a very good player.*
Supimos que el árbitro está muy grave.   *We **learned** that the referee is in very serious condition.*

Quisimos ganar, pero no **pudimos**.   *We **tried** to win, but **we failed**.*

APLICACIÓN

7-19 Hoy.   Repite las siguientes oraciones, sustituyendo los sujetos indicados.

MODELO: Hoy *vine* temprano a la universidad. (ella)
    —→ Hoy *vino* temprano.

1. *Traje* la mochila a clase hoy. (ella, él, ellos, nosotros, Ana, tú, Ud., las chicas)
2. *Puse* la mochila en el piso. (ellas, él, ella, nosotros, ellos, tú, Uds., Ana y María)
3. No *pude* hacer la tarea. (él, ellos, ella, mis amigas, nosotros, tú, Uds.)
4. *Supe* hoy que mañana hay examen. (nosotros, ellos, ella, él, los estudiantes, tú, Uds., María)
5. Hoy no *dije* nada en clase. (ellos, él, ella, ellas, tú, yo, Uds., nosotros)

7-20 Un partido.   Completa el siguiente artículo con el pretérito de los verbos entre paréntesis.

Hoy (1. ser) _____ el último partido de fútbol entre Alianza Lima y Universitario. Los aficionados (2. venir) _____ al estadio con grandes expectativas pero había (*there were*) tantos espectadores que no (3. poder) _____ entrar todos. Muchos padres (4. traer) _____ a sus hijos que (5. ponerse) _____ muy contentos cuando (6. ver) _____ a sus jugadores favoritos. Alianza Lima (7. ganar) _____ 2 a 1 y al final del partido el entrenador me (8. decir) _____ que fue el partido más emocionante de la serie.

7-21 Un concierto memorable. Completa la entrada en el diario de Encarnación usando el pretérito de los verbos irregulares y regulares entre paréntesis.

Querido diario:

Manuel y yo (1. tener) _____ mucha suerte la semana pasada cuando yo (2. poder)
_____ comprar dos entradas para un buen concierto de música andina. El concierto
(3. ser) _____ anoche en el Teatro Municipal. Nosotros (4. salir) _____ de
casa a las seis y media y (5. llegar) _____ al teatro a las siete en punto. El concierto
no (6. empezar) _____ hasta las ocho, así que (7. poder: nosotros) _____
dar un paseo por el centro. Cuando (8. entrar: nosotros) _____ en el teatro, Manuel
(9. ir) _____ a comprar un programa y yo le (10. dar) _____ dinero para una
bebida. Al principio del concierto, cuando los músicos peruanos (11. salir) _____ con
una variedad de instrumentos tradicionales, nosotros nos (12. poner) _____ muy
contentos. El concierto (13. ser) _____ muy impresionante y cuando (14. terminar)
_____, (15. comprar: nosotros) _____ un CD del grupo.

7-22 Pero ayer no... Completa las oraciones indicando por qué ayer fue un día excepcional.

MODELO: Casi siempre **hago** ejercicio antes de salir para mis clases, pero ayer no...
→ Casi siempre hago ejercicio antes de salir para mis clases, pero ayer no *hice ejercicio.*

1. Generalmente los jugadores **pueden** hablar con el árbitro, pero ayer no...
2. Todas las mañanas **estamos** en el gimnasio, pero ayer no...
3. Muchas veces el entrenador **dice** algo después del partido, pero ayer no...
4. Todas las semanas mis padres **quieren** asistir a los partidos, pero ayer no...
5. Todas las tardes las chicas **hacen** gimnasia, pero ayer no...
6. Generalmente los aficionados **se ponen** contentos, pero ayer no...
7. Casi siempre el entrenador **viene** a comer con los jugadores, pero ayer no...
8. Generalmente **sé** quién gana el partido, pero ayer no...

 7-23 Hoy. Túrnense para contestar estas preguntas sobre sus actividades de hoy.

MODELO: E1: ¿Dónde estuviste esta mañana a las ocho?
E2: *A las ocho estuve en.... ¿Y tú?*

1. ¿Dónde estuviste esta mañana a las ocho?
2. ¿Adónde fuiste primero esta mañana?
3. ¿A qué hora viniste a la clase de español?
4. ¿Trajiste algo para beber o comer a la clase?
5. ¿Le dijiste algo a algún compañero cuando llegaste a la clase?
6. Cuando te sentaste, ¿dónde pusiste tu mochila y tu chaqueta?
7. ¿Pudiste terminar la tarea para la clase de hoy?
8. ¿Dónde hiciste la tarea de español?
9. ¿Supiste algo interesante en la clase hoy?
10. ¿Quisiste decir algo en el pretérito? ¿Pudiste?

4. Constructions with *se*

7-35 to 7-39

- In English, the impersonal subjects *people, one, we, you,* and *they* are used when *one* wishes to express an idea in an impersonal way, that is, without making reference to any specific person or persons. To express the same impersonal idea in Spanish, *one* uses the impersonal pronoun **se** and the third person singular of the verb, followed by an infinitive, a clause introduced by **que**, or an adverb.

Se puede jugar al tenis aquí?	***Can one (Can you)*** *play tennis here?*
Se dice que el fútbol es el deporte más popular.	***They say*** *that soccer is the most popular sport.*
¿**Se come** bien en la universidad?	*Is the food good (**Does one eat** well) at the university?*

No se permite nadar en el Canal de Panamá.

- Spanish also uses the pronoun **se** and the third person singular or plural of the verb to express what is done. Notice below that the subjects (**comida, pelotas, deportes**) of the verbs are the items and activities sold, lost, and played and that the verb forms are either singular or plural to agree with these subjects.

Se vende comida en el estadio.	*Food **is sold** in the stadium.*
Se pierden muchas pelotas de golf en el agua.	*A lot of golf balls **are lost** in the water.*
Se practican varios deportes en nuestra universidad.	*Several sports **are played** at our university.*

APLICACIÓN

7-24 Un concierto al aire libre. Aquí tienes información sobre un concierto de música andina. Indica las construcciones con **se** y luego, indica si las siguientes frases son **ciertas** o **falsas**. Corrige la información **falsa**.

Si usted quiere asistir a un concierto de música andina este fin de semana, le damos la bienvenida a este gran concierto. Se dice que este concierto es uno de los mejores del mundo. La taquilla, donde se venden las entradas, se abre a las nueve de la mañana y se cierra a las ocho de la noche. Además, se ofrece un descuento si se compran más de cinco entradas. En el concierto se oye la música más típica del Perú y de Ecuador. También se venden programas con bellas fotos de los músicos. Después del concierto, se puede pasear por los jardines, tomar una copa de champán y conocer a algunos de los músicos.

1. Se anuncia un concierto de música andina.
2. Se venden las entradas en la librería.
3. Se puede comprar las entradas entre las ocho de la mañana y las siete de la noche.

4. Se ofrece un descuento si se compran cuatro entradas.

5. En este concierto se va a escuchar música típica española.

6. Después del concierto se puede pasear por los jardines y conocer a los músicos.

7-25 Algunos deportes canadienses. ¿En qué estaciones se practican estos deportes en Canadá?

MODELO: el golf (jugar a)
→ *Se juega al golf en el verano.*

el atletismo (practicar)	el fútbol (jugar a)
el básquetbol (jugar a)	la gimnasia deportiva (hacer)
el béisbol (jugar a)	el hockey (jugar a)
el ciclismo (montar en bicicleta)	la natación (nadar)
el esquí (esquiar)	el patinaje (patinar)

 7-26 ¿Se hace...? Pregúntense si se hacen las siguientes cosas.

MODELO: jugar al básquetbol en la playa
E1: *¿Se juega al básquetbol en la playa?*
E2: *No, no se juega en la playa. Se juega en el gimnasio.*

1. correr mucho en el hockey sobre hielo
2. necesitar un árbitro en el vóleibol
3. practicar el golf con un balón
4. jugar al vóleibol en el gimnasio
5. patear la pelota en el béisbol
6. patinar sobre la cancha en el fútbol
7. entrenar mucho para el atletismo
8. hacer ejercicio en la piscina

 7-27 ¿Qué se hace? Túrnense para hacer comentarios impersonales sobre las actividades que se hacen en los siguientes lugares.

MODELO: *Se nada en la piscina./ Se leen libros en la biblioteca.*

el gimnasio	la universidad
la cancha	la cafetería
el estadio	el laboratorio de lenguas
las montañas	la biblioteca
la playa	la clase de español
el parque	el centro estudiantil

📖 Algo más

7-40 to
7-41
¡Vamos a leer!

7-28 Daniela Bautista. Lee el artículo siguiente sobre las actividades deportivas de Daniela durante el primer semestre del año académico y luego contesta las preguntas.

Daniela practica varios deportes en la universidad y está en el equipo de natación. Está en buena forma (*shape*) porque entrena cuatro días a la semana en la piscina y el gimnasio. Su entrenadora es una buena atleta también. En la universidad ganó varios campeonatos de natación. Este año Daniela entrenó mucho durante el primer semestre. De octubre a diciembre los nadadores fueron al centro deportivo donde hicieron largos (*lengths*) y ejercicios especializados. También levantaron pesas y montaron en bicicleta. Para variar el ritmo jugaron al básquetbol y vóleibol. De lunes a jueves el equipo estuvo tres horas en el centro deportivo.

Entre los largos y los ejercicios, la entrenadora les dio un descanso. Por eso, los nadadores trajeron algo ligero (*light*) de comer y beber. La entrenadora les dijo una vez que la mejor merienda para los entrenamientos era fruta y agua.

Antes y después de entrenar con el equipo, Daniela tuvo que hacer la tarea donde pudo, o en su cuarto o en la biblioteca, pero nunca la hizo en el gimnasio porque alguien siempre puso música. Se dice que se estudia mejor cuando no se pone la radio o el televisor.

A Daniela le gusta montar en bicicleta.

CUESTIONARIO:

1. ¿En qué equipo universitario está Daniela?
2. ¿Por qué está en tan buena forma?
3. ¿Nada bien su entrenadora? ¿Cómo se sabe?
4. Durante el primer semestre, ¿qué tomaron de merienda los nadadores?
5. ¿Cuándo y dónde hizo Daniela la tarea los días de entrenamiento?

 ## ¡Vamos a hablar!

7-29 Las actividades deportivas. ¿Están Uds. en buenas condiciones? Indiquen primero si hacen las siguientes actividades deportivas, incluyendo algunos detalles. Luego, describan las actividades que tienen en común.

MODELO: hacer ejercicio todos los días
E1: *Hago ejercicio casi todos los días en el centro deportivo. ¿Y tú?*
E2: *Bueno, no hago ejercicio los días en que tengo muchas clases.*

hacer jogging por la universidad/ la ciudad/ el campo

ir de excursión a pie/ en bicicleta

hacer ejercicio/ largos/ gimnasia deportiva en el centro deportivo

esquiar/ patinar/ ir en raquetas de nieve en el invierno

jugar al básquetbol/ béisbol/ fútbol/ golf/ hockey (sobre hielo/ hierba)/ vóleibol

 ## ¡Vamos a escribir!

7-30 Sus actividades deportivas del primer semestre. Escriban una lista de las actividades deportivas que Uds. hicieron durante el primer semestre del año académico.

- **La tarea** Escriban un párrafo para comparar las actividades deportivas que hicieron durante el primer semestre. Revisen su trabajo escrito para comprobar los siguientes puntos: el uso correcto de los verbos en el tiempo pretérito, el vocabulario, el género, la concordancia y la ortografía.

 ## ¡Vamos a explorar!

 7-31 ¿Les gusta el fútbol? El fútbol es un deporte muy popular en los países hispanohablantes. En su grupo, busquen información sobre los próximos torneos, dónde van a ser y qué países van a competir.

http://es.fifa.com/tournaments/index.html

Nuestro mundo

🎦 Panoramas

 ## El imperio inca: el Perú y Ecuador

7-47 to
7-48

El archipiélago de las Islas Galápagos es famoso por su exquisita variedad de vida marítima y terrestre. Es aquí también donde se encuentra el Centro de Investigación Charles Darwin. Hoy en día, el gobierno ecuatoriano coopera con los movimientos ecológicos para estudiar y proteger las especies únicas, como el galápago (*giant tortoise*), el piquero de patas azules (*blue-footed booby*) y la iguana marina.

Según la leyenda, el Padre Sol (que se llamaba Tayta Inti) creó la civilización inca en el lago Titicaca. Los habitantes de esta región conservan sus antiguas tradiciones, incluidos la construcción y el uso de barcos de juncos (*reeds*) del lago.

Una experiencia inolvidable es seguir el Camino Inca por Perú en un viaje de cuatro días. La mejor estación del año para hacer esta excursión es durante la temporada seca: de mayo a octubre. Antes de empezar la excursión, es importante acostumbrarse a la altura de más de 2.300 m.

Ecuador, tierra de volcanes activos, densas selvas, aguas termales y extravagantes vistas de los Andes.

El Perú y Ecuador

el Perú

Ecuador

 7-32 ¿Qué sabes tú? Identifica o explica lo siguiente.

1. el nombre del Centro de Investigación en las Islas Galápagos
2. tres especies protegidas por el gobierno ecuatoriano
3. la leyenda de Tayta Inti
4. los barcos de juncos
5. el Camino Inca
6. los países en las fronteras del Perú y Ecuador

7-33 ¿Qué es? Empareja las expresiones de la columna de la izquierda con las de la derecha.

1. el lago Titicaca	a. el Padre Sol de los incas
2. el Camino Inca	b. una tortuga gigantesca en peligro de extinción
3. Charles Darwin	c. el científico conocido por su teoría de la evolución de las especies
4. el galápago	d. un antiguo sendero (*trail*) por las montañas del Perú
5. Tayta Inti	e. lugar de la creación de la civilización inca
6. las Islas Galápagos	f. el archipiélago donde viven muchas especies únicas

7-34 ¿Cierto o falso? Indica si las siguientes oraciones son **ciertas** o **falsas**. Si son **falsas**, explica por qué.

1. El Perú tiene un solo clima.
2. El piquero de patas azules vive en las Islas Galápagos.
3. El lago Titicaca se encuentra en la frontera del Perú y Brasil.
4. De noviembre a marzo es la mejor época para hacer una excursión por el Camino Inca.
5. Los incas fueron una civilización importante en el Perú.
6. Los Andes dominan el paisaje de Ecuador.

7-35 El mapa. Consulten el mapa de Suramérica y túrnense para indicar dónde se encuentran las ciudades y los lugares a continuación.

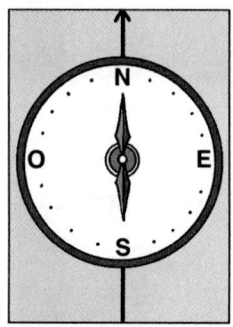

en el centro   en la costa del Pacífico   en las montañas (*mountains*)

MODELO: Lima
                    Lima *es la capital del Perú. Está en la costa del país.*

1. Machu Picchu
2. Quito
3. Esmeraldas
4. las Islas Galápagos
5. el lago Titicaca
6. Cuzco

 7-36 Recomendaciones. Háganles recomendaciones a personas que piensan hacer un viaje al Perú y a Ecuador. Recomiéndenles lugares para visitar, según sus intereses.

MODELO: E1: Estudio arqueología.
                    E2: *¿Por qué no vas a Machu Picchu?*

1. Quiero estudiar ecología.
2. Me gusta escalar montañas.
3. Me interesan mucho las civilizaciones antiguas.
4. Me gustan los mariscos.
5. Quiero hacer una excursión en las montañas.

 7-37 Investigar. Investiga uno de los siguientes temas en la biblioteca o en el Internet.

1. la papa
2. el fútbol peruano
3. la iguana marina
4. el quechua (idioma andino)
5. la música andina
6. la artesanía andina
7. Atahualpa
8. Pizarro
9. la zona amazónica de Ecuador
10. Machu Picchu

📖 Ritmos

7-49

La música de los Andes: una tradición de instrumentos de viento

La música tradicional andina se toca con instrumentos de viento que se definen por su variedad de forma y sonido. La **zampoña** (*panpipe*) ('**siku**' es la palabra original) y la **quena** (tipo de flauta) se originaron en los pueblos indígenas de los Andes. La **zampoña** se construye de dos hileras (*rows*) de tubos de caña de bambú. Los tubos son de distintas longitudes y tienen tapados (*filled in*) los extremos inferiores. La **quena** es de una sola caña que tiene los dos extremos abiertos.

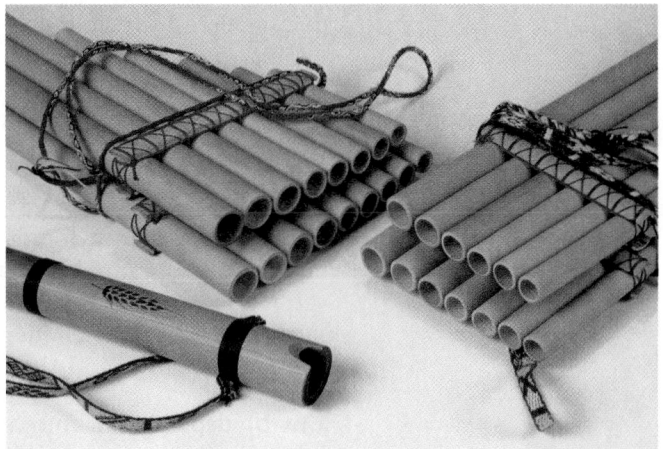

Dos zampoñas y una quena

Para escuchar la música de los Andes: Busca "escuchar música andina", "música de los Andes", "sólo música andina".

Si te interesa saber más: Busca "native flutes walking", "zampoña", "quena".

Este señor toca música andina con su zampoña y guitarra típicas.

Fernán Enríquez, un músico chileno en Ontario

Fernán Enríquez toca la zampoña.

Hace más de veinte años que Fernán toca música. Nacido en Santiago, Chile, se vino a Toronto, Canadá, a la edad de nueve años. Toca una variedad de flautas, incluida la zampoña ('siku'), la quena y otros instrumentos autóctonos (indígenas). Fernán combina el sonido de las flautas con guitarras, violines y teclados (*keyboards*). Ha grabado siete discos compactos con música instrumental. También ha contribuido con otros artistas en grabaciones que van desde el hip-hop hasta el jazz. Su repertorio incluye música folklórica, popular y clásica. Fernán ha actuado en varios festivales, mercados y eventos de caridad en Ontario y en el extranjero. Sus intereses incluyen promover y construir instrumentos autóctonos de viento y la fotografía.

Para escuchar la música de Fernán Enríquez: Busca "Fernán Enríquez" en el Internet.

Páginas

7-50

"Febrero en Lima" (Andrés Saroli, Perú)

El autor nació y creció en Santa Marina Norte durante el período que se consideró "de oro" de este vecindario (*neighbourhood*) del puerto del Callao, departamento de Lima, Perú. El vecindario fue bendecido (*blessed*) por la presencia de cientos de niños que pasaban sus días de verano jugando al fútbol, volando cometas (*kites*) y celebrando los Carnavales sin ninguna preocupación.

Antes de leer

7-38 Una tradición peruana. El autor de "Febrero en Lima" describe el juego con agua que durante los Carnavales entretiene a los limeños de todas las edades. Se trata de echar agua de varias maneras a cualquiera que se encuentra en "la línea de fuego". ¿Existen juegos semejantes en tu cultura? ¿Te gusta jugar? ¿Cuál es tu juego favorito?

7-39 Un deporte. El autor describe también la profunda influencia del fútbol en el orgullo nacional peruano. ¿Hay deportes internacionales que inspiran mucho orgullo nacional en tu país? ¿Practicas estos deportes? ¿Eres aficionado/a?

A leer

7-40 La lectura. Lee la siguiente narrativa que presenta no sólo el jugar con agua durante los Carnavales en Lima, Perú sino también la perspectiva del autor antes, durante y después de un partido de fútbol internacional.

"Febrero en Lima"

Febrero suele ser (*is usually*) el mes más caluroso del verano limeño (*in Lima*) y es con buena razón que en este mes se llevan a cabo (*are held*) los tradicionales Carnavales. Estas celebraciones toman una variedad de formas. Una de sus principales manifestaciones es la de echar agua al prójimo (*another person*) sin importar de quien se trate (*it may be*). En casa los niños se empeñan en mojar (*soaking*) a sus padres. En el vecindario uno trata de mojar a los amigos. Pero nadie está inmune de recibir un buen balde (*bucket*) de agua lanzado desde un tercer piso mientras está caminando por la calle, ser mojado yendo al trabajo dentro de un autobús o ser empapado (*drenched*) por los famosos globos (*balloons*) llenos de agua que son lanzados a sus víctimas desde una buena distancia con la finalidad de mojar sin ser visto, aunque existen muchos atrevidos (*daring ones*) que no ven esto como un impedimento.

Un niño espera el momento perfecto para lanzar sus globos.

Febrero de 1977 está marcado en mi memoria por ser uno de los meses más calurosos que recuerdo de ese verano y porque durante esa época la selección peruana de fútbol jugó los partidos que le dieron la clasificación a la Copa Mundial de fútbol en Argentina en 1978. Ese febrero todo el mundo especulaba quién ganaría el partido. Canciones animando a la selección peruana se escuchaban por las calles y al mismo tiempo la gente jugaba con agua celebrando los Carnavales para refrescarse.

Veintiocho grados pronosticaban para el día del partido y muy fácilmente había estado así de caluroso las últimas dos semanas. Ah, ¡qué rico calor! Nada como cuando vino la corriente del Niño a visitar nuestra costa y todo estuvo muy húmedo y hasta llovió. En las noches una ligera brisa del mar refrescaba a la población que continuaba celebrando los Carnavales echando talco y harina y alistándose para asistir a alguna fiesta de disfraces (*costume*).

Me parece que lo que mejor recuerdo de ese evento fue el comportamiento (*behaviour*) de la gente y no así el partido. Recuerdo haber salido un momento durante el encuentro y vi las calles completamente vacías, nada circulaba, ni los perros. Todos estaban pegados (*glued*) a sus televisores. Esto es algo que sorprendió mucho a los extranjeros que nos visitaron durante las eliminatorias al mundial pero que los peruanos lo consideraron como algo natural y patriótico. Pero lo extraordinario del asunto sucedió más tarde cuando la población de toda la provincia salió a las calles a celebrar la victoria. Carros por todos lados con gente gritando: "Perú campeón, Perú campeón es el grito que repite la afición". Fue una experiencia extraordinaria.

Después de leer

7-41 ¿Comprendiste? Contesta brevemente en español.

1. ¿Por qué crees que los limeños se echan agua durante las celebraciones de los Carnavales?
2. ¿Participan solamente los jóvenes en este juego con agua?
3. ¿Se echa el agua solamente al aire libre?
4. Cuando eras (*you were*) joven, ¿echaste alguna vez un globo lleno de agua?
5. ¿Por qué recuerda tan bien el autor el mes de febrero de 1977?
6. ¿Cómo animaron los aficionados peruanos a su equipo de fútbol?
7. ¿Vio mucha gente el partido en la televisión? ¿Cómo lo sabes?
8. ¿Cómo celebraron la victoria los aficionados?

MySpanishLab

Access *¡Arriba!'s* MySpanishLab at **www.myspanishlab.com**. MySpanishLab offers a variety of online resources, including

- Student Activities Manual exercises
- self-grading tests
- videos

Vocabulario

Los pasatiempos	Pastimes
dar un paseo	*to go for a stroll*
hacer una excursión	*to take a day trip/ excursion/tour*
hacer un picnic	*to have a picnic*
ir a un concierto	*to go to a concert*
una discoteca	*a club*
un partido (de béisbol)	*a (baseball) game*
leer una novela	*to read a novel*
un periódico	*a newspaper*
nadar en el mar	*to swim in the sea*
una piscina	*a swimming pool*
pasarlo bien	*to have a good time*
ver una película	*to watch a movie*

¿Qué tiempo hace?	**What is the weather like?**
Está despejado.	*It's (a) clear (day).*
húmedo.	*(a) humid (day).*
nublado.	*(a) cloudy (day).*
Hace buen/ mal tiempo.	*It's good/ bad weather.*
(mucho) calor.	*(very) hot.*
(mucho) fresco.	*(very) cool.*
(mucho) frío.	*(very) cold.*
(mucho) sol.	*(very) sunny.*
(mucho) viento.	*(very) windy.*

Hay (mucha) neblina.	*There is (a lot of) fog.*
llover (ue)	*to rain*
nevar (ie)	*to snow*

En la playa	**At the beach**
la bolsa	*bag*
la heladera	*cooler*
el hielo	*ice*
el mar	*sea*
la playa	*beach*
la sombrilla	*(beach) umbrella*
la toalla	*towel*
el traje de baño	*bathing-suit*

Segunda parte

CD Track 7.4

Términos deportivos	Sports terms
el/la aficionado/a	fan
el/la árbitro/a	referee
el/la atleta	athlete
la cancha (de fútbol)	(soccer) field
(de tenis)	(tennis) court
el/la entrenador/a	coach, trainer
la pista (de atletismo)	(running) track

El equipo	Equipment; team
el balón (de básquetbol)	(basket)ball
la bicicleta	bicycle
los esquís	skis
el guante (de béisbol)	(baseball) glove
los patines (en línea)	(inline) skates
la pelota (de béisbol)	(base)ball
la raqueta (de tenis)	(tennis) racket

Deportes (actividad)	Sports (activity)
el atletismo (correr)	track and field
el básquetbol (jugar al...)	basketball
el béisbol (jugar al...)	baseball
el ciclismo (montar en bicicleta)	cycling
el esquí (esquiar)	skiing
el fútbol (americano) (jugar al...)	soccer (football)

la gimnasia deportiva (hacer...)	gymnastics
el golf (jugar al...)	golf
el hockey (jugar al...)	hockey
el jogging (hacer...)	jogging
la natación (nadar)	swimming
el patinaje (patinar)	skating
el vóleibol (jugar al...)	volleyball

Otras actividades deportivas	Other sporting activities
animar (a los jugadores)	to encourage; to cheer (the players)
batear (la pelota)	to bat (the ball)
competir (i, i)	to compete
correr	to run
empatar	to tie (the score)
entrenar	to train
esquiar (esquío)	to ski (I ski)
ganar (el partido)	to win (the game)
gritar	to shout
hacer ejercicio	to exercise
lanzar (el balón, la pelota)	to throw (the ball)
levantar pesas	to lift weights
patear (el balón)	to kick (the ball)
patinar	to skate

8

¿En qué puedo servirle?

Diagnostic
Test

Los países sin mar: Bolivia y Paraguay

En la cultura aymara de Bolivia y del Perú, el dios (*god*) creador se llama Viracocha. Cerca de La Paz, Bolivia, se encuentran los restos de la ciudad Tiwanaku y su famosa Puerta del Sol, con una imagen de Viracocha.

Esta pintura del artista boliviano Roberto Mamani Mamani enfoca la importancia de la papa en la cultura andina.

¡Así lo decimos! VOCABULARIO

CD Track 8.1

 Las compras y la ropa[1]

8-1 to
8-5

Todo para el trabajo

la corbata
el traje
el saco
la blusa
la bolsa
la falda
el calcetín
los calcetines
los zapatos
la billetera

Para la vida activa

la chaqueta
la camisa
el gorro
la bufanda
el abrigo
el suéter
el cinturón
los pantalones
los vaqueros
las botas

Para el verano

la gorra
la camiseta
el sombrero
el vestido
los pantalones cortos
las sandalias
los zapatos deportivos

Lugares donde vamos a comprar	Places where we go to shop
el almacén	department store
el centro comercial	shopping centre; mall
la tienda	store

En una tienda	In a store
la caja	cash register
el/la dependiente/a	sales clerk
el precio	price
el probador	fitting room
la rebaja	sale
el recibo	receipt
el regalo	present; gift

Descripciones	Descriptions
de algodón/ cuero/ lana/ seda	(made of) cotton/ leather/wool/silk
de manga corta/ larga	short-/long-sleeved
sin manga	sleeveless
la talla (grande/ mediana/ pequeña)	size (large/medium/ small)

Verbos	Verbs
estar de moda	to be in style
ir de compras	to go shopping
llevar	to wear; to carry; to take
pagar en efectivo/ con tarjeta de crédito/ débito	to pay cash/ with a credit/ debit card
probarse (ue)[2]	to try on
quedarle (a alguien)	to fit; to suit (someone)
regatear	to bargain; haggle

[1]Unlike English usage, **ropa** (*clothes, clothing*) is normally used only in the singular in Spanish.

[2]In general, **probar** means *to try*. In **Lección 6** you learned **probar** in the context of food: *to try* or *to taste* food. In the reflexive construction, **probarse** means *to try on* clothing.

¡Así es la vida! De compras

CD Track 8.2

8-6 to
8-7

El viernes pasado, Graciela y su hermano Luis no pudieron ir de compras porque Luis se sintió mal. El sábado fueron a las tiendas del centro donde Luis prefirió ir al almacén Falabella, porque las rebajas siguieron todo el fin de semana.

Graciela

la dependienta

el dependiente   Luis

En el almacén Falabella

Luis busca un traje para llevar al trabajo.

Dependiente: Buenos días. ¿En qué puedo servirle?

Luis: Busco los trajes que están en rebaja.

Dependiente: Aquí tenemos varios modelos. ¿Qué le parecen estos trajes de lana? ¿Qué talla lleva Ud.?

Luis: Llevo talla mediana. Hmm, me gustan mucho. ¿Puedo probarme este gris?

Dependiente: Sí, claro. Allí está el probador.

Unos minutos más tarde...

Luis: ¿Qué tal me queda? ¿No me queda un poco pequeño?

Dependiente: No, le queda muy bien.

Luis: Entonces, lo compro.

Dependiente: Muy bien. Ud. puede pagar en la caja con este recibo.

APLICACIÓN

8-1 ¿Qué pasa? Indica si cada una de las siguientes oraciones es **cierta** o **falsa**, según el vocabulario y la lectura de **¡Así lo decimos!**. Luego, corrige la información **falsa**.

1. Luis se sintió mal el sábado pasado.
2. Luis prefirió ir de compras a la tienda de deportes.
3. Las rebajas en Falabella siguieron hasta el domingo.
4. Ahora, Luis está buscando ropa para el trabajo.
5. Él encuentra un suéter que le gusta.
6. El traje que se prueba le queda bien.

8-2 ¿Qué decimos? Escoge el término lógico para completar cada frase.

MODELO: No cuesta mucho; es un buen (efectivo/ algodón/ <u>precio</u>).

1. Compré una blusa nueva en (el probador/ el almacén/ el precio).
2. No me gustan mucho las camisas de (manga corta/ calidad/ crédito).
3. Este vestido es perfecto para el verano porque es de (algodón/ cuero/ lana).
4. Pagué todas mis compras con (billetera/ tarjeta de crédito/ rebajas).
5. Hay muchas tiendas en el (dependiente/ probador/ centro comercial).
6. Estas botas me quedan muy (cuero/ grandes/ recibos).
7. Se puede pagar en la (rebaja/ caja/ gorra).
8. ¡Este artículo cuesta mucho! Voy a (comprarlo/ pagar en efectivo/ regatear).

8-3 ¿Dónde están? Junta las dos partes para indicar dónde están las siguientes personas.

1. La Sra. García lleva un vestido negro con zapatos negros y un sombrero elegante...	a. en un parque en octubre.
2. Raúl lleva pantalones cortos, una camiseta y zapatos deportivos...	b. en un restaurante elegante.
3. Marina lleva sandalias y un traje de baño y tiene un sombrero grande...	c. en una oficina.
4. Carolina lleva vaqueros, un suéter y una chaqueta de cuero...	d. en una playa.
5. El Sr. Castañeda lleva un traje azul y una camisa blanca...	e. en un partido de tenis.

8-4 ¿Qué prefieres? Completa las oraciones con palabras o expresiones de **¡Así lo decimos!**.

MODELO: Llevo blusas de talla *pequeña*.

1. Llevo un/a _____ para ir a clase.
2. En el verano me gusta llevar _____.
3. En el invierno siempre llevo _____.
4. Generalmente, voy de compras a _____.
5. Busco pantalones de talla _____.
6. Generalmente, pago _____.
7. Prefiero ropa de _____.
8. No me gusta llevar _____.

Prefiero llevar vaqueros y una camiseta para ir a clase.

 8-5 ¿Qué llevas cuando...? Pregúntense qué ropa llevan en diferentes ocasiones.

MODELO: E1: *¿Qué llevas cuando vas a una fiesta?*
E2: *Llevo una falda y una blusa con sandalias. ¿Y tú?*
E1: *Pues, yo llevo...*

Ocasión	
vas a un restaurante elegante	practicas el tenis
limpias tu casa	invitas a tus amigos/as a una fiesta en tu casa
vas a clase	hace mucho frío
trabajas como camarero/a	vas de vacaciones a Cuba
sales a caminar en noviembre	está lloviendo

Comparaciones

DE COMPRAS EN EL MUNDO HISPANO

En tu experiencia. ¿Qué horarios tienen los almacenes en Canadá? ¿las tiendas pequeñas? ¿Se puede regatear en algunas tiendas en Canadá? ¿Dónde se puede regatear? ¿Te gusta regatear? En el siguiente artículo, ¿qué diferencias hay entre Canadá y el mundo hispano cuando uno va de compras?

Las tiendas en los países hispanos no tienen los mismos horarios que las tiendas en Canadá. En España, las tiendas pequeñas abren generalmente a las nueve o las diez de la mañana y cierran a la una o las dos de la tarde durante dos o tres horas para el almuerzo. Vuelven a abrir a las cinco de la tarde y cierran a las ocho o las nueve de la noche. Las tiendas están abiertas de lunes a viernes y los sábados por la mañana. En las ciudades principales de España y Latinoamérica, las tiendas tienen horarios más amplios; por ejemplo, el almacén Falabella está abierto todos los días desde las once de la mañana hasta las diez de la noche.

Por lo general, las tiendas grandes tienen precio fijo, pero casi todas las ciudades y los pueblos tienen mercados al aire libre en los que se puede regatear el precio de un artículo. También es posible regatear con los vendedores ambulantes (*street vendors*).

El almacén tiene un horario de atención de 11:00 a 22:00.

(continued)

(*continued*)

En los almacenes se puede pagar con tarjeta de crédito pero en los mercados casi siempre se paga en efectivo.

¿Entiendes? Indica si cada una de las siguientes oraciones es **cierta** o **falsa**, según la lectura. Luego, corrige la información **falsa**.

1. En los países hispanos los horarios de las tiendas varían.

2. Las tiendas pequeñas tienen horarios más amplios.

3. Se puede regatear en las tiendas grandes y los almacenes.

4. Es posible hacer compras en la calle (*street*).

5. Generalmente, se paga con tarjeta de crédito en los mercados.

 ¡A conversar! ¿Hacen Uds. muchas compras? ¿Adónde van de compras? (los centros comerciales y los almacenes/ las tiendas pequeñas/ etc.) ¿Cuándo prefieren ir de compras? (por la noche/ los domingos/ etc.)

Se encuentran artículos baratos en los mercados al aire libre.

CD Track 8.3

Letras y sonidos

The sequences *j*, *ge*, *gi*, and *x*

In Spanish, the letter **j**, as well as **g** before the vowels **e** and **i**, all correspond to the same sound, the *h* sound in English *hip*:

jo-ya   tra-**j**e   re-lo**j**   **ge**-ne-ro-so   **gi**m-na-sio

In some Spanish words, the letter **x** also has the *h* sound:

Mé-**x**i-co   **X**a-vier

In most cases, however, the letter **x** creates two sounds, *k* and *s*, as in English *extra*:

exigente ⟶ (e[**k-s**]i-gen-te)   extra ⟶ (e[**ks**]-tra)

¡Así lo hacemos! ESTRUCTURAS

8-8 to 8-11

1. The preterit of stem-changing verbs: e ⟶ i and o ⟶ u

- Stem-changing **-ir** verbs in the present also have stem changes in the preterit: **e ⟶ i** and **o ⟶ u**. These changes occur only in the **third person singular** and **plural** forms.

	pedir (i, i) (*to ask for*)	dormir (ue, u) (*to sleep*)
yo	pedí	dormí
tú	pediste	dormiste
Ud. él/ella	pidió	durmió
nosotros/as	pedimos	dormimos
vosotros/as	pedisteis	dormisteis
Uds. ellos/as	pidieron	durmieron

¿Qué talla pidió?

- These verbs follow the same pattern as **pedir**:

conseguir (i, i) *to get; to obtain*
preferir (ie, i) *to prefer*
repetir (i, i) *to repeat; to have a second helping*

seguir (i, i) *to follow; to continue*
sentir(se) (ie, i) *to feel*
servir (i, i) *to serve*

La dependienta **repitió** el precio.	*The clerk **repeated** the price.*
Adela **consiguió** el vestido a un buen precio.	*Adela **got** the dress for a good price.*
Luis y Graciela **prefirieron** ir al centro.	*Luis and Graciela **preferred** to go downtown.*
Los chicos **durmieron** hasta tarde el sábado.	*The boys **slept** in on Saturday.*

APLICACIÓN

8-6 En el almacén. Junta las dos columnas para completar las siguientes oraciones.

1. Juanita se puso contenta cuando...
2. Eduardo estuvo cansado hoy porque...
3. Los clientes pidieron una rebaja...
4. Se repitió el programa sobre Paraguay...
5. La camarera sirvió los platos...
6. Carlos no se sintió bien ayer...

a. pero el dependiente no quiso bajar el precio.
b. y prefirió no ir de compras con su hermana.
c. consiguió todos los artículos en rebajas.
d. que Luis y Raúl pidieron.
e. porque mucha gente no lo vio la primera vez.
f. durmió sólo cinco horas anoche.

8-7 ¿Qué pasó ayer? Repite las siguientes oraciones, sustituyendo los sujetos indicados.

MODELO: Susana *repitió* el vocabulario nuevo. (los estudiantes)
→ Los estudiantes *repitieron* el vocabulario nuevo.

1. Susana *siguió* a la dependienta. (Susana y yo, Marcos, la cliente, nosotros, yo, Ud.)
2. ¿Cuántas horas *durmieron* los niños anoche? (Raúl, tus compañeros de casa, tú, Uds., ella, ellos)
3. Juana *se sintió* mal ayer. (Enrique, Ud., los niños, *yo, *tú, Uds.)

---

*¡Cuidado!

8-8 De compras en Asunción. Usa el pretérito de los verbos irregulares y regulares entre paréntesis para completar el blog de Pilar sobre su viaje a Asunción, Paraguay.

¡Hola, chicos! Aquí estoy en Asunción, donde estoy pasando tres días con mi prima Marilú antes de regresar a La Paz. El viernes nosotras (1. ir) _____ de compras al centro comercial más grande de Asunción. Por el fresco yo (2. ponerse) _____ una chaqueta. Nosotras (3. llegar) _____ temprano al centro comercial. Marilú conoce las mejores tiendas así que yo la (4. seguir) _____. No (5. encontrar: nosotras) _____ nada interesante en el centro comercial pero, al salir, (6. ver) _____ un vendedor ambulante con bolsas de cuero muy bonitas. Marilú (7. regatear) _____ con el vendedor y (8. conseguir) _____ dos bolsas a un precio muy bueno. Luego nosotras (9. almorzar) _____ comida típica paraguaya en un pequeño restaurante. Marilú (10. pedir) _____ la famosa sopa paraguaya, hecha de maíz, huevos, queso y cebollas pero yo (11. preferir) _____ probar una ensalada de arroz. Después de regresar a casa, Marilú (12. dormir) _____ una siesta ¡y yo (13. decidir) _____ escribirles en mi blog!

 8-9 En casa. Combina elementos de cada columna para describir lo que pasó en tu casa la última vez que visitaste a tu familia. Luego, compara tus experiencias con las de tu compañero/a de clase.

MODELO: Mi hermano menor *consiguió una bicicleta nueva.*

Yo	conseguir
Mi mamá/ papá	dormir
Mi hermano/a (mayor/ menor)	pedir
Mis padres	preferir
Mis hermanos/as	repetir
Mi amigo/a	sentirse
	servir

 ## 2. Demonstrative adjectives and pronouns

8-12 to
8-17

Me gusta esta camisa. Voy a comprarla.

Adjetivos demostrativos

Demonstrative adjectives point out people and objects and the relative position and distance between the speaker and the object or person indicated.

	Singular	Plural		Related Adverbs
masculine	**este**	**estos**	*this/these (here; close to me)*	**aquí** (*cerca*)
feminine	**esta**	**estas**		
masculine	**ese**	**esos**	*that/those (there; close to you)*	**ahí** (*menos cerca*)
feminine	**esa**	**esas**		
masculine	**aquel**	**aquellos**	*that/those*	
feminine	**aquella**	**aquellas**	*(over there; away from both of us)*	**allí; allá** (*lejos*)

- Demonstrative adjectives are usually placed before the modified noun and agree with it in number and gender.

  ¿De quién son **esos** zapatos?   *Whose shoes are **those**?*
  Esta blusa es de Camila.   ***This** blouse is Camila's.*

- Note that the **ese/esos** and **aquel/aquellos** forms, as well as their feminine counterparts, are equivalent to the English *that/those*. In normal day-to-day usage, there is not much distinction between these forms, but the **aquel** forms are generally preferred to point out objects and people that are relatively farther away than others.

  Yo voy a comprar **esa** blusa y   *I am going to buy **that** blouse and **that***
  aquella falda.   *skirt (over there, i.e. farther away).*

- Demonstrative adjectives are usually repeated before each noun in a series.

  Estas camisetas y **estos** sombreros   ***These** T-shirts and **these** hats are my*
  son mis favoritos.   *favourites.*
  Este saco, **ese** suéter y **aquel** abrigo   ***This** jacket, **that** sweater and **that***
  son míos.   *coat are mine.*

Pronombres demostrativos

The **demonstrative pronouns** are often used to avoid repetition. When you omit the noun, the demonstrative **adjective** becomes a **pronoun**, maintaining the same form as the adjective.

  Esta tienda y **aquella** son muy   *This store and **that one** are very good.*
  buenas.
  No me gustan aquellos vaqueros,   *I don't like those jeans, but I love **these**.*
  pero me encantan **estos**.

- The neuter forms **esto**, **eso**, and **aquello** do not have plural forms. They are used to point out ideas, actions, or concepts, or to refer to unspecified objects or things.

  Aquello no me gusta.   *I don't like **that**.*
  No dije **eso**.   *I didn't say **that**.*
  Esto está mal.   ***This** is wrong.*

- These forms are also used to ask what something is.

  ¿Qué es **eso**?   *What's **that**?*
  Es un gorro.   *It's a toque.*
  ¿Qué es **esto**?   *What's **this**?*
  Es el recibo de mis   *It's the receipt for my*
  compras.   *purchases.*

APLICACIÓN

8-10 **De compras en la librería.** Lee la conversación entre Ana y el dependiente y subraya (*underline*) los adjetivos y pronombres demostrativos.

Ana:	¿Qué es esto? ¿Un diccionario?
Dependiente:	Sí, señorita. Ese es el mejor que tenemos. ¿Lo quiere ver?
Ana:	No, prefiero ver aquel que está allí.
Dependiente:	¿Aquel? Está en rebaja.
Ana:	Muy bien, y también quiero comprar estos cuadernos de aquí, en este estante. ¿Cuánto cuestan?
Dependiente:	¿Esos? Son baratos y se venden en paquetes de tres.
Ana:	Está bien. Y necesito una calculadora. Me gusta esa que tiene Ud.
Dependiente:	Lo siento, ¡pero esta es mi calculadora!

8-11 **¿Cuál es?** Da las formas apropiadas de los adjetivos demostrativos según los adverbios entre paréntesis.

MODELO: las tiendas (aquí)
→ *Estas* tiendas.

1. la billetera (aquí)
2. los trajes (ahí)
3. el suéter (allá)
4. las gorras (aquí)
5. el vestido (ahí)
6. los pantalones (allá)
7. la bolsa (ahí)
8. las rebajas (ahí)
9. la camiseta (allá)
10. los vaqueros (aquí)

8-12 **¿Dónde se puede comprar?** Basándote en el dibujo, indica en cuáles de estas tiendas se puede comprar los siguientes artículos, usando los adjetivos y pronombres demostrativos.

1. Se compran perfumes en _____ tienda.
2. Quiero comprar unas botas. Voy a _____ tienda, no a _____.
3. Se puede comprar un reloj en _____ tienda.
4. No se compra champú ni en _____ tienda ni en _____.
5. Es nuestro aniversario de bodas. Voy a comprar un regalo para mi esposa en _____ tienda.
6. Si quiero sandalias, no voy ni a _____ tienda ni a _____.

8-13 En el almacén Falabella. Usa el dibujo (*drawing*) para completar las conversaciones con los adjetivos y pronombres demostrativos correspondientes.

1. Dependiente: ¿Qué les parece _____ vestido (aquí)?

   Carolina: Hmmm, _____ rojo me gusta.

   Marina: ¿Sí? Yo prefiero _____ azul que está ahí.

2. Mamá: Carlitos, ¿qué piensas? ¿Compro _____ zapatos rojos o _____ negros (allí)?

   Carlitos: No me gustan ni _____ (ahí) ni _____ (allí). Quiero una de _____ gorras (ahí).

3. Dependienta: ¿Ud. finalmente decidió comprar _____ traje azul?

   Ramón: Sí, gracias. Me gusta más que _____ otros (ahí). ¡Y está en rebaja!

8-14 ¿Qué vas a comprar? Imagínense que están en este almacén para hacer y contestar preguntas sobre lo que van a comprar.

MODELO: E1: *¿Vas a comprar esa camisa mediana?*
E2: *No, voy a comprar aquel saco grande de color azul.*

Segunda parte

¡Así lo decimos! VOCABULARIO

¿Qué compraste?

En la farmacia	In the pharmacy
el cepillo de dientes	toothbrush
el champú	shampoo
la colonia	cologne
el desodorante	deodorant
el jabón	soap
el maquillaje	makeup
la pasta de dientes	toothpaste
el perfume	perfume

Me gusta este champú.

En la joyería	In the jewellery store
el anillo	ring
los aretes	earrings
la cadena	chain
el collar	necklace
la pulsera	bracelet
el reloj de pulsera	wristwatch

Estos aretes hacen juego con el collar de perlas.

Las descripciones	Descriptions
de diamantes	diamond
de oro	gold
de perlas	pearl
de plata	silver

Las tiendas	Stores
la farmacia	pharmacy
la joyería	jewellery store
la librería	bookstore
la zapatería	shoe store

¿Llevas muchas pulseras?

Verbos	Verbs
arreglar	to fix
devolver (ue)	to return (something)
gastar	to spend
hacer juego (con)	to match; to go well with

Para comparar	For comparing
más/ menos (caro/ etc.)	more/less (expensive/etc.)
mayor	older; oldest
mejor	better; best
menor	younger; youngest
peor	worse; worst

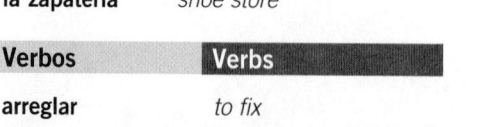

Se compran zapatos en la zapatería.

CD Track 8.5

8-22 to 8-23

¡Así es la vida! ¿Qué compraste?

Victoria está de compras en el centro cuando Lucía la llama por teléfono.

Victoria: ¿Aló?

Lucía: Hola, Victoria. Te habla Lucía. Oye, te llamé tres veces al celular, pero no contestaste. ¿Dónde estuviste?

Victoria: Fui de compras al centro y estuve allí toda la mañana. Ahora estoy en Falabella mirando algunos perfumes.

Lucía: ¿Encontraste algo?

Victoria: Compré un vestido rojo fabuloso. También le compré un reloj a mi hermano menor para su cumpleaños y algunos artículos en la farmacia.

Lucía: ¿Gastaste mucho?

Victoria: Gasté menos que la semana pasada. Ahora que pago en efectivo no gasto tanto como antes. El artículo más caro que compré fue el vestido, pero como lo encontré en rebaja, me costó menos de 80 dólares.

Lucía: ¿Cómo es el vestido?

Victoria: Es mucho más bonito que mi vestido negro y necesito algo bueno para la fiesta este sábado.

Lucía: Sí, verdad. Va a ser el evento más elegante del año. Bueno, ¿quieres ir a tomar algo ahora? ¡Tengo mucha hambre!

APLICACIÓN

8-15 ¿Qué pasa? Indica si cada una de las siguientes oraciones es **cierta** o **falsa**, según el vocabulario y la lectura de **¡Así lo decimos!**. Luego, corrige la información **falsa**.

1. Lucía fue de compras con Victoria.
2. Victoria estuvo en el centro por la mañana.
3. Victoria compró artículos en el almacén y en la farmacia.
4. Victoria encontró un regalo para su mamá.
5. Victoria gastó más que la semana pasada.
6. La fiesta este sábado va a ser muy elegante.

8-16 ¿Dónde se compra? Empareja estas tiendas con los artículos que venden.

1. la farmacia _____ a. un collar de oro _____ e. un anillo de diamantes
2. la joyería _____ b. un cuaderno _____ f. unos zapatos deportivos
3. la librería _____ c. un perfume _____ g. una botella de champú
4. la zapatería _____ d. unas sandalias _____ h. una novela de Isabel Allende

 8-17 ¿Hacen juego? Decidan si estos artículos hacen juego. Si no, cámbienlos.

MODELO: traje, sombrero y zapatos deportivos
→ *No hacen juego. Es mejor llevar zapatos de cuero con un traje.*

1. un traje de baño y botas de cuero
2. sandalias con calcetines
3. pantalones cortos y un abrigo de invierno
4. anillos de plástico y una pulsera de diamantes
5. vaqueros y zapatos deportivos
6. una falda y un saco
7. una camisa morada y pantalones rojos
8. aretes de plata y una cadena de oro

8-18 Fui de compras. Túrnense para contestar estas preguntas sobre la última vez que fueron de compras.

MODELO: E1: ¿Cuándo fuiste de compras?
E2: *Fui de compras el sábado pasado.*

1. ¿Cuándo fuiste de compras?
2. ¿Adónde fuiste?
3. ¿Fuiste con alguien o fuiste solo/a?
4. ¿Encontraste algo en rebaja?
5. ¿Qué compraste?
6. ¿Pudiste regatear?
7. ¿Cuánto gastaste?
8. ¿Cómo pagaste?

Comparaciones

LOS MERCADOS ARTESANALES

En tu experiencia. ¿Hay artesanía (*handicrafts*) típica de la región donde vives? ¿Dónde se puede comprar? ¿Los artículos son más o menos caros que los artículos similares que se producen en fábricas (*factories*)? ¿Es común regatear en Canadá? En el siguiente artículo, ¿cómo son los mercados artesanales en Latinoamérica?

En el mundo hispano y especialmente en los países de Latinoamérica, los mercados donde se puede comprar todo tipo de artesanía son muy comunes y son populares entre los turistas. En estos mercados se encuentran suéteres, bufandas, gorros y tapices tejidos (*weavings*) de lana en los países más fríos; artículos de cerámica; aretes, pulseras y cadenas de oro, plata o turquesa; pinturas; bolsas y cinturones de cuero y mucho más. Frecuentemente es posible comprar todo tipo de ropa y artículos para la casa en el mismo mercado.

A veces los mismos vendedores fabrican sus productos y otras veces los traen de las comunidades donde viven para venderlos en el mercado. Todos los artículos se hacen a mano y por lo general son de excelente calidad. El vendedor o la vendedora sabe el valor de sus productos pero casi nunca hay un precio fijo. Aunque los precios son mucho más bajos que los que se pagan por artículos similares en el Canadá, es común regatear con los vendedores para conseguir un precio aun más bajo.

¿Entiendes? Indica si cada una de las siguientes oraciones es **cierta** o **falsa**, según la lectura. Luego, corrige la información **falsa**.

1. Los productos artesanales se fabrican a mano.

2. En los mercados hay muchos artículos de lana.

3. Para comprar artículos de cuero, es necesario ir a una zapatería o un almacén.

4. Todos los productos que se encuentran en los mercados son hechos (*made*) por los vendedores.

5. Se puede regatear en los mercados artesanales.

¡A conversar! ¿Qué les gusta comprar cuando van de viaje? ¿Dónde prefieren comprar sus recuerdos (*souvenirs*)? (en una tienda especializada, en un almacén, en un mercado artesanal, a un vendedor ambulante) ¿Les gusta regatear o prefieren pagar precio fijo? ¿Dónde y cuándo regatean? ¿Cuándo fue la última vez que compraron alguna artesanía?

Una mujer teje ñandutí, un tipo de encaje (*lace*) que se hace a mano en Paraguay.

Estos gorros son de lana de alpaca.

¡Así lo hacemos! ESTRUCTURAS

8-24 to
8-30

3. Comparisons of equality and inequality

¡Hice tantas compras como tú!

Comparaciones de igualdad

- To compare things that are the same, English uses *as . . . as*. In Spanish, you make **comparisons of equality** with **adjectives** (e.g., *as good as*) and **adverbs** (e.g., *as quickly as*) by using the following construction.

tan + adjective/adverb + **como**

La pulsera es **tan** cara **como** la cadena.	*The bracelet is **as** expensive **as** the chain.*
María no va de compras **tan** frecuentemente **como** su hermana.	*María doesn't go shopping **as** often **as** her sister.*

- Make comparisons of equality with **nouns** (e.g., *as much money as; as many friends as*) by using the following construction. Notice that **tanto** is an adjective and agrees in gender and number with the noun or pronoun that it modifies.

tanto/a(s) + noun + **como**

Marta tiene **tantos** zapatos **como** tú.	*Marta has **as many** shoes **as** you.*
Tú tienes **tanto** dinero **como** Eugenio.	*You have **as much** money **as** Eugenio.*

- Make comparisons of equality with **verbs** (e.g., *works as much as*) by using the following construction.

verb + **tanto como**

Marilú gasta **tanto como** su papá.
Mis hermanos no regatean **tanto como** yo.

*Marilú spends **as much as** her father.*
*My brothers don't bargain **as much as** I (do).*

Comparaciones de desigualdad

¡Nadie hizo más compras que Marcos!

- A **comparison of inequality** expresses *more than* or *less than*. Use this construction with **adjectives**, **adverbs**, or **nouns**.

más/menos + adjective/adverb/noun + **que**

Adjective:

El almacén es **menos** caro **que** la farmacia.

*The department store is **less** expensive **than** the pharmacy.*

Adverb:

Yo me pruebo la ropa **más** rápidamente **que** tú.

*I try on the clothes faster **than** you.*

Noun:

Tengo **menos** compras **que** Anita.

*I have **fewer** purchases **than** Anita.*

- Make comparisons of inequality with **verbs**, using this construction.

$$\text{verb} + \textbf{más/menos} + \textbf{que}$$

Tú gastas **más que** yo.   *You spend **more than** I (do).*

- With numerical expressions, use **de** instead of **que**.

Tengo **más de** diez pares de zapatos.   *I have **more than** ten pairs of shoes.*

Summary of Comparisons of Equality and Inequality
Equal Comparisons
nouns: **tanto/a(s)** + noun + **como** + noun or pronoun
adjectives/adverbs: **tan** + adj./adv. + **como** + noun or pronoun
verbs: verb + **tanto como** + noun or pronoun
Unequal Comparisons
adj./adv./noun: **más/menos** + adj./adv./noun + **que** + noun or pronoun
verbs: verb + **más/menos** + **que** + noun or pronoun
with numbers: **más/menos** + **de** + number

Los adjetivos comparativos irregulares

- Some Spanish adjectives have both regular and irregular comparative forms. The irregular forms do not require *más/menos.*

Adjective	Regular Form	Irregular Form	
bueno/a	más bueno/a	mejor	*better*
malo/a	más malo/a	peor	*worse*
viejo/a	más viejo/a	mayor	*older*
joven	más joven	menor	*younger*

- The irregular forms **mejor** and **peor** are more commonly used than the regular forms. (**Más bueno** and **más malo** are primarily used to refer to character, not quality.)

Esta farmacia es **mejor** que esa.   *This pharmacy is **better** than that one.*
Pedro es **peor** que Luis en regatear.   *Pedro is **worse** than Luis at bargaining.*
¿Te sientes **mejor** hoy?   *Do you feel **better** today?*

- **Mayor**, **menor**, and **más joven** are commonly used with people; **más viejo** may be used with inanimate objects.

Yo soy **menor** que mi hermano y   *I'm **younger** than my brother and*
   mayor que mi hermana.   ***older** than my sister.*
Estos zapatos son **más viejos**   *These shoes are **older** than those.*
   que esos.

APLICACIÓN

8-19 De compras.   Subraya (*Underline*) las comparaciones de igualdad y desigualdad en la conversación entre dos amigos que van de compras al centro. Luego, contesta las preguntas que siguen.

Carlota: Creo que el champú que usas no es tan bueno como el que uso yo.

Ángel: Sí, y tu pelo es más bonito que mi pelo. Creo que tu champú es mejor que el que uso yo.

Carlota: Ah, aquí hay unos artículos en rebaja. Estos perfumes son menos caros que esos, pero creo que son tan buenos como los otros.

Ángel: Vamos a la farmacia. Las cosas allí son más baratas que en esta tienda.

Carlota: Sí, pero no tienen tanta selección como aquí.

Ángel: ¿Por qué no vamos al Almacén Vigo? Hay muchos más artículos que en esta tienda y los precios son tan buenos.

Carlota: Yo pienso que los precios allí son mejores que aquí. Tienen muchas rebajas. Pero, el Almacén Vigo no tiene tantas rebajas como Falabella. Y los artículos que venden allí son de peor calidad (*quality*) que en Falabella. Falabella es una mejor tienda que el Almacén Vigo, ¿no crees?

Ángel: Muy bien. ¡Pues vamos a Falabella!

1. ¿Quién usa el mejor champú?
2. ¿Qué artículos están en rebaja?
3. ¿Cómo son los precios en el Almacén Vigo?
4. ¿Qué tienda tiene más rebajas?
5. ¿Por qué van a Falabella?

8-20 ¿Es más atractivo? Escoge la opción apropiada para completar lógicamente las siguientes oraciones.

MODELO: Un abrigo de cuero… un abrigo de lana.

    a. <u>es tan atractivo como</u>

    b. es menos atractivo que

    c. es más atractivo que

1. La blusa roja... la blusa azul.

   a. es tan bonita como

   b. es menos bonita que

   c. es más bonita que

2. Los aretes de oro... los aretes de plata.

   a. son tan caros como

   b. son menos caros que

   c. son más caros que

3. Halifax tiene... Toronto.

   a. tantas tiendas como

   b. menos tiendas que

   c. más tiendas que

4. Las tiendas pequeñas... los almacenes grandes.

   a. venden tanto como

   b. venden menos que

   c. venden más que

5. Los hombres... las mujeres.

   a. compran tantos aretes como

   b. compran menos aretes que

   c. compran más aretes que

6. Los estudiantes universitarios gastan... sus hermanos menores.

   a. tanto dinero como

   b. menos dinero que

   c. más dinero que

7. En Bolivia, se regatea... en Canadá.

   a. tanto como

   b. menos que

   c. más que

8. Los bolivianos hablan español... los franceses.

   a. tan bien como

   b. peor que

   c. mejor que

8-21 ¿Quién es mayor? Completa las comparaciones de igualdad o desigualdad usando la siguiente información.

MODELO: Un almacén es grande. Una farmacia es pequeña.

→ Un almacén es *más* grande *que* una farmacia.

1. Hay 17 tiendas en el Centro Comercial Sol. Hay 39 tiendas en el Centro Comercial Larcomar.

   Hay _____ tiendas en el Centro Sol _____ en el Centro Larcomar.

2. Los pantalones le quedan bien a Anita. Los pantalones le quedan bien a Sara.

   Los pantalones le quedan _____ _____ a Anita _____ a Sara.

3. Lola usa mucho maquillaje. Ana usa mucho maquillaje también.

Lola usa _____ maquillaje _____ Ana.

4. Julio tiene treinta años. Su esposa tiene veinticinco años.

Julio es _____ _____ su esposa.

5. En la clase tú escuchas atentamente pero José duerme.

Tú escuchas _____ atentamente _____ José.

6. Raquel gasta mucho. Rafa gasta mucho también.

Raquel gasta _____ _____ Rafa.

7. El verde me queda mal y el rojo me queda bien.

El rojo me queda _____ _____ el verde.

8. Tú tienes mucha hambre. Yo tengo mucha hambre.

Tú tienes _____ hambre _____ yo.

9. Mi abuelo nació (*was born*) en 1945. Mis tíos nacieron en 1965 y 1969.

Mis tíos son _____ _____ mi abuelo.

10. Esta receta boliviana es buena. Y estas de Paraguay son buenas también.

La receta boliviana es _____ _____ _____ las de Paraguay.

8-22 ¡Es más atractivo! Combina las oraciones para formar comparaciones de **igualdad**.

MODELO: Esta camisa es barata. Esa camisa es barata también.

→ *Esta camisa es tan barata como esa.*

1. Estos zapatos son caros. Aquellos zapatos son caros también.
2. La joyería está cerca. La farmacia también está cerca.
3. María compró tres artículos. Jorge compró tres artículos también.
4. A Jorge le gusta regatear. A Sandra le gusta regatear también.

Ahora, combina las oraciones para formar comparaciones de **desigualdad**.

MODELO: Esta camisa cuesta $25. Esa camisa cuesta $30.

→ *Esta camisa cuesta menos que esa. (Esta camisa es menos cara que esa.)*

5. Esas sandalias cuestan $75. Aquellas cuestan $60.
6. Falabella está cerca. El Almacén Vigo está lejos.
7. Julia compró tres artículos. Mario compró seis.
8. Julia gastó poco dinero. Mario gastó mucho dinero.

8-23 ¡A debatir! Comparen sus opiniones sobre las siguientes afirmaciones.

MODELO: El precio de un artículo es tan importante como la calidad.

E1: *Estoy de acuerdo.*

E2: *¡No estoy de acuerdo! La calidad es más importante que el precio.*

1. Los profesores trabajan tanto como los estudiantes.
2. Los chicos bailan tan bien como las chicas.
3. Estudiar es tan interesante como trabajar.
4. Las chicas gastan más dinero que los chicos.
5. Los mercados son más interesantes que los almacenes.
6. Los estudiantes de ciencias estudian más que los estudiantes de lenguas.

4. Superlatives

8-31 to
8-35

- A superlative statement expresses the highest or lowest degree of a quality; for example, *the most, the greatest, the least,* or *the worst.* To express the superlative in Spanish, the **definite article** is used with **más** or **menos**. Note that the preposition **de** is the equivalent of *in* or *of* after a superlative.

definite article + **más** or **menos** + adjective + **de**

Esta tienda es **la más elegante de** la ciudad.	*This store is **the most elegant in** the city.*
Estos zapatos son **los menos cómodos de** todos.	*These shoes are **the least comfortable of** all.*

- When a noun is used with the superlative, the article precedes the noun in Spanish.

Mi lápiz labial es **el** lápiz labial **más** caro que venden aquí.	*My lipstick is **the most** expensive lipstick they sell here.*
La Cenicienta es **la** zapatería **más** popular del barrio.	*Cinderella is **the most** popular shoe store in the neighbourhood.*

- Adjectives and adverbs that have irregular forms in the comparative use the same irregular forms in the superlative.

La Cueva de Aladino es **la mejor de** las joyerías.	*Aladdin's Cave is **the best of** the jewellery stores.*
Tío Iván es **el mayor de** mis tíos.	*Uncle Ivan is **the oldest of** my uncles.*

APLICACIÓN

8-24 **Bolivia, país de superlativos.** Lee este párrafo sobre Bolivia y subraya los superlativos. Luego, contesta las preguntas que siguen.

Bolivia es un país de superlativos. Es la nación más alta del hemisferio occidental y a una altura de 3.600 metros su capital, La Paz, es la más alta del mundo. Las ruinas de la civilización Tiwanaku, una de las más antiguas de Suramérica, se encuentran cerca de La Paz, a una altura de 3.844 metros. Hoy en día, un estimado 62% de la población de Bolivia es indígena, el porcentaje más alto de Suramérica, y muchos de ellos hablan la lengua aymara además del español. El Lago Titicaca, entre Perú y Bolivia, es uno de los lagos más grandes de Suramérica y el lago navegable más alto del mundo. Aunque (*Although*) Bolivia es uno de los países más ricos de Suramérica en términos de recursos (*resources*) naturales, con sus minas de plata y otros minerales, también es el más pobre. Sin embargo, en años recientes esta situación está cambiando con la producción de gas natural.

1. ¿A qué altura está la capital de Bolivia?
2. ¿Qué es Tiwanaku?
3. ¿Qué dos países comparten (*share*) el Lago Titicaca?
4. ¿Qué recursos naturales tiene Bolivia?
5. ¿Crees que Bolivia es el país más interesante de Suramérica?

 8-25 ¡Somos los mejores! Con un/a compañero/a, completen las siguientes oraciones.

MODELO: La clase más interesante de todas es...
→ ¡La clase más interesante de todas es *la clase de español*!

1. La tienda más cara de esta ciudad es...
2. El mejor restaurante es...
3. El país más bonito del mundo es...
4. La ciudad más contaminada del mundo es...
5. La ciudad más interesante de Canadá es...
6. La mejor película de este año es...
7. La peor película del año es...
8. El mejor día del año es...

8-26 ¡A escoger! Escoge la frase apropiada para completar las siguientes oraciones.

1. Esta zapatería es... del centro comercial.
   a. la mejor   c. los mejores
   b. el mejor   d. las mejores
2. Estos vestidos son... de la tienda.
   a. la más bonita   c. los más bonitos
   b. el más bonito   d. las más bonitas
3. Aquellos aretes son... de la joyería.
   a. la más cara   c. los más caros
   b. el más caro   d. las más caras
4. Este almacén es... del centro comercial.
   a. la más popular   c. los más populares
   b. el más popular   d. las más populares
5. Estas camisas son... de la tienda.
   a. la peor   c. los peores
   b. el peor   d. las peores

La Paz es la capital más alta del mundo.

8-27 De compras en Bolivia. Usa la información a continuación para completar los comentarios, usando la construcción superlativa.

MODELO: Estos aretes de plata (bonito) de la joyería.

→ Estos aretes de plata *son los más bonitos* de la joyería.

1. Esta bolsa de cuero (bonito) de la tienda.
2. Estas gorras de alpaca (*bueno) del mercado.
3. Esta bufanda de lana (elegante) del almacén.
4. Esta colonia (caro) de la farmacia.
5. Estas cadenas de oro (impresionante) de la joyería.
6. Estos sombreros de Panamá (barato) del mercado.
7. Este suéter de lana (bueno) de la tienda.
8. Estas camisas de algodón (cómodo) del almacén.

———————

*¡Cuidado!

8-28 ¿Cómo es tu familia? Túrnense para preguntarse sobre su familia y sus amigos.

MODELO: más trabajador/a

E1: *¿Quién es el más trabajador de tu familia?*

E2: *Mi hermana es la más trabajadora de mi familia.*

1. más alegre
2. más alto/a
3. menos responsable
4. menor
5. más deportivo/a
6. más simpático/a

Algo más

8-36 to
8-37

¡Vamos a leer!

8-29 Una visita al Centro Comercial Moda. Lee el correo electrónico de Graciela sobre las compras que hizo el sábado pasado.

Hola Maritza:

¿Qué tal? ¿Cómo te va? ¡Hace mucho tiempo que no te veo! Estoy muy ocupada con mis clases, pero el sábado pasado tuve tiempo para ir de compras con Luis, mi hermano mayor. (¿Lo recuerdas? Lo conociste en la fiesta de Laura el año pasado.)

Fuimos al centro, a Falabella, porque Luis quería comprar un traje para su nuevo trabajo en el banco. Yo fui a varias tiendas pero no encontré mucho, solamente unos sacos en rebaja en la tienda Chic. Me gustaron los de lana y compré uno que me quedó bien y que va a hacer juego con mi falda negra. También busqué unos zapatos de verano y me probé varios pares pero no me gustó ninguno de los modelos; ¡todos eran muy feos! Creo que los zapatos que venden en TodoModa son más bonitos y ahí tienen una mejor selección.

Luis encontró un traje que le gustó y luego almorzamos en el Restaurante Zapata, ese restaurante que sirve comida mexicana. Luis pidió enchiladas de queso pero yo no tenía mucha hambre y solamente pedí sopa y una ensalada. Luego nos sirvieron helados de mango. ¡Qué ricos! Si quieres comida mexicana, Zapata es el mejor restaurante (¡por lo menos tienen los mejores helados!).

Te vuelvo a escribir pronto.

Un abrazo de tu amiga,

Graciela

CUESTIONARIO:

1. ¿Adónde fue Graciela el sábado?
2. ¿Qué compró ella?
3. ¿Compró zapatos? ¿Por qué?
4. ¿Dónde se puede encontrar zapatos bonitos?
5. ¿Recomienda Graciela el restaurante donde almorzó con Luis?

¡Vamos a hablar!

8-30 ¿Cuál es el mejor?   Túrnense para comparar las siguientes cosas, usando comparaciones de igualdad y desigualdad y superlativos.

MODELO: el mejor coche

E1: *¿Cuál es el mejor coche?*
E2: *Pues, el Ford es bueno, pero los coches japoneses son mejores que los Ford.*
E3: *Bueno, el VW es uno de los más caros, pero creo que es el mejor.*
E1: *No estoy de acuerdo...*

1. la mejor tienda de ropa
2. la mejor película
3. la clase más/ menos difícil
4. el peor restaurante
5. el peor programa de televisión
6. el deporte más/ menos interesante

¡Vamos a escribir!

8-31 Un diálogo.   En esta actividad vas a escribir un diálogo sobre dos personas que van de compras. Decide dónde están las dos personas, quiénes son y qué quieren comprar. Decide qué va a pasar en el diálogo, si las personas tienen que regatear y si encuentran lo que buscan. Empieza el diálogo en el momento en que las dos personas entran en la tienda o el mercado. Termina el diálogo en el momento en que una de las personas compra algo o decide no comprar nada. Pueden usar las líneas que siguen para empezar:

MODELO: Sandra: ¿Entramos en el mercado, Marisol? El sábado pasado vi unas sandalias muy bonitas en una de las tiendas.
Marisol: Bueno, yo necesito algo para el cumpleaños de mamá.

• **La tarea.**   Escribe una descripción de la última vez que fuiste de compras. Revisa tu composición para comprobar los siguientes puntos: el uso correcto del pretérito, la ortografía, la concordancia (*agreement*) de adjetivos y sustantivos, las frases de comparación.

¡Vamos a explorar!

8-32 ¡Vamos de compras!   En su grupo, busquen información sobre algunos artículos que se venden en estas tiendas en línea, y decidan qué quieren comprar. Se encuentra una gran variedad de artículos en estos sitios de Bolivia y de Paraguay:

Bolivia:

www.boliviamall.com/catalog/default.php?language=es

Paraguay:

www.mundoanuncio.com.py/compra-venta-cat-10036

Nuestro mundo

Los países sin mar: Bolivia y Paraguay

8-44 to
8-45

El embalse (*dam*) de Itaipú ("piedra que suena" en el idioma guaraní) en el río Paraná es uno de los mayores embalses del mundo en cuanto a capacidad. Es capaz de proporcionar toda la electricidad que necesita Paraguay y el 25% de la electricidad que usa Brasil. Estos proyectos grandes a veces causan problemas para la conservación de la naturaleza.

La cría de ganado es importante para la gente que vive en el altiplano (*highlands*) de Bolivia.

Durante los carnavales en febrero, los bolivianos llevan ropa de intensos colores, típica de la región. Los bailes representan la cultura y la historia indígena.

Los instrumentos de viento son importantes para la música andina.

Bolivia y Paraguay

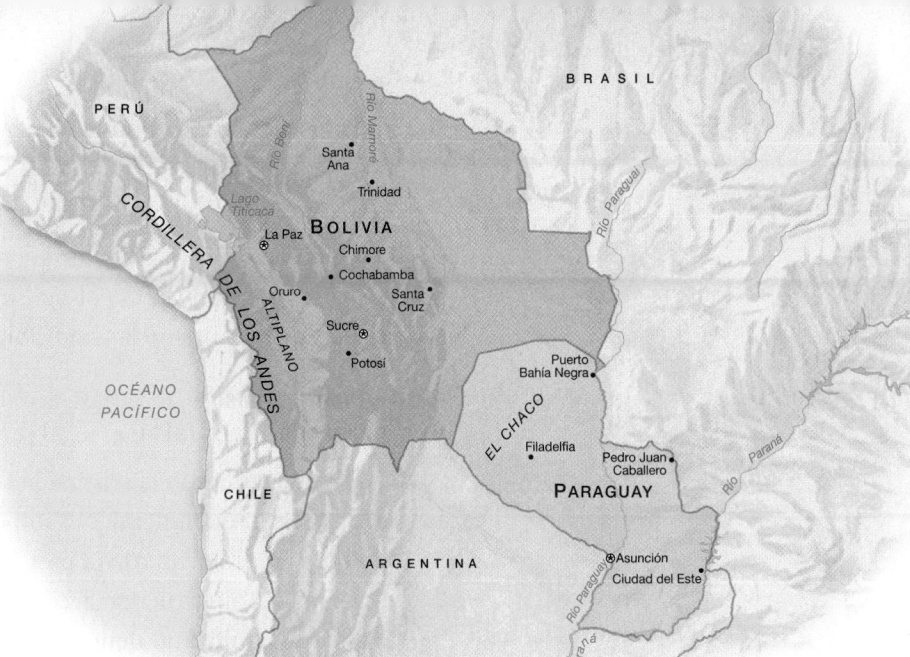

Bolivia

Paraguay

Bolivia tiene ricos depósitos de plata, cinc y otros minerales. Muchas personas trabajan en las minas del altiplano pero, lamentablemente, su vida es muy difícil. La mina de Potosí produce plata desde 1546.

Durante los siglos XVII y XVIII, los jesuitas españoles construyeron una cadena de misiones en Paraguay para educar y cristianizar a los indígenas. La Santísima Trinidad de Paraná se considera "la más grande y la mejor de todas las misiones". Ahora es parte del patrimonio mundial de las Naciones Unidas.

8-33 ¿Qué sabes tú? Identifica o explica lo siguiente.

1. las capitales de Bolivia y de Paraguay
2. los países en las fronteras de Bolivia y Paraguay
3. la región de Bolivia cuyos productos principales son minerales
4. los países por donde pasa el río Paraná
5. un país que mantiene las tradiciones indígenas

8-34 ¿Cierto o falso? Indica si las siguientes oraciones son **ciertas** o **falsas**. Corrige las oraciones **falsas**.

1. Los jesuitas trajeron la cristiandad a los indígenas de Paraguay.
2. La extracción de minerales es importante en Paraguay.
3. Los bolivianos llevan ropa típica en sus bailes.
4. Paraguay y Bolivia tienen acceso al Lago Titicaca.
5. El altiplano boliviano tiene un clima tropical.
6. Los instrumentos de viento son muy populares en los Andes.
7. El embalse de Itaipú está en el río Amazonas.
8. La Santísima Trinidad de Paraná fue una misión jesuita.

 8-35 Conexiones. Consulta la biblioteca o el Internet para encontrar información sobre los siguientes temas:

1. la conservación de la naturaleza en Paraguay
2. los idiomas indígenas de Bolivia y Paraguay
3. las ruinas de Tiwanaku
4. la música andina
5. las misiones jesuitas en Paraguay

Ritmos

El arpa paraguaya: una fusión de culturas

Cuando los jesuitas llegaron a Paraguay en el siglo XVI, además de su religión trajeron el arpa, que se ha convertido en el instrumento más representativo de la música paraguaya. Esta música, escrita para una escala diatónica, refleja el amor y la pasión que sienten los paraguayos por su país, su historia y por sus compatriotas. La **Guarania** es un ritmo que se ha usado en muchas canciones, por ejemplo en "Mi Despedida", una canción muy conocida que fue escrita originalmente como un ejercicio para músicos principiantes. Otros bailes populares son la polca paraguaya y un baile de mujeres que se baila con jarras o botellas en la cabeza.

Para escuchar música de Paraguay: Los Paraguayos, Los Tres Soles del Paraguay y Los Hijos del Paraguay son grupos que interpretan música tradicional. Probablemente la canción tradicional más conocida es "El Pájaro Chogüí", que cuenta una leyenda paraguaya sobre un niño que se convierte en un pájaro (*bird*).

Susan Hood: una intérprete del arpa paraguaya

Susan Hood vivió ocho años en Chile, pero fue cuando fue de vacaciones a Paraguay y escuchó por primera vez la música del arpa paraguaya que quedó enamorada de este hermoso instrumento. Desde entonces ella ha estudiado la música de arpa con frecuentes visitas a Paraguay, donde mandó hacer (*she had made*) su propia arpa. Según Susan, cada fabricante de arpas tiene un estilo distintivo y cada arpa tiene un sonido (*sound*) único; ella sabe distinguir las arpas de los diferentes fabricantes por su sonido.

Susan Hood lleva el vestido tradicional de ñandutí ("*spider's web*" *lace*).

Páginas

8-47

"La azucena del bosque" (un mito guaraní)

Antes de leer

8-36 Leyendas y mitos. Lee la introducción a continuación y luego indica si las siguientes oraciones son **ciertas** o **falsas**. Corrige las **falsas**.

Las leyendas y los mitos son populares en todo el mundo hispano. Sirven para transmitir la historia, la cultura y los valores de una generación a la siguiente. Se basan en la tradición oral y, por eso, existen muchas versiones de la misma leyenda o del mismo mito. La leyenda generalmente se basa en un evento histórico pero el mito usualmente tiene alguna intervención sobrenatural. A continuación tienes un mito paraguayo que se originó entre los guaraníes antes de la colonización española. Muchos mitos explican los fenómenos naturales: este explica el origen de una flor común, la azucena del bosque (*forest lily*).

1. Los mitos tienen base histórica.
2. Originalmente las leyendas y los mitos eran (*were*) literatura escrita.
3. Un mito o una leyenda puede tener diferentes versiones.
4. "La azucena del bosque" se originó durante la colonia española.

A leer

8-37 El mito. Ahora lee este mito guaraní.

El fuego

Había una vez° una región de la tierra donde solo existían animales, árboles y flores. Tupá, el dios° sol, decidió crear° a los hombres, con suficiente inteligencia para poder gobernar hasta° los animales más feroces°. Entonces, Tupá amasó° un poco de tierra y le dio forma humana creando dos hombres, uno con la piel° roja llamado Pitá y otro con la piel blanca llamado Morotí.

    Estos hombres necesitaban compañeras y con un poco más de tierra, Tupá hizo a dos mujeres. Y Pitá y Morotí tuvieron muchos hijos con sus mujeres y vivían felices en el bosque° comiendo frutas.

    Pero un día Pitá frotó° dos piedras y salieron unas chispas° y descubrió el fuego. Ese mismo día Morotí tuvo que matar° un jabalí que lo atacaba. Al ver el fuego que Pitá había hecho, echó el jabalí al fuego. Pronto salió de la carne un olor delicioso y cuando probaron

Once upon a time there was
god / to create
even
ferocious / mixed
skin

forest
he rubbed / sparks
to kill

to hunt

bow / arrow

hatred

to punish them
so they would not forget

would guide

Embrace each other!
Ashamed
they melted
branches
leaves

was born

la carne, les pareció exquisita. Desde ese momento abandonaron la recolección de las frutas y empezaron a cazar° para comer.

Con los años inventaron el arco°, la flecha° y la lanza. Era cada vez más difícil encontrar animales para cazar y Pitá y Morotí empezaron a competir entre ellos. Tan grande fue el rencor y el odio° que sintieron entre las dos familias que decidieron separarse.

Tupá decidió castigarlos° para que no olvidaran° que Tupá los puso en el mundo para vivir en paz y para amarse los unos a los otros. Hizo entonces una terrible tempestad que duró tres días y tres noches. Luego salió el sol y por uno de sus rayos Tupá bajó a la Tierra. Llamó a todas las tribus y las reunió en el bosque. Allí les habló de esta forma:

—Me he puesto furioso al conocer la ingratitud de ustedes. Yo los creé para que el amor y la paz guiaran° sus vidas, pero se dejaron llevar por la intriga y la envidia. Ustedes son hermanos, hijos de hermanos. Tienen que hacer la paz entre ustedes.

—¡Pitá!, ¡Morotí!, ¡Abrácense°!

Avergonzados° los hermanos se abrazaron y, allí, en presencia de todos, empezaron a perder sus formas humanas y se fundieron° hasta convertirse en un solo cuerpo, que se hizo una planta de donde salían ramas° y de las ramas hojas° y flores. Y las flores fueron rojas al principio como la piel de Pitá, y con el tiempo perdieron su color hasta llegar a ser blancas, como la piel de Morotí. Eran Pitá y Morotí que, convertidos en flores, simbolizaban la unión y la paz entre hermanos. Así nació° la Azucena del Bosque, que Tupá dejó en la Tierra para recordarles a los hombres que deben vivir en paz.

Un jabalí

La azucena del bosque

Después de leer

8-38 ¿En qué orden? Pon las oraciones en el orden cronológico de la historia. Luego, termínala.

____ También creó a dos mujeres y entre ellos tuvieron muchos hijos.

____ Así descubrieron cómo cocinar la carne.

____ Uno de ellos era de piel roja; el otro, de piel blanca.

____ Había un lugar lleno de animales y flores.

____ Un día, uno de los hombres descubrió el fuego y el otro mató un jabalí.

____ Tupá se puso furioso al ver su envidia.

____ El dios sol decidió crear un par de hombres para dominar la naturaleza.

____ Pero pronto empezaron a discutir porque cada día había menos caza.

A ver si ahora puedes terminar la historia...

MySpanishLab

Access *¡Arriba!'s* MySpanishLab at **www.myspanishlab.com**. MySpanishLab offers a variety of online resources, including

- Student Activities Manual exercises
- self-grading tests
- videos

Vocabulario

Primera parte

CD Track 8.1

Las compras y la ropa — Shopping and clothes

el abrigo	coat; overcoat
la billetera	wallet
la blusa	blouse
la bolsa	bag; handbag
las botas	boots
la bufanda	scarf
el calcetín	sock
la camisa	shirt
la camiseta	T-shirt
la chaqueta	jacket
el cinturón	belt
la corbata	tie
la falda	skirt
la gorra	visored cap
el gorro	toque
los pantalones	pants; trousers
los pantalones cortos	shorts
el saco	suit jacket
las sandalias	sandals
el sombrero	hat
el suéter	sweater
el traje	suit
los vaqueros	jeans
el vestido	dress
los zapatos	shoes
los zapatos deportivos	running shoes

Lugares donde vamos a comprar — Places where we go to shop

el almacén	department store
el centro comercial	shopping centre; mall
la tienda	store

En una tienda — In a store

la caja	cash register
el/la dependiente/a	sales clerk
el precio	price
el probador	fitting room
la rebaja	sale
el recibo	receipt
el regalo	present; gift

Descripciones — Descriptions

de algodón/ cuero/ lana/ seda	(made of) cotton/ leather/wool/silk
de manga corta/ larga	short-/long-sleeved
sin manga	sleeveless
la talla (grande/ mediana/ pequeña)	size (large/medium/ small)

Verbos — Verbs

estar de moda	to be in style
ir de compras	to go shopping
llevar	to wear; to carry; to take
pagar en efectivo/ con tarjeta de crédito/ débito	to pay cash/ with a credit/debit card
probarse (ue)	to try on
quedarle (a alguien)	to fit; to suit (someone)
regatear	to bargain; haggle

Segunda parte

CD Track 8.4

En la farmacia — In the pharmacy

el cepillo de dientes	toothbrush
el champú	shampoo
la colonia	cologne
el desodorante	deodorant
el jabón	soap
el maquillaje	makeup
la pasta de dientes	toothpaste
el perfume	perfume

En la joyería — In the jewellery store

el anillo	ring
los aretes	earrings
la cadena	chain
el collar	necklace
la pulsera	bracelet
el reloj de pulsera	wristwatch

Las descripciones — Descriptions

de diamantes	diamond
de oro	gold
de perlas	pearl
de plata	silver

Las tiendas — Stores

la farmacia	pharmacy
la joyería	jewellery store
la librería	bookstore
la zapatería	shoe store

Verbos — Verbs

arreglar	to fix
devolver (ue)	to return (something)
gastar	to spend
hacer juego (con)	to match; to go well with

Para comparar — For comparing

más/ menos (caro/ etc.)	more/less (expensive/etc.)
mayor	older; oldest
mejor	better; best
menor	younger; youngest
peor	worse; worst

9
Vamos de viaje

OBJETIVOS COMUNICATIVOS

- Making travel arrangements
- Talking about habitual or repeated events in the past
- Describing scenes in the past

- Describing travel experiences
- Expressing past events that occurred while others were going on
- Describing how actions take place

Diagnostic
Test

Los países caribeños de Suramérica: Venezuela y Colombia

El Salto Ángel, en Venezuela, es la caída de agua más alta del mundo.

Fernando Botero, pintor y escultor colombiano, es conocido por sus figuras voluptuosas. La escultura *Hombre a caballo* es un buen ejemplo de su estilo.

Primera parte

 ¡Así lo decimos! VOCABULARIO

 En el aeropuerto

el/la inspector/a de aduanas

las maletas

el avión

ADUANA

LLEGADAS/SALIDAS
ARRIVALS/DEPARTURES

AVIANCA

el/la asistente de vuelo

el/la piloto

En la agencia de viajes	In the travel agency
el folleto	*brochure*
la guía (turística)	*guidebook*
incluido/a	*included*
el pasaje (de ida y vuelta)	*(round-trip) fare; ticket*
la reserva/ reservación	*reservation*
el viaje	*trip; journey*

En el aeropuerto	In the airport
la bolsa/ el equipaje (de mano)	*(hand/carry-on) bag/luggage*
el control de seguridad	*security checkpoint*
la llegada	*arrival*
el pasaporte	*passport*
la puerta de salida	*boarding gate*
el reclamo de equipaje	*baggage claim*
la sala de espera	*waiting room*
la salida	*departure*
el vuelo	*flight*

En el avión	On the plane
el asiento (de ventanilla/ de pasillo)	*(window/aisle) seat*
el/la pasajero/a	*passenger*
la tarjeta de embarque	*boarding pass*

Verbos	Verbs		
facturar	*to check in*	pasar por (...)	*to pass through (...)*
hacer cola	*to stand in line*	subir al avión	*to board the plane*
hacer la(s) maleta(s)	*to pack*	viajar	*to travel*
		volar (ue)	*to fly*

¡Así es la vida! ¡Buen viaje!

CD Track 9.2

En la agencia de viajes

9-6 to 9-7

Mauricio y Susana viven en Bogotá. Tienen una semana de vacaciones y van a una agencia de viajes para conseguir información sobre algunos paquetes turísticos.

Mauricio: ¿Te interesa regresar al hotel donde estuvimos el año pasado? Era muy bueno.

Susana: Sí, y se podía hacer muchas excursiones, pero había muchos turistas y no estaba muy cerca de la playa.

Mauricio: Tienes razón.

La agente: (Les da un folleto.) Bueno, este mes estamos ofreciendo un viaje de una semana a San Andrés y Cartagena de Indias.

Susana: ¿Qué está incluido en el viaje?

La agente: Pasaje de ida y vuelta, hotel con todo incluido por tres noches en la isla de San Andrés, que tiene una playa fabulosa, y tres noches en la ciudad colonial de Cartagena de Indias. ¡Todo esto por sólo 900.000 pesos por persona!

Susana: Bueno, Mauricio, ¿qué te parece si vamos a San Andrés?

Mauricio: ¡Me parece fantástico!

En el aeropuerto

Un mes más tarde Mauricio y Susana salen para San Andrés en su viaje de vacaciones. Están en la sala de espera de Avianca, en el aeropuerto internacional de Bogotá.

Agente: Buenas tardes, señores pasajeros. Avianca anuncia la salida del vuelo 79 con destino a San Andrés. Favor de pasar por la puerta de salida número 8. ¡Buen viaje!

APLICACIÓN

9-1 **¿Qué pasa?** Indica si cada una de las siguientes oraciones es **cierta** o **falsa**, según el vocabulario y la lectura de **¡Así lo decimos!**. Luego, corrige la información **falsa**.

1. Susana y Mauricio trabajan en una agencia de viajes.

2. El hotel donde estuvieron el año pasado no estaba en la playa.

3. La agencia ofrece un viaje a Bogotá.

4. La comida está incluida en el paquete del viaje.

5. El viaje les va a costar menos de un millón de pesos por los dos.

6. Su vuelo sale de la puerta número 8.

9-2 ¿Lógico o ilógico? Indica si cada una de las siguientes oraciones es **lógica** o **ilógica** y corrige las **ilógicas**.

1. Busco folletos en la agencia de viajes si pienso ir de vacaciones.
2. Tengo que facturar mi equipaje de mano.
3. Pasamos por la puerta de salida para subir al avión.
4. Al llegar a otro país es necesario pasar por el control de seguridad.
5. Si me gusta el hotel, voy a hacer una reserva.
6. El agente de viajes abre nuestras maletas.
7. El asistente de vuelos nos sirve bebidas durante el vuelo.
8. El piloto nos pide las tarjetas de embarque.

9-3 ¿Qué dijo? Escoge la opción apropiada para responder lógicamente a las siguientes preguntas.

MODELO: Buenos días. ¿En qué puedo servirle?
→ *Gracias. Busco información sobre los vuelos a Cartagena de Indias.*

1. ¿Tienen información sobre excursiones de una semana?
   a. Es necesario hacer una reserva.
   b. Sí, aquí tiene algunos folletos.
   c. Hay vuelos todos los días.

2. ¿Todo está incluido en este paquete?
   a. No, sólo el vuelo y el hotel.
   b. No, el desayuno está incluido.
   c. No, hay excursiones todos los días.

3. ¿Uds. quieren hacer una reserva?
   a. Es necesario mostrar su tarjeta de embarque.
   b. No hay vuelos los sábados.
   c. Sí, nos parece interesante el paquete.

4. ¿Cuál es nuestra puerta de salida?
   a. Está en la sala de espera.
   b. El vuelo toma dos horas y media.
   c. Es la número 23.

5. ¿Hay muchas personas esperando para facturar su equipaje?

   a. Sí, vamos a tener que hacer cola.

   b. Sí, vamos a tener que pasar por la aduana.

   c. Sí, vamos a tener que subir al avión.

 9-4 ¿Adónde vas este verano? Conversa con tu compañero/a sobre sus planes para el verano, usando las siguientes preguntas como guía.

1. ¿Qué ciudad/ país vas a visitar?

2. ¿Por cuánto tiempo vas?

3. ¿Cuánto te va a costar el pasaje?

4. ¿Te vas a hospedar (*to stay*) en un hotel grande/ un hostal/ una pensión/ etc.?

5. ¿Qué ropa vas a llevar?

6. ¿Piensas hacer algunas excursiones?

7. ¿Vas a viajar solo/a o con amigos?

Comparaciones

EL TURISMO CANADIENSE EN LOS PAÍSES HISPANOS

En tu experiencia. Cuando estás de vacaciones, ¿viajas a otras partes de Canadá o prefieres ir a los Estados Unidos, Europa o Latinoamérica? En el siguiente artículo, ¿cuáles son los países hispanos más populares entre los turistas canadienses?

Millones de turistas, entre ellos muchos canadienses, visitan países hispanos todos los años. Ciertos países son más populares que otros. Aquí tienes una pequeña descripción de los cuatro países más visitados por los canadienses.

México: Casi un millón y medio de canadienses visitaron México en 2010 y Canadá se ha convertido en la segunda fuente (*source*) de origen de turistas a este país. Las ciudades preferidas son Acapulco, Cancún, Puerto Vallarta y Ciudad de México. Como México tiene un clima cálido (*warm*) durante todo el año, es un sitio ideal para escaparse del invierno. La combinación de belleza natural, una rica historia y centros turísticos acogedores (*welcoming*) hace que México sea el destino principal de los vacacionistas canadienses.

(continued)

(continued)

Cuba: Cuba está en segundo lugar, con casi un millón de visitantes de Canadá cada año: Canadá es el primer mercado turístico de Cuba. Esta isla tropical, con sus playas de arena fina, la generosidad de su gente y la riqueza de su música y cultura, atrae a algunos turistas a regresar año tras año.

La República Dominicana: Muchos canadienses también visitan esta isla en el Mar Caribe. Además de sus hermosos balnearios (*beach resorts*), se puede apreciar ciudades coloniales como Santo Domingo, considerada la capital más antigua del Nuevo Mundo.

España: Por la distancia, son menos los canadienses que llegan a España, pero los que sí van se llevan muy buenos recuerdos de este maravilloso país por su variedad y su riqueza de atracciones culturales. Miles de estudiantes de muchos países también participan en programas de verano ofrecidos por universidades españolas.

¿Entiendes? Contesta las siguientes preguntas según la lectura y tu propia experiencia.

1. ¿Qué meses son los mejores para hacer un viaje a México?
2. ¿Cuáles son algunas de las atracciones turísticas en México?
3. ¿Cuál es una de las mejores playas de Cuba?
4. ¿Qué otro país comparte la isla de La Española con la República Dominicana?
5. ¿Por qué viajan menos canadienses a España?

 ¡A conversar! Primero, decidan qué país hispano prefieren visitar y por qué. Luego, piensen en algunas actividades que les gusta hacer cuando están de vacaciones (hacer deportes/ visitar sitios históricos/ estar cerca del agua/ etc.).

Rutas turísticas de Castilla-La Mancha, España.

La playa de Guardalavaca, en Cuba.

CD Track
9.3

Letras y sonidos

The letter *g* in sequences other than *ge* and *gi* in Spanish

Remember that in Spanish, the letter **g** before the vowels **e** and **i** sounds like the *h* in English *hip*. In all other sequences, such as **ga**, **go**, and **gu**, the letter **g** creates one of two sounds, depending on the context. After a pause or the letter **n**, the letter **g** sounds like the *g* in English *good*. In all other contexts, the **g** is softer, like the *g* in English *sugar*.

| Hard **g:** | **ga**-lle-ta | **gu**s-to | ten-**go** | **guí**-a |
| Soft **g:** | la-**ga**-lle-ta | mu-cho-**gu**s-to | ha-**go** | ham-bur-**gue**-sa |

Note that the letter **u** in the sequences **gue** and **gui** is silent. When two dots (or **diéresis**) are written above the letter **u**, or when **u** is inserted with **ga** and **go**, a glide is created:

| bi-lin-**güe** | pin-**güi**-no | a-**gua** | an-ti-**guo** |

¡Así lo hacemos! ESTRUCTURAS

9-8 to 9-14

1. The imperfect of regular and irregular verbs

> Cuando yo era joven, ¡los aviones eran más grandes y me gustaba volar!

El imperfecto de los verbos regulares

You have already studied the preterit tense in **Lecciones 6**, **7**, and **8**. Here you will be introduced to the imperfect, the other simple past tense in Spanish.

* The imperfect of regular verbs is formed as follows:

	hablar	comer	vivir
yo	habl**aba**	com**ía**	viv**ía**
tú	habl**abas**	com**ías**	viv**ías**
Ud. } él/ella }	habl**aba**	com**ía**	viv**ía**
nosotros/as	habl**ábamos**	com**íamos**	viv**íamos**
vosotros/as	habl**abais**	com**íais**	viv**íais**
Uds. } ellos/as }	habl**aban**	com**ían**	viv**ían**

- With **-ar** verbs, only the first person plural form has a written accent. The imperfect endings for **-er** and **-ir** verbs are identical, and all forms have a written accent.

- The Spanish imperfect has three common English equivalents: the simple past, the past progressive, and the *used to* + infinitive construction.

Rosario **trabajaba** en la agencia.	*Rosario **worked** at the agency.* *Rosario **was working** at the agency.* *Rosario **used to work** at the agency.*

- Use the imperfect to describe **repeated**, **habitual**, or **continuous** actions in the past with no reference to the beginning or ending. Note that the imperfect of **hay** is **había**.

Cuando yo **viajaba** a Colombia, **volaba** en Avianca. — *When I **travelled** to Colombia, **I used to fly** Avianca.*

Susana y Mauricio **consultaban** la guía todos los días. — *Susana and Mauricio **consulted** the guide book every day.*

Mauricio **pensaba** todo el tiempo en el viaje. — *Mauricio **was thinking (thought)** about the trip all the time.*

- Use the imperfect to describe an **event** or **action in progress** when another event or action took place (in the preterit) or was occurring (in the imperfect).

Estaban en la sala de espera cuando llegaron los asistentes de vuelo. — *They **were** in the waiting room when the flight attendants arrived.*

Mientras Rosario **hablaba** con Susana, Mauricio **miraba** el folleto. — *While Rosario **was talking** with Susana, Mauricio **was looking** at the brochure.*

- The imperfect is used to describe **characteristics** or **states of being** (health, emotions, etc.) in the past when no particular beginning or ending is implied in the statement.

Mi abuela **era** muy activa. **Tenía** mucha energía. — *My grandmother **was** very active. **She had** a lot of energy.*

Mis padres **estaban** muy contentos en la Isla de Margarita. — *My parents **were** very happy on Isla Margarita.*

- The imperfect is normally used with the **time of day** and **age** in the past.

¿Qué hora **era** cuando llegaste? — *What time **was it** when you arrived?*

Cuando **tenía** diecisiete años, visité Ecuador. — *When **I was** seventeen, I visited Ecuador.*

Cuando yo era joven, veía a mis abuelos todas las semanas. Vivían cerca y yo iba en bicicleta a visitarlos.

Verbos irregulares en el imperfecto

There are only three verbs that are irregular in the imperfect.

	ir	ser	ver
yo	iba	era	veía
tú	ibas	eras	veías
Ud. él/ella	iba	era	veía
nosotros/as	íbamos	éramos	veíamos
vosotros/as	ibais	erais	veíais
Uds. ellos/as	iban	eran	veían

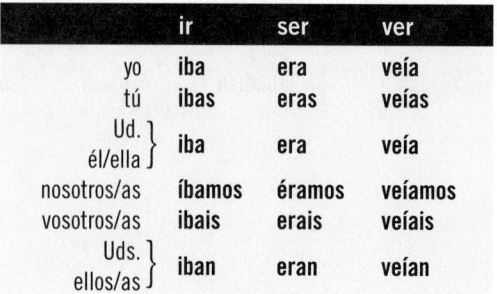

- Only the first person plural forms of **ir** and **ser** have written accent marks; all forms of **ver** require a written accent.

APLICACIÓN

9-5 La Leyenda de El Dorado. Lee esta descripción de la Leyenda de El Dorado y subraya los verbos en el imperfecto. Luego, contesta las preguntas que siguen.

El Dorado era una ciudad mítica donde se creía que había grandes reservas de oro. Al llegar a Suramérica en el siglo XVI, los españoles buscaban esta ciudad, que supuestamente tenía las calles pavimentadas de oro: muchos de ellos morían (*they died*) en largas expediciones por la selva (*jungle*) amazónica. No se sabía dónde estaba la ciudad y nunca se encontró, pero se creía que estaba en alguna parte de la selva entre el Perú, Venezuela y Colombia. Otra versión de la leyenda cuenta que cada año los indios muiscas hacían una ceremonia durante la cual el rey y los líderes principales salían a un lago en una balsa. Ellos estaban cubiertos (*covered*) de polvo (*dust*) de oro y a sus pies había montones de joyas y piezas de oro. El rey, el "Indio Dorado", echaba el oro y las joyas al lago como ofrecimiento a los dioses y luego los otros líderes hacían lo mismo. Aunque los españoles buscaron por muchos años nunca se encontraron restos ni de la ciudad ni del lago de la leyenda.

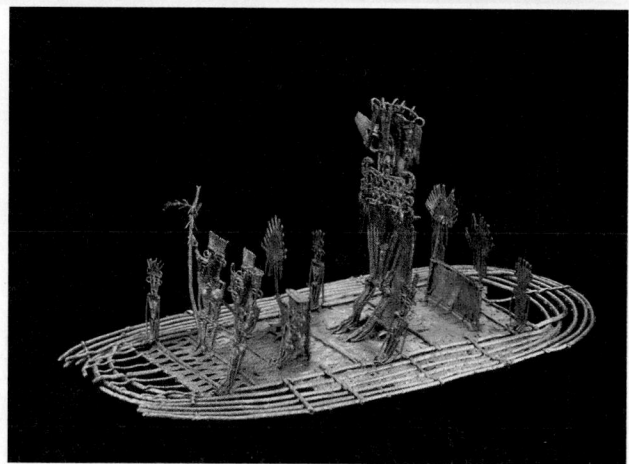
Esta balsa de los indios muiscos se encuentra ahora en el Museo del Oro en Bogotá.

1. ¿Existía la ciudad de El Dorado?
2. ¿Qué había en esta ciudad?
3. ¿Dónde la buscaban los españoles?
4. ¿Quiénes eran los muiscas?
5. ¿Qué echaban al lago?

9-6 Cuando éramos niños. Repite las siguientes oraciones, sustituyendo los sujetos indicados.

MODELO: *Yo iba* de vacaciones a las montañas. (Juan)
→ *Juan iba* de vacaciones a las montañas.

1. *Juan iba* de vacaciones a la playa. (nosotros, tú, Uds., los Sánchez, yo)
2. *Yo* no *veía* mucho a los primos. (ellos, Ud., nosotros, tú, Marta)
3. *Tú* siempre *pedías* un asiento de ventanilla. (yo, los niños, Carmen, nosotros, él)
4. *Pensábamos* en el fin de semana. (yo, tú, ellos, Uds., Marcos)
5. Cuando *yo era niño/a, tenía* muchos juguetes. (tú, nosotros, Ud., Carmen y Luisa, Juan)

9-7 ¿Qué hacían en el aeropuerto? Usa el imperfecto de los verbos entre paréntesis para completar este párrafo sobre lo que pasaba en el aeropuerto.

1. Manuel (estar) _____ en la sala de espera cuando se anunció su vuelo.
2. Yo (querer) _____ facturar dos maletas pero el dependiente me dijo que sólo (poder) _____ llevar una.
3. Nosotros (tomar) _____ café y (comer) _____ unos sándwiches en el café del aeropuerto.
4. Los asistentes de vuelo (subir) _____ al avión pero nosotros tuvimos que esperar un poco más.
5. ¿Qué (comprar) _____ tú cuando (estar) _____ en la tienda?
6. ¿Adónde (ir) _____ ustedes cuando la inspectora los llamó?

9-8 En la playa. Usa el dibujo para formar oraciones sobre lo que hacían estas personas en la playa durante sus vacaciones, usando los verbos indicados.

MODELO: *Todas estas personas estaban en la playa.*

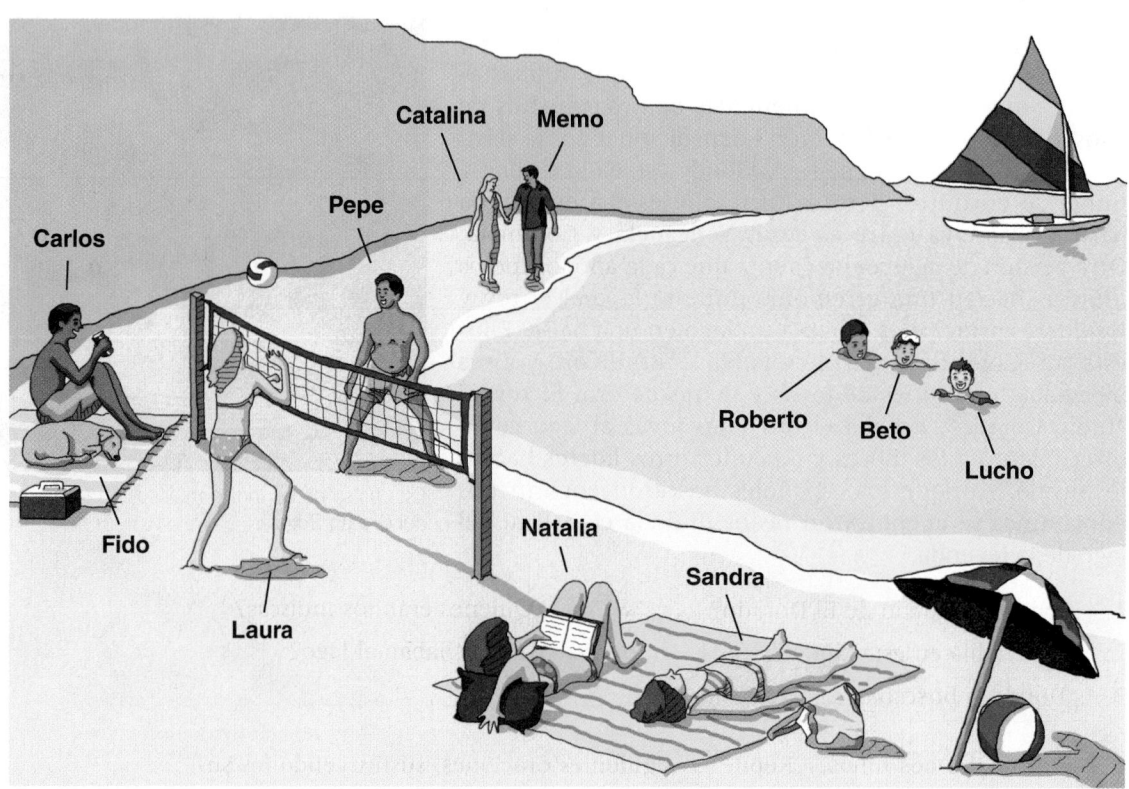

1. Roberto, Beto y Lucho (estar)...
2. Ellos (nadar)...
3. Natalia y Sandra (tomar el sol)...
4. Natalia (leer)...
5. Laura y Pepe (jugar a)...
6. Carlos (beber).... y (mirar)...
7. Memo y Catalina (caminar)...
8. Fido (dormir)...

 9-9 ¿Qué hacían a las nueve? Conversen sobre lo que hacían a las horas indicadas.

MODELO: ayer al mediodía
E1: *¿Qué hacías* ayer al mediodía?
E2: Ayer al mediodía *yo almorzaba.*

1. ayer al mediodía
2. ayer a las cinco de la tarde
3. anoche a las ocho

4. anoche a las doce

5. esta mañana a las ocho

6. hace media hora (*half an hour ago*)

 9-10 En la escuela secundaria. Contesten estas preguntas para comparar su rutina diaria cuando iban a la escuela secundaria.

MODELO: E1: ¿A qué hora te levantabas por la mañana?
E2: *Yo me levantaba a las siete. ¿Y tú?*
E1: *Yo también me levantaba a las siete.*

1. ¿Te duchabas por la mañana?

2. ¿A qué hora salías de casa para ir a la escuela?

3. ¿Cómo ibas a la escuela? (caminando/ en bicicleta/ en coche/ en autobús/ en el metro)

4. ¿Qué hacías cuando llegabas a la escuela?

5. ¿Cuántas clases tenías por la mañana? ¿Qué clase preferías?

6. ¿Dónde almorzabas? ¿Con quiénes? ¿Te gustaba la comida de la cafetería?

7. ¿Practicabas algún deporte? ¿Estabas en algún club estudiantil?

8. ¿Qué hacías después de tus clases?

2. *Por* or *para*

 9-15 to 9-20

Although the prepositions **por** and **para** are sometimes both translated as *for* in English, they are not interchangeable. Each word has a distinct use in Spanish, as outlined below.

Por . . .

- expresses the time during which an action takes place, or its duration (*during, for*).

Vamos al aeropuerto **por** la tarde.	*We are going to the airport **during** the afternoon.*
Pienso estudiar en Caracas **por** un semestre.	*I am planning to study in Caracas **for** a semester.*

- expresses *because of, in exchange for, on behalf of.*

Tuve que cancelar el vuelo **por** una emergencia.	*I had to cancel the flight **because of** an emergency.*
¿Cuánto pagaste **por** esa guía?	*How much did you pay **for** that guidebook?*
¿Lo hiciste **por** mí?	*Did you do it **for** me?*
¡Gracias **por** comprarme el pasaje!	*Thanks **for** buying the ticket for me!*

- expresses the object/goal of an action, person being sought after (*for*).

Pasamos **por** usted a las dos.	*We'll come by **for** you at two.*
Los estudiantes fueron **por** su equipaje.	*The students went **for** their luggage.*

- expresses motion (*through, by, along, around*).

Pasé **por** la agencia ayer.	*I went **by** the agency yesterday.*
Las chicas salieron **por** la puerta de salida.	*The girls went out **through** the boarding gate.*

- expresses means by or manner in which an action is accomplished (*by, for*).

¿Mandaron los pasajes **por** correo electrónico?	*Did they send the tickets **by** e-mail?*
Hicimos las reservaciones **por** teléfono.	*We made the reservations **by** telephone.*

- is used in many common idiomatic expressions.

por ahora	*for now*	**por favor**	*please*
por aquí	*around here*	**por fin**	*finally*
por Dios	*for God's sake*	**por lo general**	*in general*
por ejemplo	*for example*	**por supuesto**	*of course*
por eso	*that's why*	**por último**	*finally*

Para . . .

- expresses the purpose of an action (*in order to* + infinitive) or an object (*for*).

Vamos a Colombia **para** conocer el país.	*We're going to Colombia **in order to** get to know the country.*
La cámara es **para** sacar fotos.	*The camera is **for** taking pictures.*

- expresses destination (a place or a recipient).

Mañana salimos **para** Caracas.	*Tomorrow we're leaving **for** Caracas.*
Este pasaje es **para** ti.	*This ticket is **for** you.*

- expresses work objective.

  Raúl estudia **para** agente de viajes.   *Raúl is studying **to be** a travel agent.*

- expresses time limits or specific deadlines (*by, for*).

  Necesito el pasaporte **para** esta tarde.   *I need the passport **for** this afternoon.*
  Pienso estar en Cartagena **para** las   *I plan to be in Cartagena **by** three in the*
  tres de la tarde.   *afternoon.*

- expresses comparison with others (stated or implicit).

  Para diciembre, hace buen tiempo.   ***For** December, the weather is nice.*
  Para ser tan nueva, la agente da   ***For** someone so new, the agent gives good*
  buenas recomendaciones.   *recommendations.*

Learning Tips

DISTINGUISHING BETWEEN *POR* AND *PARA*

The uses of **por** and **para** have apparent similarities, which sometimes cause confusion. In some cases it may be helpful to link their uses to the questions **¿para qué?** (*for what purpose?*) and **¿por qué?** (*for what reason?*).

¿Por qué viniste?   ***Why** (For what reason) did you come?*
Vine **porque** necesitaba los pasajes.   *I came **because** I needed the tickets.*

¿Para qué viniste?   ***For what purpose** did you come?*
Vine **para** pedirte un favor.   *I came (in order) **to** ask you a favour.*

In many instances the use of either **por** or **para** will be grammatically correct, but the meaning will be different. Compare the following sentences.

Mario viaja **para** Cartagena.   *Mario is traveling **to** (toward) Cartagena.* (destination)

Mario viaja **por** Cartagena.   *Mario is traveling **through** (in) Cartagena.* (motion)

APLICACIÓN

9-11 El viaje de Cecilia. Lee el párrafo que describe el viaje de Cecilia a Venezuela y luego explica los usos de **por** y **para**.

Cecilia trabaja **para** la agencia de viajes Omega. El año pasado estuvo de vacaciones **por** una semana. Compró un pasaje de ida y vuelta **para** Caracas, la capital de Venezuela. Se quedó en la capital **por** dos días y luego fue a la Isla de Margarita. Fue a la isla **para** descansar. Pasó mucho tiempo caminando **por** la playa y el mercado. En el mercado, compró una bolsa de cuero **para** su amiga Berta. Regateó y **por** fin consiguió la bolsa **por** un buen precio. Cecilia tuvo que regresar al trabajo **para** el cinco de abril. Berta le dio las gracias **por** su bonito regalo.

9-12 Planes para un viaje a La Isla de Margarita. Completa el párrafo con **por** o con **para**.

En enero Carmen y yo decidimos hacer un viaje a la Isla de Margarita. Queríamos ir (1.) _____ una semana en la primavera. El día que hicimos los planes, yo pasé (2.) _____ Carmen a las tres y luego nosotras salimos (3.) _____ la agencia de viajes. Carmen y yo caminamos (4.)_____ el parque, la plaza y,

(5.) _____ fin, (6.) _____ la Calle Central. En la agencia le dijimos a la agente que íbamos a tener vacaciones y que (7.) _____ eso, queríamos hacer el viaje en abril. Con la agente hicimos los planes. Íbamos a viajar (8.) _____ Caracas en avión y luego ir a la Isla de Margarita en barco. Pensábamos hacer una excursión (9.) _____ el parque nacional. Esperábamos pasar una semana en la isla. ¿Cuánto pagamos (10.) _____ un viaje tan bonito? ¡Sólo $1.250! ¡(11.) _____ mí era muy barato! La agente nos dijo, "Estos pasajes de avión son (12.) _____ ustedes. Pero tienen que pasar (13.) _____ la librería (14.) _____ comprar una guía de la isla". Y entonces, con todo listo, ¡sólo teníamos que esperar (15.) _____ tres meses!

9-13 ¿Recuerdas? Escoge entre **a, de, en, para** y **por** para completar las siguientes oraciones o preguntas.

1. ¿(A/ De/ En/ Para/ Por) cuántos días estuvieron Uds. de vacaciones?

2. Fuimos al parque (a/ de/ en/ para/ por) el coche (a/ de/ en/ para/ por) Isabel.

3. Había una piscina (a/ de/ en/ para/ por) la izquierda de la cancha de tenis.

4. Todas las tardes les gustaba caminar (a/ de/ en/ para/ por) la playa (a/ de/ en/ para/ por) ver la puesta de sol (*sunset*).

5. Juanita pensaba ir de vacaciones (a/ de/ en/ para/ por) mayo.

6. Conocimos (a/ de/ en/ para/ por) unas personas que eran (a/ de/ en/ para/ por) Calgary.

7. El concierto empezó (a/ de/ en/ para/ por) las ocho y media.

8. Se necesitan las tarjetas de embarque (a/ de/ en/ para/ por) subir al avión.

9. ¿Vamos (a/ de/ en/ para/ por) comer ahora?

10. Maritza ya estaba (a/ de/ en/ para/ por) la playa cuando llegamos.

 9-14 Un viaje a un lugar interesante. Ustedes piensan viajar este verano. Túrnense para hacer preguntas sobre el viaje de tu compañero/a, usando la información en el cuadro para contestar.

	Estudiante 1	**Estudiante 2**
Destino:	*Concepción, Honduras*	*Cancún, México*
Propósito:	*hacer servicio en una comunidad rural*	*tomar el sol, divertirme, visitar Chichén Itzá*
Ruta:	*Miami, Tegucigalpa*	*vuelo directo desde Montreal*
Transporte:	*avión, autobús*	*avión, taxi*
Duración del viaje:	*un mes*	*10 días*
Fecha de llegada:	*el primero de mayo*	*el veintidós de abril*

1. ¿Adónde vas?

2. ¿Para qué haces el viaje?

3. ¿Por qué ruta vas a viajar?

4. ¿Cómo vas a viajar? (en tren/ en coche/ ...)

5. ¿Por cuánto tiempo vas?

6. ¿Cuándo es el viaje?

9-15 Un viaje a Cartagena de Indias. Usen el sitio web: www.cartagenacaribe. com/index.htm (u otro sitio) para contestar las siguientes preguntas sobre un posible viaje a Cartagena de Indias, en Colombia.

1. ¿Cuál es la mejor estación **para** visitar Colombia? ¿**Por** qué?

2. ¿Hay vuelos **para** ir directamente a Colombia desde alguna ciudad canadiense o tienen que pasar **por** otro país **para** llegar?

3. ¿Qué opciones hay **para** hospedarse en Cartagena?

4. ¿Qué sitios de interés hay **para** los visitantes?

5. ¿Adónde se va **para** ir de compras?

6. Si están en un hotel en la zona La Matuna, ¿**por** dónde hay que pasar **para** llegar al mar?

7. ¿Cuántos pesos colombianos vas a recibir **por** un dólar canadiense?

8. ¿Se puede llegar a Cartagena **por** mar? ¿Qué formas de transporte se puede tomar **para** viajar **por** Colombia?

Segunda parte

 ¡Así lo decimos! VOCABULARIO

CD Track 9.4

Las vacaciones

9-21 to
9-23

En el hotel	In the hotel
el cuarto/ la habitación (doble/ sencillo/a)	(double/single) room
la estadía	stay
el hostal	inn/youth hostal
el hotel (de lujo)	(luxury) hotel
la vista	view

Actividades típicas de los viajeros	Typical activities of travellers
bucear	to scuba dive
comprar recuerdos	to buy souvenirs
explorar	to explore
hacer una gira	to take a tour
montar a caballo/ en bicicleta/ en el campo	to go horseback/bicycle riding/in the country(side)
pescar	to fish
planear	to plan
quedarse	to stay (somewhere)
sacar fotos	to take photos

Accesorios para viajar	Accessories for travelling
la cámara (digital)	(digital) camera
la cámara de video	video camera
las gafas de sol	sunglasses
el mapa	map
la pila	battery

Atracciones turísticas	Tourist attractions
el bosque	woods; forest
la catedral	cathedral
el centro histórico	historical centre
la flor	flower
la isla	island
el lago	lake
la montaña	mountain
el monumento	monument
el museo	museum
el río	river
el volcán	volcano

Un volcán detrás del río.

Flores en el bosque tropical.

Un lago entre las montañas.

Un correo electrónico de Susana

¡Saludos desde Cartagena, Colombia!

enviar	enviar más tarde	guardar	añadir ficheros	firma	contactos	nombres de control

A:	rmejias@yahoo.col.com
De:	schavez@yahoo.col.com
Asunto:	¡Saludos desde Cartagena, Colombia!
Fecha:	25 de abril de 2012

tamaño [medio] **B** *I* U T

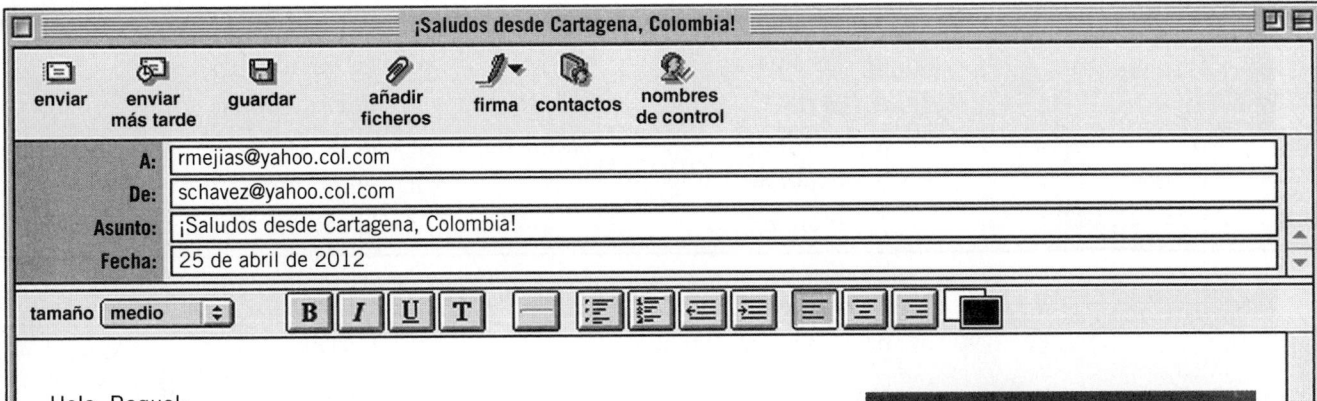

Hola, Raquel:

¡Saludos desde Cartagena, Colombia!

   Llegamos aquí después de tres días en la Isla de San Andrés, donde lo pasamos maravillosamente bien. Nuestro hotel era grande y bonito y estaba a sólo dos minutos de la playa. Nos quedamos en un cuarto muy grande con una buena vista al mar. Todos los días nadamos en el mar o en la piscina del hotel y salimos para hacer esquí acuático y bucear en las aguas cristalinas del Caribe. El último día hicimos una excursión por toda la isla en bicicleta. El hotel tenía un buen restaurante y probamos algo nuevo cada día.

   Ahora estamos en la ciudad antigua de Cartagena en un hotel colonial con un jardín lleno de flores tropicales. Ayer llovió y fuimos al museo para aprender un poco sobre la historia de la ciudad. Anoche cenamos en un restaurante en el centro, donde había música tradicional colombiana.

Nos gustó mucho el ambiente y nos quedamos hasta tarde.

Te mando unas fotos digitales que saqué.

Un abrazo de tu amiga,
Susana

APLICACIÓN

9-16 ¿Qué pasa? Indica si cada una de las siguientes oraciones es **cierta** o **falsa**, según el vocabulario y la lectura de **¡Así lo decimos!**. Luego, corrige la información **falsa**.

1. Susana está en la Isla de San Andrés.
2. El hotel donde se quedó en San Andrés era muy bueno.
3. Ella nadó en el mar Caribe.
4. Ella montó a caballo en la isla.
5. Hizo buen tiempo ayer.
6. Susana escuchó música colombiana en el restaurante.

9-17 **Fuera de serie.** Indica los términos que no van con los otros y explica por qué.

MODELO: a. el mar   b. las flores   c. el bosque   d. las fotos

→ *Las fotos, porque las otras palabras son cosas naturales.*

1. a. el lago
   b. la montaña
   c. la cámara
   d. el río

2. a. quedarse
   b. explorar
   c. montar
   d. pescar

3. a. el lago
   b. la cámara digital
   c. la foto
   d. la pila

4. a. el cuarto doble
   b. el hotel
   c. las gafas de sol
   d. la vista al mar

5. a. el museo
   b. el monumento
   c. la catedral
   d. el volcán

6. a. sacar fotos
   b. bucear
   c. montar en bicicleta
   d. planear

 9-18 **¿Qué te gusta hacer?** Háganse preguntas para comparar lo que prefieren hacer cuando están de vacaciones.

1. ¿Prefieres estar en el campo o en la ciudad?
2. ¿Te quedas en un hotel de lujo?
3. ¿Te gusta visitar museos?
4. Si estás en la playa, ¿te gusta bucear?
5. ¿Pasas mucho tiempo en el hotel o te gusta explorar?
6. ¿Compras recuerdos para tu familia y tus amigos?
7. ¿Sacas muchas fotos?
8. ¿Prefieres caminar o montar en bicicleta?

Comparaciones

¡VAMOS A ESTUDIAR EN EL EXTRANJERO!

En tu experiencia. ¿Hay estudiantes de tu universidad que estudian en el extranjero? ¿A qué países van? Por lo general, ¿es una experiencia positiva para ellos? ¿Cuáles son las ventajas de estudiar en otro país? En este artículo, vas a leer sobre tres estudiantes que estudiaron en un país hispanohablante como parte de su programa de estudios hispánicos.

Cada año muchos estudiantes canadienses viajan a países hispanohablantes para pasar un semestre o un año académico estudiando en un ambiente universitario. Para ellos los programas en el extranjero representan una magnífica oportunidad de mejorar su español y conocer una parte del mundo hispano.

Estos tres estudiantes describen los aspectos más valiosos de su experiencia en el extranjero.

Jacob y Miranda

"Yo fui a La Rioja, España, para estudiar un año dentro de la cultura española. Aprendí la lengua, pero más que nada, me acostumbré a vivir en una cultura con miles de años de civilización e historia. La cosa más preciosa que me llevo de España es el entendimiento de que entre varias culturas, lenguas y puntos de vista, siempre hay una base común y rica. Estudiar una lengua es ponerte en contacto íntimamente con un mundo más grande y abierto." Jacob

"El año pasado yo estudié en la República Dominicana, en la Universidad PUCMM. Para mí, la experiencia más valiosa fue vivir con mi familia dominicana. Ellos me ayudaron mucho con mi español y me sumergieron en la cultura dominicana. Me llevaron a las casas de sus familiares, diciendo que yo era su hija o hermana dominicana. También me hicieron conocer la comida y los bailes dominicanos. Sin mi familia dominicana no hubiese podido tener una experiencia tan 'jebi' ("cool" en la R.D.)." Miranda

"Pasé un año estudiando en la Universidad de Holguín, Cuba. Los cursos que tomé me permitieron profundizar mi conocimiento del español. Sin embargo, encontré el aspecto más valioso del intercambio fuera del aula: el descubrimiento de mi sentido del humor a través del (*through*) español. El primer semestre, muchas veces no entendía el doble sentido que caracteriza al cubano. Por fin, cuando pude expresarme mejor a través de chistes (*jokes*), supe que había llegado a un nivel más alto en el idioma de Cervantes. Además, sabía que las personas con quienes me reía eran mis verdaderos amigos. Las amistades confiables y la risa son importantes en cualquier parte del mundo, pero en Cuba es especialmente así." Curtis

¿Entiendes? Indica si cada una de las siguientes oraciones es **cierta** o **falsa**, según la lectura. Luego, corrige la información **falsa**.

1. Se preguntó a los tres estudiantes qué les gustó más de su experiencia en el extranjero.

Curtis

(*continued*)

(continued)

2. Jacob estudió historia y civilización en España.

3. Jacob cree que una ventaja de estudiar lenguas es que también se aprende mucho de otras culturas.

4. Miranda es la hija de la familia dominicana con la que vivió.

5. En la República Dominicana, Miranda aprendió sobre la cultura dominicana.

6. Para Curtis, una buena manera de conocer otra cultura es a través del humor.

 ¡A conversar! ¿Uds. piensan ir a estudiar al extranjero? ¿Adónde les interesa ir? ¿Por qué? ¿Qué aspectos de un programa de estudios en otro país consideran los más interesantes? ¿Creen que estudiar en el extranjero debería ser uno de los requisitos (*requirements*) de un programa de lenguas?

¡Así lo hacemos! ESTRUCTURAS

3. Preterit vs. imperfect

9-26 to 9-32

In Spanish, the use of the **preterit** or the **imperfect** reflects the way in which the speaker views the action or event being expressed. A comparison of their uses follows.

The preterit...

1. narrates actions or events in the past that the speaker views as completed or finished.

Susana y Mauricio **estuvieron** en la agencia por dos horas.

*Susana and Mauricio **were** at the agency for two hours.*

The imperfect...

1. describes what was happening in the past, usually in relation to another event or at a given time, with no reference to the beginning or end of an action.

Mientras **caminaban** por el parque, **hablaban**.

*While **they were walking** in the park, **they were talking**.*

2. expresses the beginning or end of a past event or action.

> El avión **llegó** a las tres y cinco.
>
> *The flight **arrived** at 3:05.*
>
> La excursión **terminó** a la una.
>
> *The tour **ended** at 1:00.*

2. expresses habitual actions or events in the past.

> Pedro **comía** en ese restaurante todos los sábados.
>
> *Pedro **used to eat** at that restaurant every Saturday.*
>
> Dina **tomaba el sol** todo el tiempo.
>
> *Dina **used to sunbathe** all the time.*

3. narrates completed events that occurred in a series.

> Carlos **vio** la catedral, **tomó** su cámara y **sacó** la foto.
>
> *Carlos **saw** the cathedral, **got** his camera and **took** the photo.*

3. expresses time and dates in the past.

> **Eran** las cuatro de la tarde.
>
> *It **was** 4:00 p.m.*

4. expresses changes in mental, physical, and emotional conditions or states in the past.

> Paula **se puso** triste cuando supo la noticia.
>
> *Paula **became** sad when she heard the news.*
>
> **Estuve** nerviosa durante el vuelo, pero ya no.
>
> *I **was** nervous during the flight but now I'm not.*

4. expresses mental, physical, and emotional conditions or states in the past.

> Paula **estaba** contenta durante la excursión.
>
> *Paula **was** happy during the tour.*
>
> Nos **sentíamos** mal cuando no comíamos bien.
>
> *We **felt** ill when we didn't eat well.*

5. describes weather and scenes as events or within specific time parameters.

> Ayer fue un día horrible. **Llovió** e **hizo** mucho viento.
>
> *Yesterday was a horrible day. It **rained** and **was** very windy.*

5. sets the scene (weather, activities in progress, etc.) for other actions and events that take place.

> **Hacía** muy mal tiempo y **llovía**. Yo **leía** en mi cuarto y **esperaba** la llamada.
>
> *The weather **was** bad and it **was** raining. I **was reading** in my room and **waiting for** the call.*

The preterit and the imperfect are often used together. In the following examples, the imperfect describes what was happening or in progress when another action (in the preterit) interrupted and took place.

> **Conversábamos** con el asistente de vuelo cuando Cristina **subió** al avión.
>
> Las chicas **sacaban** fotos de la catedral cuando Jorge las **vio**.

> *We **were talking** with the flight attendant when Cristina **boarded** the plane.*
>
> *The girls **were taking** photos of the cathedral when Jorge **saw** them.*

Learning Tips

DISTINGUISHING BETWEEN THE PRETERIT AND THE IMPERFECT

1. Analyze the context in which the verb will be used and ask yourself: does the verb describe the way things were (imperfect) or does it tell what happened (preterit)?

   Era de noche cuando **llegaron** al aeropuerto.

   Era: describes $\longrightarrow$ It was nighttime. (Imperfect)

   llegaron: tells what happened $\longrightarrow$ They arrived. (Preterit)

2. In many instances, both tenses produce a grammatical sentence. Your choice will depend on the message you are communicating.

Así **fue**.	*That's how **it happened**.*
Así **era**.	*That's how **it used to be**.*
Ayer **fue** un día horrible.	*Yesterday **was** a horrible day (this is the point, it's not background information).*
Era un día horrible.	***It was** a horrible day (this is background information for the actions that will be narrated).*

3. Here are some temporal expressions that are frequently associated with the imperfect and the preterit. Note that the ones that require the imperfect generally imply repetition or habit and those that take the preterit refer to specific points in time.

Imperfect	Preterit
a menudo	anoche
con frecuencia	anteayer
de vez en cuando	ayer
muchas veces	una vez
frecuentemente	el fin de semana pasado
todos los lunes/ martes/ ...	esta mañana
	el lunes/ martes/ ... pasado
todas las semanas	la semana pasada
todos los días/ meses	el mes pasado
siempre (*when an event is repeated with no particular end point*)	siempre (*when an end point is obvious*)

APLICACIÓN

9-19 ¿Pretérito o imperfecto? Explica el uso del pretérito o del imperfecto, o de los dos, en las siguientes oraciones.

1. El verano pasado **fui** a Venezuela por una semana con una amiga.
2. Cuando **llegamos** a Caracas, **llovía** pero **hacía** calor.
3. **Tomamos** un taxi a nuestro hotel que **estaba** en el centro.
4. Nuestro cuarto **era** grande pero no **tenía** vista a la calle.
5. **Estábamos** cansadas y por eso **dormimos** una siesta antes de salir a almorzar.
6. **Queríamos** conocer la ciudad y **salimos** del hotel.
7. **Encontramos** un restaurante que **servía** comida típica venezolana.
8. Nos **sirvieron** pabellón criollo, un plato delicioso de arroz, carne y plátano frito, que nos **gustó** mucho.

9-20 Un día en la playa. Completa la descripción de lo que les pasó a Marta y a Cecilia en la playa con la forma correcta del pretérito o del imperfecto de cada verbo entre paréntesis.

Ayer Cecilia y yo (1. pasamos/ pasábamos) el día en la playa de la Isla de Margarita. El mar (2. estuvo/ estaba) verde claro y (3. estuvo/ estaba) muy tranquilo. La playa (4. estuvo/ estaba) llena de palmeras y (5. tuvo/ tenía) arena blanca. (6. Hubo/ Había) mucha gente de nuestra edad y nosotros (7. jugamos/ jugábamos) al vóleibol toda la mañana. Por la tarde, nosotras (8. fuimos/ íbamos) a pasear en el bote de Carlos, un amigo de la universidad. Cecilia y yo (9. conocimos/ conocíamos) a un joven paraguayo que nos (10. invitó/ invitaba) a bailar salsa en un bar de la playa. Por la tarde (11. fuimos/ íbamos) a ver los partidos de tenis. Después nosotras (12. volvimos/ volvíamos) a la playa a tomar el sol y por la noche (13. cenamos/ cenábamos) en un restaurante al lado del mar. Ayer (14. fue/ era) un día maravilloso para nosotras y vamos a tratar de volver a la playa la semana próxima.

9-21 En el mercado.   Imagínate que fuiste con unos amigos a un mercado de artesanías en Cartagena de Indias. Completa las oraciones para describir el mercado y lo que pasó, usando el **imperfecto** del verbo en la primera parte y el **pretérito** del segundo verbo.

MODELO: (Ser) _Era_ temprano cuando (llegar) _llegamos_.

1. (Llover) _____ un poco y por lo tanto nosotros (entrar) _____ rápidamente.

2. Ana (querer) _____ comprar algo para su mamá y ella (ir) _____ a ver unas bolsas de cuero.

3. Carlos y Juan (regatear) _____ con un vendedor cuando Alicia (conseguir) _____ un precio mucho mejor en otro puesto.

4. Nosotros (caminar) _____ por el mercado cuando yo (ver) _____ unas cerámicas muy bonitas.

5. Las cerámicas le (gustar) _____ mucho a Ana y (decidir) _____ comprar unas para su mamá.

6. Todos nosotros (tener) _____ mucha hambre y (irnos) _____ a almorzar a un restaurante típico.

9-22 En la playa.   Completa el párrafo con la forma correcta del verbo entre paréntesis en el pretérito o el imperfecto, según el contexto.

En la playa (1. haber) _____ mucha actividad: algunos niños (2. nadar) _____, una chica (3. tomar) _____ el sol y varios chicos (4. jugar) _____ al vóleibol. De repente (*Suddenly*), el cielo se (5. poner) _____ muy gris. (6. Empezar) _____ a llover violentamente. Cuando (7. venir) _____ la lluvia, todos (8. correr) _____ para el hotel. La tormenta (9. pasar) _____ rápidamente y todo (10. volver) _____ a la normalidad.

9-23 Mi primer viaje solo en avión.   Esta narración está escrita en presente. Cambia los verbos al pretérito o al imperfecto, según el contexto.

1. Bueno, *viajo* solo por primera vez cuando *tengo* doce años.

2. *Voy* de Montreal a Madrid.

3. Como *soy* menor de edad, un asistente de vuelo me *acompaña* al avión.

4. Nos *sentamos* en nuestros asientos y el avión *sale*.

5. *Tengo* un poco de miedo al principio porque *hay* mucha turbulencia.

6. Luego los asistentes de vuelo nos *traen* la cena y *ponen* una película.

7. Yo no la *miro* porque la *veo* en el cine el mes pasado.

8. No *estoy* muy cómodo porque el avión *es* pequeño pero al fin *puedo* dormir.

9. Al llegar a Madrid, una asistente de vuelo me *ayuda* en el control de inmigración y la aduana.

10. *Me siento* muy contento cuando *veo* a mi padre esperándome.

11. En fin, *es* una experiencia muy interesante.

9-24 Queríamos... Túrnense para completar las oraciones, indicando lo que querían hacer y lo que hicieron según el contexto. Vean los modelos.

MODELO: Iba a... anoche pero...
→ *Iba a salir con mis amigos anoche pero decidí ver un poco de televisión.*
(Yo) quería... mientras...
→ *Yo quería escuchar música mientras estudiaba.*

1. Ayer venía a clase cuando...
2. El año pasado...
3. Cuando era más joven, frecuentemente...
4. Esta mañana iba a... pero...
5. Muchas veces en el pasado...
6. Ayer quería... mientras...

 9-25 ¿Qué hiciste ayer? Túrnense para hacer preguntas sobre lo que hicieron ayer, prestando atención al uso del pretérito o del imperfecto.

MODELO: E1: *¿A qué hora te levantaste ayer? ¿Cómo te sentías?*
E2: *Me levanté a las ocho y media. Estaba un poco cansado/a. ¿Y tú?*
E1: *Me levanté tarde, a las once. ¡Me sentía muy bien!*

1. ¿A qué hora te levantaste ayer? ¿Cómo te sentías?
2. ¿Desayunaste? ¿Qué comiste?
3. ¿Qué tiempo hacía?
4. ¿Qué hiciste en la universidad?
5. ¿Qué hora era cuando regresaste a casa?
6. ¿Qué hiciste al regresar a casa?
7. ¿Qué hora era cuando cenaste?
8. ¿Alguien te llamó por teléfono? ¿Qué hacías cuando sonó el teléfono?
9. ¿Tuviste que hacer alguna tarea anoche? ¿Estabas cansado/a?
10. ¿A qué hora te acostaste?

4. Adverbs ending in *-mente*

9-33 to
9-37

- An adverb modifies a verb, an adjective, or another adverb. In Spanish many adverbs are formed by adding **-mente** to the **feminine singular** form of adjectives that end in **-o** or **-a**. Adjectives that have only one form simply add **-mente**. Note that the ending **-mente** is equivalent to the English ending *-ly*. Also note that if the adjective requires an accent mark, the accent remains on the adverb.

alegre	→	alegremente	fácil	→	fácilmente
lento	→	lentamente	rápido	→	rápidamente

Lucrecia canceló el viaje **inmediatamente**.

*Lucrecia cancelled the trip **immediately.***

Usualmente compro los pasajes en línea.

*I **usually** buy tickets on line.*

- Remember that you already know a number of adverbs that do **not** end in *-ly*: **bien**, **mal**, **aquí**, **ahí**, **allí**, **muy**, **siempre**, **ahora**, **tarde**, **temprano**, **cerca**, **lejos**, and so on.

Las vacas caminaban muy lentamente.

APLICACIÓN

9-26 ¿Cómo lo hacías?   Escoge el adverbio apropiado para describir cómo hacías estas cosas cuando eras niño/a.

MODELO: Cuando era niño/a, iba… a visitar a mis tíos.

- a. inmediatamente
- b. rápidamente
- c. <u>frecuentemente</u>

1. Yo caminaba… a la escuela por la mañana.
    - a. lentamente
    - b. rápidamente
    - c. alegremente

2. Yo… regresaba a la casa a la hora del almuerzo.
    - a. frecuentemente
    - b. usualmente
    - c. raramente

3. Regresaba… de la escuela por la tarde.
    - a. tristemente
    - b. rápidamente
    - c. inmediatamente

4. Después de la escuela, yo terminaba la tarea…
    - a. difícilmente.
    - b. fácilmente.
    - c. inmediatamente.

5. Yo jugaba con mis amigos…
    - a. alegremente.
    - b. nerviosamente.
    - c. tranquilamente.

6. Por la noche, yo… miraba un poco de televisión.
    - a. nerviosamente
    - b. usualmente
    - c. raramente

9-27 En el Museo del Oro de Bogotá.   Lee el párrafo sobre una visita al Museo del Oro de Bogotá e identifica los adverbios que terminan en **-mente**. Luego, contesta las preguntas que siguen.

Una pieza de oro precolombina de Colombia.

Cuando Alina y José vivían en Bogotá, iban frecuentemente al Museo del Oro para ver las diferentes exposiciones que había. Para llegar al museo normalmente pasaban por el parque, especialmente cuando hacía buen tiempo. A José siempre le gustaba caminar lentamente, pero Alina caminaba más rápidamente. En el museo, José se sentaba en los bancos y tranquilamente leía todos los letreros (*signs*) sobre las piezas, pero Alina solamente sacaba fotos de ellas. Salían puntualmente a la hora en que se cerraba el museo y generalmente iban a una heladería donde se sentaban a tomar un refresco y a conversar animadamente sobre la visita. Siempre lo pasaban maravillosamente bien. Ahora que viven en Medellín, usualmente visitan el Museo de Arte Moderno si tienen tiempo los domingos.

1. ¿Adónde iban frecuentemente Alina y José?
2. ¿Cómo iban normalmente?
3. ¿Cómo caminaba cada uno?
4. ¿Qué hacía José en el museo? ¿Y Alina?
5. ¿Qué hacían después de visitar el museo?

9-28 ¿Cómo se hace? Cambia los adjetivos a adverbios.

MODELO: lento
→ *lentamente*

1. enorme
2. furioso
3. regular
4. único
5. amable
6. tranquilo

7. difícil
8. alto
9. animado
10. impaciente
11. nervioso
12. fácil

 9-29 ¿Cómo lo haces? Túrnense para hacerse preguntas. Contesten cada una con un adverbio terminado en **-mente**, basado en un adjetivo de la lista.

MODELO: E1: ¿Qué tal lees en español?
E2: *Leo lentamente en español. ¿Y tú?*

alegre	cuidadoso	elegante	impaciente	nervioso	tranquilo
animado	difícil	fácil	lento	rápido	triste

1. ¿Qué tal escribes en español?
2. ¿Qué tal duermes cuando hace frío?
3. ¿Cómo te vistes cuando sales con tus amigos?

4. ¿Cómo bailas la salsa?
5. ¿Qué tal montas en bicicleta?
6. ¿...?

 Algo más

9-38 to
9-39

¡Vamos a leer!

9-30 Una entrevista con Fernando Botero. Lee la siguiente entrevista con Fernando Botero. Este artista colombiano es uno de los más destacados de este siglo. Es tanto escultor como pintor, y sus obras están en museos y en lugares públicos por todo el mundo.

Entrevistadora: Buenas tardes, Sr. Botero. Usted nació (*were born*) en Medellín pero después se fue a vivir a Bogotá. ¿Por qué no se quedó en Medellín?

Botero: Me fui por todas las oportunidades que se ofrecían en la capital. Mi primera exposición de pinturas fue en Bogotá cuando tenía veinte años. Después, gané varios premios (*prizes*) y decidí ir a Europa. Por supuesto, allí había muchas oportunidades para colaborar con artistas de todo el mundo.

Entrevistadora: ¿Y qué hizo allí?

Botero: Primero, viajé por Francia, España e Italia para conocer las grandes obras maestras (*masterworks*) de los museos europeos. Estudié por varios meses en cada lugar y luego me fui para México.

Entrevistadora: ¿Y por qué fue a México?

Botero: Fui para conocer mejor el arte mexicano y allí pinté varios cuadros. Luego, salí para Nueva York y en esa ciudad pinté mi *Mona Lisa a los 12 años de edad*, que está en el Museo de Arte Moderno.

Entrevistadora: Y, ahora ¿qué hace?

Botero: Me interesa el arte colonial y monumental, especialmente la escultura. Vivo en París, Nueva York y Bogotá. Para mí, es una vida llena de satisfacción y por el momento, soy feliz.

CUESTIONARIO:

1. ¿Cuál es la nacionalidad de Botero?
2. ¿Por qué se fue a vivir a Bogotá?
3. ¿Qué hizo cuando estaba en Europa?
4. ¿En qué ciudad se puede ver su *Mona Lisa a los 12 años de edad*?
5. ¿Qué tipo de arte hace hoy en día?
6. ¿Cuál es tu opinión de su arte?

¡Vamos a hablar!

9-31 Un viaje inolvidable (*unforgettable*). Túrnense para describir su último viaje. Si desean, pueden usar estas preguntas como guía.

MODELO: E1: ¿Adónde fuiste?
E2: *El junio pasado fui a España con mi amigo Pepe. Fuimos en avión. Cuando llegamos, hacía un calor tremendo. ¿Y tú?*
E3: *Yo fui a México con mi familia hace tres años...*

1. ¿Adónde fuiste? ¿Cuándo?
2. ¿Cómo? (en avión/ en coche/...)
3. ¿Con quiénes fuiste?
4. ¿Qué tiempo hacía cuando llegaste?
5. ¿Qué lugares visitaste? ¿Cómo eran esos lugares?
6. ¿Dónde te quedaste allí?
7. ¿Qué actividades hiciste durante el viaje?
8. ¿Qué recuerdos compraste? ¿Eran caros?
9. ¿Cuánto tiempo estuviste allí?
10. ¿Querías regresar al final del viaje?

El Parque Nacional Tayrona en Colombia.

¡Vamos a escribir!

9-32 Un "blog". Con un/a compañero/a, escojan uno de los viajes del ejercicio anterior para desarrollar en forma de un "blog".

MODELO: El Salto Ángel, 30 de junio de 2012

Aquí estamos después de cuatro días de viaje en canoa por el río. Es la temporada de lluvia y por eso llovió todo el día. Estoy completamente mojado/a (wet). Pero no importa porque hoy disfruté de (enjoyed) la vista más espectacular de mi vida, el Salto Ángel...

- **La tarea.** Vuelve a escribir tu blog para entregar a tu profesor/a. Revisa tu composición para comprobar los siguientes puntos: el uso del pretérito e imperfecto, el uso de **por** y **para**, el uso de los adverbios terminados en **–mente**, la ortografía y la concordancia.

¡Vamos a explorar!

9-33 Vacaciones caribeñas. Busquen información sobre hoteles en la Isla de Margarita. Decidan en cuál de ellos prefieren hospedarse y expliquen por qué. Pueden usar los siguientes sitios web o buscar otros:

www.porlamar.com/spanish
www.ilemargarita-venezuela.com

Nuestro mundo

Panoramas

Los países caribeños de Suramérica: Venezuela y Colombia

Cartagena de Indias fue fundada en la costa del Caribe en 1533. En pocos años su excelente puerto era el más importante para España en el Nuevo Mundo y Cartagena llegó a ser una de las ciudades más ricas del imperio. Hoy en día esta acogedora (*welcoming*) ciudad, situada en la costa del Caribe, es el centro turístico más importante de Colombia.

El petróleo es un producto importante para la economía de Venezuela. Aunque la industria petrolera contribuye al PIB (*GDP*) de Venezuela, todavía hay muchas personas que viven en la pobreza en la capital, Caracas, y en otras áreas del país.

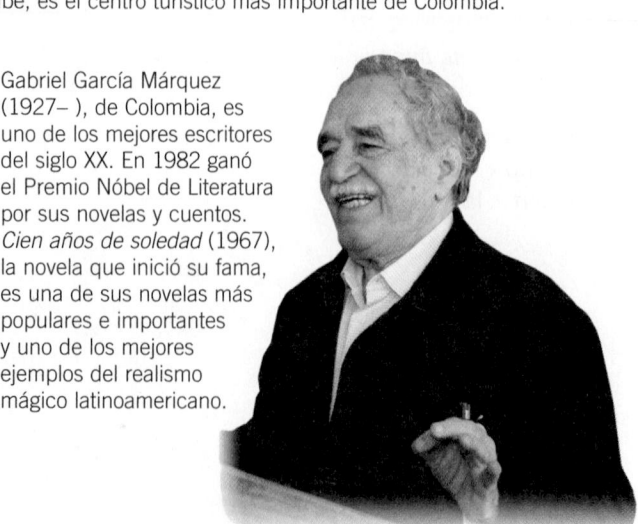

Gabriel García Márquez (1927–), de Colombia, es uno de los mejores escritores del siglo XX. En 1982 ganó el Premio Nóbel de Literatura por sus novelas y cuentos. *Cien años de soledad* (1967), la novela que inició su fama, es una de sus novelas más populares e importantes y uno de los mejores ejemplos del realismo mágico latinoamericano.

En Colombia hay muchos depósitos de oro y piedras preciosas, especialmente de esmeraldas. Estas riquezas se usaban en las joyas que llevaban los caciques (*chiefs*) de los indígenas. Los conquistadores españoles sacaron y se llevaron muchas de estas riquezas, pero todavía se puede ver algunos objetos preciosos en museos en Bogotá y en otras ciudades.

Venezuela y Colombia

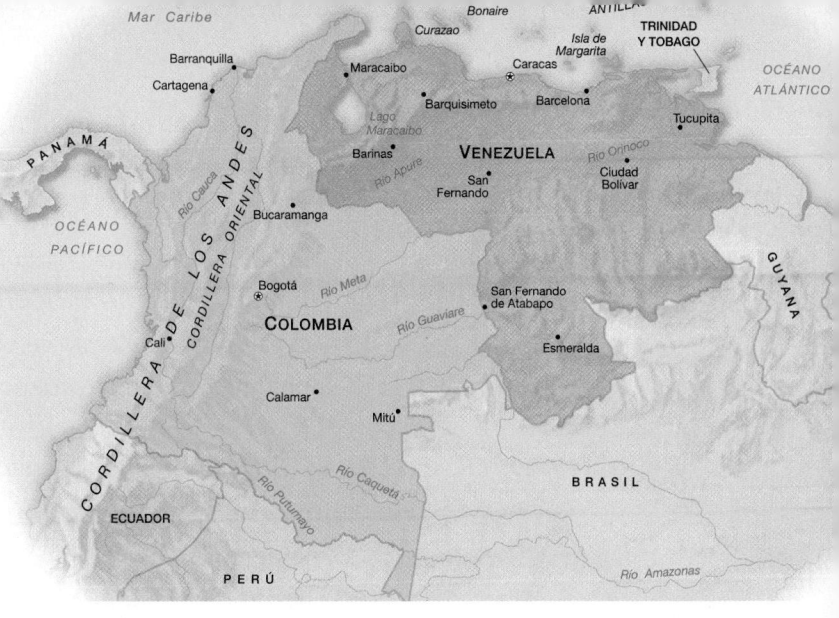

Venezuela

Colombia

La Isla de Margarita, de 920 km², es la mayor de las islas que bordean Venezuela y que forman lo que muchos llaman "un bello collar de perlas" en el Mar Caribe. Margarita, con su zona franca (*duty-free zone*), magníficos hoteles y restaurantes y espléndidas playas, es un paraíso tropical para el turista. En las playas de Margarita se practican varios deportes acuáticos como el jet ski, el surf, el buceo, la pesca y el windsurf.

En Venezuela se encuentran los "tepuyes", montañas en forma de mesas que son únicas en el mundo.

9-34 ¿Qué sabes tú? Identifica o explica las siguientes cosas.

1. las capitales de Colombia y Venezuela
2. un lago grande en Venezuela
3. un país importante por su petróleo
4. la profesión de Gabriel García Márquez
5. el país que tiene costa en el Mar Caribe y en el Océano Pacífico
6. un mineral brillante que se encuentra en Colombia

9-35 ¿Dónde? Identifica dónde se puede encontrar lo siguiente.

1. industria petrolera
2. los tepuyes
3. deportes de verano
4. museos
5. arquitectura colonial
6. clima templado
7. una isla buena para el turismo

9-36 ¿Cierto o falso? Indica si las siguientes oraciones son **ciertas** o **falsas**. Si son **falsas**, explica por qué.

1. Gabriel García Márquez se conoce por su poesía.
2. Los conquistadores españoles se llevaron mucha riqueza de Colombia.
3. Cartagena es una ciudad colonial.
4. La Isla de Margarita atrae a muchos turistas por sus deportes invernales.
5. Hay tepuyes en los museos de Caracas.
6. El petróleo es el producto más importante de Venezuela.
7. Venezuela y Colombia tienen muchas atracciones para los viajeros.

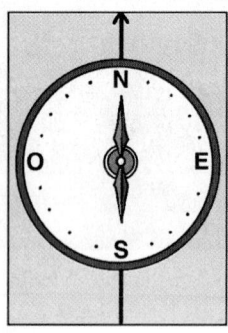 **9-37 El mapa.** Consulten el mapa de Suramérica y túrnense para indicar dónde se encuentran estas ciudades y lugares.

al norte de...	al sur de...	al este de...	al oeste de...
en el centro	en el interior	en las montañas	en la costa del Caribe
en la costa del Pacífico	en el Caribe		

MODELO: Santa Fé de Bogotá
→ *Santa Fé de Bogotá es la capital de Colombia. Está en el interior del país, en las montañas.*

Cartagena	la Isla de Margarita	el Lago Maracaibo
Caracas	Medellín	el Río Orinoco
Cali	la Cordillera de los Andes	

9-38 Conexiones. Consulta la biblioteca o el Internet para encontrar información sobre los siguientes temas.

1. el café colombiano
2. el ecoturismo en Colombia
3. los indios muiscas
4. Simón Bolívar
5. los contrastes geográficos en Colombia o Venezuela
6. la obra de Gabriel García Márquez

📖 Ritmos

9-49

El jazz latino: sensual y sofisticado

Las claves marcan el ritmo.

El jazz latino surgió en los Estados Unidos en los años 40 de los ritmos africanos y caribeños. Un gran intérprete de este género fue Dizzy Gillespie, un trompetista de jazz de los EE. UU. que experimentó combinando elementos de la música afro-cubana con instrumentos de jazz. Instrumentos de percusión como la conga y el timbal y el ritmo fijo de las claves dan al jazz latino un sonido distinto al del jazz americano. Algunos ritmos del jazz latino son la bossa nova y la samba de Brasil y la salsa, el cha cha cha, el son y otros ritmos cubanos.

Para escuchar ejemplos del jazz latino: Hay muchos sitios donde se puede escuchar esta música en el Internet: busca "Latin jazz radio". Si te interesa escuchar a Eliana Cuevas, puedes encontrar ejemplos de su música en YouTube.

Eliana Cuevas: una venezolana en Toronto

Eliana Cuevas es una cantante de jazz latino que vino de Venezuela a Toronto para estudiar historia en la universidad, pero que encontró su pasión en la música. En 2002 ella formó su propio conjunto (*ensemble*) y desde entonces ha llegado a ser una de las intérpretes del jazz latino más conocidas de Canadá. Además de hacer giras a nivel nacional e internacional, Eliana ha grabado varios discos y ha aparecido en conciertos con músicos conocidos como Jesse Cook. Ahora vive en Toronto donde está desarrollando su carrera musical.

Páginas

📖 Antes de leer

9-50

9-39 Un folleto turístico. De estas actividades, ¿cuáles normalmente encuentras en un folleto turístico? ¿Cuáles son importantes para conocer la cultura de otro lugar? ¿Cuáles te interesan más a ti?

Normal (N)	Importante (I)	Me interesa (M)
_____ actividades deportivas	_____ gastronomía	_____ artesanía
_____ fiestas y ferias	_____ excursiones	_____ economía

A leer

9-40 Los folletos. Los folletos dan información para que puedas decidir si quieres saber más acerca de algún lugar. Las imágenes son para estimularte la imaginación. Pueden ser exóticas, hermosas o simplemente diferentes. Ve las imágenes en el folleto y trata de identificar de qué se trata sin leer el texto.

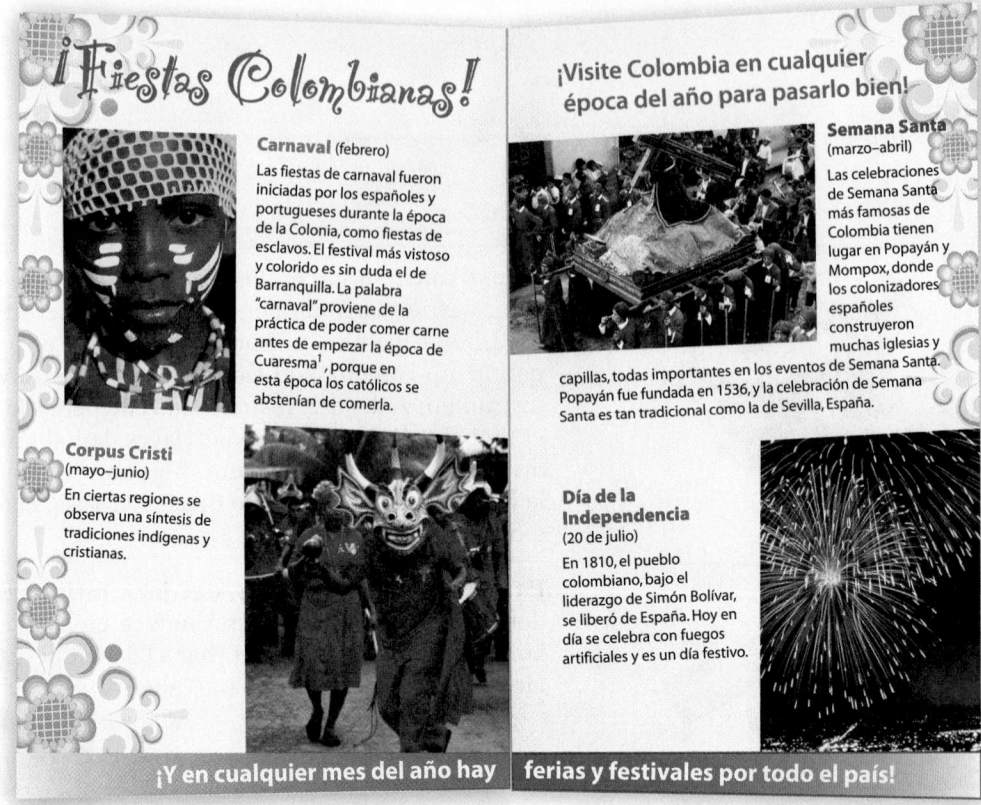

¡Fiestas Colombianas!

Carnaval (febrero)

Las fiestas de carnaval fueron iniciadas por los españoles y portugueses durante la época de la Colonia, como fiestas de esclavos. El festival más vistoso y colorido es sin duda el de Barranquilla. La palabra "carnaval" proviene de la práctica de poder comer carne antes de empezar la época de Cuaresma[1], porque en esta época los católicos se abstenían de comerla.

Corpus Cristi (mayo–junio)

En ciertas regiones se observa una síntesis de tradiciones indígenas y cristianas.

¡Visite Colombia en cualquier época del año para pasarlo bien!

Semana Santa (marzo–abril)

Las celebraciones de Semana Santá más famosas de Colombia tienen lugar en Popayán y Mompox, donde los colonizadores españoles construyeron muchas iglesias y capillas, todas importantes en los eventos de Semana Santa. Popayán fue fundada en 1536, y la celebración de Semana Santa es tan tradicional como la de Sevilla, España.

Día de la Independencia (20 de julio)

En 1810, el pueblo colombiano, bajo el liderazgo de Simón Bolívar, se liberó de España. Hoy en día se celebra con fuegos artificiales y es un día festivo.

¡Y en cualquier mes del año hay ferias y festivales por todo el país!

[1] *Lent*

Después de leer

9-41 Lo normal y lo exótico. Da tus impresiones sobre la información contenida en el folleto.

1. ¿Qué imágenes te parecen más exóticas?
2. ¿Cuáles te parecen similares a celebraciones que ya conoces?
3. ¿Cuáles de las fiestas se celebran en Canadá?
4. Si algún día visitas Colombia, ¿cuáles prefieres conocer?

9-42 En su experiencia. Las fiestas reflejan la cultura de su gente. Por ejemplo, mucha gente de origen ucraniano celebra el día de la Epifanía el 6 de enero con música y comida especial. Escojan una fiesta que se celebre en su ciudad o su pueblo y contesten las siguientes preguntas.

1. ¿Cuál es el origen de la fiesta?
2. ¿Cuándo y cómo se celebra?
3. ¿Participan ustedes en la celebración? ¿Cómo?
4. ¿Es una fiesta que se celebra en el mundo hispano también?

MySpanishLab

Access *¡Arriba!*'s MySpanishLab at **www.myspanishlab.com**. MySpanishLab offers a variety of online resources, including

- Student Activities Manual exercises
- self-grading tests
- videos

Vocabulario

Primera parte

En la agencia de viajes	In the travel agency
el folleto	brochure
la guía (turística)	guidebook
incluido/a	included
el pasaje (de ida y vuelta)	(round-trip) fare; ticket
la reserva/ reservación	reservation
el viaje	trip; journey

En el aeropuerto	In the airport
el/la asistente de vuelo	flight attendant
el avión	airplane
la bolsa/ el equipaje (de mano)	(hand/carry-on) bag/luggage
el control de seguridad	security checkpoint
el/la inspector/a de aduanas	customs officer
la llegada	arrival
la maleta	suitcase
el pasaporte	passport
el/la piloto	pilot
la puerta de salida	boarding gate
el reclamo de equipaje	baggage claim

la sala de espera	waiting room
la salida	departure
el vuelo	flight

En el avión	On the plane
el asiento (de ventanilla/ de pasillo)	(window/aisle) seat
el/la pasajero/a	passenger
la tarjeta de embarque	boarding pass

Verbos	Verbs
facturar	to check in
hacer cola	to stand in line
hacer la(s) maleta(s)	to pack
pasar por (...)	to pass through (. . .)
subir al avión	to board the plane
viajar	to travel
volar (ue)	to fly

Segunda parte

En el hotel	In the hotel
el cuarto/ la habitación (doble/ sencillo/a)	(double/single) room
la estadía	stay
el hostal	inn/youth hostal
el hotel (de lujo)	(luxury) hotel
la vista	view

Actividades típicas de los viajeros	Typical activities of travellers
bucear	to scuba dive
comprar recuerdos	to buy souvenirs
explorar	to explore
hacer una gira	to take a tour
montar a caballo/ en bicicleta/ en el campo	to go horseback/bicycle riding/in the country(side)
pescar	to fish
planear	to plan
quedarse	to stay (somewhere)
sacar fotos	to take photos

Accesorios para viajar	Accessories for travelling
la cámara (digital)	(digital) camera
la cámara de video	video camera
las gafas de sol	sunglasses
el mapa	map
la pila	battery

Atracciones turísticas	Tourist attractions
el bosque	woods; forest
la catedral	cathedral
el centro histórico	historical centre
la flor	flower
la isla	island
el lago	lake
la montaña	mountain
el monumento	monument
el museo	museum
el río	river
el volcán	volcano

10
¡Tu salud es lo primero!

Diagnostic
Test

Los hispanos en Canadá

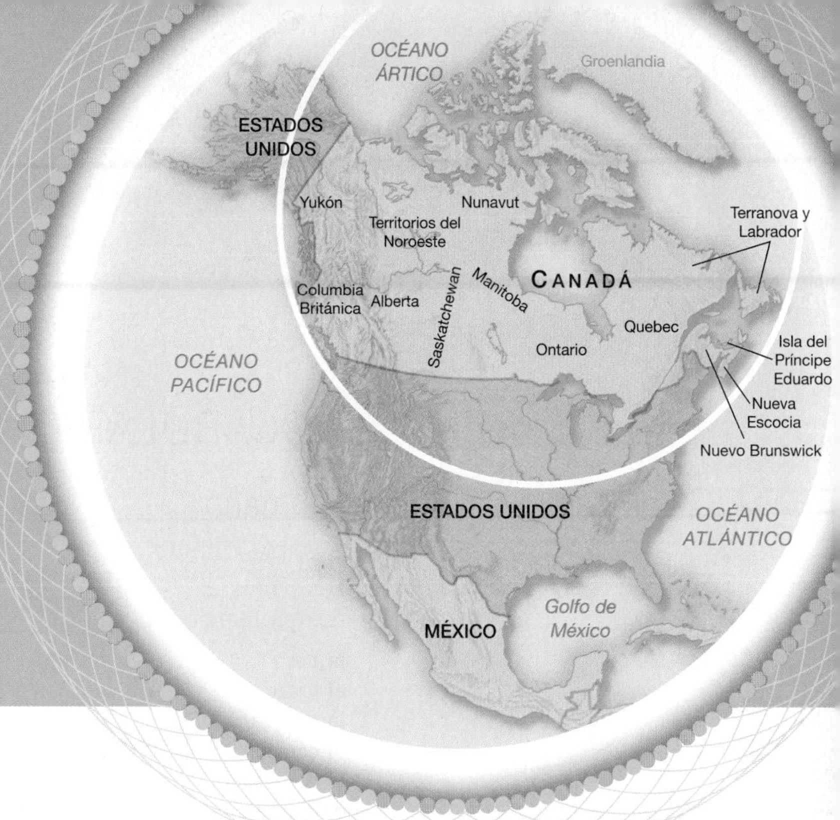

El edificio Simcoe Place, diseñado por el arquitecto uruguayo Carlos Ott, se construyó en 1995 en Toronto. Es un bloque de oficinas, tiendas y restaurantes.

Un ejemplo del arte indígena canadiense. Esta escultura es de los haida de la costa occidental de Canadá y data del siglo diecinueve.

Primera parte

¡Así lo decimos! VOCABULARIO

CD Track 10.1

Las partes del cuerpo humano

10-1 to
10-5

Las partes del cuerpo humano	Parts of the human body
la boca	mouth
el brazo	arm
la cabeza	head
el corazón	heart
el dedo (del pie)	finger (toe)
el diente	tooth
la espalda	back
el estómago	stomach
la garganta	throat
la lengua	tongue
la muela	molar
el oído	inner ear
la oreja	(outer) ear
el pecho	chest
el pie	foot
la pierna	leg
el pulmón	lung
la rodilla	knee

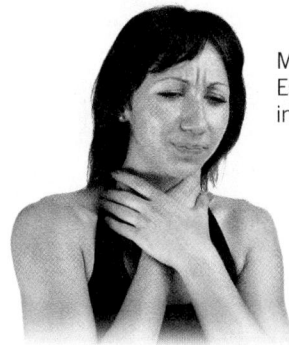

Me duele la garganta. Espero que no sea una infección.

Problemas de salud	Health problems
doler (ue)	to hurt
hacer(le/se) daño	to hurt (someone/oneself)
romperse (un hueso)	to break (a bone)
tener alergia(s) a	to be allergic to
tener (un) dolor de cabeza	to have a headache
(una) fiebre	a fever
(la) gripe	the flu
una infección	an infection
un resfriado	a cold
(una) tos	a cough

Me duele una muela. Necesito un dentista.

Consejos y remedios médicos	Medical advice and remedies
cuidar(se)	to take care (of oneself)
dejar de (fumar)	to quit (smoking)
guardar cama	to stay in bed
hacer una cita	to make an appointment
mejorarse	to get better, to get well
recetar	to prescribe
respirar	to breathe
tomar(le/se)	to take (some)one's blood
la presión/ la temperatura	pressure/ temperature

Me rompí el pie pero ahora me siento mucho mejor.

Medicinas comunes	Common medicines
el antiácido	antacid
el antibiótico	antibiotic
la aspirina	aspirin
la pastilla	pill; lozenge

En el consultorio	In the doctor's office
la clínica	clinic
el dolor	pain
la enfermedad	illness
el/la enfermero/a	nurse
el examen físico	physical exam
la inyección	shot
el/la médico/a	doctor, physician
el/la paciente	patient
la radiografía	x-ray
la receta	prescription
el síntoma	symptom

Verbos que expresan recomendaciones	Verbs that express recommendations
aconsejar	to advise
insistir (en)	to insist
mandar	to order
permitir	to permit
prohibir[1]	to prohibit; to forbid
recomendar (ie)	to recommend
sugerir (ie, i)	to suggest

¡Así es la vida! Problemas de salud

CD Track 10.2

En el consultorio

10-6 to 10-7

Muchos pacientes tienen cita con la doctora Méndez. Están en la sala de espera donde hablan de sus síntomas y los consejos de la médica.

Anabel: Me hice daño en la rodilla mientras jugaba al fútbol. La doctora me aconseja que no juegue hasta mejorarme.

---

[1]prohíbo, prohíbes...

Alfredo:	Y yo tengo un dolor de cabeza muy fuerte y una infección del oído. Espero que la doctora me recete un antibiótico.
Don Luis:	¡Ay, cuánto me duele la espalda! No puedo sentarme. La doctora me sugiere que guarde cama y que me cuide.
Paloma:	Mi hijo tiene fiebre y no quiere comer nada. No sé si tiene un resfriado o algo más serio. Espero que la doctora le haga un examen físico.
Eugenio:	Tengo mucha tos y me duele todo el cuerpo. Creo que tengo gripe.
Marisa:	Bueno, te recomiendo que le describas tus síntomas a la doctora.

APLICACIÓN

10-1 ¿Qué pasa? Indica si cada una de las siguientes oraciones es **cierta** o **falsa**, según el vocabulario y la lectura de **¡Así lo decimos!**. Luego, corrige la información **falsa**.

1. Anabel se hizo daño en el pie y va a la clínica para una radiografía.

2. Alfredo tiene una infección del oído y cree que necesita un antibiótico.

3. A don Luis le duele la espalda. Por eso no puede sentarse en la sala de espera.

4. El hijo de Paloma tiene alergias y respira con dificultad.

5. Eugenio cree que tiene gripe porque tiene tos y le duele todo el cuerpo.

6. Marisa le recomienda a Eugenio que vaya al hospital.

10-2 Categorías. Pon una X en la(s) columna(s) que mejor describe(n) la parte del cuerpo y luego añade (*add*) una más al final.

Partes del cuerpo	Tengo uno/a	Tengo dos	Tengo más de dos	Órgano interno
el dedo			X	
el corazón				
la boca				
el ojo				
el pulmón				
la oreja				
el brazo				
el estómago				
la pierna				
el diente				
¿...?				

10-3 ¿Qué les pasa? ¿Qué parte del cuerpo les duele a estas personas? ¿Tienen alguna enfermedad o crees que les pasó algo?

MODELO:

Alicia

→ *A Alicia le duele el estómago porque comió mucho.*

1. Alberto

2. Samuel y Ricardo

3. Ana María

4. Ramiro y Marta

 10-4 ¿Cuándo consultas al médico? Pregúntense si consultan al médico en las siguientes circunstancias.

MODELO: Te duele la cabeza.

> E1: *¿Consultas al médico si te duele la cabeza?*
> E2: *No, generalmente tomo dos aspirinas y me siento mejor. ¿Y tú?*

1. Tienes tos.
2. Tienes una fiebre muy alta.
3. Te duele la espalda.
4. Te rompes un hueso.
5. Necesitas un examen físico para el trabajo.
6. Te duele la garganta.
7. Tienes un resfriado.
8. Tienes una infección del oído.

 10-5 Consejos médicos. Túrnense para describir sus síntomas y dar consejos médicos.

MODELO:
> E1: *Me duelen los pulmones.*
> E2: *Debes dejar de fumar.*

Síntomas

1. Tengo gripe.
2. Creo que tengo fiebre.
3. Me hice mucho daño en la espalda.
4. No tengo mucha energía.
5. Tengo una infección en el pecho.
6. Me duele el estómago.

Consejos médicos

tomar un antiácido
ir a la clínica
hacer una cita con el médico
guardar cama y tomar aspirinas
comer mejor
tomarte la temperatura

En muchos países hispanos es posible conseguir antibióticos sin receta.

CD Track
10.3

Letras y sonidos

The consonants *r* and *rr*

In Spanish, there are two **r** sounds: a flap (or tap) and a trill. A flap involves one quick touch of the tongue behind the upper front teeth. This sound is similar to the English flap made for the letters *tt* in *butter*. A Spanish trill is a rapid series of two or more flaps. English has no trill, but this sound is approximated when imitating a race car revving up its engine.

The trill sound occurs in Spanish in the contexts:

rr:	pe-**rr**o	pi-za-**rr**a	a-bu-**rr**i-do
Word initial:	**R**o-sa	**R**a-món	**r**á-pi-do
After l, n, or **s:**	al-**r**e-de-dor	En-**r**i-que	Is-**r**a-el

In other contexts, the **r** is usually a single flap:

pe-ro	o-pe-**r**ar	es-t**r**és	g**r**a-sa

Comparaciones

EL EJERCICIO Y LA DIETA

En tu experiencia. ¿Qué importancia tienen el ejercicio y la dieta en tu vida? Según el siguiente artículo, ¿tienen mucha importancia el ejercicio y la dieta en el mundo hispano?

La preocupación por seguir una dieta saludable y por mantenerse en forma (*to stay in shape*) es un fenómeno reciente en los países hispanos. Muchos de los postres tradicionales de la cocina hispana contienen azúcar o grasa animal. Afortunadamente, los hispanos preparan sus comidas con ingredientes naturales y frescos. Según los expertos, los alimentos naturales son mucho más saludables y su consumo resulta en menos casos de cáncer y otras enfermedades. Otro beneficio de la dieta hispana es el equilibrio de platos. En muchos países, una comida incluye verduras, algún tipo de arroz y distintas variedades de frijoles. El postre es casi siempre alguna fruta, y hoy en día los hispanos comen menos carne de res (*beef*) que antes. Un delicioso y saludable aspecto de la comida hispana es el uso del aceite de oliva que no contiene colesterol.

Los hispanos tienen la costumbre de caminar, una actividad excelente, pero generalmente no tienen un régimen de ejercicio para mantenerse en forma. Esto va cambiando entre los jóvenes de las ciudades que hacen jogging por los parques o van a clases de ejercicio aeróbico en los gimnasios.

¿Entiendes? Indica si cada una de las siguientes oraciones es **cierta** o **falsa**, según la lectura. Luego, corrige la información **falsa**.

1. En los países hispanos pocos postres tradicionales contienen azúcar.
2. Lo bueno es que, generalmente, las comidas hispanas se preparan con ingredientes naturales.
3. Muchas comidas hispanas incluyen verduras, arroz y frijoles.
4. Los hispanos comen más carne de res que antes.

Estas jóvenes hacen ejercicio en el gimnasio.

5. Hoy en día el ejercicio tiene más importancia entre los jóvenes de las ciudades.

¡A conversar! ¿Hacen Uds. ejercicio? ¿Qué tipo de ejercicio hacen? ¿Dónde lo hacen? ¿Con qué frecuencia? ¿Lo hacen solos/as o con amigos/as? ¿Se mantienen en forma? ¿Practican deportes? ¿Qué tipo de dieta siguen? ¿Dónde comen? ¿Preparan muchas comidas? ¿Incluyen ingredientes naturales y frescos? ¿Es importante hacer ejercicio y seguir una dieta saludable?

¡Así lo hacemos! ESTRUCTURAS

10-8 to 10-12

1. The Spanish subjunctive: an introduction

Up until now, you have been using verb tenses (present, preterit, and imperfect) in the **indicative** mood. The indicative is used to express **real**, **definite**, or **factual actions** or **states** of being.

In this lesson, you will learn about the **subjunctive** mood which is used to express the **hypothetical** or **subjective**, such as a speaker's **attitudes**, **wishes**, **feelings**, **emotions**, or **doubts**. Unlike the indicative, which states facts, the subjunctive describes reality subjectively.

Creo que Luis **vive** en el centro. *I believe that Luis lives downtown.*
(Certainty in **speaker's** mind = indicative)

No creo que Luis **viva** en el centro. *I don't believe that Luis lives downtown.*
(Doubt in **speaker's** mind = subjunctive)

In the first example above, I believe that what I am saying is **factual**, i.e. "**que Luis viv̲e en el centro**" and, therefore, I use the indicative (**viv̲e**). However, in the second example, I am expressing a condition that I do not believe is factual and, therefore, I use the subjunctive (**viv̲a**) to express what, in my mind, is **not real**.

Los verbos regulares del presente de subjuntivo

The present subjunctive is formed by deleting the final **-o** of the **yo** form of the present indicative and adding the subjunctive endings. Note that **-ar** verbs in the subjunctive use **-e** endings and that **-er** and **-ir** verbs use **-a** endings.

hablar	habl**o**	→ habl + **e**	→ **hable**
comer	com**o**	→ com + **a**	→ **coma**
vivir	viv**o**	→ viv + **a**	→ **viva**

Quiero que tome dos pastillas y que descanse por unos días.

* The following chart shows the present subjunctive forms of regular verbs. Note that the endings of **-er** and **-ir** verbs are identical.

	hablar	comer	vivir
yo	habl**e**	com**a**	viv**a**
tú	habl**es**	com**as**	viv**as**
Ud. / él/ella	habl**e**	com**a**	viv**a**
nosotros/as	habl**emos**	com**amos**	viv**amos**
vosotros/as	habl**éis**	com**áis**	viv**áis**
Uds. / ellos/as	habl**en**	com**an**	viv**an**

- Verbs that are irregular in the **yo** form of the present indicative use the same spelling changes in the present subjunctive. These forms are not considered irregular in the subjunctive.

Infinitive	Present Indicative (yo)	Present Subjunctive
conocer	**conozco**	**conozca**, conozcas, conozca, conozcamos, conozcáis, conozcan
decir	**digo**	**diga**, digas, diga, digamos, digáis, digan
hacer	**hago**	**haga**, hagas, haga, hagamos, hagáis, hagan
oír	**oigo**	**oiga**, oigas, oiga, oigamos, oigáis, oigan
poner	**pongo**	**ponga**, pongas, ponga, pongamos, pongáis, pongan
salir	**salgo**	**salga**, salgas, salga, salgamos, salgáis, salgan
tener	**tengo**	**tenga**, tengas, tenga, tengamos, tengáis, tengan
traer	**traigo**	**traiga**, traigas, traiga, traigamos, traigáis, traigan
venir	**vengo**	**venga**, vengas, venga, vengamos, vengáis, vengan
ver	**veo**	**vea**, veas, vea, veamos, veáis, vean

- The following spelling changes occur in all forms of the present subjunctive with infinitives that end in **-car**, **-gar**, and **-zar**.

-car:	c ⟶ qu	**buscar:**	bus**que**, bus**ques**, bus**que**, bus**quemos**, bus**quéis**, bus**quen**
-gar:	g ⟶ gu	**llegar:**	lle**gue**, lle**gues**, lle**gue**, lle**guemos**, lle**guéis**, lle**guen**
-zar:	z ⟶ c	**empezar:**	empie**ce**, empie**ces**, empie**ce**, empe**cemos**, empe**céis**, empie**cen**

- The subjunctive forms of **-ar** and **-er** stem-changing verbs have the same pattern as the present indicative.

pensar (ie)		volver (ue)	
p**ie**nse	pensemos	v**ue**lva	volvamos
p**ie**nses	penséis	v**ue**lvas	volváis
p**ie**nse	p**ie**nsen	v**ue**lva	v**ue**lvan

- **-Ir** stem-changing verbs reflect the stem changes of both the present indicative and the preterit. The preterit stem changes occur in the **nosotros/as** and **vosotros/as** forms of the present subjunctive, where the unstressed **–e–** changes to **–i–**, and the unstressed **–o–** changes to **–u–**. The other persons follow the stem-changing pattern of the present indicative.

sentir (ie, i)		pedir (i, i)		dormir (ue, u)	
s**ie**nta	s**i**ntamos	p**i**da	p**i**damos	d**ue**rma	d**u**rmamos
s**ie**ntas	s**i**ntáis	p**i**das	p**i**dáis	d**ue**rmas	d**u**rmáis
s**ie**nta	s**ie**ntan	p**i**da	p**i**dan	d**ue**rma	d**ue**rman

Los verbos irregulares del presente de subjuntivo

- The following verbs are irregular in the present subjunctive, since they do not use the stem of the **yo** form of the present indicative.[1]

dar	estar	ir	saber	ser
dé	**esté**	**vaya**	**sepa**	**sea**
des	**estés**	**vayas**	**sepas**	**seas**
dé	**esté**	**vaya**	**sepa**	**sea**
demos	**estemos**	**vayamos**	**sepamos**	**seamos**
deis	**estéis**	**vayáis**	**sepáis**	**seáis**
den	**estén**	**vayan**	**sepan**	**sean**

---

[1]The subjunctive forms for **haber** are: **haya**, **hayas**, **haya**, etc.

El subjuntivo en cláusulas nominativas (*noun clauses*)

- A **main clause** is a construction that consists of at least a **subject** and a **conjugated verb form** and, as such, may stand on its own as a **complete sentence**. Here are examples of **main clauses** in Spanish and English.

Subject + Conjugated Verb	Subject + Conjugated Verb
Yo + trabajo.	I + work.
Él + estudia.	He + studies.

- A **dependent clause** also consists of at least a **subject** and a **conjugated verb form** but only exists in relation to a **main clause**, often acting as the **direct object** of a **verb form** of the main clause. This type of clause is called a **dependent noun clause**. Notice that the conjunction <u>**que**</u> is used in Spanish to connect the **dependent noun clause** to the **main clause**.

Main Clause + Dependent Noun Clause		Main Clause + Dependent Noun Clause	
Yo espero	+ **que** tú te mejores pronto.	*I hope*	+ ***that*** *you are better soon.*
Él prefiere	+ **que** comamos juntos.	*He prefers*	+ ***that*** *we eat together.*

> Espero que te mejores pronto.

- Notice, however, that **dependent noun clauses** in Spanish are often expressed in English by the use of an **infinitive**. In the two examples above, both Spanish and English use **dependent noun clauses**, whereas in the examples below, you will see that the **infinitive** is used in English.

Main Clause + Dependent Noun Clause		Main Clause + Infinitive	
Ella quiere	+ **que** yo la acompañe.	*She wants*	+ *me* ***to accompany*** *her.*
Yo necesito	+ **que** tú llegues temprano.	*I need*	+ *you* ***to arrive*** *early.*

• In the Spanish examples above, the **subjunctive mood** is used in the **dependent noun clause**, since the action or state expressed has yet to occur and may not occur at all. For instance, in the first example above, even though *she wants me to accompany her*, there is no indication that *I **will** accompany her*, and, in the second example, even though *I need you to arrive early*, there is no guarantee that *you **will** arrive* early.

APLICACIÓN

10-6 Cuestiones de la salud. Repite las frases, sustituyendo los sujetos indicados.

MODELO: Espero que *tú hables* con el médico. (él)
→ Espero que *él hable* con el médico.

1. Rosa quiere que *yo llame* a la clínica. (ellas, nosotros, Andrés, tú, los chicos, Ud.)
2. El médico recomienda que *nosotros comamos* mejor. (ella, tú, yo, ellos, Uds., mi padre)
3. La enfermera sugiere que *yo haga* ejercicio. (ellos, ella, mis amigas, nosotros, tú, Uds.)
4. La doctora Suárez espera que *yo tenga* cuidado. (él, ella, ellos, nosotros, tú, Uds.)
5. Yo recomiendo que *ellos busquen* un buen médico. (tú, ella, tus amigos, nosotros, Uds.)
6. Los médicos desean que *yo duerma* más. (ellas, tú, Uds., nosotros, los estudiantes, Ud.)
7. Todos esperan que *Uds. se sientan* mejor. (ella, tú, Marisa, tu primo, tus padres, nosotros)
8. La enfermera quiere que *tú vayas* a la clínica. (Uds., nosotros, yo, él, ellas, Ud., Juan)

10-7 Consejos médicos. Completa los consejos que la doctora García les da a sus pacientes, usando la forma correcta de los verbos indicados.

— Marisa, yo sé que Ud. quiere que le (1. escribo/ escriba) _____ una receta pero prefiero que primero usted (2. empieza/ empiece) _____ a hacer ejercicio.
— Juan y Carlos, Uds. saben que yo no permito que mis pacientes (3. fuman/ fumen) _____ en el consultorio. Si quieren fumar, prefiero que (4. salen/ salgan) _____ al patio.
— Doña María, sugiero que Ud. (5. va/ vaya) _____ directamente al hospital y que (6. pide/ pida) _____ información sobre el programa cardíaco.
    — Señores Echevarría, recomiendo que Uds. (7. duermen/ duerman) _____ más de siete horas todas las noches. Prefiero que Uds. (8. toman/ tomen) _____ café descafeinado.
    — Señor Gómez, si Ud. quiere que (yo) le (9. doy/ dé) _____ pastillas para la tos, yo insisto en que (10. sigue/ siga) _____ mis consejos.

10-8 En el consultorio. ¿Qué quiere la doctora Medina que haga su recepcionista en el consultorio? Usa el verbo **querer**.

MODELO: llamar al laboratorio
→ *La doctora Medina quiere que su recepcionista llame al laboratorio.*

1. organizar las radiografías
2. poner el correo en su escritorio
3. pedir más papel
4. ir a buscar los termómetros
5. barrer el piso
6. darles las recetas a los pacientes
7. buscar información para la clínica
8. ordenar el consultorio
9. cerrar bien la oficina al mediodía
10. volver a la una de la tarde

10-9 Quiero que... Escribe cinco actividades que quieres que hagan tú y tu compañero/a. Luego, intercambia tu lista con la de tu compañero/a y, entre los/las dos, respondan si quieren hacer las actividades o no.

MODELO: E1: *Quiero que juguemos al tenis. ¿Qué te parece?*
E2: *Sí, es una buena idea./ No, no quiero que juguemos al tenis.*

ir de compras	salir con amigos	nadar en la piscina
ver una película	dar una fiesta	preparar la cena
comer en un restaurante	leer el periódico	poner la televisión
tomar un café	pedir una pizza	hacer la tarea

 ## 2. The subjunctive to exert influence

10-13 to 10-16

- Verbs of **influence** express wishes, preferences, suggestions, requests, and implied commands. The following are verbs of **influence** that are used in main clauses.

aconsejar	insistir (en)	pedir (i, i)	querer (ie)
decir (i)	mandar	permitir	recomendar (ie)
desear	necesitar	prohibir	sugerir (ie, i)

- Note that, when the subject of the main clause uses one of these verbs of **influence**, s/he is trying to **influence** the outcome of the dependent noun clause. The verb of the dependent clause is expressed in the **subjunctive** mood.

Carmen **quiere** que **yo vaya** con ella al consultorio.
*Carmen **wants** me **to go** with her to the doctor's office.*

La doctora **nos aconseja** que **hagamos más ejercicio**.
*The doctor **advises us to exercise more**.*

- When there is no change of subject for the two verbs, there is no dependent noun clause. Use the **infinitive** instead.

Sofía **desea ir** a la clínica.
*Sofía **wants to go** to the clinic.*

Yo **quiero dejar de** fumar.
*I **want to stop** smoking.*

- Sentences using verbs such as **aconsejar**, **decir**, **pedir**, **recomendar**, and **sugerir** require an indirect object pronoun. This indirect object refers to the subject of the dependent noun clause and is understood as the subject of the subjunctive verb.

Le aconsejo a usted que **se cuide**.
I advise you to take care of yourself.
(*Literally*, *I advise you* that *you take care of yourself.*)

Nos piden que **llamemos** al médico.
They are asking us to call the doctor.
(*Literally*, *They ask us* that *we call the doctor.*)

- When a verb of communication, such as **decir**, is used in the main clause, and its subject is simply reporting information (telling someone something), the indicative is used in the dependent noun clause. If the verb in the main clause is used in the sense of a **command** (telling someone **to do** something), the **subjunctive** is used.

Information:
Ella le **dice** a Juan que **tiene** cuidado.
*She **tells** Juan that **she is being** careful.*

Command:
Ella le **dice** a Juan que **tenga** cuidado.
*She **tells** Juan **to be** careful.*

APLICACIÓN

10-10 Shakira. Lee la entrada que hizo Shakira en su diario y luego completa la lista de lo que estas personas quieren o esperan de ella.

> *30 de mayo de 2011*
>
> *Querido diario:*
>
> *¡Me encuentro en un momento muy bueno en la vida! Tengo mucha ilusión por todos mis proyectos, pero siempre hay más que hacer. Mis padres quieren que vuelva a Colombia y que pase más tiempo con ellos. Mi agente sugiere que haga más grabaciones (recordings), que viaje por Estados Unidos y Canadá, y que vaya a Europa.*
>
> *Mis admiradores insisten en que dé más conciertos. Mis amigos colombianos esperan que dedique más tiempo a obras caritativas (charitable) en Colombia. Mi novio me pide que me case con él. ¿Y yo? ¿Qué quiero yo? Pues, deseo que todo el mundo viva en paz y, especialmente, que disfrute (enjoy) la música. Ese es mi sueño (dream) pero, por ahora, soy feliz.*

Lista

1. Su agente:
2. Sus amigos:
3. Sus padres:
4. Su novio:
5. Sus admiradores:
6. Shakira:

10-11 En el consultorio médico. Completa el párrafo con las formas correctas de los verbos indicados.

MODELO: El médico **quiere** que yo (guardar) _guarde_ cama.

Nuestro médico es el doctor Medina y es muy bueno. Por ejemplo, le **aconseja** a mi padre que (1. comer) _____ y (2. beber) _____ menos. Le **prohíbe** a mi madre que (3. fumar) _____ y siempre le **sugiere** que (4. ir) _____ a hacerse un examen físico todos los años. A mi hermana, Rosalía, le **recomienda** que (5. seguir) _____ una dieta saludable y que (6. dormir) _____ ocho horas todas las noches. Finalmente, a mí me **pide** que (7. vivir) _____ más tranquilo y que (8. seguir) _____ sus consejos. Tenemos mucha confianza en el doctor Medina.

10-12 Consejo médico. Completa las frases con las formas correctas de los verbos indicados.

MODELO: Rosalía (recomendar) _recomienda_ que su esposo (ir) _vaya_ a ver al médico.

1. El enfermero nos (aconsejar) _____ que (tomar) _____ las pastillas tres veces al día.
2. El paciente (desear) _____ que el médico le (hacer) _____ un examen físico.
3. La enfermera me (sugerir) _____ que (caminar) _____ todos los días.
4. La doctora Reyes le (recomendar) _____ a mi hermana que (comer) _____ más.

5. Yo (necesitar) _____ que tú me (llevar) _____ al hospital.

6. El médico (insistir) _____ en que nosotros (dejar) _____ de fumar.

7. La recepcionista nos (decir) _____ que (pagar) _____ la cuenta en la caja.

8. El hospital les (prohibir) _____ a los enfermos que (fumar) _____ dentro de los edificios.

 10-13 ¿Qué hacer? Imagínate que necesitas pedirle consejos a tu compañero/a. Explícale tu problema y luego reacciona a su recomendación.

MODELO: Tienes un examen de química mañana.
    E1: *Tengo un examen de química mañana.*
    E2: *Te recomiendo que estudies mucho.*
    E1: *Buena idea./ No tengo tiempo.*

1. Tienes gripe y fiebre.

2. Te duele mucho la cabeza.

3. Tienes un resfriado.

4. Te hiciste daño en la espalda.

5. Necesitas dinero.

6. Tu trabajo no te deja tiempo para estudiar.

7. Tu casa está en desorden y este fin de semana te visita tu familia.

8. Quieres un trabajo más interesante para el verano.

Segunda parte

 ¡Así lo decimos! VOCABULARIO

 Mejora tu salud

Las enfermedades y el bienestar	Illnesses and well-being
el centro naturista	health store
la diabetes	diabetes
los ejercicios aeróbicos	aerobics
el peso	weight
el riesgo	risk

Tu línea y tu salud	Your figure and your health
adelgazar; bajar de peso	to lose weight
engordar; subir de peso	to gain weight
estar a dieta/	to be on a diet/
bien/ mal de salud/	in good/bad health/
en (buena) forma	in (good) shape
guardar la línea	to stay trim, to watch one's figure
hacer jogging/ footing	to jog
levantar pesas	to lift weights
padecer (zc) (de)	to suffer (from)
ponerse a dieta/	to go on a diet/
en forma	to get into shape

Verbos que expresan emoción	Verbs that express emotion
enojar(se)	to anger; to get angry
lamentar	to regret
sentir (ie, i)	to regret; to feel sorry
sorprender(se)	to surprise; to be surprised
temer	to fear

Los médicos nos aconsejan que comamos menos carbohidratos simples...

...y más proteínas, vitaminas y carbohidratos complejos...

...y que nos pongamos en forma.

¡Así es la vida! Mejora tu salud

CD Track
10.5

Los alimentos

las bebidas alcohólicas

los carbohidratos

el colesterol

las grasas

los productos lácteos

las proteínas

 Una buena dieta para un corazón saludable

10-22 to
10-23
Muchas de las enfermedades cardíacas tienen su origen en problemas de la dieta y en la manera en que vivimos. Según las estadísticas, debemos alimentarnos con una dieta equilibrada (*balanced*) y variada que contenga suficientes carbohidratos, proteínas, vitaminas, minerales, sal y grasa para que el corazón funcione bien.

Las enfermedades del corazón son la principal causa de muerte en los países desarrollados (*developed*) y en los que están en vías de desarrollo. Esto no debe ocurrir. Para mantener un buen estado de salud es necesario cuidar la alimentación y tener en cuenta (*keep in mind*) que hay alimentos que contribuyen a las enfermedades del corazón. Los cambios en nuestra dieta pueden reducir efectivamente el riesgo de las enfermedades cardíacas. Para disminuir estos riesgos, la "**Canadian Heart and Stroke Foundation**" ha preparado las siguientes recomendaciones dietéticas:

• Para limitar el consumo de colesterol, no comas alimentos con alto contenido de materia grasa. Utiliza aceites vegetales, especialmente de oliva, en tu cocina en lugar de mantequilla y manteca (*lard*).

• Se recomienda también que consumas más fibra en la dieta, en forma de frutas y verduras, y también pan y cereales integrales (*whole-grain*). Estos carbohidratos complejos producen niveles (*levels*) más bajos de azúcar que los carbohidratos simples de los alimentos dulces y la harina (*flour*) blanca.

Para la buena salud, es importante mantener un peso saludable, hacer ejercicio y controlar los niveles de glucosa. Habla con tu médico para planear la dieta que más te convenga (*suits*).

APLICACIÓN

10-14 ¿Qué pasa? Indica si cada una de las siguientes oraciones es **cierta** o **falsa**, según el vocabulario y la lectura de **¡Así lo decimos!**. Luego, corrige la información **falsa**.

1. Es importante seguir una dieta equilibrada y variada.
2. Hay muy pocos alimentos que contribuyen a las enfermedades del corazón.
3. Las enfermedades del corazón representan un riesgo enorme.
4. El aceite de oliva contiene mucho colesterol.
5. Podemos reducir el riesgo de las enfermedades cardíacas si comemos más mantequilla.
6. Para la buena salud son importantes el peso, el ejercicio y la dieta.

10-15 Los alimentos. Mira los alimentos que están en la mesa para completar las siguientes oraciones.

MODELO: El _vino_ y la _cerveza_ son bebidas alcohólicas.

1. Los _____ y los _____ contienen colesterol.
2. La _____ y el _____ son productos lácteos.
3. El _____ y el _____ contienen proteína.
4. Las carnes rojas y las papas fritas contienen mucha _____.
5. El pan y la pasta son _____.
6. El vino es _____.

 10-16 Te recomiendo que... Túrnense para presentar los siguientes problemas mientras tu compañero/a ofrece unas recomendaciones. Pueden usar el verbo **recomiendo** con una cláusula nominativa en el subjuntivo.

MODELO: E1: *Soy muy delgado/a.*
E2: *Te recomiendo que comas tres comidas completas todos los días.*

Problemas

1. Quiero bajar de peso.
2. Necesito bajar mi nivel de colesterol.
3. Fumo mucho.
4. Me duele el estómago.
5. No tengo mucha energía.
6. ¿...?

Recomendaciones

1. dejar de fumar
2. comer más frutas, verduras, granos integrales y menos grasa
3. ponerse a dieta
4. utilizar aceites vegetales en la cocina
5. comer mejor, hacer ejercicio y dormir más horas por la noche
6. ¿...?

Debemos seguir los consejos de la pirámide alimenticia.

Comparaciones

CHILE Y CANADÁ COLABORAN PARA ESTABLECER UN BOSQUE MODELO

En tu experiencia. ¿Te interesa preservar el medio ambiente (*environment*)? ¿Qué problemas ambientales existen en tu comunidad? ¿Conoces a alguien que trabaje con una organización ambiental? ¿Qué tipo de trabajo hace? En el siguiente artículo, ¿cómo colaboran Chile y Canadá para realizar el proyecto del Bosque Modelo?

Muchos de los bosques del mundo están desapareciendo debido a la explotación forestal (*logging*). Sin embargo, en algunos países la silvicultura (*forestry*) sostenible tiene prioridad y se puede encontrar un ejemplo inspirador en la isla de Chiloé.

Ubicada en la costa del sur de Chile, Chiloé tiene 155.000 habitantes en un área de aproximadamente 180 por 50 kilómetros. La isla se conoce por sus 150 iglesias (*churches*) de madera, algunas de las cuales tienen más de 300 años de edad.

A diferencia del resto de Chile, que exporta enormes cantidades de maderos (*lumber*), toda la madera de la isla se usa domésticamente para cocinar y calentar las casas. Ahora sólo queda el 50 por ciento del bosque original.

Los ciudadanos de Chiloé, incluso los indígenas, son pequeños terratenientes (*landholders*) que se ganan la vida de la agricultura, la pesca y la explotación forestal. Sin una administración eficiente, lo que queda del bosque está desapareciendo.

(continued)

(*continued*)

El Parque Nacional de Chiloé.

En un intento por cambiar esta situación, el gobierno chileno invitó a Canadá a introducir su programa "Bosque Modelo" en Chile. Este es un programa que consigue que todos los habitantes de un área forestal trabajen juntos para mantener la comunidad económica y socialmente al mismo tiempo que se conserva el medio ambiente. Es una idea canadiense que se ha puesto en práctica en varios países del mundo.

Hasta 2007, voluntarios de CUSO, una ONG (Organización No Gubernamental) canadiense, trabajaron con sesenta comunidades en casi toda la isla de Chiloé. Estas comunidades aprendieron a planear y a mantener sus bosques para el futuro. Se enfatizaba el uso de productos como la miel (*honey*) y los frutos secos (*nuts*). Dijo uno de los voluntarios: "Este bosque del futuro ofrece un ejemplo práctico e inspirador de trabajar con un ecosistema en vez de simplemente explotarlo".

Actualmente, el ecoturismo es una fuente de ingresos (*income*) y las comunidades indígenas están participando en la administración del Parque Nacional de Chiloé.

¿Entiendes? Indica si cada una de las siguientes oraciones es **cierta** o **falsa**, según la lectura. Luego, corrige la información **falsa**.

1. La isla de Chiloé se conoce por sus 150 iglesias de madera.
2. La isla exporta enormes cantidades de maderos.
3. El "Bosque Modelo" es un programa dedicado al uso sostenible del medio ambiente.
4. CUSO, la organización del gobierno canadiense, tenía voluntarios en la isla de Chiloé.
5. Uno de los voluntarios dijo que el bosque modelo de Chiloé ofrece un buen ejemplo de cómo se debe proteger un ecosistema.

¡A conversar! ¿Qué les parece este programa del Bosque Modelo? ¿Es necesario contar con (*count on*) la cooperación de las comunidades locales para que un programa de este tipo tenga éxito (*be a success*)? ¿Por qué? ¿Les gustaría ser voluntarios de CUSO en este tipo de programa ambiental? ¿En qué parte del mundo?

¡Así lo hacemos! ESTRUCTURAS

3. The subjunctive to express feelings and emotions

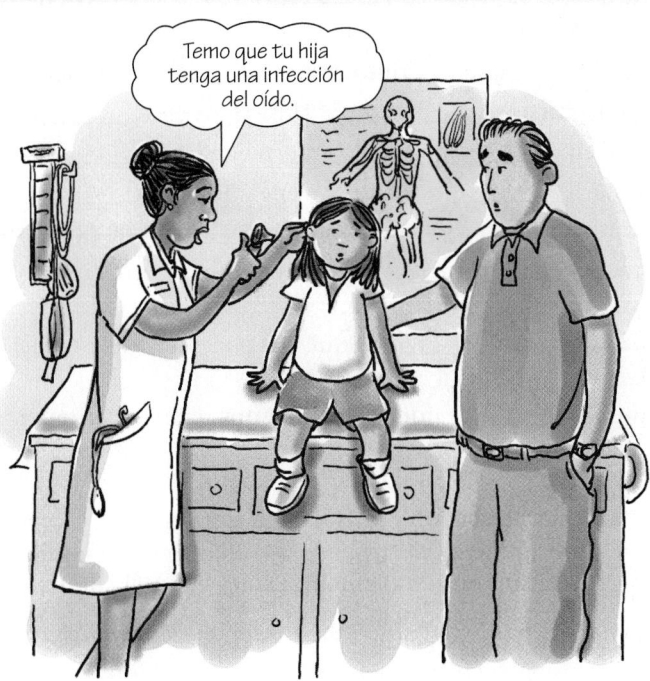

> Temo que tu hija tenga una infección del oído.

- The subjunctive is used in dependent noun clauses after verbs that express emotions, such as *hope, fear, surprise, regret, pity, anger, joy*, and *sorrow*.

alegrarse (de)	*to be glad*
enojar(se)	*to anger (to get angry)*
esperar	*to hope*
estar contento/a (de)	*to be happy*
gustar	*to like*
lamentar	*to regret*
molestar	*to bother*
sentir (ie, i)	*to regret*
sorprender(se)	*to surprise (to be surprised)*
temer	*to fear*
tener (ie) miedo (de)	*to be afraid*

Julia **lamenta** que Carlos **esté** mal de salud.	*Julia **regrets** that Carlos **is** in bad health.*
Espero que **hagas** más ejercicio esta semana.	*I **hope** that **you exercise** more this week.*
Juana **teme** que su madre **padezca** de diabetes.	*Juana **fears** that her mother **is suffering** from diabetes.*

- As with the verbs of influence, verbs that express feelings and emotions require the subjunctive in the dependent noun clause if the subject is different from that of the main clause. If there is only one subject, the infinitive is used instead of a dependent noun clause.

Carlos **lamenta estar** mal de salud.	*Carlos **regrets being** in bad health.*
Esperamos hacer más ejercicio esta semana.	*We **hope to exercise** more this week.*
Juana **teme padecer** de diabetes.	*Juana **fears suffering** from diabetes.*

APLICACIÓN

10-17 Lo que sentimos. Completa las frases con las formas correctas de los verbos indicados.

MODELO: (Esperar: nosotros) _Esperamos_ que nuestros padres (ponerse) _se pongan_ en forma.

1. Yo (sentir) _____ que tu primo (estar) _____ mal de salud.
2. Nosotros (alegrarse) _____ de que Uds. (sentirse) _____ mejor.
3. El médico (temer) _____ que su enfermedad (ser) _____ grave.
4. Me (molestar) _____ que tantos jóvenes no (dejar) _____ de fumar.
5. Mi madre (esperar) _____ que yo (bajar) _____ de peso este año.
6. La enfermera (estar) _____ contenta de que nosotros (estar) _____ bien de salud.
7. La doctora (enojarse) _____ de que sus pacientes no (seguir) _____ sus consejos.
8. Me (sorprender) _____ que la dieta de mis padres (contener) _____ tanto colesterol.

10-18 La entrenadora personal. Marisol, una entrenadora (*trainer*) personal de un gimnasio, escribe apuntes (*notes*) sobre sus clientes todos los días. Completa su entrada (*entry*) con el subjuntivo o el indicativo, según el contexto.

MODELO: (Esperar: yo) _Espero_ que Luis (hacer) _haga_ ejercicio todos los días.

martes, 3 de abril
• Mario llega al gimnasio a las ocho en punto.
(1. alegrarse: yo)____ de que él (2. llegar)____ temprano.
• Rosario nada muy bien pero me (3. enojar)____ que no
(4. nadar)____ por lo menos cuatro días a la semana.
• Después de no hacer mucho ejercicio, Beto pesa más
de 200 libras. (5. Sentir: yo)____ que él (6. subir)____ de
peso. Mañana yo (7. querer)____ que Beto (8. empezar)
____ una rutina de ejercicios aeróbicos.
• Alberto y Linda corren mucho. Me (9. sorprender)____
que ellos (10. correr)____ por las tardes cuando hace
mucho calor, pero ellos me (11. decir)____ que
(12. beber)____ mucha agua.
• Yo (13. estar)____ contenta de que Aurelio
(14. fumar)____ menos. Le (15. recomendar: yo)____ que
(16. dejar)____ de fumar ahora.
• Diana no vino al gimnasio esta semana. (17. Temer:
yo)____ que ella no (18. volver)____ más. (19. Esperar:
nosotros)____ que no (20. tener)____ problemas de salud.

10-19 Entre amigos/as. Túrnense para presentar estos problemas de salud y dar consejos o expresar una emoción.

MODELO: E1: Mi madre no se siente bien.
E2: *Espero que se mejore pronto.*

Problemas de salud

1. Nuestra tía está en el hospital.
2. Mi hermana fuma y tiene mucha tos.
3. Mi abuelo sufrió otro ataque al corazón.
4. Mis padres quieren bajar de peso.
5. Mi abuela se siente muy mal.
6. Mi mejor amiga siempre está cansada y débil.

Reacciones

1. Espero que...
2. ¿Le aconsejas que...?
3. Siento mucho que...
4. ¿Les sugieres que...?
5. Me sorprende que...
6. ¿Le recomiendas que...?

10-31 to
10-36

Learning Tips

SOFTENED REQUESTS

- In many social contexts, the use of a **direct command** (*Close the door./ Cierre la puerta.*) or an **indirect request** (*I want you to close the door./ Quiero que cierre la puerta.*) could easily be interpreted as inappropriate, harsh, and even offensive. There are polite ways to ask people more gently to do things without being offensive in any way (*Would you mind closing the door, please?/ ¿Me hace el favor de* (o *¿Le importa*) *cerrar la puerta, por favor?*).

- When you are in a Spanish-speaking country, it is to your distinct advantage to recognize as quickly as possible that, just as in English, there are a number of social phrases and polite constructions in Spanish that allow you to make your wishes known without standing out as being impolite or inappropriately demanding. Here are a couple of typical, everyday social situations in which you would use **softened requests** within formal contexts associated with **usted** and **ustedes**:

A la/Al camarera/o en un restaurante, un café o un bar: *¿**Nos trae** el menú, **por favor**? ¿**Nos podría** describir las especialidades de la casa, por favor? ¿**Le importa** decirle al cocinero que no ponga cebolla en la ensalada? ¿**Nos da** diez minutos para decidir? Mientras tanto, yo **quisiera*** (**quiero** es fuerte) *una cerveza y ella una limonada.*

A la/Al carnicera/o en un mercado o una carnicería: *¿**Me corta** el pollo en cuartos, por favor, y **le importa envolverlo*** (wrap it)? *¿**Me pone** medio kilo de res y **me enseña** las costillas* (ribs) *de cerdo, por favor?*

- As you become more familiar with your new Hispanic acquaintances, you will use the informal **tú** form when addressing them. To keep your requests of them rather gentle, and to avoid the possibility of using inappropriate direct commands, continue to use the above sorts of softened requests, but in the **tú** form: *¿**Me llamas** esta noche? ¿**Me ayudas** con la tarea de física? ¿**Nos llevas** al centro? ¿**Quieres** sentarte?* until you reach a level of relaxed interaction that allows you to slip easily into **tú** commands.

4. *Tú* commands

The following chart shows the forms of several regular informal **tú** commands.

Infinitive	Affirmative	Negative	(Subjunctive)
comprar	compra	no compres	(compres)
comer	come	no comas	(comas)
escribir	escribe	no escribas	(escribas)
pensar	piensa	no pienses	(pienses)
dormir	duerme	no duermas	(duermas)
pedir	pide	no pidas	(pidas)
traer	trae	no traigas	(traigas)

¡Mira ese pájaro! ¡Qué exótico!

- Regular affirmative **tú** commands have the same form as the third person singular of the present indicative.

Habla con tu médico.	*Talk to your doctor.*
Come más fibra.	*Eat more fibre.*
Escribe una lista de ejercicios.	*Write a list of exercises.*

- Negative **tú** commands use the second person singular of the present subjunctive.

No compres donuts y galletas.	*Don't buy donuts and cookies.*
No bebas tantos refrescos.	*Don't drink so many soft drinks.*
No pidas mucho postre.	*Don't order a lot of dessert.*

- Irregularities in the subjunctive will also appear in the negative **tú** command.

No empieces tu dieta hasta mañana.	*Don't start your diet until tomorrow.*
No vayas al gimnasio hoy.	*Don't go to the gym today.*
No seas tan tímido.	*Don't be so shy.*

- The following verbs have irregular **affirmative** command forms.

decir	**di**	**Di** por qué.	*Tell (Say) why.*
hacer	**haz**	**Haz** la cita.	*Make the appointment.*
ir	**ve**	**Ve** a la clínica.	*Go to the clinic.*
poner	**pon**	**Pon** la música.	*Put on the music.*
salir	**sal**	**Sal** de aquí.	*Get out of here.*
ser	**sé**	**Sé** amable.	*Be nice.*
tener	**ten**	**Ten** paciencia.	*Be patient.*
venir	**ven**	**Ven** al gimnasio.	*Come to the gym.*

- Object pronouns are attached to the **end** of affirmative commands and are placed **before** negative commands. Many affirmative commands with pronouns attached require a written accent over the stressed vowel.

Cómprame un libro de ejercicios.	*Buy me an exercise book.*
Escríbenos el nombre de la clínica.	*Write down the name of the clinic for us.*
No te hagas daño con las pesas.	*Don't hurt yourself with the weights.*
No les des helado a los niños.	*Don't give any ice cream to the children.*

APLICACIÓN

10-20 En el consultorio. ¿Qué le dice la doctora Medina a su recepcionista que haga o que no haga hoy en el consultorio? Elige las formas correctas de los verbos indicados.

MODELO: (Llames/ <u>Llama</u>) al laboratorio./ No (<u>llames</u>/ llama) al laboratorio.

1. (Organiza/ Organices) las radiografías./ No (organiza/ organices) las radiografías.

2. (Busques/ Busca) esta información para la clínica./ No (busques/ busca) esta información para la clínica.

3. (Pon/ Pongas) el correo en mi escritorio./ No (pon/ pongas) el correo en mi escritorio.

4. (Pide/ Pidas) más papel./ No (pide/ pidas) más papel.

5. (Ve/ Vayas) al laboratorio./ No (ve/ vayas) al laboratorio.

6. (Dales/ Les des) esas recetas a los pacientes./ No (dales/ les des) esas recetas a los pacientes.

7. (Me cierres/ Ciérrame) la puerta del consultorio./ No (me cierres/ ciérrame) la puerta del consultorio.

8. (Almuerza/ Almuerces) hoy a la una de la tarde./ No (almuerza/ almuerces) hoy a la una de la tarde.

Dame la linterna, por favor.

10-21 ¿Quién lo dice? Empareja estas órdenes con las personas que probablemente las dan y luego, usando el vocabulario entre paréntesis, expresa los mandatos originales en forma de recomendaciones y sugerencias.

MODELO: Contesta el teléfono. (¿Quieres...?)
→ ¿Quieres *contestar* el teléfono?

1. Entrégame la tarea en la clase de mañana. (¿Puedes...?)

    a. tu madre

2. Cepíllate los dientes tres veces al día. (Te recomiendo que...)

    b. tu padre

3. Haz una cita con la doctora Medina. (¿Por qué no...?)

    c. tu hermano menor

4. No dejes tu ropa sucia en el piso. (Me molesta mucho que...)

    d. tu compañero/a de cuarto

5. Juega conmigo. (¿Quieres...?)

    e. tu profesor/a de español

6. Cuídate mucho y guarda cama. (Te aconsejo que...)

    f. tu médico

7. Ponte en forma para el próximo partido. (Debes...)

    g. tu dentista

8. No pongas la música tan alto; tengo que estudiar. (¿Me haces el favor de...?)

    h. tu entrenador

10-22 ¿Qué consejos te da tu médico? Completa estas oraciones para indicar los consejos que te da tu médico.

MODELO: (Dejar) _Deja_ de fumar y no (beber) _bebas_ tanta cerveza.

1. (Comer) _____ más fibra y no (beber) _____ tanto café con azúcar.

2. (Guardar) _____ cama y no (nadar) _____ en la piscina hasta el fin de semana.

3. (Hacer) _____ un poco de ejercicio pero todavía no (jugar) _____ al básquetbol.

4. (Levantarse) _____ a la misma hora para ir a nadar pero no (acostarse) _____ tan tarde.

5. (Ponerse) _____ a dieta pero por ahora no (hacer) _____ los ejercicios aeróbicos.

6. (Seguir) _____ mis consejos y no (preocuparse) _____; todo está bien.

10-23 ¡Ayúdame! Túrnense para pedir y dar consejos sobre la salud y el bienestar.

MODELO: E1: ¿Bebo jugo para el desayuno?
E2: *Sí, bébelo./ No, no lo bebas.*

1. ¿Hago ejercicio todos los días?
2. ¿Levanto pesas?
3. ¿Como muchas frutas y verduras?
4. ¿Pongo mantequilla en las verduras?
5. ¿Me pongo a dieta para bajar de peso?
6. ¿Tomo bebidas alcohólicas?
7. ¿Voy a ver al médico para un examen físico?
8. Me duele la cabeza. ¿Tomo aspirinas?
9. Tengo gripe y fiebre. ¿Me acuesto?
10. Me duele el estómago. ¿Compro antiácidos?

 10-24 ¡Hazlo! ¡No lo hagas! Túrnense para dar órdenes a tu compañero/a que tiene que cambiar afirmativo a negativo y vice versa.

MODELO: E1: *Cierra la ventana.*
E2: *No cierres la ventana.*

hablar	comer	escribir
cerrar	volver	servir
hacer	poner	venir
tener	ir	salir
levantarse	lavarse	ponerse

  ## Algo más

10-37 to 10-38
¡Vamos a leer!

10-25 Rosario Domínguez. Lee el artículo siguiente sobre las actividades de Rosario durante su internado (*internship*) en Bolivia y luego contesta las preguntas.

Hola. Soy Rosario Domínguez y soy estudiante de antropología biológica en la Universidad de Toronto. El año pasado tuve un internado en Bolivia con la Organización Panamericana de la Salud (OPS). Sigue mi blog sobre mis experiencias en Bolivia donde viví en una comunidad para mejorar la salud de sus habitantes y estudiar la medicina tradicional.

La medicina tradicional en Bolivia

Al terminar la orientación fui a uno de los pueblos donde hice mi internado. Allí aprendí que en las zonas más aisladas muchos habitantes tienen más confianza en los médicos tradicionales que en la medicina moderna. Es lógico, porque Bolivia tiene una larga tradición con estas prácticas, tanto que el viceministro de Medicina Tradicional e Interculturalidad, Emilio Cusi, es curandero (*healer*).

Cuando llegué al pueblo, ya tenía unos dolores de cabeza terribles por la altura. Entonces, fui a ver a un médico *kallawaya* que me preparó mate de coca, un té hecho de las hojas de coca. Aunque al principio tenía mis dudas, poco a poco empecé a sentirme mejor. Nunca se sabe, ¿verdad?

Hacia el final del internado fuimos a un concierto benéfico para recaudar fondos (*funds*) para estas comunidades y promocionar el trabajo de OPS. Tocaron y cantaron varios artistas bolivianos muy populares en ese momento. Tuvo mucho éxito el concierto y lo pasamos muy bien. Espero que sigas mi blog para saber más de mis experiencias tan interesantes en Bolivia.

Rosario describe sus experiencias en Bolivia.

CUESTIONARIO:

1. ¿En qué materia se especializa Rosario en la Universidad de Toronto?
2. ¿Adónde fue Rosario para su internado? ¿Con qué motivos?
3. ¿Por qué cree ella que los bolivianos que viven en el campo tienen tanta confianza en la medicina tradicional?
4. Por la altura de los Andes Rosario tenía dolores de cabeza. ¿Qué tipo de medicina le preparó un médico *kallawaya*? ¿Se sintió mejor?
5. ¿Para qué sirvió el concierto en que tocaron músicos bolivianos?

 ## ¡Vamos a hablar!

10-26 La medicina tradicional. ¿Les gustaría a Uds. investigar más sobre la medicina tradicional? ¿Hay riesgos? Hagan una lista de las ventajas (*advantages*) y desventajas de los siguientes tratamientos.

MODELO: una copa de vino diaria para proteger el corazón
  E1: *Yo estoy de acuerdo. Creo que es una buena idea.*
  E2: *Yo no, porque las bebidas alcohólicas no son buenas para la salud.*

1. la quiropráctica para aliviar el dolor de espalda
2. el té verde para protegerse del cáncer
3. la acupuntura para aliviar varios dolores del cuerpo
4. la aspirina para mantener la buena circulación de la sangre (*blood*)
5. las bebidas energizantes para mantenerse fuerte

 ## ¡Vamos a escribir!

10-27 El régimen diario... Indiquen Uds. si hacen las siguientes actividades y con qué frecuencia, por ejemplo, **(casi) nunca**, **dos/ tres veces a la semana**, **(casi) todos los días**, **de vez en cuando**, **a menudo**, etc.

MODELO: hacer jogging
  E1: *Nunca hago jogging pero camino casi todos los días.*
  E2: *No hago jogging tampoco pero me gusta caminar cuando hace buen tiempo.*

1. hacer ejercicio
2. tomar bebidas alcohólicas
3. ponerse nervioso/a
4. fumar
5. tomar mucha cafeína
6. comer mucho azúcar
7. comer grasas saturadas
8. comer fibra
9. dormir menos de cuatro horas por la noche

• **La tarea.** Escriban un diálogo para comparar sus regímenes diarios y ofrecer recomendaciones y sugerencias. Revisen su trabajo escrito para comprobar los siguientes puntos: el uso correcto de los verbos en el presente de indicativo y de subjuntivo, el vocabulario, el género, la concordancia y la ortografía.

MODELO: E1: *Yo hago ejercicio una vez a la semana.*
  E2: *Te recomiendo que hagas ejercicio casi todos los días.*

 ## ¡Vamos a explorar!

 10-28 ¡Salud! Divídanse en dos grupos. Cada grupo va a pensar en un problema de la salud (por ejemplo, una persona que quiere dejar de fumar o alguien que siempre está cansado). Luego intercambien sus problemas y busquen en el Internet soluciones para el problema del otro grupo.

LatinSalud.com: www.latinsalud.com
Diario de Salud: www.diariodesalud.com

Nuestro mundo

 Panoramas

 Los hispanos en Canadá

10-45 to
10-46

Los inmigrantes de España traen consigo (*with them*) su pasión por la danza. Algunos de ellos han establecido pequeñas escuelas donde se puede aprender a tocar la guitarra y a bailar el flamenco. En muchas ciudades existen grupos culturales que mantienen este arte. En los festivales multiculturales, los que se llevan a cabo cada verano en muchas partes del país, es posible gozar de esta rica y animada tradición artística.

Elena Rivera MacGregor es la diseñadora mexicana que creó el logotipo de las Olimpiadas de Invierno de 2010 en Vancouver. Inspirada por las esculturas Inukshuk de la cultura Inuit, Elena logró incorporar, con magnífica sencillez, formas del paisaje canadiense y los colores de los aros olímpicos. Dice Elena de su obra que "quería que los mexicanos fueran parte de las Olimpiadas". En 2010 Elena fue nombrada una de los "10 hispanos de mayor influencia en Canadá". Elena vive en Vancouver donde tiene su propia empresa de diseño profesional: **Rivera des!gn group**.

Canadá

Canadá

Hay más de 700.000 hispanos en Canadá. Muchos son refugiados (*refugees*) de períodos de inestabilidad en Chile, en los años 70, y en la América Central, en los años 80. También hay inmigrantes de México, Suramérica, las islas del Caribe y de España, por razones de familia o como inmigrantes independientes. Muchos están establecidos en los centros urbanos de Toronto (99.290), Montreal (75.400) y Vancouver (22.695), pero también existen pequeñas comunidades hispanas en otras ciudades canadienses. Ahora hay una nueva generación de hispano-canadienses.

Nacido en Chile, Óscar López se había establecido como músico antes de inmigrar a Canadá en 1979, donde se arraigó (*settled*) en Calgary. Él lleva su música, una fusión de blues, jazz, flamenco, rumba y otros ritmos, en giras nacionales a todas partes del país. Él dice que, aunque se ha adaptado a la vida canadiense, su música siempre tendrá un fondo latino porque representa gran parte de quién es.

La cocina hispana tiene tantas variantes como hay países en el mundo hispano. En todas las ciudades se encuentran restaurantes y cafés que se especializan en la comida de diferentes regiones. Una tradición española que está gozando de mucho éxito es el concepto de la tasca, un bar de tapas, donde se sirven porciones pequeñas y variadas a un precio económico.

10-29 ¿Qué sabes tú?   Trata de identificar y/o explicar lo siguiente.

1. el tipo de música que toca Óscar López
2. tres razones por las cuales han venido inmigrantes hispanos a Canadá
3. dónde se puede ver un espectáculo de baile flamenco
4. las tapas
5. la nacionalidad de la diseñadora del logotipo de las Olimpiadas de Vancouver
6. las regiones de Canadá donde hay mayor concentración de hispanos

10-30 ¿Comprendiste?   Indica si estas oraciones son **ciertas** o **falsas**. Corrige las oraciones **falsas**.

1. Hay más de 700.000 hispanos en Canadá.
2. Los inmigrantes hispanos han venido principalmente de las islas del Caribe.
3. La cocina hispana está gozando de una popularidad cada vez mayor en Canadá.
4. Óscar López es un artista de origen chileno.
5. Para aprender a bailar flamenco, es necesario ir a España.
6. En 2010 Elena Rivera MacGregor esquió para México en los Juegos Olímpicos.

 10-31 Investigar.   Consulta el Internet para buscar información sobre estos temas.

1. la inmigración de los chilenos a Canadá en los años 70
2. la guerra civil en Guatemala en los años 80
3. los festivales multiculturales en Halifax, Ottawa, Winnipeg y otras ciudades
4. un restaurante hispano en tu ciudad
5. el arte hispano en Canadá
6. el itinerario de Óscar López
7. la comunidad hispana en tu región

10-32 Entrevistas.   Entrevista a una persona de origen hispano que estudie en tu universidad. Hazle preguntas sobre su experiencia y la de sus padres en este país. Toma apuntes durante la entrevista y prepara una breve presentación en español para la clase.

 # Ritmos

10-47

Un mundo de música hispana en Canadá

En las lecciones anteriores aprendimos que la música hispana es tan variada y diversa como la gente que la disfruta. Con raíces europeas, africanas e indígenas hay muchas diferencias entre los distintos géneros de música hispana, pero lo que tienen todos en común es la pasión por la vida. La vida cultural de Canadá se ha enriquecido inconmensurablemente con las contribuciones musicales de inmigrantes de tales países de habla hispana como España, Perú o Guatemala. Es imposible mencionar a todos pero, a continuación, hay información sobre tres nuevos canadienses que se han destacado como músicos en años recientes.

Patricia Cano

Patricia Cano nació de padres peruanos en Sudbury, Ontario. Ella estudió teatro y literatura hispánica en la Universidad de Toronto antes de empezar una carrera en teatro musical y luego como cantante. Con experiencia en la música de culturas tan diversas como la coreana y la de los Cree de Canadá, Patricia colabora desde 2007 con un amigo brasileño, el guitarrista y compositor Carlos Bernardo. En su primer álbum *This is the New World*, ella canta en inglés, francés, español y portugués; su música destaca la influencia de ritmos brasileños, peruanos y del jazz.

Para escuchar la música de Patricia Cano:

www.patriciacano.com

Alex Cuba

Nacido en Artemisa, Cuba, el cantautor Alex Cuba reside ahora en Smithers, Columbia Británica, cuando no está realizando giras con su conjunto, el Alex Cuba Band. Alex colaboró con Nelly Furtado en su primer álbum en español, *Mi plan*. También ha ganado premios Juno en 2006 y 2008, un Premio Grammy Latino en 2010 como Mejor Nuevo Artista y en 2011 fue nominado para un Premio Grammy en la categoría de Mejor Álbum Pop Latino. El Alex Cuba Band, formado por sólo tres músicos, tiene un estilo que combina elementos del son cubano, el rock latino, el jazz y el reggae para crear algo realmente único.

Para escuchar la música de Alex Cuba:

www.alexcuba.com

Lido Pimienta

Es difícil definir la música de Lido Pimienta, una cantante colombiana que vive ahora en London, Ontario. Madre y estudiante, Lido canta sobre el respeto y la tolerancia por otras culturas: su música es política en el sentido más amplio de la palabra. Aunque Lido dice que es inspirada por la música del norte de Colombia, su estilo tiene poco en común con la música folklórica aparte de los ritmos marcados del bajo y los instrumentos tradicionales de percusión. Ella acaba de sacar un EP de 8 canciones, *Color*, en el que canta en inglés y en español.

Para escuchar la música de Lido Pimienta:

www.myspace.com/lidopimienta

Páginas

10-48

El Quetzal Herido[1]
(Alfonso L. Rojo, España, residente de Canadá)

La decisión de Alfonso L. Rojo de emigrar a Canadá siguió un proceso natural. En 1953, al terminar su carrera universitaria en Ciencias Naturales (Biología y Geología) en la Universidad Complutense (Madrid), consiguió un puesto (*position*) con las Compañías de Pesca del norte de España para estudiar los peces (*fish*) de interés comercial desde el Labrador hasta Maine. En 1958 el gobierno canadiense lo contrató para trabajar en el laboratorio del Department of Fisheries (London, Ontario). Después de ocho años de trabajo en biología marina, solicitó un puesto en la universidad y en 1961 aceptó la oferta de Saint Mary's University (Halifax) donde fundó el Departamento de Biología. Llegó a ser Full Professor en 1972 y se jubiló (*retired*) de la universidad en 1986 con el título de Professor Emeritus.

Además de *El Quetzal Herido* (2000), Alfonso L. Rojo ha publicado en español una poesía sobre las ruinas romanas, visigodas y árabes de Valeria, España: *A las ruinas de Valeria* (1981), y una historia corta: *Los tres sobres* (1984) que ganó el segundo premio en el Concurso Literario Nacional en Toronto.

El Quetzal Herido es una colección de historias originales de inmigrantes de habla española en Canadá. Según el autor, el tema común de las historias es la lucha (*struggle*) del inmigrante entre la necesidad de adaptarse y la discriminación que encuentra en el nuevo país.

En el primer pasaje de *El Quetzal Herido* un peruano hace un viaje de Lima a Saint John con una mujer canadiense. Piensa casarse con ella y, después de la visita a Canadá, volver con ella y su bebé para empezar una nueva vida en el Perú. En el segundo pasaje un hispano jubilado que ha llevado muchos años viviendo en Canadá por fin acepta su nueva vida.

Antes de leer

El quetzal es reconocido como ave nacional de Guatemala y también da nombre a la moneda nacional. Esta ave tiene un vistoso plumaje, el pecho rojo y una cola (*tail*) larga de plumas verdes y azules iridiscentes. Para los aztecas y los mayas es símbolo de luz y vida. El quetzal se encuentra en peligro de extinción por la destrucción de su hábitat y por el tráfico ilegal. No puede vivir en cautiverio (*captivity*).

10-33 La adaptación. En la literatura puede haber varios niveles (*levels*) de interpretación. ¿Cuál es tu interpretación del título *El Quetzal Herido*? ¿Conoces a algunos inmigrantes hispanos que vivan ahora en Canadá? ¿Crees que ha sido fácil o difícil su adaptación a una nueva vida aquí?

El quetzal.

---
[1]"The Wounded Quetzal"

A leer

10-34 **Una historia de...** Lee ahora estos dos pasajes de *El Quetzal Herido* de Alfonso L. Rojo.

Pasaje 1: La llegada a Canadá

Con su acostumbrada euforia, Pablo organizó el viaje a Canadá. El día de su partida (salida), con su nuevo equipaje lleno de regalos, Pablo llevó a Wendy, Sean y al bebé al aeropuerto de Lima. Era su primer viaje en avión y no cabía en sí mismo (*he was beside himself*) hablando con cualquier peruano que estaba a su alcance (*reach*). Explicó a Wendy su plan de casarse con ella y volver con ella y el bebé para empezar una nueva vida en Perú después de la visita.

En Toronto cambiaron de avión para seguir el viaje a Saint John. Esta vez Pablo escogió (*chose*) una ventanilla en el avión de Air Canada. Acostumbrado a los colores del paisaje peruano, Pabló quedó hipnotizado por la belleza de cuento de hadas (*fairy-tale*) de los bosques cubiertos de nieve.

Ahora le tocó el turno a Wendy sentirse como en casa y enseguida empezó una animada conversación con la azafata (asistente de vuelo) y los viajeros cercanos. Pablo, sin poder entender una palabra, se apocó (*shied away*). Solamente cambió unas pocas palabras con Wendy durante la segunda etapa (parte) del viaje. Un sentimiento extraño de soledad (*loneliness*), que nunca había sentido lo invadió. Miró por la ventanilla el monótono paisaje. A medida que (*As*) la confianza de Wendy crecía, la seguridad de Pablo en sí mismo se hundía (*sank*). Cansado, cerró los ojos y trató de dormir. 'No te dejes cazar (*be caught*) por una gringa. . . no te dejes cazar por una gringa. . .' repetía su mente una y otra vez. Cuando se despertó, el avión tocaba tierra en Saint John.

Quedó gratamente sorprendido al encontrar el aeropuerto con una temperatura agradable aunque estaba rodeado (*surrounded*) de campos nevados. Nunca se habría (*would have*) imaginado que un edificio tan grande pudiera calentarse (*could be heated*). Ahora era Wendy la que le guiaba en su nuevo ambiente. Pablo, cargado de maletas, la seguía como un corderito (*little lamb*).

"Allí está la abuela," dijo Wendy a los niños. Pablo miró sin dar fe (*disbelieving*) a sus ojos la figura de una mujer de unos sesenta años, gruesa (gorda), con lo que a él le parecía un vestido chillón (*gaudy*) de flores debajo de un abrigo de invierno abierto. Siempre había conocido a su madre vestida de negro. Solamente las muchachas y mujeres jóvenes, como Hortensia, llevaban vestidos de colores en los pueblos pequeños de Perú.

Pasaje 2: La adaptación de un jubilado a la nueva vida

Había soñado mucho tiempo atrás (*long ago*) con cambiar su país de adopción por las colinas (*hills*) familiares de su tierra nativa y los cálidos lazos (*ties*) familiares, pero había aprendido en su último viaje que ya no pertenecía (*belonged*) allí tampoco.

Ahora su vida estaba empezando a estancarse (*stagnate*) en la monotonía del retiro (*retirement*) como los últimos días del otoño, fríos, grises, sin sol. 'Hay otros lugares más alegres', pensó. Se imaginaba a la gente de la calle apresurándose (*hurrying*) hacia ellos dejando desierta la ciudad.

Tomó el periódico y leyó página tras página sin prisa. Durante una hora larga, la lectura detuvo la cadena (*stopped the train*) de sus abatidos (*gloomy*) pensamientos.

Mabel vino con una cafetera de café recién hecho. "¿Más café, señor?"

"Mejor no, gracias." Su corazón protestaría luego.

(continued)

(*continued*)

Con el rabillo (*Out of the corner*) del ojo vio las luces del árbol de Navidad cesar en su monótono flujo, paralizadas en puntitos de color. Dejó el periódico sobre la mesa y observó al joven dependiente cerrar la tienda.

A través de (*Por*) la ventana percibió una figura doblegada (*bent*), caminando despacio, cojeando (*limping*) y apoyada (*leaning*) en un bastón (*cane*), pero su paso era firme, controlado, decisivo. No llevaba sombrero ni bufanda (*scarf*) ni abrigo. Enfrente de la librería, las luces se posaron sobre él. Fue un segundo con el valor de una eternidad. La imagen de la voluntad (*will*) firme de aquel hombre relampagueó (*flashed*) en la mente del jubilado. Sus dudas desaparecieron. No debía dudar más.

El jubilado se levantó con determinación. Desde el mostrador (*counter*), Mabel le sonrió. Con paso firme, salió a la calle, llevando en el corazón el calor de aquella sonrisa.

Después de leer

10-35 ¿Comprendiste?   Contesta brevemente en español las siguientes preguntas sobre los dos pasajes.

Pasaje 1: La llegada a Canadá

1.   ¿Qué estado de ánimo (*state of mind*) tenía Pablo en el aeropuerto de Lima antes de salir para Canadá?

2.   ¿Qué plan tenía Pablo para después de la visita a Canadá?

3.   ¿En qué estación del año fue el viaje?

4.   ¿Habló Pablo con los otros pasajeros en el avión? ¿Por qué? ¿Y Wendy?

5.   ¿Cómo reaccionó Pablo cuando llegó al aeropuerto de Saint John? ¿Y cuando vio por primera vez a la abuela de los niños?

Pasaje 2: La adaptación de un jubilado a la nueva vida

1.   ¿Qué aprendió el jubilado durante su último viaje a su tierra nativa?

2.   ¿Crees que este señor pasaba un retiro feliz en Canadá?

3.   ¿Cómo parece que se escapaba de sus pensamientos y la monotonía de su vida?

4.   Después de leer el periódico, el jubilado miró por la ventana. ¿Qué vio en la calle? ¿Qué lo impresionó tanto?

 10-36 En su opinión.   ¿Qué creen Uds. que son las adaptaciones más difíciles para los inmigrantes hispanos? En el siguiente sitio web pueden informarse de los servicios que el centro para gente de habla hispana les ofrece a los inmigrantes recién llegados:

www.laenca.com

MySpanishLab

Access *¡Arriba!'s* MySpanishLab at **www.myspanishlab.com**. MySpanishLab offers a variety of online resources, including

- Student Activities Manual exercises
- self-grading tests
- videos

Vocabulario

Primera parte

Las partes del cuerpo humano	Parts of the human body
la boca	*mouth*
el brazo	*arm*
la cabeza	*head*
el corazón	*heart*
el dedo (del pie)	*finger (toe)*
el diente	*tooth*
la espalda	*back*
el estómago	*stomach*
la garganta	*throat*
la lengua	*tongue*
la muela	*molar*
el oído	*inner ear*
la oreja	*(outer) ear*
el pecho	*chest*
el pie	*foot*
la pierna	*leg*
el pulmón	*lung*
la rodilla	*knee*

Problemas de salud	Health problems
doler (ue)	*to hurt*
hacer(le/se) daño	*to hurt (someone/oneself)*
romperse (un hueso)	*to break (a bone)*
tener alergia(s) a	*to be allergic to*
tener (un) dolor de cabeza	*to have a headache*
(una) fiebre	*a fever*
(la) gripe	*the flu*
una infección	*an infection*
un resfriado	*a cold*
(una) tos	*a cough*

Consejos y remedios médicos	Medical advice and remedies
cuidar(se)	*to take care (of oneself)*
dejar de (fumar)	*to quit (smoking)*
guardar cama	*to stay in bed*
hacer una cita	*to make an appointment*

mejorarse	*to get better; to get well*
recetar	*to prescribe*
respirar	*to breathe*
tomar(le/se) la presión/ la temperatura	*to take (some)one's blood pressure/temperature*

Medicinas comunes	Common medicines
el antiácido	*antacid*
el antibiótico	*antibiotic*
la aspirina	*aspirin*
la pastilla	*pill; lozenge*

En el consultorio	In the doctor's office
la clínica	*clinic*
el dolor	*pain*
la enfermedad	*illness*
el/la enfermero/a	*nurse*
el examen físico	*checkup*
la inyección	*shot*
el/la médico/a	*doctor, physician*
el/la paciente	*patient*
la radiografía	*x-ray*
la receta	*prescription*
el síntoma	*symptom*

Verbos que expresan recomendaciones	Verbs which express recommendations
aconsejar	*to advise*
insistir (en)	*to insist*
mandar	*to order*
permitir	*to permit*
prohibir	*to prohibit; to forbid*
recomendar (ie)	*to recommend*
sugerir (ie, i)	*to suggest*

Segunda parte

Las enfermedades y el bienestar	Illnesses and well-being
el centro naturista	*health store*
la diabetes	*diabetes*
los ejercicios aeróbicos	*aerobics*
el peso	*weight*
el riesgo	*risk*

Tu línea y tu salud	Your figure and your health
adelgazar; bajar de peso	*to lose weight*
engordar; subir de peso	*to gain weight*
estar a dieta/	*to be on a diet/*
bien/mal de salud/	*in good/bad health/*
en (buena) forma	*in (good) shape*
guardar la línea	*to stay trim; to watch one's figure*
hacer jogging/ footing	*to jog*
levantar pesas	*to lift weights*
padecer (zc) (de)	*to suffer (from)*
ponerse a dieta/	*to go on a diet/*
en forma	*to get into shape*

Verbos que expresan emoción	Verbs which express emotion
enojar(se)	*to anger; to get angry*
lamentar	*to regret*
sentir (ie, i)	*to regret; to feel sorry*
sorprender(se)	*to surprise; to be surprised*
temer	*to fear*

Los alimentos	Foods
las bebidas alcohólicas	*alcoholic drinks*
los carbohidratos	*carbohydrates*
el colesterol	*cholesterol*
las grasas	*fats*
los productos lácteos	*dairy foods*
las proteínas	*proteins*

TRANSLATION OF "¡ASÍ ES LA VIDA!" READINGS

Lección 2 Where are you from?

Primera parte

¡Así es la vida! Who am I? Hi! My name is José and I'm from Mexico. I'm a student at the University of Salamanca, in Spain, and I have many new friends.

The dark-haired girl is (called) Isabel Rojas Lagos. She's intelligent and hardworking. She's also very nice.

The tall blond boy is Daniel Gómez Mansur. Daniel is a bit plump and he's good looking. He's from Madrid, the capital of Spain.

In the university

David: Where are you from, Isabel?

Isabel: I'm Spanish, from Seville. And you (pl.), where are you from?

Laura: We're Canadian, from Calgary. Nice to meet you.

Isabel: Nice to meet you. Well, what time is it?

David: It's nine o'clock.

Isabel: Really? My algebra class is at nine! See you soon!

David: See you later, Isabel!

Segunda parte

¡Así es la vida! What do you do? What do you like to do? Hi! I'm Celia Cifuentes Bernal and I'm twenty-two years old. I speak Spanish and French. I study sciences at the Complutense University of Madrid. Today I have to study a lot because I have a biology exam tomorrow at two p.m. I work and study a lot from Monday to Friday but on Saturday nights my friends and I listen to music and dance at parties.

I'm Alberto López Silvero. I speak Spanish, Portuguese, Italian, and a little English. I'm twenty-one. I study languages at the University of Valencia. In the afternoon I work at the university bookstore. In summer and fall, I like to play tennis with my friends.

Lección 3 What do you study?

Primera parte

¡Así es la vida! What subjects are you going to take?

Alberto: Hi, Laura! You already have your class schedule, don't you?

Laura: Yes, and you do too, don't you? What subjects are you going to take?

Alberto: My schedule is quite complicated. I'm going to take five subjects and I have classes every day.

Laura: Are you going to take economics with Professor Molina?

Alberto: Yes, and it's a very difficult class! His students always have to do a lot of homework.

Luisa: Carmen, what are you doing?

Carmen: I'm doing the physics assignment for tomorrow.

Luisa: How many exercises do we have to prepare?

Carmen: There are only two.

Luisa: Well, shall we go to biology class?

Carmen: What time is it?

Luisa: It's five to nine. Our class is in five minutes.

Carmen: Oh, yes! Let's go to class.

Segunda parte

¡Así es la vida! Where is the bookstore?

Ana Rosa: Hi, Carlos! How's it going? How are you?

Carlos: Hi, girl! I'm fine, but a bit tired. I'm very busy with my classes.

Ana Rosa: Me too! I'm going to the bookstore now to buy a novel for my literature class. We read a lot of novels in the class.

Carlos: Where's the bookstore?

Ana Rosa: It's nearby, in the student centre, to the right of the library.

Carlos: What novel are you reading?

Ana Rosa: Now we're reading a novel by Carlos Fuentes, a Mexican author. I'm worried, because it's difficult and we have to write a composition. I don't understand the novel very well.

Carlos: Why don't you talk to Marisa? She reads a lot and I think she studies Mexican literature. She always eats in the cafeteria at one (o'clock) after her classes.

Ana Rosa: Good idea! Well, I'm hungry now. Shall we go and eat a sandwich?

Lección 4 What is your family like?

Primera parte

¡Así es la vida! Members of the family

An email message

Ana María Pérez is a Guatemalan girl. She lives with her family in Guatemala City and studies at the National University with her new friend, Juan Antonio Márquez. He is Costa Rican and lives in San José. Ana María now answers an email from Juan Antonio in order to describe her family and also her plans for the summer vacation.

From: Ana María
Subject: Greetings from Guatemala
Date: June 20, 2012

Dear Juan Antonio,

Thanks for your message. You have an interesting and very large family! My family is also very close and a little large. My dad is a professor at the National University of Guatemala and my mom is a dentist. I have two siblings. My older sister is called Carmen. She's twenty-two and studies biology at the university. Then it's me, at nineteen, and then my younger brother, Ernesto, who is fifteen.

My grandparents—my dad's parents—live with us. They help a lot around the house. My uncle Gustavo and aunt Elena don't live very far away and spend a lot of time here. They have two children, my cousin Juan and my cousin Cristina. My uncle José and my aunt Teresa don't have any children. On Sunday we're going to see a lot of our relatives to celebrate my grandparents' anniversary.

If you come to Guatemala in July, you can go with us to visit Tikal. We are going to Costa Rica for two weeks in August. We'll be returning to Guatemala after our vacation and I'll be going back to the university on September 2.

See you soon.
A hug,
Ana María

Segunda parte

¡Así es la vida! Free time

An invitation

Raúl invites Laura to see a movie.

Raúl:	Laura, it's Raúl. How are you?
Laura:	Very well, thanks. And you?
Raúl:	The same. Are you downtown now?
Laura:	Yes, I'm at the café that's beside *De Moda*. Do you know it?
Raúl:	Yes, I am nearby. Well, I'm calling you to see if you want to go to the movie theatre this afternoon.
Laura:	Yes, of course. Do you know what movie they're showing?
Raúl:	Yes, there is a new movie at the Rialto. I don't know if you know it. It's called *Surviving Guazapa.* The afternoon showing starts at 4:30. Shall we go?
Laura:	Just a minute. My mother is calling me. I'll call you in a few minutes.

A few minutes go by and Laura calls Raúl.

Laura: Hi, Raúl. I am sorry but I can't go today. I am going shopping with my mother. Do you want to go tomorrow afternoon?

Raúl: Fine. Shall I pick you up at a quarter to four?

Laura: Perfect. See you tomorrow.

Lección 5 How do you spend the day?

Primera parte

¡Así es la vida! Household chores

The Pérez Zamora family is Argentinian and lives in Buenos Aires. Tonight they will be at home celebrating the birthday of Mr. Pérez. Mrs. Pérez has a list of chores for her children who are on the sofa in the living room. Rosa is reading a book, Antonio is listening to music and Cristina is eating a sandwich. At this moment, Mrs. Pérez enters the living room to speak to her children about the chores that they have to do for their father's party.

Mrs. Pérez: We have a lot to do today for dad's party. Antonio, you are going to vacuum all around the house, especially under the dining-room table. Cristina, you have to wash the dirty clothes and then dry them. Also, you need to clean the bathrooms. Rosa, you set the table and see if we have everything for the sandwiches. Let's make a shopping list to go to the market. I am going to clean the kitchen. Let's work hard now and then we'll celebrate at the party.

Segunda parte

¡Así es la vida! Daily activities

Personal care

Fabián has an appointment with Rosa at 10:30 a.m. It's now a quarter to eleven and Rosa is becoming impatient because she knows that Fabián sometimes doesn't wake up on time when he goes to bed late the night before. Rosa takes off her sweater and sits down in the Café Solo to call Fabián on the phone.

Fabián: Yes?

Rosa: Hello, Fabián!

Fabián: Yes? Who is it?

Rosa: It's me! Rosa! I am here in the Café Solo. Where are you?

Fabián: Oh! In bed but I am getting up now. I'll be there in twenty minutes. I just have to take a shower, shave, comb my hair, brush my teeth, get dressed . . .

Rosa: Fabián! You're hopeless!

Rosa eats breakfast, stands up from the table, puts on her sweater, and thinks . . .

Rosa: Sometimes I become furious with Fabián but, well, he is also a good friend and we have a lot of fun.

Lección 6 Enjoy your meal!

Primera parte

¡Así es la vida! Enjoy your meal!

At home

Marta:	I'm very hungry, Arturo. Do you want to go out to eat?
Arturo:	Sure. Where do you feel like going?
Marta:	Why don't we have lunch at Don Pepe's Restaurant? I love their Cuban dishes.

At Don Pepe's Restaurant

Arturo:	Server, can you please bring us a glass of red wine and a beer?
Server:	Of course. Do you know what you want to order yet?
Marta:	What's the daily special?
Server:	It's the Cuban rice. We serve it with meat, beans, and fried plantains. Would you like to try it?
Marta:	It sounds interesting to me. I'll try it.
Arturo:	So will I. And can you bring us a lettuce and tomato salad?

The server brings the food to them

Server:	Enjoy your meal!
Marta:	Thanks. Mmmm, the rice is delicious! I like the food here a lot.
Arturo:	So do I.

Segunda parte

¡Así es la vida! In the kitchen

Miguel:	Hi, Mónica! What's up? Did you like your first week at the cooking school?
Mónica:	Yes, I liked it a lot! We worked a lot but we learned to prepare some delicious dishes.
Miguel:	Did you? What did you cook?
Mónica:	Well, my friend Julia and I prepared a delicious chicken with rice. I chopped the onions and the garlic and Julia heated the oil and added the other ingredients.
Miguel:	You know I love chicken with rice! Why didn't you invite me to try it?
Mónica:	The truth is that we ate it all for lunch. If you like chicken with rice so much, you have to learn to cook it!

Lección 7 Let's enjoy ourselves!

Primera parte

¡Así es la vida! Free time

The weekend

Manuel and Luisa are from Ecuador. They live on the northern coast, near Esmeraldas and Tonsupa beach on the Pacific. It's Saturday and the weather is good.

Manuel: Luisa, what do you want to do today? It's sunny and very hot.

Luisa: Why don't we go to Tonsupa? We can swim in the ocean, sunbathe, and have a picnic. There is not much wind today and it isn't going to rain.

Manuel: Good idea! Shall we call Elena and Carlos to see if they want to go too?

Luisa: Perfect! They really like the beach.

Manuel: Good. Do you want to make the sandwiches? You made them last weekend and they were very good.

Luisa: Well, fine. So, are you going to buy the soft drinks and the ice for the cooler? And where are the beach umbrellas? You gave the yellow one to your sister when she went to Atacames.

Manuel: That's fine. I'll buy the soft drinks first and then I'll call my sister but I believe that she had to work this morning.

Luisa: It doesn't matter. The red umbrella is fine. By the way, if it isn't cool tonight, do you want to go to Atacames to take a stroll around the market and then try the shrimp ceviche that I like so much?

Manuel: Great. Let's get ready!

Segunda parte

¡Así es la vida! Sports

Athletes

María Elena Salazar (soccer) It is very good to exercise every day. During the summer, when it's hot, I play soccer. In the winter, when it's cool, I like to swim in the pool at my swim club in Vancouver. Today I exercised and swam for an hour. There are sports that I like and others that I don't like. I really like tennis but golf doesn't interest me much. I don't understand ice hockey but I enjoyed the Canucks' game that I saw last night on television.

Daniel Sánchez Ramírez (baseball) The most popular sport in my family is soccer but my favourite sport is baseball. I play all summer on a youth team in Ottawa. I am not a very good player but I hit quite well. My favourite team is the Toronto Blue Jays in the American League. Last year I intended to go to Toronto to watch them play but I couldn't because I got sick the day of the game. This year I hope to have more opportunities because my grandparents now live in Toronto.

Lección 8 How can I help you?

Primera parte

¡Así es la vida! Going shopping Last Friday, Graciela and her brother Luis couldn't go shopping because Luis felt ill. On Saturday they went to the stores downtown where Luis preferred to go to the department store Falabella, because the sales continued all weekend.

In the department store Falabella

Luis is looking for a suit to wear to work.

Clerk:	Good morning. How can I help you?
Luis:	I'm looking for the suits that are on sale.
Clerk:	We have several styles here. What do you think of these wool suits? What size do you wear?
Luis:	I wear medium (size). Hmm, I like them a lot. Can I try on this grey one?
Clerk:	Yes, of course. The changing room is over there.

A few minutes later . . .

Luis:	How does it look on me? Isn't it a bit small for me?
Clerk:	No, it fits you very well.
Luis:	Well then, I'll buy it.
Clerk:	Very well. You can pay at the cash register with this receipt.

Segunda parte

¡Así es la vida! What did you buy? Victoria is shopping downtown when Lucía calls her on the phone.

Victoria:	Hello?
Lucía:	Hi, Victoria. This is Lucía. Hey, I called you three times on your cell phone but you didn't answer. Where were you?
Victoria:	I went shopping downtown and I was there all morning. Now I'm in Falabella looking at some perfumes.
Lucía:	Did you find anything?
Victoria:	I bought a fabulous red dress. I also bought a watch for my younger brother for his birthday and some articles in the pharmacy.
Lucía:	Did you spend much?
Victoria:	I spent less than last week. Now that I pay cash, I don't spend as much as before. The most expensive thing I bought was the dress, but as I found it on sale, it cost me less than 80 dollars.
Lucía:	What's the dress like?
Victoria:	It's much prettier than my black dress and I need something good for the party this Saturday.
Lucía:	Yes, that's true. It's going to be the most elegant event of the year. Well, do you want to go and get something to eat now? I'm really hungry!

Lección 9 Let's go on a trip

Primera parte

¡Así es la vida! Have a good trip!

At the travel agency Mauricio and Susana live in Bogota. They have a week's vacation and go to a travel agency to get information on some tourist packages.

Mauricio: Are you interested in going back to the hotel where we were last year? It was very good.

Susana: Yes, and you could go on a lot of excursions, but there were a lot of tourists and it wasn't very close to the beach.

Mauricio: You're right.

The agent: (gives them a brochure) Well, this month we're offering a week's trip to San Andrés and Cartagena de Indias.

Susana: What's included in the trip?

The agent: Roundtrip fare, hotel with everything included for three nights on the island of San Andrés, which has a fabulous beach, and three nights in the colonial city of Cartagena de Indias. All this for only 900,000 pesos per person!

Susana: Well, Mauricio, what do you think if we go to San Andrés?

Mauricio: It sounds fantastic!

In the airport A month later Mauricio and Susana leave for San Andrés on their vacation trip. They are in the waiting room of Avianca, in the international airport of Bogota.

Agent: Good afternoon, passengers. Avianca announces the departure of flight 79 to San Andrés. Please go to boarding gate number 8. Have a good trip!

Segunda parte

¡Así es la vida! Vacations

An email from Susana

Hi, Raquel,

Greetings from Cartagena, Colombia!

We arrived here after three days on the island of San Andrés, where we had a marvellous time. Our hotel was large and beautiful and it was only two minutes from the beach. We stayed in a very large room with a good view of the ocean. Every day we swam in the ocean or in the hotel swimming pool and we went out waterskiing and snorkelling in the crystal clear waters of the Caribbean. On the last day we went on an excursion around the whole island by bicycle. The hotel had a good restaurant and we tried something new every day.

Now we're in the old city of Cartagena in a colonial hotel with a garden full of tropical flowers. It rained yesterday and we went to the museum to learn a bit about the history of the city. Last night we had dinner in a restaurant downtown, where there was traditional Colombian music.

We liked the atmosphere a lot and we stayed until late.

I'm sending you some digital photos that I took.

A hug from your friend,

Susana

Lección 10 Your health comes first!

Primera parte

¡Así es la vida! Health problems

In the doctor's office

A lot of patients have an appointment to see Dr. Méndez. They are in the waiting room where they talk about their symptoms and the doctor's advice.

Anabel: I hurt my knee while I was playing soccer. The doctor advises me not to play until I am better.

Alfredo: And I have a very bad headache and an inner ear infection. I hope that the doctor prescribes an antibiotic for me.

Don Luis: Oh, my back is really sore! I can't sit down. The doctor suggests that I stay in bed and take care of myself.

Paloma: My son has a fever and won't eat anything. I don't know whether he has a cold or something more serious. I hope that the doctor gives him a physical examination.

Eugenio: I have a bad cough and my whole body aches. I think that I have the flu.

Marisa: Well, I suggest that you describe your symptoms to the doctor.

Segunda parte

¡Así es la vida! Improve your health

A good diet for a healthy heart

Many heart diseases are caused by dietary problems and by the way in which we live. According to the statistics, we should be eating a balanced and varied diet which contains sufficient carbohydrates, proteins, vitamins, minerals, salt, and fat so that the heart can function well.

Heart diseases are the principal cause of death in both developed and developing countries. This should not happen. In order to stay healthy, one needs to adhere to a careful diet and keep in mind that there are foods that contribute to heart diseases. Changes in our diet can effectively reduce the risk of heart disease. To diminish these risks, the **Canadian Heart and Stroke Foundation** has prepared the following dietary recommendations:

- To limit the consumption of cholesterol, do not eat foods that have a high fat content. Use vegetable oils, especially olive oil, in your cooking, instead of butter and lard.

- It is recommended also that you include more fibre in your diet, in the form of fruits and vegetables, and also whole-grain bread and cereals. These complex carbohydrates produce lower levels of sugar than the simple carbohydrates in sweet foods and white flour.

To enjoy good health, it is important that you maintain a healthy weight, exercise, and control your glucose levels. Talk to your doctor about planning the diet that suits you best.

VERB CHARTS

Regular Verbs: Simple Tenses

Infinitive Present Participle Past Participle	Indicative					Subjunctive		Imperative
	Present	Imperfect	Preterit	Future	Conditional	Present	Imperfect	
hablar hablando hablado	hablo hablas habla hablamos habláis hablan	hablaba hablabas hablaba hablábamos hablabais hablaban	hablé hablaste habló hablamos hablasteis hablaron	hablaré hablarás hablará hablaremos hablaréis hablarán	hablaría hablarías hablaría hablaríamos hablaríais hablarían	hable hables hable hablemos habléis hablen	hablara hablaras hablara habláramos hablarais hablaran	habla tú, no hables hable usted hablemos hablen Uds.
comer comiendo comido	como comes come comemos coméis comen	comía comías comía comíamos comíais comían	comí comiste comió comimos comisteis comieron	comeré comerás comerá comeremos comeréis comerán	comería comerías comería comeríamos comeríais comerían	coma comas coma comamos comáis coman	comiera comieras comiera comiéramos comierais comieran	come tú, no comas coma usted comamos coman Uds.
vivir viviendo vivido	vivo vives vive vivimos vivís viven	vivía vivías vivía vivíamos vivíais vivían	viví viviste vivió vivimos vivisteis vivieron	viviré vivirás vivirá viviremos viviréis vivirán	viviría vivirías viviría viviríamos viviríais vivirían	viva vivas viva vivamos viváis vivan	viviera vivieras viviera viviéramos vivierais vivieran	vive tú, no vivas viva usted vivamos vivan Uds.

Vosotros Commands

hablar	comer	vivir
hablad, no habléis	comed, no comáis	vivid, no viváis

Regular Verbs: Perfect Tenses

	Indicative					Subjunctive	
	Present Perfect	Past Perfect	Preterit Perfect	Future Perfect	Conditional Perfect	Present Perfect	Past Perfect
	he hablado	había hablado	hube hablado	habré hablado	habría hablado	haya hablado	hubiera hablado
	has comido	habías comido	hubiste comido	habrás comido	habrías comido	hayas comido	hubieras comido
	ha vivido	había vivido	hubo vivido	habrá vivido	habría vivido	haya vivido	hubiera vivido
	hemos	habíamos	hubimos	habremos	habríamos	hayamos	hubiéramos
	habéis	habíais	hubisteis	habréis	habríais	hayáis	hubierais
	han	habían	hubieron	habrán	habrían	hayan	hubieran

Irregular Verbs

Infinitive / Present Participle / Past Participle	Indicative					Subjunctive		Imperative
	Present	Imperfect	Preterit	Future	Conditional	Present	Imperfect	
andar andando andado	ando andas anda andamos andáis andan	andaba andabas andaba andábamos andabais andaban	anduve anduviste anduvo anduvimos anduvisteis anduvieron	andaré andarás andará andaremos andaréis andarán	andaría andarías andaría andaríamos andaríais andarían	ande andes ande andemos andéis anden	anduviera anduvieras anduviera anduviéramos anduvierais anduvieran	anda tú, no andes ande usted andemos anden Uds.
caer cayendo caído	caigo caes cae caemos caéis caen	caía caías caía caíamos caíais caían	caí caíste cayó caímos caísteis cayeron	caeré caerás caerá caeremos caeréis caerán	caería caerías caería caeríamos caeríais caerían	caiga caigas caiga caigamos caigáis caigan	cayera cayeras cayera cayéramos cayerais cayeran	cae tú, no caigas caiga usted caigamos caigan Uds.
dar dando dado	doy das da damos dais dan	daba dabas daba dábamos dabais daban	di diste dio dimos disteis dieron	daré darás dará daremos daréis darán	daría darías daría daríamos daríais darían	dé des dé demos deis den	diera dieras diera diéramos dierais dieran	da tú, no des dé usted demos den Uds.

Irregular Verbs (continued)

Infinitive / Present Participle / Past Participle	Indicative Present	Imperfect	Preterit	Future	Conditional	Subjunctive Present	Imperfect	Imperative
decir diciendo dicho	digo dices dice decimos decís dicen	decía decías decía decíamos decíais decían	dije dijiste dijo dijimos dijisteis dijeron	diré dirás dirá diremos diréis dirán	diría dirías diría diríamos diríais dirían	diga digas diga digamos digáis digan	dijera dijeras dijera dijéramos dijerais dijeran	di tú, no digas diga usted digamos decid vosotros, no digáis digan Uds.
estar estando estado	estoy estás está estamos estáis están	estaba estabas estaba estábamos estabais estaban	estuve estuviste estuvo estuvimos estuvisteis estuvieron	estaré estarás estará estaremos estaréis estarán	estaría estarías estaría estaríamos estaríais estarían	esté estés esté estemos estéis estén	estuviera estuvieras estuviera estuviéramos estuvierais estuvieran	está tú, no estés esté usted estemos estad vosotros, no estéis estén Uds.
haber habiendo habido	he has ha hemos habéis han	había habías había habíamos habíais habían	hube hubiste hubo hubimos hubisteis hubieron	habré habrás habrá habremos habréis habrán	habría habrías habría habríamos habríais habrían	haya hayas haya hayamos hayáis hayan	hubiera hubieras hubiera hubiéramos hubierais hubieran	
hacer haciendo hecho	hago haces hace hacemos hacéis hacen	hacía hacías hacía hacíamos hacíais hacían	hice hiciste hizo hicimos hicisteis hicieron	haré harás hará haremos haréis harán	haría harías haría haríamos haríais harían	haga hagas haga hagamos hagáis hagan	hiciera hicieras hiciera hiciéramos hicierais hicieran	haz tú, no hagas haga usted hagamos haced vosotros, no hagáis hagan Uds.
ir yendo ido	voy vas va vamos vais van	iba ibas iba íbamos ibais iban	fui fuiste fue fuimos fuisteis fueron	iré irás irá iremos iréis irán	iría irías iría iríamos iríais irían	vaya vayas vaya vayamos vayáis vayan	fuera fueras fuera fuéramos fuerais fueran	ve tú, no vayas vaya usted vamos, no vayamos id vosotros, no vayáis vayan Uds.

Irregular Verbs (continued)

Infinitive / Present Participle / Past Participle	Indicative — Present	Indicative — Imperfect	Indicative — Preterit	Indicative — Future	Indicative — Conditional	Subjunctive — Present	Subjunctive — Imperfect	Imperative
oír / oyendo / oído	oigo, oyes, oye, oímos, oís, oyen	oía, oías, oía, oíamos, oíais, oían	oí, oíste, oyó, oímos, oísteis, oyeron	oiré, oirás, oirá, oiremos, oiréis, oirán	oiría, oirías, oiría, oiríamos, oiríais, oirían	oiga, oigas, oiga, oigamos, oigáis, oigan	oyera, oyeras, oyera, oyéramos, oyerais, oyeran	oye tú, no oigas, oiga usted, oigamos, oigan Uds.
poder / pudiendo / podido	puedo, puedes, puede, podemos, podéis, pueden	podía, podías, podía, podíamos, podíais, podían	pude, pudiste, pudo, pudimos, pudisteis, pudieron	podré, podrás, podrá, podremos, podréis, podrán	podría, podrías, podría, podríamos, podríais, podrían	pueda, puedas, pueda, podamos, podáis, puedan	pudiera, pudieras, pudiera, pudiéramos, pudierais, pudieran	
poner / poniendo / puesto	pongo, pones, pone, ponemos, ponéis, ponen	ponía, ponías, ponía, poníamos, poníais, ponían	puse, pusiste, puso, pusimos, pusisteis, pusieron	pondré, pondrás, pondrá, pondremos, pondréis, pondrán	pondría, pondrías, pondría, pondríamos, pondríais, pondrían	ponga, pongas, ponga, pongamos, pongáis, pongan	pusiera, pusieras, pusiera, pusiéramos, pusierais, pusieran	pon tú, no pongas, ponga usted, pongamos, pongan Uds.
querer / queriendo / querido	quiero, quieres, quiere, queremos, queréis, quieren	quería, querías, quería, queríamos, queríais, querían	quise, quisiste, quiso, quisimos, quisisteis, quisieron	querré, querrás, querrá, querremos, querréis, querrán	querría, querrías, querría, querríamos, querríais, querrían	quiera, quieras, quiera, queramos, queráis, quieran	quisiera, quisieras, quisiera, quisiéramos, quisierais, quisieran	quiere tú, no quieras, quiera usted, queramos, quieran Uds.
saber / sabiendo / sabido	sé, sabes, sabe, sabemos, sabéis, saben	sabía, sabías, sabía, sabíamos, sabíais, sabían	supe, supiste, supo, supimos, supisteis, supieron	sabré, sabrás, sabrá, sabremos, sabréis, sabrán	sabría, sabrías, sabría, sabríamos, sabríais, sabrían	sepa, sepas, sepa, sepamos, sepáis, sepan	supiera, supieras, supiera, supiéramos, supierais, supieran	sabe tú, no sepas, sepa usted, sepamos, sepan Uds.
salir / saliendo / salido	salgo, sales, sale, salimos, salís, salen	salía, salías, salía, salíamos, salíais, salían	salí, saliste, salió, salimos, salisteis, salieron	saldré, saldrás, saldrá, saldremos, saldréis, saldrán	saldría, saldrías, saldría, saldríamos, saldríais, saldrían	salga, salgas, salga, salgamos, salgáis, salgan	saliera, salieras, saliera, saliéramos, salierais, salieran	sal tú, no salgas, salga usted, salgamos, salgan Uds.

Irregular Verbs (continued)

Infinitive Present Participle Past Participle	Indicative					Subjunctive		Imperative
	Present	Imperfect	Preterit	Future	Conditional	Present	Imperfect	
ser siendo sido	soy eres es somos sois son	era eras era éramos erais eran	fui fuiste fue fuimos fuisteis fueron	seré serás será seremos seréis serán	sería serías sería seríamos seríais serían	sea seas sea seamos seáis sean	fuera fueras fuera fuéramos fuerais fueran	sé tú, no seas sea usted seamos sed vosotros, no seáis sean Uds.
tener teniendo tenido	tengo tienes tiene tenemos tenéis tienen	tenía tenías tenía teníamos teníais tenían	tuve tuviste tuvo tuvimos tuvisteis tuvieron	tendré tendrás tendrá tendremos tendréis tendrán	tendría tendrías tendría tendríamos tendríais tendrían	tenga tengas tenga tengamos tengáis tengan	tuviera tuvieras tuviera tuviéramos tuvierais tuvieran	ten tú, no tengas tenga usted tengamos tened vosotros, no tengáis tengan Uds.
traer trayendo traído	traigo traes trae traemos traéis traen	traía traías traía traíamos traíais traían	traje trajiste trajo trajimos trajisteis trajeron	traeré traerás traerá traeremos traeréis traerán	traería traerías traería traeríamos traeríais traerían	traiga traigas traiga traigamos traigáis traigan	trajera trajeras trajera trajéramos trajerais trajeran	trae tú, no traigas traiga usted traigamos traed vosotros, no traigáis traigan Uds.
venir viniendo venido	vengo vienes viene venimos venís vienen	venía venías venía veníamos veníais venían	vine viniste vino vinimos vinisteis vinieron	vendré vendrás vendrá vendremos vendréis vendrán	vendría vendrías vendría vendríamos vendríais vendrían	venga vengas venga vengamos vengáis vengan	viniera vinieras viniera viniéramos vinierais vinieran	ven tú, no vengas venga usted vengamos venid vosotros, no vengáis vengan Uds.
ver viendo visto	veo ves ve vemos veis ven	veía veías veía veíamos veíais veían	vi viste vio vimos visteis vieron	veré verás verá veremos veréis verán	vería verías vería veríamos veríais verían	vea veas vea veamos veáis vean	viera vieras viera viéramos vierais vieran	ve tú, no veas vea usted veamos ved vosotros, no veáis vean Uds.

Stem-Changing and Orthographic-Changing Verbs

Infinitive Present Participle Past Participle	Indicative					Subjunctive		Imperative
	Present	Imperfect	Preterit	Future	Conditional	Present	Imperfect	
dormir (ue, u) dormiendo dormido	duermo duermes duerme dormimos dormís duermen	dormía dormías dormía dormíamos dormíais dormían	dormí dormiste durmió dormimos dormisteis durmieron	dormiré dormirás dormirá dormiremos dormiréis dormirán	dormiría dormirías dormiría dormiríamos dormiríais dormirían	duerma duermas duerma durmamos durmáis duerman	durmiera durmieras durmiera durmiéramos durmierais durmieran	duerme tú, no duermas duerma usted durmamos dormid vosotros, no durmáis duerman Uds.
incluir (y) incluyendo incluido	incluyo incluyes incluye incluimos incluís incluyen	incluía incluías incluía incluíamos incluíais incluían	incluí incluiste incluyó incluimos incluisteis incluyeron	incluiré incluirás incluirá incluiremos incluiréis incluirán	incluiría incluirías incluiría incluiríamos incluiríais incluirían	incluya incluyas incluya incluyamos incluyáis incluyan	incluyera incluyeras incluyera incluyéramos incluyerais incluyeran	incluye tú, no incluyas incluya usted incluyamos incluid vosotros, no incluyáis incluyan Uds.
pedir (i, i) pidiendo pedido	pido pides pide pedimos pedís piden	pedía pedías pedía pedíamos pedíais pedían	pedí pediste pidió pedimos pedisteis pidieron	pediré pedirás pedirá pediremos pediréis pedirán	pediría pedirías pediría pediríamos pediríais pedirían	pida pidas pida pidamos pidáis pidan	pidiera pidieras pidiera pidiéramos pidierais pidieran	pide tú, no pidas pida usted pidamos pedid vosotros, no pidáis pidan Uds.
pensar (ie) pensando pensado	pienso piensas piensa pensamos pensáis piensan	pensaba pensabas pensaba pensábamos pensabais pensaban	pensé pensaste pensó pensamos pensasteis pensaron	pensaré pensarás pensará pensaremos pensaréis pensarán	pensaría pensarías pensaría pensaríamos pensaríais pensarían	piense pienses piense pensemos penséis piensen	pensara pensaras pensara pensáramos pensarais pensaran	piensa tú, no pienses piense usted pensemos pensad vosotros, no penséis piensen Uds.

Stem-Changing and Orthographic-Changing Verbs (continued)

Infinitive / Present Participle / Past Participle	Indicative					Subjunctive		Imperative
	Present	Imperfect	Preterit	Future	Conditional	Present	Imperfect	
producir (zc) / produciendo / producido	produzco / produces / produce / producimos / producís / producen	producía / producías / producía / producíamos / producíais / producían	produje / produjiste / produjo / produjimos / produjisteis / produjeron	produciré / producirás / producirá / produciremos / produciréis / producirán	produciría / producirías / produciría / produciríamos / produciríais / producirían	produzca / produzcas / produzca / produzcamos / produzcáis / produzcan	produjera / produjeras / produjera / produjéramos / produjerais / produjeran	produce tú, no produzcas / produzca usted / produzcamos / producid vosotros, no produzcáis / produzcan Uds.
reír (i, i) / riendo / reído	río / ríes / ríe / reímos / reís / ríen	reía / reías / reía / reíamos / reíais / reían	reí / reíste / rio / reímos / reísteis / rieron	reiré / reirás / reirá / reiremos / reiréis / reirán	reiría / reirías / reiría / reiríamos / reiríais / reirían	ría / rías / ría / riamos / riáis / rían	riera / rieras / riera / riéramos / rierais / rieran	ríe tú, no rías / ría usted / riamos / reíd vosotros, no riáis / rían Uds.
seguir (i, i) (ga) / siguiendo / seguido	sigo / sigues / sigue / seguimos / seguís / siguen	seguía / seguías / seguía / seguíamos / seguíais / seguían	seguí / seguiste / siguió / seguimos / seguisteis / siguieron	seguiré / seguirás / seguirá / seguiremos / seguiréis / seguirán	seguiría / seguirías / seguiría / seguiríamos / seguiríais / seguirían	siga / sigas / siga / sigamos / sigáis / sigan	siguiera / siguieras / siguiera / siguiéramos / siguierais / siguieran	sigue tú, no sigas / siga usted / sigamos / seguid vosotros, no sigáis / sigan Uds.
sentir (ie, i) / sintiendo / sentido	siento / sientes / siente / sentimos / sentís / sienten	sentía / sentías / sentía / sentíamos / sentíais / sentían	sentí / sentiste / sintió / sentimos / sentisteis / sintieron	sentiré / sentirás / sentirá / sentiremos / sentiréis / sentirán	sentiría / sentirías / sentiría / sentiríamos / sentiríais / sentirían	sienta / sientas / sienta / sintamos / sintáis / sientan	sintiera / sintieras / sintiera / sintiéramos / sintierais / sintieran	siente tú, no sientas / sienta usted / sintamos / sentid vosotros, no sintáis / sientan Uds.
volver (ue) / volviendo / vuelto	vuelvo / vuelves / vuelve / volvemos / volvéis / vuelven	volvía / volvías / volvía / volvíamos / volvíais / volvían	volví / volviste / volvió / volvimos / volvisteis / volvieron	volveré / volverás / volverá / volveremos / volveréis / volverán	volvería / volverías / volvería / volveríamos / volveríais / volverían	vuelva / vuelvas / vuelva / volvamos / volváis / vuelvan	volviera / volvieras / volviera / volviéramos / volvierais / volvieran	vuelve tú, no vuelvas / vuelva usted / volvamos / volved vosotros, no volváis / vuelvan Uds.

SPANISH-ENGLISH VOCABULARY

A

a to; at
a bordo on board
a buen precio inexpensive
a continuación following
a eso de at about
a finales de at the end of
a fuego alto/ medio/ bajo on high/medium/low heat (6)
a la derecha (de) to/on the right (of) (3)
a la izquierda (de) to/on the left (of) (3)
a la parrilla grilled
a la vez at the same time
a menudo often
a partir de from this point on
a pesar de in spite of
a tiempo on time
a través de through; across
a veces sometimes, at times (5)
a ver... let's see. . .
abajo downstairs
abandonar to abandon; to leave
abierto/a open (3)
abogado/a, el/la lawyer
abolir to abolish
abordar to board
abrazar to hug
abrazo, el hug
abrigo, el coat (8)
abril April (1)
abrir to open (3)
abrocharse (el cinturón de seguridad) to fasten (a seat belt)
abuelo/a, el/la grandfather/ grandmother (4)
aburrido/a boring (1); bored (3)
acabar (de + infin.) to finish; to have just (done something)
académico/a academic (3)
accesorio, el accessory (5)
aceite (de oliva), el (olive) oil (6)
aceituna, la olive

aceptar to accept (4)
acerca de about
acercarse (a) to approach
ácido/a acidic
acogedor/a cozy; welcoming
aconsejar to advise (10)
acontecimiento, el happening, event
acordarse (de) (ue) to remember
acordeón, el accordion
acostar to put to bed (5)
acostarse (ue) to go to bed (5)
acostumbrarse to get used to
actitud, la attitude
actividad, la activity (3)
activista, el/la activist
acto, el act
actor, el/actriz, la actor/actress
actual *adj.* current
actuar to act
acuático/a *adj.* water (7)
acuerdo, el agreement
adelgazar to lose weight (10)
ademán, el gesture
además de besides
adentro inside
adiós good-bye (1)
adivinar to guess
adjetivo, el adjective (4)
adjuntar to attach; enclose
administración de empresas, la business administration (3)
admirar to admire
adónde where
adornar to decorate
adquirir to acquire
aduana, la customs (9)
adverbio, el adverb (3)
advertir to warn
aerolínea, la airline
aeropuerto, el airport (9)
afecto, el affection
afeitarse to shave (5)
aficionado/a, el/la fan (7)

afortunadamente fortunately
afortunado/a fortunate
afuera outside
agarrar to grab; to catch
agencia, la agency (9)
agitar to shake up
agosto August (1)
agradable pleasant
agradar to be pleasing; to please
agradecer to thank; to be grateful for
agrícola agricultural
agricultor/a, el/la farmer
agua, el (but *f.*) water (3)
águila, el (but *f.*) eagle
ahí there
ahora now (2)
ahora que now that
ahorrar to save
aire, el air
ajedrez, el chess
ají, el hot pepper
ajo, el garlic (6)
al aire libre outdoors
al atardecer at dusk
al borde de on the verge/edge of
al lado (de) next to; beside (3)
al poco rato soon
alambre, el wire
alcalde/alcaldesa, el/la mayor
acampar to camp
alcanzar to reach
aldea, la village
alegrarse (de) to become happy
alegre happy (4)
alejarse (de) to distance oneself (from)
alemán/a *adj., n.* German
alergia, la allergy (10)
alérgico/a allergic
alfombra, la rug; carpet (5)
álgebra, el (but *f.*) algebra
algo something (7)
algodón, el cotton (8)

alguien someone (7)

algún, alguno/a some (7)

algunas veces sometimes

alimento, el food

aliviado/a relieved

aliviar to relieve

allá over there

allí over there

alma, el (but *f.*) soul

almacén, el department store (8)

almorzar to have lunch (4)

almuerzo, el lunch (3)

aló hello (answering the phone) (4)

alquilar to rent

alrededor around

altiplano, el high plateau

alto/a tall (2); high (6)

altura, la altitude; height

alucinógeno, el hallucinogen

aluminio, el aluminum

ama de casa, el (but *f.*) housewife

amable friendly; kind (4)

amante, el/la lover

amar to love

amarillo/a yellow (1)

ambiental environmental

ambiente, el environment; atmosphere

ambos/as both

ambulante, el/la vendedor/a ambulante street vendor

amigo/a, el/la friend (2)

amistad, la friendship

amistoso/a friendly

amor, el love

amplio/a extensive

anaranjado/a orange (1)

ancho/a wide

andar to walk

andén, el platform

anexo, el (email) attachment

anillo, el ring (8)

animar to encourage (7)

anoche last night (6)

ansioso/a anxious

ante before (in front of); with regard to

anteayer *adv.* day before yesterday (6)

antepasado, el ancestor

antes (de) before (3)

antiácido, el antacid (10)

antibiótico, el antibiotic (10)

antigüedad, la antique

antiguo/a ancient

antipático/a unpleasant, mean (1)

antropología, la anthropology (3)

antropólogo, el anthropologist

anunciar to announce

anuncio, el announcement; ad

añadir to add (6)

año, el year (1)

año (mes, febrero, lunes, etc.) pasado, el last year (month, February, Monday, etc.) (6)

apagar (gu) to put out, extinguish; to turn off

aparato, el appliance (5)

aparato electrónico, el electronics

aparecer (zc) to appear

aparte separate

apellido, el last name, surname

aplaudir to applaud

aplauso, el applause

apodo, el nickname

apoyar to support

apoyo, el support

apreciar to appreciate

aprender (a) (+ infin.) to learn (how) (to do something) (3)

aprobar (ue) to approve

apropiado/a appropriate

aprovechar to take advantage of

apunte, el note

apurado/a in a hurry

aquí here (1)

aquí tiene here you are (*form.*)

araña, la spider

árbitro/a, el/la referee (7)

árbol, el tree

archivar to file; to save

archivo, el file

área de estudio, el (but *f.*) major

arete, el earring (8)

argentino/a *adj., n.* Argentine (2)

argumento, el plot

armario, el closet (5)

arpa, el (but *f.*) harp

arquitecto/a architect

arrastrar to drag

arreglar to arrange; to fix (8)

arreglo personal, el personal care

arriba up; upstairs

¡arriba! yeah!

arribada, la arrival (nautical)

arrodillarse to kneel

arroyo, el gulley

arroz, el rice (6)

arruga, la wrinkle

arte, el art

arte dramático, el acting

artesanía, la handicrafts

artesano/a craftsman/woman

artículo, el article; item (5)

asado/a roast

asegurar to assure

así such; thus

así así so-so

¡así es la vida! that's life! (1)

asiento, el seat (9)

asistente de vuelo, el/la flight attendant (9)

asistir a to attend (4)

asombrado/a surprised

aspiradora, la vacuum cleaner (5); **pasar la aspiradora** to vacuum (5)

aspirina, la aspirin (10)

asunto, el matter; issue

asustado/a frightened

asustarse to be frightened

atender (ie) to serve; look after; wait on

atentamente sincerely yours

aterrizaje, el landing

aterrizar to land

atleta, el/la athlete (7)

atletismo, el track and field (7), athletics

atmósfera, la atmosphere

atractivo/a attractive (4)

atraer to attract

atrás back; backwards; behind

atraso, el delay

atún, el tuna

auditorio, el auditorium

aula, el (but *f.*) classroom

aumentar to increase

aumento, el raise

aun even

aún still

aun cuando even when

aunque although

autobiografía, la autobiography
autobús, el bus
autóctono/a indigenous
automático: contestador automático, el answering machine
autopista, la highway
autorretrato, el self-portrait
ave, el (but *f.*) bird
avena, la oatmeal
aventura, la adventure
averiguar to check
avión, el airplane (9)
aviso, el warning; ad
¡ay! oh no!
ayer yesterday (6)
ayuda, la help (2)
ayudar to help (4)
azúcar, el (or *f.*) sugar (6)
azul blue (1)

B

bacalao, el codfish
bádminton, el badminton
bailar to dance (2)
bailarín/bailarina, el/la dancer
bajar to lower; to go down (stairs)
bajar de peso to lose weight (10)
bajo/a *adj.* short (2); *adv.* low (6); deep; *prep.* under
bajo, el bass (instrument)
balcón, el balcony
balneario, el beach resort
balón, el ball (7)
baloncesto, el basketball (2)
banana, la banana
banco, el bank; bench
banda, la band
bandera, la flag
bañarse to take a bath (5); to go swimming
baño, el bathroom (5)
barato/a cheap; inexpensive (1)
barco, el ship; boat
barrer el piso to sweep the floor (5)
barrio, el district; neighbourhood
básquetbol, el basketball (2)
bastante rather; quite; enough (3)
bastante bien pretty well
basura, la garbage (5)
basurero, el garbage can

bate, el bat
batear to bat (7)
batir to beat (6)
baúl, el trunk
bebé, el/la baby
beber to drink (3)
bebida, la drink (6); refreshment
bebida alcohólica, la alcoholic beverage (10)
béisbol, el baseball (2)
beisbolista, el/la *m., f.* baseball player
bellas artes, las fine arts
belleza, la beauty
bello/a beautiful
beneficio, el benefit
besar to kiss
beso, el kiss
biblioteca, la library (3)
bicicleta, la bicycle (7)
bien well; fine (1)
bien hecho/a well made
bienestar, el well-being (10)
bienvenido/a *adj.* welcome
bilingüe bilingual
bilingüismo, el bilingualism
billetera, la wallet (8)
binoculares, los binoculars
biología, la biology (2)
bistec, el steak (6)
blanco/a white (1)
blusa, la blouse (8)
boca, la mouth (10)
bocadillo, el sandwich
boda, la wedding
boleto, el ticket
bolígrafo, el pen (1)
boliviano/a *adj., n.* Bolivian (2)
bolsa, la bag (7); purse; handbag (8)
bolsa de mano, la hand/carry-on bag (9)
bombero/a, el/la fire fighter
bondad, la goodness
bonito/a pretty; cute (2)
borde: al borde de on the verge/ edge of
borrador, el eraser
borrar to erase
bosque, el forest; woods (9)
bota, la boot (8)
botar to throw out

bote, el boat
botella, la bottle
boxeador/a, el/la boxer
boxeo, el boxing
brazo, el arm (10)
brevemente briefly
brillar to shine
broma, la joke
bronce: instrumento de bronce, el brass instrument
bucear to scuba dive (9)
buen, bueno/a good (1)
¡buen provecho! enjoy your meal! (6)
¡buen viaje! have a good trip!
buenas noches good evening; good night (1)
buenas tardes good afternoon; good evening (1)
¡bueno! hello (*Mex.*) (answering the phone)
buenos días good morning (1)
bufanda, la scarf (8)
buscar to look for (3)
búsqueda, la search
buzón, el drop-box; mailbox

C

caballo, el horse (9)
cabeza, la head (10)
cada each
cadena, la chain (8); network
caer to fall
caerle bien/ mal to like/dislike (a person) (6)
café, el coffee (3); cafe (4)
café al aire libre outdoor cafe (4)
café con leche coffee with milk (6)
café solo black coffee (6)
cafetera, la coffee maker (6)
cafetería, la cafeteria (3)
caja, la box; cash register (8)
cajero automático, el automatic teller
calcetín, el sock (8)
calculadora, la calculator
calcular to calculate
cálculo, el calculus
calentar (ie) to heat (6)
calidad, la quality
caliente hot (to the touch) (6)

callarse to keep quiet
calle, la street
calor: tener calor to be hot (2)
caluroso/a warm (climate)
calzado, el footwear
calzar to wear (shoes)
cama, la bed (5)
cama doble, la double bed
cámara de video, la video camera (9), camcorder
cámara (digital), la (digital) camera (9)
camarero/a, el/la waiter/ waitress, server (6)
camarón, el shrimp (6)
cambio, el change
caminar to walk (3)
camino, el road
camisa, la shirt (8)
camiseta, la T-shirt (8)
campamento, el camp
campeón/campeona, el/la champion
campesino/a, el/la peasant
campo, el country(side) (9), field
campo de estudio, el field of study
canadiense, el/la *adj., n.* Canadian (2)
canal, el channel; canal
cancelar to cancel
cancha, la court, playing field (7)
canción, la song
candidato/a candidate
cansado/a tired (3)
cansancio, el fatigue
cantante, el/la singer
cantidad, la quantity
canto, el song
capaz capable
capital, la capital city (2)
captar to capture
cara, la face (5)
carácter, el personality
característica, la characteristic
carbohidrato, el carbohydrate (10)
Caribe, el Caribbean Sea
caribeño/a *adj., n.* Caribbean
caridad, la charity
cariño affection; love, dear

cariñosamente with love; affectionately
carne, la meat (6)
carne de res, la beef
carnicería, la butcher shop
caro/a expensive (1)
carpintero/a, el/la carpenter
carrera, la career; profession
carretera, la highway
carro, el car (4)
carta, la letter
cartera, la wallet
cartero/a mail carrier
cartón, el cardboard
casa, la house (5)
casado/a (con) married (to)
casarse to get married
casi almost
caso, el case
castillo, el castle
catedral, la cathedral (9)
católico/a *adj., n.* Catholic
cazar to hunt
cazuela, la saucepan (6), stewpot, casserole dish
cebolla, la onion (6)
celebrar to celebrate
cementerio, el cemetery
cena, la dinner, supper (3)
cenar to have dinner, supper (6)
centavo, el cent
centígrado/a centigrade
centro, el centre (3); downtown (4)
centro comercial, el shopping centre; mall (8)
centro estudiantil, el student centre (3)
centro histórico, el historical centre (9)
centro naturista, el health store (10)
cepillarse to brush (5)
cepillo (de dientes), el (tooth) brush (5)
cerca (de) nearby; close (to) (3)
cerdo, el pork (6)
cereal, el cereal (6)
cerebro, el brain
cerrado/a closed (3)
cerrar to close
cerveza, la beer (6)

césped, el lawn; grass
cesto, el basket
champú, el shampoo (5)
chao/ chau good-bye (1)
chaqueta, la jacket (8)
cheque, el cheque
chicle, el gum
chico/a, el/la *adj.* small; *n.* boy/girl; young person (2); man/woman (*coll.*)
chileno/a *adj., n.* Chilean (2)
chino/a *adj., n.* Chinese
chiste, el joke
chocar to crash
chuleta, la chop
ciclismo, el cycling (7)
ciclista, el/la cyclist
cielo, el heaven; sky
ciencia, la science (2)
ciencias políticas, las political science (3)
científico/a scientist
cierto/a true
cigarrillo, el cigarette
cine, el movie theatre, cinema; movies (4)
cinta, la tape; ribbon; film
cinturón, el belt (8)
cinturón de seguridad, el seat belt
cita, la appointment (10); date
ciudad, la city (2)
ciudadano/a citizen
claro of course (4)
claro/a clear; light (colour)
clase, la class (1)
clase turista, la coach class
clasificado/a classified
cláusula, la clause
cliente/a, el/la client (6); customer
clima, el weather
clínica, la clinic (10)
cobrar to charge
coco, el coconut
coche, el car (4)
cocina, la kitchen (5)
cocinar to cook (6)
cocinero/a, el/la cook
cognado, el cognate
cola, la lineup; tail
colegio, el school; high school

colesterol, el cholesterol (10)

colgado/a hung (up)

collar, el necklace (8)

colocar to place; to put

colombiano/a *adj., n.* Colombian (2)

colonia, la cologne (8); colony

color, el colour (1)

comedia, la comedy

comedor, el dining room (5)

comentario, el comment

comenzar (ie) to begin

comer to eat (3)

comerciante, el/la merchant

comercio, el trade; commerce; business

comestibles, los food

cómico/a funny

comida, la food; meal (3)

comienzo, el beginning

¿cómo? how? what? (1)

¿cómo le va? how's it going? (*form.*)

¿cómo se llama usted? what's your name? (*form.*) (1)

¿cómo te va? how's it going? (*inf.*)

cómoda, la dresser (5)

comodidad, la amenity; comfort

cómodo/a comfortable

compañero/a, el/la friend; workmate

comparar to compare (8)

compartir to share

competencia, la match; competition

competir (i,i) to compete (7)

complacer to please

complicado/a complicated (3)

componer to compose

compra, la purchase

comprar to buy (2)

comprender to understand (3); to include

computación, la computer science (3)

computadora, la computer (1)

común common

comunicación, la communication

comunidad, la community

con with (1)

con frecuencia frequently

con todo el cariño with all my love

concierto, el concert (4)

concordancia, la agreement

condimento, el condiment

conducir (zc) to drive

conferencia, la lecture

confianza, la confidence

confiar en to trust

conflicto, el conflict

confundir to confuse

confuso/a confusing

congelador, el freezer

conjunto musical, el (musical) group; band

conmigo *pron.* with me

conocer (zc) to know or meet (someone); to be familiar with (4)

conocido/a, el/la acquaintance; **conocido/a** well-known, famous

conocimiento, el knowledge

conquista, la conquest

consciente responsible

conseguir (i, i) to get, to obtain (4)

consejo, el advice (10)

conservar to conserve; to preserve

construir (y) to construct

consultorio, el doctor's office (10)

consumidor/a, el/la consumer

consumir to consume

consumo, el consumption

contabilidad, la accounting

contado: pagar al contado to pay cash

contador/a, el/la accountant

contaminación, la pollution, contamination

contaminar to contaminate

contar (ue) to tell; to count; **contar con** to count on

contener (ie) to contain

contenido, el content

contento/a happy (3)

contestador automático, el answering machine

contestar to answer

contigo *pron.* with you (*inf.*)

contraseña, la password

contrastar to contrast

contratar to hire

contrato, el contract

contribuir (y) to contribute

control de seguridad, el security checkpoint (9)

controlar to control

convencer to convince

conversar to converse, to chat (3)

convertirse to become

coordinador/a, el/la coordinator

copa, la wine glass (6)

Copa Mundial, la World Cup

corazón, el heart (10)

corbata, la tie (8)

cordialmente cordially yours

cordillera, la mountain range

coreano/a *adj., n.* Korean

correo, el mail

correo electrónico, el email

correr to jog; to run (4)

cortar to cut (6)

cortina, la curtain

corto/a short (8)

cosa, la thing

costa, la coast

costar (ue) to cost

costarricense, el/la *adj., n.* Costa Rican (2)

costumbre, la custom

crecimiento, el growth

creer to believe; to think (3)

crema, la cream (6)

criar to raise; to rear

criticar to criticize

crítico/a *adj., n.* critical; critic

crucero, el cruise

crudo/a rare; raw (6)

cruzar to cross

cuaderno, el notebook (1)

cuadro, el table; chart; painting

¿cuál(es)? which (one/s)? ; what? (2)

cualquier/a *adj.* any

cuando when

¿cuándo? when? (2)

¿cuánto cuesta(n)...? how much is . . . ? how much are . . . ? (1)

¿cuánto(s)...? how much? how many? (1)

cuarto, el room ; bedroom (5); quarter

cuarto doble/ sencillo, el double/ single room (9)

cubano/a *adj., n.* Cuban (2)
cubierto, el place setting
cubo, el bucket, pail
cubrir to cover
cuchara, la spoon (6)
cucharada, la tablespoon (meas.) (6)
cucharadita, la teaspoon (meas.) (6)
cucharita, la teaspoon (6)
cucharón, el ladle
cuchillo, el knife (6)
cuello, el neck
cuenta, la bill (6); account
cuento, el story
cuerda, la cord; string
cuero, el leather (8)
cuerpo, el body (10)
cuesta(n)... it costs . . . (1), they cost . . .
cueva, la cave
cuidado, el care; **tener cuidado** to be careful (2)
cuidadosamente carefully
cuidadoso/a careful
cuidar a los niños to babysit
cuidarse to take care of oneself
cumpleaños, el birthday
cumplir (con) to make good; to fulfill (a promise)
cuñado/a, el/la brother/sister-in-law
curar to cure
curso, el course (3)

D

daño, el damage
dar to give (6)
dar un paseo to take a stroll
darse cuenta (de) to realize
de of; from (1)
de acuerdo fine with me; okay (4)
de cuadros checked; plaid
de manga corta/ larga short-/long-sleeved (8)
de nada you're welcome (1)
¿de qué color es...? what colour is . . . ? (1)
¿de quién(es)? whose? (2)
de rayas striped
de repente suddenly

¿de veras? is that right? (really?)
de vez en cuando from time to time
debajo de under (5)
deber ought to, must; to owe
débil weak
decidir to decide (3)
décimo/a tenth
decir (i) to say; to tell (4)
dedicarse a to dedicate oneself to
dedo (de la mano), el finger (10)
dedo del pie, el toe
dejar to allow; to let; **(de fumar)** to quit (smoking) (10)
delante (de) in front of (3)
delgado/a thin; slender (2)
demasiado/a too much; **demasiados/as** too many
demora, la delay
dentista, el/la dentist
dentro de within; inside of (5)
departamento, el apartment (*Mex., Arg.*)
dependiente/a, el/la sales clerk (8)
deporte, el sport (2)
deportista, el/la sports figure
deportivo/a *adj.* sports, sporting (7)
derecho/a *adj.* right (3); straight
derecho, el law
desagradable unpleasant
desarrollo, el development
desayunar to have breakfast (6)
desayuno, el breakfast (3)
descafeinado/a decaffeinated
descansar to rest (4)
desconocido/a unknown
describir to describe (6)
descripción, la description
descubrimiento, el discovery
descubrir to discover
descuento, el discount
desde from; since
desear to want; to desire (6)
desfile, el parade
desierto, el desert
desodorante, el deodorant (5)
desorden, el disorder
despacio slow; *adv.* slowly
despedida, la closing; farewell
despedirse (i, i) to say good-bye

despertador, el alarm clock (5)
despertarse (ie) to wake up (5)
después (de) after (3)
destino, el fate; destination
desventaja, la disadvantage
detenerse (ie) to stop
detrás (de) behind (3)
devolver (ue) to return (something) (8)
día, el day (1)
día festivo/ feriado, el holiday
diabetes, la diabetes (10)
diagnóstico, el diagnosis
diamante, el diamond (8)
diario/a daily
dibujar to draw
dibujo, el drawing (art)
diccionario, el dictionary (3)
diciembre December (1)
diente, el tooth (5)
dieta, la diet (10)
difícil difficult (1)
dificultar to make difficult
¡diga! hello! (*Sp.*) (answering the phone)
dinero, el money (4)
dios/a, el/la god/goddess
dirección, la address
director/a, el/la director; conductor
dirigir to direct
disco compacto, el CD
disco duro, el hard disk
discurso, el speech
diseñar to design
diseño, el design
disfrutar to enjoy
disponible available
dispuesto/a ready; disposed
distinguido/a distinguished
distinguirse to distinguish oneself
divertido/a fun
divertirse (ie, i) to enjoy yourself (5)
dividir to divide
divino/a heavenly; marvellous
divorciado/a divorced
doblar to fold; to turn
doble, el *adj., n.* double (9)
docena, la dozen
dólar, el dollar

doler (ue) to hurt (10)
dolor, el pain (10)
doloroso/a painful
doméstico/a household (5); domestic
domicilio, el residence
domingo, el Sunday (1)
dominicano/a *adj., n.* Dominican (2)
donde where
¿dónde? where? (2)
dormir (ue, u) to sleep (4)
dormirse (ue, u) to fall asleep (5)
dormitorio, el bedroom (5)
dosis, la dose
drama, el drama
droguería, la drugstore
ducha, la shower (5)
ducharse to shower (5)
duda, la doubt
dudar to doubt
dudoso/a doubtful
dueño/a owner
dulce, el *adj., n.* sweet
durante during
durar to last
duro/a hard; difficult

E

echar to add; to throw in (6)
ecológico/a ecological
economía, la economics (3)
económico/a economical
ecuatoriano/a, el/la *adj., n.* Ecuadorian (2)
edad, la age
edificio, el building
efectivo: pagar en efectivo to pay cash (8)
ejemplo, el example
ejercicio, el exercise (3)
ejercicios aeróbicos, los aerobics (10)
ejército, el army
el gusto es mío the pleasure is mine
elección, la election
electrodoméstico, el electrical appliance
electrónico/a electronic
elegir (i, i) to elect
eliminar to eliminate; to end

embarque: la tarjeta de embarque boarding pass (9)
emisora, la radio station
emoción, la emotion (5)
emocionante exciting
empacar to pack; to crate
empatar to tie (the score) (7)
empezar (ie) to begin (4)
empleado/a, el/la employee
empleo, el employment
empresa, la firm
empujar to push
en cuanto as soon as
en cuanto a with regard to
en directo live (on television)
en peligro de extinción endangered
en punto exactly; sharp (time)
en vano in vain
en vez de instead of
en vivo live
enamorado/a de in love with
encaje, el lace
encantado/a delighted (1)
encantador/a enchanting, delightful
encantar to like very much; to love (usually a thing) (6); to delight; to be extremely pleasing
encender (ie) to turn on
encima de on top of (5)
encontrar (ue) to find (4)
encontrarse (ue) to meet
encuentro, el encounter
enemigo/a, el/la enemy
energía, la energy
enero January (1)
enfadado/a angry
enfatizar to emphasize
enfermar to make sick
enfermarse to become sick
enfermedad, la illness (10)
enfermero/a, el/la nurse (10)
enfermo/a sick (3)
enfoque, el focus
enfrente (de) in front of; across from (3)
engañar to deceive
engordar to gain weight (10)
¡enhorabuena! congratulations!
enlace, el hyperlink

enojado/a angry (3)
enojar to anger (10)
enojarse (con) to get angry (10)
enorme enormous
ensalada, la salad (3)
ensayar to rehearse
enseguida right away
enseñar (a) to teach; show
entender (ie) to understand (4)
entendimiento, el understanding
enterarse to find out
entonces then
entrada, la; admission ticket (4); entrance; entry
entre between (3)
entregar to hand in
entrenador/a, el/la coach, trainer (7)
entretenido/a entertaining
entrenamiento, el training
entrenar to train (7)
entrevista, la interview
entrevistar to interview
entusiasmo, el enthusiasm
enviar to send
episodio, el episode
época, la period (time)
equilibrio, el balance
equipaje (de mano), el (hand/carry-on) luggage (9)
equipo, el equipment; team (7)
equivocado/a mistaken
equivocarse to make a mistake
es la una it's one (o'clock) (2)
escala: vuelo sin escala nonstop flight
escalar to climb
escalera, la stairs
escáner, el scanner
escaparse to escape
escaso/a scarce; limited
escena, la scene
escenario, el stage
escoba, la broom (5)
Escocia Scotland
escoger to choose
esconder to hide
escribir to write (3)
escritorio, el desk
escuchar to listen to (2)
escuela, la school

escultura, la sculpture

esfuerzo, el effort

esmeralda, la emerald

espacio, el space

espalda, la back (10)

español/a *adj.* Spanish (2)

espátula, la spatula

especial special

especialidad de la casa, la the specialty of the house

especialmente especially

especie, la species

espectáculo, el show

espectador/a spectator

espejo, el mirror (5)

esperanza, la hope

esperar to expect; to hope; to wait for (4)

espeso/a thick

espíritu, el spirit

esposo/a, el/la husband/wife (4)

esquí, el skiing (7); ski (7)

esquí (acuático; alpino; nórdico), el (water; downhill; cross-country) skiing (7)

esquiador/a, el/la skier

esquiar to ski (7)

está despejado it's (a) clear (day) (7)

está húmedo it's (a) humid (day) (7)

está lloviendo it's raining

está nevando it's snowing

está nublado it's cloudy (7)

estable *adj.* stable

establecer (zc) to establish

estación, la season (1); station

estación de radio, la radio station

estacionar to park

estadía, la stay (9)

estadio, el stadium

estadística, la statistics

estado civil, el marital status

estado libre asociado, el commonwealth

estadounidense *m., f. adj., n.* American (from the United States)

estante, el bookshelf (5); shelf

estar to be (1)

estar a dieta to be on a diet (10)

estar bien/ mal de salud to be in good/bad health (10)

estar de acuerdo to agree

estar de moda to be in style (8)

estar de pie to be standing

estar de viaje to be on a trip

estar de visita to be visiting

estar de vuelta to be back

estar en (buena) forma to be in (good) shape (10)

estar en peligro to be in danger

estar resfriado/a to have a cold

estar sin terminar yet to be finished

estar sin trabajo to be out of work

estatua, la statue

estatura, la height

este, el east

estilo, el style

estimado/a señor/a dear sir/ madam

esto es un/a... this is a . . . (1)

estofado, el stew

estómago, el stomach (10)

estornudar to sneeze

estrecho/a narrow; tight; **estrecho, el** strait

estrella, la star

estrés, el stress

estructura, la structure

estudiante, el/la student (1)

estudiantil *adj.* student (3)

estudiar to study (2)

estudio, el study

estudios (ambientales; canadienses; de la mujer; nativos) (environmental; Canadian; women's; native) studies

estufa, la stove (6)

estupendo terrific, wonderful

étnico/a ethnic

evaluación, la evaluation

evidente evident

evitar to avoid

exagerar to exaggerate

examen, el exam (2)

examen físico, el physical exam (10)

excursión, la excursion; trip; tour (7)

exigente challenging, demanding

éxito, el success

experimentar to experience

explicar to explain

explorar to explore (9)

expresión, la expression (1)

exquisito/a exquisite

extranjero/a foreign

extraño/a strange

extrovertido/a outgoing

F

fábrica, la factory

fabricar to manufacture

fácil easy (1)

facturar (el equipaje) to check in (the luggage) (9)

facultad de..., la faculty of . . . (university)

falda, la skirt (8)

faltar to be lacking; needed

familia, la family (4)

farmacéutico/a pharmacist

farmacia, la pharmacy (8)

fascinante fascinating

fascinar to fascinate

fax, el fax

febrero February (1)

fecha, la date

fecha límite, la deadline

felicidad, la happiness

¡felicitaciones! congratulations!

fenómeno, el phenomenon

feo/a ugly (2)

feria, la fair

fiebre, la fever (10)

fiesta, la party (2)

fijarse to notice

fijo/a still; fixed

fila, la row

filete, el fillet

filosofía, la philosophy

filosofía y letras humanities/ liberal arts

fin, el end

fin de semana, el weekend

final, el *adj. n.* final, end result; end

finca, la farm, ranch

firma, la signature

firmar to sign

física, la physics (3)

físico/a *adj.* physical

flaco/a skinny
flan, el caramel custard
flauta, la flute
flor, la flower (9)
florería, la florist
folleto, el brochure (9)
fondo, el background; bottom
forma, la shape (10)
formación, la education; training
formulario, el blank form
foro, el forum
fotocopiadora, la photocopy machine
franco/a frank, direct
frasco, el bottle
frecuentemente frequently (5)
fregadero, el (kitchen) sink (6)
freír (i, i) to fry (6)
frente, la forehead
fresa, la strawberry
fresco/a fresh (6); cool (7); chilled
frijol, el (kidney, pinto, red) bean (6)
frío/a cold (6)
frito/a fried (6)
frontera, la border
frotar to rub
fruta, la fruit (6)
frutería, la fruit stand, store
fuego, el heat (6); fire
fuegos artificiales, los fireworks
fuente, la fountain; source
fuerte heavy; strong
fuerte, el fort
fumar to smoke (10)
función, la show (4)
funcionar to function; to work
funcionario/a el/la civil servant
fundar to found
furioso/a furious (5)
fútbol, el soccer (2)
fútbol norteamericano, el football (2)
futbolista, el/la soccer player

G

gafas de sol, las sunglasses (9)
galápago, el giant tortoise
galleta, la cookie; cracker (6)
gamba, la shrimp (*Sp.*)
ganado, el cattle

ganar to win (7); to earn
ganga, la bargain, good deal
garaje, el garage (5)
garganta, la throat (10)
gastado/a worn
gastar to spend (8)
gasto, el expense
gato, el cat
gazpacho, el cold tomato soup
generalmente generally (3)
género, el genre
generoso/a generous
genial pleasant; agreeable
gente, la people
geografía, la geography (3)
geología, la geology
gimnasia (deportiva), la gymnastics (7)
gimnasio, el gymnasium (3)
gira, la tour
girar to turn
gobierno, el government
golf, el golf (7)
golpear to hit
gordito/a plump, chubby
gordo/a plump; fat (2)
gorra, la (visored) cap (8)
gorro, el toque (8)
gozar to enjoy
grabación, la recording
grabar to record
gracias thank you (1)
gracioso/a funny; humorous
grado, el degree (temperature)
graduarse to graduate
gran/grande big (1); great
grano, el grain
grasa, la fat (10); grease
grave serious
gripe, la flu (10)
gris gray (1)
gritar to shout (7)
grito, el cry; shout
guante, el glove (7)
guapo/a good looking (2)
guardar to keep; to put away
guardar cama to stay in bed (10)
guardar la línea to watch one's figure (10); to stay trim
guatemalteco/a *adj., n.* Guatemalan (2)

guerra, la war
guía (turística), la guidebook (9); **el/la guía** tour guide
guitarra, la guitar
gustar to like (2)
gusto, el pleasure (1)

H

habitación, la room (9); bedroom
habitar to live
hablar to talk (2)
hace... años . . . years ago
hace buen tiempo it's nice out (7)
hace (mucho) calor it's (very) hot (7)
hace fresco it's cool (7)
hace (mucho) frío it's (very) cold (7)
hace mal tiempo the weather is bad (7)
hace (mucho) sol it's (very) sunny (7)
hace (mucho) viento it's (very) windy (7)
hacer to do; to make (3)
hacer caso (a) to pay attention (to)
hacer cola to stand in line (9)
hacer ejercicio to exercise (7)
hacer el jogging/ footing to jog (10)
hacer investigaciones to research
hacer juego (con) to match; to go well with (8)
hacer la cama to make the bed (5)
hacer la(s) maleta(s); hacer el equipaje to pack (a suitcase) (9)
hacer las compras to buy groceries
hacer preguntas to ask questions (3)
hacer un picnic to have a picnic (7)
hacer una cita to make an appointment (10)
hacer una excursión to take a (day) trip/excursion/tour (7)
hacer una gira to take a tour (9)
hacerse daño to hurt oneself (10)
hacia toward
hambre, el (but *f.*) *n.* hunger; **tener hambre** to be hungry (2)
hamburguesa, la hamburger (3)
hasta until; as far as; even
hasta luego see you later (1)

hasta mañana see you tomorrow (1)
hasta pronto see you soon (1)
hay there is/there are (1)
hecho/a a mano handmade
heladera, la cooler (7)
heladería, la ice cream parlour
helado, el ice cream (6)
helicóptero, el helicopter
hemisferio, el hemisphere
heredero/a, el/la inheritor
herido/a wounded
hermanastro/a, el/la stepbrother/ stepsister
hermano/a, el/la brother/sister; sibling (4)
hervir (ie, i) to boil (6)
hielo, el ice (7)
hierba, la herb; grass
hierro, el iron (metal)
hígado, el liver
higiene, la hygiene
hijastro/a, el/la stepson/ stepdaughter
hijo/a (único/a), el/la (only) son/ daughter (4)
hispano/a Hispanic
hispanohablante, el/la *adj.* Spanish-speaking; *n.* Spanish-speaking person
historia, la history (2)
hockey (sobre hielo), el (ice) hockey (2)
hogar, el home
hoja, la page; leaf
¡hola! hi! (1)
hombre, el man
hondureño/a *adj., n.* Honduran (2)
honrado/a honest
honrar to honour
hora, la hour (2)
horario, el schedule (3)
hornear to bake
horno, el oven (6)
(horno) microondas, el microwave
horóscopo, el horoscope
hospedaje, el lodging
hospedar to lodge
hostal, el inn, youth hostal (9)
hotel, el hotel (9)

hoy today (2)
hoy en día nowadays
huelga, la strike
hueso, el bone (10)
huevo, el egg (6)
humanidades, las humanities (3)
humilde humble
humo, el smoke
humor, el mood; humour

I

ibérico/a Iberian
ida y vuelta, de *adj.* round trip (9)
idealista, el/la *m., f.* idealist(ic)
idioma, el language (2)
iglesia, la church
igualmente likewise; same to you (1)
imagen, la image
impaciente impatient (5)
imperio, el empire
impermeable, el raincoat
importante important
importar to be important; to matter
imposible impossible
impresionante impressive
impresionar to impress
impresora, la printer
imprimir to print
impuesto, el tax
inalámbrico: teléfono inalámbrico, el cordless phone
incendio (forestal), el (forest) fire
incluido/a included (9)
incluir to include
incómodo/a uncomfortable
increíble incredible
índice, el index
indígena, el/la *adj.* indigenous; *n.* indigenous person
industria, la industry
infección, la infection (10)
informar to inform; to report
informática, la computer science
informe, el report
ingeniería, la engineering
ingeniero/a, el/la engineer
inglés/a *adj., n.* English
inodoro, el toilet
inolvidable unforgettable

insistir (en) to insist (on) (10)
inspector/a de aduanas, el/la customs officer (9)
inteligente intelligent (1)
intentar to try
intercambio, el exchange
interés, el interest
interesante interesting (1)
interesar to interest (6)
interrumpir to interrupt
introducción, la introduction
inútil useless
investigar investigate
invierno, el winter (1)
invitación, la invitation (4)
invitado/a, el/la guest
invitar to invite (4)
inyección, la shot (10)
ir (a) to go (3)
ir al cine/ a la playa to go to the movies/to the beach (4)
ir de compras to go shopping (4)
ir de excursión to go on an excursion; to tour
irse to leave
isla, la island (9)
italiano/a *adj., n.* Italian
izquierdo/a left

J

jabalí, el wild boar
jabón, el soap (5)
jamás never
jamón, el ham (6)
japonés/a *adj., n.* Japanese
jarabe, el cough syrup
jardín, el garden (5), yard
jardinero/a, el/la outfielder; gardener
jarra, la jug
jefe/a, el/la boss
joven young (2)
joya, la jewel
joyería, la jewellery store (8)
judías, las green (string) beans (6)
juego (electrónico), el (computer, electronic) game
Juegos Olímpicos Olympic Games
jueves, el Thursday (1)
jugada, la play (in/of a game)
jugador/a, el/la player

jugar (ue) to play (4)
jugo, el juice (3)
julio July (1)
junio June (1)
junta directiva, la board of directors
junto/a together
junto a... next to . . .
justo/a just; fair
juventud, la youth

K

kilo, el kilogram (6)
kilómetro, el kilometre
kinesiología, la kinesiology

L

labio, el lip
labor, la work, labour
laboratorio, el laboratory (3)
lado, el side
lago, el lake (9)
lamentar to regret (10)
lámpara, la lamp (5)
lana, la wool (8)
langosta, la lobster (6)
lanzar to throw (7)
lápiz, el; *pl.* **lápices** pencil (1)
lápiz labial, el lipstick (5)
largo/a long
lástima, la pity
lata, la can
lavabo, el (bathroom) sink
lavadero, el utility room
lavadora, la washing machine (5)
lavandería, la laundry
lavaplatos, el dishwasher (5)
lavar(se) to wash (oneself) (5)
lección, la lesson (1)
leche, la milk (3)
lechuga, la lettuce (6)
leer to read (3)
legumbre, la vegetable; legume
lejos (de) far (3)
lengua, la language; tongue (10)
lentes (de contacto), los glasses; contact lenses
lento/a slow
letra, la letter; lyrics
letrero, el sign

levantar (pesas) to lift (weights) (7); to raise
levantarse to get up (5)
ley, la law
libertad, la freedom
libre free
librería, la bookstore (2)
librero, el bookcase
libro, el book (1)
liga, la league
ligero/a light
limón, el lemon (6)
limonada, la lemonade
limpiar to clean (5)
limpieza, la cleaning
limpio/a clean (3)
lindo/a pretty
línea, la figure (10)
listo/a clever; ready
literatura, la literature (3)
litro, el litre (6)
llamar to call (1)
llegada, la arrival (9)
llegar to arrive (2)
llenar to fill (5)
llevar to wear; to carry; to take (8)
llorar to cry
llover (ue) to rain (7)
lluvia (ácida), la (acid) rain
lo siento I'm sorry (1)
localizar to locate
loción, la lotion
loco/a crazy
locura, la craziness; insanity
lograr to achieve
los demás everybody else
lucha, la fight
luego later; then (1)
lugar, el place
lujo, el luxury (9)
luna, la moon
luna de miel, la honeymoon
lunes, el Monday (1)
luz, la; *pl.* **luces** light (1)

M

madera, la wood; *pl.* lumber
madrastra, la stepmother
madre, la mother (4)
madrina, la godmother

madrugada, la early morning hours
maestro/a, el/la teacher
maíz, el corn (6)
mal *adv.* badly (1)
malo/a bad (1); evil; ill
malentendido, el misunderstanding
maleta, la suitcase (9)
mamá, la mom (mother) (4)
mandar to order (10)
mandato, el command
manejar to manage; to drive (a vehicle)
manera, la way
mano, la hand (5)
mano de obra, la manual labour
manteca, la lard
mantel, el tablecloth
mantener (ie) to support (a family, etc.)
mantenerse en forma to stay in shape
mantequilla, la butter (6)
manzana, la apple (6)
mañana, la morning; **mañana** *adv.* tomorrow (1)
mapa, el map (1)
maquillaje, el makeup (8)
maquillarse to put on makeup (5)
máquina, la machine
máquina de afeitar, la electric razor (5)
mar, el (sometimes *f.*) sea; ocean (7)
marca, la brand
margen, la bank (of a river)
mariscos, los shellfish (6)
marítimo/a maritime
marrón brown (1)
martes, el Tuesday (1)
marzo March (1)
más more (1)
más o menos so-so (1); more or less
matar to kill
matemáticas, las mathematics (2)
matemático/a, el/la mathematician
materia, la (academic) subject (3)
materno/a maternal

matrimonio, el marriage; married couple

mayo May (1)

mayor older; oldest (4)

mayoría, la majority

me da igual it's the same to me

me encantaría I would love to

me llamo... my name is . . . (1)

me muero de hambre/ sed I'm starving (to death)/I'm dying of thirst

mecánico, el/la *adj.* mechanical, *n.* mechanic

media, la stocking

mediano/a medium

medianoche, la midnight

medicina, la medicine

médico/a, el/la doctor, physician (10)

medida, la measurement (6); measure

medio/a *adj., n.* medium; half

medio (de comunicación), el medium

medio ambiente, el environment (ecological)

mediodía, el noon

mejilla, la cheek

mejor better; best (8)

mejora, la improvement

mejorar to improve

mejorarse to get better; to get well (10)

melocotón, el peach

melodía, la melody

melón, el melon (6)

menor younger; youngest (4)

menos less

mensaje, el message

mentir (ie, i) to lie

menú, el menu (6)

mercadeo, el marketing

mercado, el market (6)

merecer to deserve

merendar (ie) to snack; to picnic

merienda, la (afternoon) snack (3)

mes, el month (1)

mesa, la table (1)

mesa de noche, la bedside table (5), nightstand

mesero/a, el/la waiter/waitress

meter to place; to put

mexicano/a *adj., n.* Mexican (2)

mezcla, la mixture

mezclar to mix; to stir (6)

mi amor my love

mi cielo sweetheart, darling (*fig.*)

mi corazón sweetheart

mi vida darling (*fig.*)

mi(s) my (1)

mi(s) querido/a(s) amigo/a(s) my dear friend(s)

microondas, el microwave oven (6)

microscopio, el microscope

miedo, el fear; **tener miedo** to be afraid (2)

miel, la honey; **la luna de miel** honeymoon

miembro, el member (4)

mientras (tanto) (mean) while

miércoles, el Wednesday (1)

minería, la mining

mirar to look at; to watch (3)

mirarse to look at yourself (5)

misceláneo miscellaneous

mismo/a same

misterioso/a mysterious

mochila, la backpack (1)

moda, la fashion

modelo, el/la model

modo, el way, manner

mojado/a wet

mojarse to get wet

mojito, el rum-based Cuban drink

molde, el baking pan

molestar to bother; to annoy (6)

molido/a ground

moneda, la currency

monopatín, el skateboard

monótono/a monotonous

montaña, la mountain (9)

montañoso/a mountainous

montar a caballo/ en bicicleta to go horseback/bicycle riding (9)

monte, el mountain; hill

monumento, el monument (9)

morado/a purple (1)

moraleja, la moral

morder (ue) to bite

moreno/a brunette, dark (2)

morir (ue, u) to die

morir de risa to have a great laugh

moro/a Moor

mosca, la fly

mostrador, el counter

mostrar (ue) to show

mover (ue) to move

movimiento, el movement

muchacho/a, el/la boy/girl

muchas veces often

mucho a lot (of) (1)

mucho gusto it's a pleasure (to meet you) (1)

mudar(se) to move

mueble, el (a piece of) furniture

muela, la molar (10)

muerte, la death

muerto/a dead

mujer, la woman

mundo, el world

músculo, el muscle

museo, el museum (9)

música, la music (3)

músico, el/la musician

muy very (1)

N

nacer (zc) to be born

nacimiento birth

nación, la nation

nacionalidad, la nationality (2)

nada nothing

nadador/a, el/la swimmer

nadar to swim (3)

nadie no one

nailon, el nylon

naranja, la orange (6)

nariz, la nose (5)

natación, la swimming (7)

naturaleza, la nature

náusea: tener náuseas to be nauseous

navegar to navigate; to sail; to surf (WWW)

neblina, la fog (7)

necesario/a necessary

necesitar to need (2)

negar (ie) to deny

negocio, el business

negro/a black (1)

nervio, el nerve; **el ataque de nervios** nervous breakdown

nervioso/a nervous (3)

nevar (ie) to snow (7)

ni... ni neither . . . nor

nicaragüense *adj., n.* Nicaraguan (2)

nieto/a, el/la grandson/ granddaughter (4)

nieve, la snow

ningún, ninguno/a none; not any

niñez, la childhood

niño/a, el/la child (4)

nivel, el level

nocturno/a nocturnal

nombrar to name

nombre, el name

norte, el north

norteamericano/a *adj., n.* North American (2)

nota, la grade, mark

notar to note; to notice

noticias, las news

noveno/a ninth

noviembre November (1)

novio/a, el/la boyfriend/ girlfriend (2); fiancé/ée; groom/ bride

nublado/a cloudy (7)

núcleo familiar, el nuclear family

nuera, la daughter-in-law

nuevo/a new (2)

Nueva Escocia Nova Scotia

número, el number (1)

nunca never (5)

O

o (u) or (1)

obra, la work (artistic creation)

obra de teatro, la play (theatre)

obrero/a, el/la manual worker

observar to observe; to adhere to

obstáculo, el obstacle

obvio/a obvious

octavo/a, el eighth

octubre October (1)

ocupado/a busy (3)

ocupar to occupy

odiar to hate

oeste, el west

oferta, la sale; offer

oficina, la office

oficio, el occupation; job

ofrecer to offer

oído, el (inner) ear (10)

¡ojalá (que)! I hope that

ojo, el eye (5)

¡ojo! be careful!

olor, el smell

olvidarse (de) to forget

oportunidad, la opportunity

oración, la sentence

ordenador, el computer (*Sp.*)

ordenar to straighten up (5)

oreja, la (outer) ear (10)

órgano, el organ

orgulloso/a proud

oriental *adj.* east

origen, el origin

oro, el gold (8)

orquesta, la orchestra; band

ortografía, la spelling

otoño, el fall (1)

otra vez again

otro/a other; another

oveja, la sheep

¡oye! listen!

P

paciente, el/la *m., f., adj., n.* patient (10)

padrastro, el stepfather

padre, el father (4); *pl.* parents

padrino, el godfather

pagar to pay (for) (6)

pagar al contado to pay cash

página, la page

país, el country (2)

país en vías de desarrollo, el developing country

paisaje, el scenery

pájaro, el bird

palabra, la word (1)

palomitas de maíz, las popcorn

pan, el bread (6)

pan tostado, el toast (6)

pampas, las plains (*Arg.*)

panadería, la bakery

panameño/a *adj., n.* Panamanian (2)

pantalones (cortos), los pants; shorts (8)

pantimedias, las stockings; pantyhose

papa, la potato (6)

papá, el dad (father) (4)

papas fritas, las french fries

papel, el paper (1); role

papelería, la stationery shop

paquete, el package

par, el pair

para (que) in order (that), so (that)

parada, la stop

paraguayo/a *adj., n.* Paraguayan (2)

parecer to seem (6)

parecido/a similar

pared, la wall (1)

pareja, la couple

pariente, el relative (4)

parque, el park (4)

párrafo, el paragraph

parrilla: a la parrilla grilled

parte, la part (5)

partido, el (ball) game (sports) (4); party (political)

pasado/a past

pasaje, el fare; ticket (9)

pasajero/a, el/la passenger (9)

pasaporte, el passport (9)

pasar to spend (time); to come by

pasar por to pass through (9)

pasar la aspiradora to vacuum (5)

pasar una película to show a movie

pasarlo bien to have a good time (7)

pasatiempo, el pastime (7)

pasear to take a walk (4)

paseo, el walk; promenade; avenue

pasillo, el hall (5); aisle (9)

paso, el step

pasta de dientes, la toothpaste (8)

pastel, el pie; pastry (6); cake

pastelería, la pastry shop

pastilla, la pill; lozenge (10)

pata, la leg (animal; piece of furniture)

patata, la potato (*Sp.*)

patear to kick (7)

paterno/a paternal

patinador/a skater

patinar to skate (7)

patín, el; patines en línea skate; inline skates (7)

patio, el patio (5)

pavo, el turkey

paz, la peace

pecado, el sin

pecho, el chest (10)

pedagogía, la education

pedazo, el piece (6)

pedir (i, i) to ask for; to request; to order (4)

peinarse to comb (your hair) (5)

peine, el comb (5)

pelar to peel (6)

película, la movie (4); film

peligro, el danger

peligroso/a dangerous

pelo, el hair (5)

pelota (de béisbol), la (base) ball (7)

peluquería, la hair salon

peluquero/a, el/la hair stylist

pendiente, el earring

penicilina, la penicillin

península (ibérica), la (Iberian) peninsula

pensar (ie) (+ inf.) to think; to intend (to do something) (4)

pensión estudiantil, la boarding house

peor worse; worst (8)

pepino, el cucumber

pequeño/a small (1)

perder (ie) to lose (4); to miss (the bus)

perder (ie) tiempo to waste time

perezoso/a lazy (1)

perfume, el perfume (8)

periódico, el newspaper

perla, la pearl (8)

permanecer to remain

permitir to permit (10)

pero but (2)

persona, la person

personal personal

pertenecer (zc) to belong

peruano/a *adj., n.* Peruvian (2)

pesar to weigh

pesca, la fishing

pescadería, la fish store

pescado, el fish (to be eaten) (6)

pescar to fish (9)

pesimista, el/la *adj.* pessimistic; *n.* pessimist

peso, el weight (10)

petróleo, el oil; petroleum

pez, el fish (alive)

picado/a chopped

picante hot (spicy) (6)

picar to chop (6); to cut

pie, el foot (10)

piedra, la stone

piel, la fur; skin

pierna, la leg (10)

pieza, la piece

pila, la battery (9)

piloto, el/la pilot (9)

pimienta, la pepper (6)

pimiento, el green pepper (6)

pintar to paint

pintarse to put on makeup

pintor/a, el/la painter

piña, la pineapple

piscina, la swimming pool (7)

piso, el floor (1); apartment (*Sp.*)

pista, la track (7); clue

pizarra, la chalkboard (1)

pizca, la pinch

placer, el pleasure

plancha, la iron (appliance)

planchar to iron

planear to plan (9)

plano, el map

planta alta, la upstairs; upper floor

planta baja, la downstairs; ground floor

plata, la silver (8)

plátano, el banana; plantain (green banana) (6)

plato, el plate; dish (6); course

plato del día, el daily special (6)

playa, la beach (4)

plomero/a, el/la plumber

pobre poor (2)

pobreza, la poverty

poco/a little (1)

poder (ue) to be able; may; can (4)

poder, el power

poderoso/a powerful

policía, la police (force)

policía, el/la policeman/woman

política, la politics

político/a political (2)

político, el/la politician

pollo, el chicken (6)

poner to put (4)

poner la mesa to set the table (5)

poner la televisión to turn on the television (4)

poner una película to show a movie

ponerse to put on; to become (+ emotion) (5)

ponerse a dieta to go on a diet (10)

ponerse de pie to stand up

ponerse en forma to get in shape (10)

por along, around, by, for

por ahora for now

por aquí around here

por casualidad by chance

por Dios for God's sake

por ejemplo for example

por eso therefore

por favor please

por fin finally

por la mañana (tarde/ noche) in (during) the morning (afternoon/ evening) (2)

por lo general in general

por lo menos at least

por lo tanto therefore

por otro lado on the other hand

¿por qué? why? (2)

por supuesto of course

por último finally

porcentaje, el percentage

porque because (2)

portugués/a *adj., n.* Portuguese

posible possible

postre, el dessert (6)

practicar to practice; to play (a sport) (2)

precio, el price (8)

preciso/a precise; exact; essential

preferir (ie, i) to prefer (4)

pregunta, la question (1)

preguntar to ask

premio, el prize

preocupación, la worry; concern

preocupado/a worried (3)

preocuparse to worry

preparar to prepare (2)

prepararse to prepare oneself

presentación, la introduction (1); presentation

presentar to present; to introduce; to perform

presión, la blood pressure (10)

prestar atención to pay attention
primavera, la spring (1)
primer/o/a first
primer piso, el first floor
primo/a, el/la cousin (4)
principal *adj.* main
principiante, el/la beginner
principio, el beginning
prisa: tener prisa to be in a hurry (2)
probador, el fitting room (8)
probar (ue) to taste; to try (6)
probarse (ue) to try on (8)
problema, el problem
procesador de textos, el word processor
producir (zc) to produce
producto lácteo, el dairy product (10)
profesor/a, el/la professor; instructor (1)
profundo/a deep
programa, el program
programar to program
prohibir to prohibit; to forbid (10)
promesa, la promise
prometer to promise
promover (ue) to promote
pronóstico, el forecast
pronto soon (1)
pronunciación, la pronunciation
pronunciar to pronounce
propina, la tip (6)
propio/a own
propósito, el purpose
protección del medio ambiente, la environmental protection
proteger (j) to protect
proteína, la protein (10)
próximo/a close; next
proyecto, el project
prueba, la test
psicología, la psychology (3)
publicar to publish
público, el audience
pueblo, el town; the people, the masses
puerta, la door (1)
puerta de salida, la boarding gate (9)
puerto, el port

puertorriqueño/a *adj., n.* Puerto Rican (2)
pues *interjection* well (3)
puesto, el stall; position (job)
pulmón, el lung (10)
pulsera, la bracelet (8)
puro, el cigar

Q

¿qué? what? (2)
¿qué es esto? what is this? (1)
¿qué hay? what's new? (*inf.*)
¿qué hora es? what time is it? (2)
¿qué pasa? what's happening? what's up? (*inf.*)
¡qué suerte la nuestra! It's our tough luck!
¿qué tal? what's up? how's it going? (*inf.*) (1)
¿qué tal si...? how about . . . ? (4)
¿qué te parece? what do you think? (how do you feel about that?)
¿qué tiempo hace? what's the weather like? (7)
quedar to be left; remain
quedarle a alguien to fit; to suit (someone) (8)
quedarse to stay (somewhere) (9)
quehacer doméstico, el household chore (5)
quejarse (de) to complain (about)
quemar to burn
querer (ie) to want; to like or love (someone) (4)
queridísima... dearest . . .
querido/a(s)... dear . . . (4)
queso, el cheese (6)
quien who
¿quién(es)? who? (2)
química, la chemistry (3)
quinto/a fifth
quitar to take away
quitar la mesa to clear the table (5)
quitarse to take off (5)
quizá(s) perhaps, maybe

R

radiografía, la x-ray (10)
raíz, la root
rápidamente quickly

raqueta, la racket (7)
raro/a unusual; rare
ratón, el mouse
raya: de rayas striped
rayón, el rayon
razón, la reason; **tener razón** to be right (2)
reaccionar to react
real royal
realizar to carry out
rebaja, la sale (8)
receta, la recipe (6); prescription (10)
recetar to prescribe (10)
rechazar to reject
recibir to receive (4)
recibo, el receipt (8)
reciclaje, el recycling
reciclar to recycle
recién recently
recién casado/a, el/la newlywed
reciente recent
recipiente, el generic pot, bowl, dish, etc.
reclamo de equipaje, el baggage claim (9)
recoger to pick up; to collect (5)
recomendación, la recommendation (10)
recomendar (ie) to recommend (10)
reconocimiento, el recognition
recordar (ue) to remember (4)
recreo, el school recess time
recuerdo, el souvenir (9); memory
recurso (natural), el (natural) resource
redondo/a round
reducir (zc) to reduce
referencia, la reference
reflejar to reflect
reforestación, la reforestation
refresco, el soft drink, soda (3)
refrigerador, el fridge (6); refrigerator
regalar to give (a present)
regalo, el gift; present (8)
regatear to bargain; to haggle (8)
regresar to return (3)
regular so-so
reina, la queen

reírse (de) (i, i) to laugh
relajarse to relax
rellenar to fill completely; to fill out
reloj, el clock (1)
reloj de pulsera, el wristwatch (8)
remedio, el remedy (10); solution
remo, el rowing
reñir (i, i) to quarrel
reparar to repair
repartir to deliver; to distribute
repaso, el review
repetir (i, i) to repeat; to have a second helping (4)
res: carne de res, la beef
reserva/ reservación, la reservation (9)
resfriado, el cold (10)
residencia estudiantil, la student residence
resolver (ue) to resolve
respetar to respect
respiración, la breathing
respirar to breathe (10)
responsabilidad, la responsibility
responsable responsible (4)
respuesta, la answer (1)
restaurante, el restaurant (6)
resultado, el result
resumen, el summary
resumir to summarize
retrato, el portrait
reunión, la meeting
reunirse to get together; to meet
revelar to reveal
revisar to check; to search (luggage etc.)
revista, la magazine
revolver (ue) to stir
revuelto/a scrambled
rey, el king
rezar to pray
rico/a rich (with **ser**) (2); delicious (with **estar**) (6)
ridículo/a ridiculous
riesgo, el risk (10)
riñón, el kidney
río, el river (9)
riqueza, la wealth
risa, la laughter
ritmo, el rhythm

rodeado/a surrounded
rodilla, la knee (10)
rojo/a red (1)
romper to break; **romperse (un hueso)** to break (a bone) (10)
ron, el rum
ropa, la clothes (5)
rosado/a pink (1)
rubio/a blond (2)
rugby, el rugby
ruido, el noise
rumbo, el direction

S

sábado, el Saturday (1)
saber to know (how to do) something (4)
sabor, el flavour
sacar to take out (5); to stick out (tongue)
sacar fotocopias photocopy
sacar fotos to take pictures (9)
saco, el suit jacket (8)
sacudir to dust
sagrado/a sacred
sal, la salt (6)
sala, la living room (5)
sala de clase, la classroom
sala de espera, la waiting room (9)
salario, el salary, wages
salida, la departure (9); exit
salir to go out; to leave (4)
salmón, el salmon (6)
salsa (de tomate), la (tomato) sauce (6)
salsa picante, la hot sauce
saltar to jump
salto, el waterfall
salud, la health (10)
saludable healthy
saludar(se) to greet (one another)
saludo, el salutation, greeting (1)
salvadoreño/a *adj., n.* Salvadorian (2)
sandalia, la sandal (8)
sándwich, el sandwich (3)
sangre, la blood
sanidad, la health
sano/a healthy
santo/a holy
sartén, la frying pan (6), skillet

satisfacer to satisfy
satisfecho/a satisfied
sazonar to season
se despide de usted(es) atentamente very truly yours
secador, el hair dryer (5)
secadora, la clothes dryer (5)
secar(se) to dry (yourself) (5)
seco/a dry
secretario/a, el/la secretary
sed, la thirst; **tener sed** to be thirsty (2)
seda, la silk (8)
seguir (i, i) to follow; to continue (4)
según according to
segundo/a second
seguro/a certain
seguridad, la security
sello, el stamp
selva (tropical), la jungle; rainforest
semana, la week (1)
semana pasada, la last week (6)
Semana Santa, la Easter week
semejante similar
semejanza, la similarity
semestre, el semester (3)
señal, la signal
señalar to indicate; to point out
sencillez, la simplicity
sencillo/a simple
sendero, el trail
sentarse (ie) to sit down (5)
sentido, el sense
sentir (ie, i) to regret; to feel sorry (10)
sentirse (ie, i) to feel (5)
señor (Sr.), el Mr. (1)
señora (Sra.), la Mrs. (1)
señorita (Srta.), la Miss (1)
septiembre September (1)
séptimo/a seventh
ser, el being
ser to be
ser alérgico/a to be allergic
servilleta, la napkin; serviette (6)
servir (i, i) to serve (4)
sexto/a sixth
si if (3)
siempre always (3)
sierra, la mountain range

siglo, el century
significado, el meaning
siguiente following
silla, la chair (1)
sillón, el armchair (5)
simpático/a nice (1)
sin embargo nevertheless
sin manga sleeveless (8)
sin without
sino but
síntoma, el symptom (10)
sirviento/a, el/la servant
sitio, el place
sobras, las leftovers
sobre on (5)
sobremesa, la after-meal conversation
sobrino/a, el/la nephew/niece (4)
sociología, la sociology (2)
sofá, el sofa (5)
sol, el sun (4)
solamente only (3)
soldado, el soldier
soledad, la loneliness; solitude
soler (ue) to be in the habit of
solicitar to apply (for)
solicitud, la application
solicitud de empleo, la job application
solista, el/la soloist
solo/a alone
solo only
soltero, el/la *adj.* single; *n.* bachelor, bachelorette
solucionar to solve
sombrero, el hat (8)
sombrilla, la beach umbrella (7)
sombrío/a somber
son las dos... it's two (o'clock) . . . (2)
sonar (ue) to ring
sonido, el sound
sonreír (i, i) to smile
sonrisa, la smile
soñar (ue) (con) to dream (about)
sopa, la soup (6)
sorprendente surprising
sorprender(se) to surprise; to be surprised (10)
sorpresa, la surprise
sospechoso/a suspicious; unfriendly

sótano, el basement
suave soft
subir to climb; to go up(stairs);
  subir al avión to board the plane (9)
subir de peso to gain weight (10)
sucio/a dirty (3)
suegro/a, el/la father-in-law/ mother-in-law
sueldo, el salary, wages
sueño, el dream; **tener sueño** to be sleepy (2)
suerte, la luck
suéter, el sweater (8)
suficiente enough
sufrir to suffer
sugerencia, la suggestion
sugerir (ie, i) to suggest (10)
sumergir to immerse
superestrella, el/la superstar
supermercado, el supermarket (6)
supervisor/a, el/la supervisor
sur, el south
Suramérica South America
suramericano/a South American
surfear to surf
surfing, el surfing
suroeste, el southwest
sustantivo, el noun (2)
susto, el fright

T

tablero, el (bulletin) board
tal vez perhaps, maybe
talco, el powder
talentoso/a talented
talla, la size (8)
taller, el workshop
tamaño, el size
también also (2)
tambor, el drum
tampoco neither
tan pronto como as soon as
tanto so much
tapar to cover (6)
tapas, las appetizers
taquilla, la ticket booth
tardar to be late
tarde late (2); **tarde, la** afternoon (2)

tarea, la homework (3); assignment
tarjeta (de crédito; de débito), la (credit; debit) card (8)
tarjeta de embarque, la boarding pass (9)
tarta, la pie; tart
tasca, la *tapa* bar
taxista, el/la taxi driver
taza, la cup (6)
tazón, el (mixing) bowl (6)
té, el tea (6)
teatro, el theatre
te quiero I love you
te toca a ti it's your turn
techo, el roof; ceiling
teclado, el keyboard
técnica, la technique
tecnológico/a technological
tejidos, los woven goods
tela, la fabric
tela de araña, la spiderweb
teléfono celular/móvil, el cell/ mobile phone
teléfono inalámbrico, el cordless telephone
telenovela, la soap opera
televisión, la television
televisor, el television set (5)
tema, el theme; topic
temer to fear (10)
temperatura, la temperature (10)
templado/a temperate
temporada, la season
temprano early (2)
tenedor, el fork (6)
tener (ie) to have (2)
tener... años to be . . . years old
tener calor to be hot (2)
tener cuidado to be careful
tener dolor (de) to have a pain (10)
tener en cuenta to take into account
tener éxito to be successful
tener fiebre to have a fever (10)
tener frío to be cold (2)
tener ganas de (+ infin.) to feel like (doing something)
tener hambre to be hungry (2)
tener miedo to be afraid (2)
tener náuseas to be nauseous

tener prisa to be in a hurry (2)
tener que (+ inf.) to have to (+ inf.) (2)
tener razón to be right (2)
tener sed to be thirsty (2)
tener sueño to be sleepy (2)
tener suerte to be lucky (2)
tenis, el tennis (2)
teoría, la theory
terapia, la therapy
tercer, tercero/a third
terminar to finish, complete
termómetro, el thermometer
terraza, la terrace; balcony
terremoto, el earthquake
terrestre earthly; terrestial
tibio/a warm; tepid
tiempo, el time; weather (7)
tiempo libre, el spare time (4)
tienda, la store (8)
tierra, la land
tijera(s), la(s) scissors
tímido/a shy, timid
tinta, la ink
tinto: vino tinto, el red wine (6)
tío/a, el/la uncle/aunt (4)
tío/a abuela/o, el/la great uncle/ great aunt
típico/a typical (9)
tipo, el type
tiras cómicas, las comics
titular, el headline
título, el title (1); degree
tiza, la chalk
toalla, la towel (5)
tobillo, el ankle
tocador, el vanity table
tocar to play (a musical instrument) (4); to touch
todas las noches every night
todavía still; yet
todo *pron.* everything, all
todo/a *adj., n.* all; *pl.* (of people) everyone
todo el día all day
todo el mundo everyone, everybody
todos los días every day
tolerar to tolerate
tomar to drink; to take (2)
tomar el sol to sunbathe (4)

tomate, el tomato (6)
tono, el tone
tonto/a unintelligent; silly (1)
torcerse (ue) (z) to twist; sprain
tormenta, la storm
toronja, la grapefruit
torta, la cake (6); sandwich (*Mex.*)
tortilla, la flat cornmeal or wheat bread (*Mex., S.A., U.S.*); potato and onion omelette (*Sp.*)
tos, la cough (10)
toser to cough
tostado/a toasted
tostadora, la toaster (6)
tostar (ue) to toast
trabajador/a hard-working (1)
trabajar to work (2)
trabajo, el work
traducir to translate
traductor/a, el/la translator
traer to bring (4)
traje, el suit (8)
traje de baño, el bathing suit (7)
tranquilo/a calm
Tratado de Libre Comercio NAFTA
tratar de (+ inf.) to try (to do something)
trimestre, el trimester
triste sad (3)
tristeza, la sadness
tu(s) your (*inf. sing./pl.*) (1)
turístico/a tourist (9)

U

último/a last
una vez one time; once (5)
únicamente only
único/a unique; only
unido/a close, close-knit
universidad, la university
universitario/a *adj.* university (3)
uña, la finger/toenail
urgente urgent
uruguayo/a *adj., n.* Uruguayan (2)
uso, el use (5)
utensilio, el utensil
útil useful
utilizar to use
uva, la grape (6)

V

vacaciones, las vacation
vacante, la opening, vacancy
vaciar to empty (5)
vacío, el emptiness
valer to be worth; to cost
valioso/a valuable
valle, el valley
valor, el value
vaqueros, los jeans (8)
variar to vary
variedad, la variety
varios/as several
vaso, el (water) glass (6)
vecino/a, el/la neighbour
vegetariano/a vegetarian (6)
vendedor/a, el/la salesperson
vendedor/a ambulante, el/la street vendor
vender to sell
venezolano/a *adj.,n.* Venezuelan (2)
venir (ie) to come (4)
venta, la sale
ventaja, la advantage
ventana, la window (1)
ventanilla, la (small) window (9)
ver to see; to watch (television) (3)
verano, el summer (1)
verbo, el verb (3)
verdad, la truth
¿verdad? really? (2)
verdadero/a real
verde green (1); not ripe
verdura, la vegetable (6)
vestido, el dress (8)
vestirse (i, i) to get dressed (5)
veterinario/a, el/la veterinarian
vez, la; *pl.* **veces** time (5)
viajar to travel (9)
viaje, el trip; journey (9)
viajero/a, el/la traveller (9)
vida, la life (3)
vidrio, el (window) glass
viejo/a old (2)
viento, el wind (7)
viernes, el Friday (1)
vigilar to watch over
vinagre, el vinegar
vino, el wine (6)
violencia, la violence

visitante, el/la visitor
visitar to visit (4)
vista, la view (9)
viuda, la widow
vivir to live (3)
vivo/a smart, cunning; alive
vocal, la vowel
volar (ue) to fly (9)
volcán, el volcano (9)
vóleibol, el volleyball (7)
voluntad, la will

volver (ue) to return; go/come back (4); **volver a (+ inf)** to do something again
volverse to become
votar to vote
voto, el vote; ballot
vuelo, el flight (9)
vuelo sin escala, el nonstop flight

Y

y (e) and (1)

ya already (3)
ya que now that
yerno, el son-in-law
yogur, el yogurt (6)

Z

zanahoria, la carrot (6)
zapatería, la shoe store (8)
zapato, el shoe (8)
zapatos deportivos, los running shoes (8)
zorro, el fox

ENGLISH-SPANISH VOCABULARY

A

a lot (of) mucho (1)
abandon, to; to leave abandonar
able, to be; may poder (ue) (4)
about acerca de
academic académico/a (3)
(academic) subject materia, la (3)
accept, to aceptar (4)
accessory accesorio, el (5)
according to según
accountant contador/a, el/la
accounting contabilidad, la
achieve, to lograr
acid rain lluvia ácida, la
acquaintance; well-known, famous conocido/a, el/la
across from; in front of enfrente (de) (3)
act acto, el
act, to actuar
acting arte dramático, el
activist activista, el/la
activity actividad, la (3)
actor/actress actor, el/actriz, la
add, to; to throw in echar (6)
add, to añadir (6)
address dirección, la
adjective adjetivo, el (4)
admire, to admirar
advantage ventaja, la
adventure aventura, la
adverb adverbio, el (3)
advice consejo, el (10)
advise, to aconsejar (10)
advisor consejero, el
aerobics ejercicios aeróbicos, los (10)
affection; love, dear cariño
affection afecto, el
afraid, to be tener miedo (2)
after después (de) (3)
afternoon tarde, la (2)
afternoon snack merienda, la (3)
again otra vez
against contra (5)

age edad, la
agency agencia, la (9)
agree, to estar de acuerdo
agreement acuerdo, el
agreement concordancia, la
air aire, el
airline aerolínea, la
airplane avión, el (9)
airport aeropuerto, el (9)
aisle (9); **hall** (5) pasillo, el
alarm clock despertador, el (5)
alcoholic beverage bebida alcohólica, la (10)
algebra álgebra, el (but *f.*)
all day todo el día
all *adj., pron; pl. pron.* **everyone** todo/a/os/as
allergic, to be ser alérgico/a
allergy alergia, la (10)
allow, to; to let dejar
almost casi
alone solo/a
already ya (3)
also también (2)
although aunque
altitude; height altura, la
always siempre (3)
amenity; comfort comodidad, la
American (from the United States) estadounidense *m., f. adj., n*
ancestor antepasado, el
ancient antiguo/a
and y (e) (1)
anger, to (10) enojar
angry enojado/a (3); enfadado/a
ankle tobillo, el
announce, to anunciar
announcement; ad anuncio, el
another otro/a
answer, to contestar
answer respuesta, la (1)
answering machine contestador automático, el

antacid antiácido, el (10)
anthropologist antropólogo, el
anthropology antropología, la (3)
antibiotic antibiótico, el (10)
antique antigüedad, la
anxious ansioso/a
any *adj.* cualquier/a
apartment departamento, el (*Mex.*); piso, el (*Sp.*)
appear, to aparecer (zc)
appetizers tapas, las
applaud, to aplaudir
applause aplauso, el
apple manzana, la (6)
appliance aparato, el (6)
application solicitud, la
apply, to solicitar
appointment; date cita, la (10)
appreciate, to apreciar
approach, to acercarse (a)
appropriate apropiado/a
approve, to aprobar (ue)
April abril (1)
architect arquitecto/a
Argentine *adj., n.* argentino/a (2)
arm brazo, el (10)
armchair sillón, el (5)
around alrededor
around here por aquí
arrange, to; to fix arreglar (8)
arrival llegada, la (9)
arrive, to llegar (2)
art arte, el
article artículo, el (5)
as soon as en cuanto; tan pronto como
ask, to preguntar
ask for, to; to request; to order pedir (i, i) (4)
ask questions, to hacer preguntas (3)
aspirin (10) aspirina, la
assure, to asegurar
at about a eso de

at least por lo menos
at the same time a la vez
athlete atleta, el/la (7)
athletics; track and field (7) atletismo, el
atmosphere atmósfera, la
attach, to; enclose adjuntar
attachment (email) anexo, el
attend, to asistir a (4)
attitude actitud, la
attract, to atraer
attractive atractivo/a (4)
audience público, el
auditorium auditorio, el
August agosto (1)
autobiography autobiografía, la
automatic teller cajero automático, el
available disponible
avoid, to evitar

B

baby bebé, el/la
bachelor, bachelorette; single *adj., n.* soltero/a
back espalda, la (10)
back, to be estar de vuelta
back; backwards; behind atrás
background; bottom fondo, el
backpack (1) mochila, la
bad (1); **evil; ill** malo/a
badly *adv.* mal (1)
badminton bádminton, el
bag (7); **purse** (8) bolsa, la
baggage claim reclamo de equipaje, el (9)
bake, to hornear
bakery panadería, la
baking pan molde, el
balance equilibrio, el
balcony balcón, el
ball (7) balón, el
(ball) game (sports) partido, el (4)
banana banana, la
band (*inc. musical*) banda, la
bank; bench banco, el
bargain, good deal ganga, la
bargain, to; to haggle regatear (8)
baseball, tennis ball pelota, la (7)
baseball béisbol, el (2)
basement sótano, el

basket cesto, el
basketball baloncesto, el (2); básquetbol, el (2)
bat bate, el
bat, to batear (7)
bathe, to; to go swimming bañarse (5)
bathing suit traje de baño, el (7)
bathroom baño, el (5)
bathroom sink lavabo, el
battery pila, la (9)
be, to ser (1); estar (3)
be careful! ¡ojo!
be . . . years old, to tener . . . años
beach playa, la (4)
beach umbrella sombrilla, la (7)
bean (kidney, pinto, red) frijol, el (6)
beat, to batir (6)
beautiful bello/a
beauty belleza, la
because porque (2)
become, to convertirse (ie, i); volverse (ue); **(+ emotion)** ponerse
become happy, to alegrarse (de)
become sick, to enfermarse
bed cama, la (5)
bedroom dormitorio, el (5); cuarto, el; habitación, la (9)
beef carne de res, la
beer cerveza, la (6)
before *adv.* antes; *prep.* antes (de) (3)
before (in front of); with regard to ante
begin, to empezar (ie) (4); comenzar (ie)
beginner principiante, el/la
beginning comienzo, el; principio, el
behind detrás (de) (3)
being ser, el
believe, to; to think creer (3)
belong, to pertenecer (zc)
belt cinturón, el (8)
benefit beneficio, el
beside; next to al lado (de) (3)
besides además de
better; best mejor
between entre (3)
bicycle bicicleta, la (7)
big (1); **great** gran/ grande

bilingual bilingüe
bill (6); **account** cuenta, la
binoculars binoculares, los
biology biología, la (2)
bird pájaro, el; ave, el (but *f.*)
birth nacimiento
birthday cumpleaños, el
black negro/a (1)
black coffee café solo (6)
blank form formulario, el
blending; mixture mezcla, la
blond rubio/a (2)
blood sangre, la
blood pressure presión, la (10)
blouse blusa, la (8)
blue azul (1)
board, to abordar
board the plane, to subir al avión (9)
boarding gate puerta de salida, la (9)
boarding pass tarjeta de embarque, la (9)
boat barco, el
body cuerpo, el (10)
boil, to hervir (ie, i) (6)
Bolivian *adj., n.* boliviano/a (2)
bone hueso, el (10)
book libro, el (1)
bookcase librero, el (5)
bookshelf (5); **shelf** estante, el
bookstore librería, la (2)
boot bota, la (8)
border frontera, la
boring (1); **bored** (3) aburrido/a
born, to be nacer (zc)
boss jefe/a, el/la
both ambos/as
bother (annoy), to molestar (6)
bottle botella, la (8); frasco, el
bowl, dish, etc. tazón, el (6) recipiente, el
box; cash register caja, la (8)
boy/girl muchacho/a, el/la
boyfriend/girlfriend; fiancé/ée; groom/bride novio/a, el/la (2)
bracelet pulsera, la (8)
brain cerebro, el
brand marca, la
bread pan, el (6)

break, to romper; **(a bone)** romperse (un hueso) (10)

breakfast desayuno, el (3)

breathe, to respirar (10)

breathing respiración, la

bride/groom; boyfriend/ girlfriend; fiancé/ée novio/a, el/la (2)

briefly brevemente

bring, to traer (4)

brochure folleto, el (9)

broom escoba, la (5)

brother/sister-in-law cuñado/a, el/la (4)

brother/sister (4); **sibling** hermano/a, el/la

brown marrón (1)

brunette, dark moreno/a (2)

brush, to cepillarse (5)

bucket, pail cubo, el

building edificio, el

(bulletin) board tablero, el

burn, to quemar

bus autobús, el

business negocio, el

business administration administración de empresas, la (3)

busy ocupado/a (3)

but pero (2); sino

butcher shop carnicería, la

butter mantequilla, la (6)

buy, to comprar (2)

buy groceries, to hacer las compras

by por

by chance por casualidad

C

cafe (4); **coffee** (3) café, el

cafeteria cafetería, la (3)

cake torta, la (6); pastel, el

calculate, to calcular

calculator calculadora, la

calculus cálculo, el

call, to llamar (1)

calm tranquilo/a

camera (digital) cámara (digital), la (9); **camera, video; camcorder** cámara de video, la (9)

camp campamento, el

can lata, la

Canadian *adj., n.* canadiense, el/la (2)

Canadian studies estudios canadienses, los

cancel, to cancelar

capable capaz

capital city capital, la (2)

car carro, el (4); coche, el (4)

caramel custard flan, el

carbohydrate carbohidrato, el (10)

cardboard cartón, el

career; profession carrera, la

careful cuidadoso/a

careful, to be tener cuidado (2)

carefully cuidadosamente

Caribbean *adj., n.* caribeño/a

Caribbean Sea Caribe, el

carpenter carpintero/a, el/la

carrot zanahoria, la (6)

carry, to; wear, to (8) llevar

carry-on bag bolsa de mano, la (9)

case caso, el

casserole dish, saucepan (6), **stewpot** cazuela, la

castle castillo, el

cat gato, el

cathedral catedral, la (9)

Catholic *adj., n.* católico/a

cattle ganado, el

CD disco compacto, el

ceiling; roof techo, el

celebrate, to celebrar

cellular telephone teléfono celular, el

cemetery cementerio, el

cent centavo, el

centigrade centígrado/a

centre (3); **downtown** (4) centro, el

century siglo, el

cereal cereal, el (6)

certain seguro/a

chain (8); **network** cadena, la

chair silla, la (1)

chalk tiza, la

chalkboard pizarra, la (1)

challenging, demanding exigente

champion campeón/campeona, el/la

change cambio, el

channel canal, el

characteristic característica, la

charge, to cobrar

chat, to conversar (3)

cheap barato/a (1)

check, to averiguar; revisar

check in (the luggage), to facturar (el equipaje) (9)

checked de cuadros

checkup, physical exam examen físico, el (10)

cheek mejilla, la

cheese queso, el (6)

chemistry química, la (3)

cheque cheque, el

chess ajedrez, el

chest pecho, el (10)

chicken pollo, el (6)

child niño/a, el/la (4)

childhood niñez, la

Chilean *adj., n.* chileno/a (2)

Chinese *adj., n.* chino/a (2)

cholesterol colesterol, el (10)

choose, to escoger

chop *n.* chuleta, la (6)

chop, to picar (6)

chopped picado/a (6)

church iglesia, la

cigarette cigarrillo, el

city ciudad, la (2)

civil servant funcionario/a el/la

class clase, la (1)

classified clasificado/a

classroom sala de clase, la

clause cláusula, la

clean limpio/a (3)

clean, to limpiar (5)

cleaning limpieza, la

clear the table, to (5) quitar la mesa

clerk dependiente/a, el/la (8)

clever; ready listo/a

client; customer (6) cliente/a, el/la

climb, to escalar

climb, to; to go up(stairs) subir

clinic clínica, la (10)

clock reloj, el (1)

close, to cerrar

close, close-knit *adj.* unido/a

close (to), nearby *prep.* cerca (de) (3)

closed cerrado/a (3)

closet armario, el (5)

closing; farewell despedida, la

clothes dryer secadora, la (5)

clothes ropa, la (5)

cloudy nublado/a (7)

coach, trainer entrenador/a (7)

coach class clase turista, la

coast costa, la

coat abrigo, el (8)

codfish bacalao, el

coffee (3); **cafe** (4) café, el

coffee with milk café con leche (6)

coffeepot cafetera, la (6)

cognate cognado, el

cold frío/a (6); resfriado, el (10)

cold, to be tener frío (2)

cold tomato soup gazpacho, el

cologne (8) colonia, la

Colombian *adj., n.* colombiano/a (2)

colony colonia, la

colour color, el (1)

comb peine, el (5)

comb (one's hair), to peinarse (5)

come, to venir (ie) (4)

come by, to; to spend (time) (4) pasar

comedy comedia, la

comfortable cómodo/a

comics tiras cómicas, las

command mandato, el

comment comentario, el

common común

commonwealth estado libre asociado, el

communication comunicación, la (2)

community comunidad, la

compare, to comparar (8)

compete, to competir (i,i) (7)

complain (about), to quejarse (de)

complicated complicado/a (3)

compose, to componer

computer computadora, la (1); ordenador, el (*Sp.*)

(computer, electronic) game juego (electrónico), el

computer science computación, la (3); informática, la

concert concierto, el (4)

condiment condimento, el (6)

confidence confianza, la

conflict conflicto, el

confuse, to confundir

confusing confuso/a

congratulations! ¡felicitaciones!; ¡enhorabuena!

conquest conquista, la

conserve, to; to preserve conservar

construct, to construir (y)

consume, to consumir

consumer consumidor/a, el/la

consumption consumo, el

contain, to contener (ie)

contaminate, to contaminar

content contenido, el

continue, to seguir (i, i) (4)

contract contrato, el

contrast, to contrastar

contribute, to contribuir (y)

control, to controlar

converse, to conversar (3)

convince, to convencer

cook cocinero/a, el/la

cook, to cocinar (6)

cookie; cracker galleta, la (6)

cooler heladera, la (7)

coordinator coordinador/a, el la

cordially yours cordialmente

corn maíz, el (6)

cost, to costar (ue); valer (8)

Costa Rican *adj., n.* costarricense, el/la (2)

cotton algodón, el (8)

cough, to toser

cough tos, la (10)

cough syrup jarabe, el

counter mostrador, el

country (2) país, el

country(side) campo, el (9)

couple pareja, la

course curso, el (3)

course; plate; dish (6) plato, el

court, playing field cancha, la (7)

cousin primo/a, el/la (4)

cover, to tapar (6); cubrir

craftsman/woman artesano/a

crash, to chocar

craziness; insanity locura, la

crazy loco/a

cream crema, la (6)

credit card tarjeta de crédito, la (8)

critic; critical *adj., n.* crítico/a

criticize, to criticar

cross, to cruzar

cruise crucero, el

cry, to llorar

cry; shout grito, el

Cuban *adj., n.* cubano/a (2)

cup taza, la (6)

cure, to curar

currency moneda, la

current (up to date) *adj.* actual

curtain cortina, la

custom costumbre, la

customer; client (6) cliente/a, el/la

customs aduana, la (9)

customs officer inspector/a de aduanas, el/la (9)

cut, to cortar (6)

cycling (7) ciclismo, el

cyclist ciclista, el/la

D

dad (father) papá, el (4)

daily diario/a (5)

daily special plato del día, el (6)

damage daño, el

dance, to bailar (2)

dancer bailarín/bailarina, el/la

danger peligro, el

dangerous peligroso/a

darling mi vida (*fig.*)

date; appointment (10) cita, la

date (calendar) fecha, la

daughter hija, la (4)

daughter-in-law nuera, la

day día, el (1)

day before yesterday *adv.* anteayer (6)

dead (dying of) muerto/a (de)

deadline fecha límite, la

dear . . . querido/a(s) . . . (4)

dear sir/madam estimado/a señor/a

dearest . . . queridísima . . .

death muerte, la

debit card tarjeta de débito, la (8)

debt (foreign) deuda (externa), la

decaffeinated descafeinado/a

deceive, to engañar

December diciembre (1)

decide, to decidir (3)

decorate, to adornar

dedicate oneself to, to dedicarse a

deep profundo/a

degree grado, el

delicious (6); **rich** (2) rico/a

delight, to; to be extremely pleasing encantar (6)

delighted encantado/a (1)

deliver, to; to distribute repartir

dentist dentista, el/la

deny, to negar (ie)

deodorant (5) desodorante, el

department store almacén, el (8)

departure salida, la (9)

describe, to describir (6)

description descripción, la

desert desierto, el

design diseño, el

design, to diseñar

desire, to desear (6)

desk escritorio, el

dessert postre, el (6)

developing country país en vías de desarrollo, el

development desarrollo, el

diabetes diabetes, la (10)

diagnosis diagnóstico, el

diamond diamante, el (8)

dictionary diccionario, el (3)

die, to morir (ue, u)

diet dieta, la (10)

difficult difícil (1)

(digital) camera cámara (digital), la (9)

dining room comedor, el (5)

dinner; supper cena, la (3)

direct, to dirigir

direction rumbo, el

director; conductor director/a, el/la

dirty sucio/a (3)

disadvantage desventaja, la

discount descuento, el

discover, to descubrir

discovery descubrimiento, el

dish; plate (6); **course** plato, el

dishwasher lavaplatos, el (5)

disorder desorden, el

distinguish oneself, to distinguirse

distinguished distinguido/a

divide, to dividir

divorced divorciado/a

do, to; to make hacer (3)

doctor's office consultorio, el (10)

doctor, physician médico/a, el/la (10)

dollar dólar, el

domestic; household (5) *adj.* doméstico/a

Dominican *adj., n.* dominicano/a (2)

door puerta, la (1)

dorm residencia estudiantil, la

dose dosis, la

double *adj., n.* doble, el (9)

double bed cama doble, la

double/single room cuarto doble/sencillo, el (9)

doubt, to dudar

doubt duda, la

doubtful dudoso/a

downstairs; ground floor planta baja, la

downstairs abajo

downtown (4); **centre** (3) centro, el

dozen docena, la

drama drama, el

draw, to dibujar

drawing (art) dibujo, el

dream sueño, el

dream (about), to soñar (ue) (con)

dress vestido, el (8)

dresser cómoda, la (5)

drink, to beber (3); tomar (2)

drink; refreshment bebida, la

drive, to conducir (zc)

drop-box buzón, el

drugstore droguería, la

drum tambor, el

dry (oneself), to secar(se) (5)

dry seco/a

dumb; silly tonto/a

during durante

dust, to sacudir

E

each cada

ear (inner) oído, el (10)

ear (outer) oreja, la (10)

early temprano (2)

earn, to; to win ganar (7)

earring arete, el (8); pendiente, el

earthquake terremoto, el

east este, el

Easter week Semana Santa, la

eastern oriental

easy fácil (1)

eat, to comer (3)

ecological ecológico/a

economical económico/a

economics economía, la (3)

education pedagogía, la

education; training formación, la

effort esfuerzo, el

eighth octavo/a, el

elect, to elegir (i, i)

election elección, la

electric razor máquina de afeitar, la (5)

electrical appliance electrodoméstico, el

electronic electrónico/a

electronics aparato electrónico, el

eliminate, to; to end eliminar

email correo electrónico, el

email attachment anexo, el

emerald esmeralda, la

emotion emoción, la (5)

emphasize, to enfatizar

employee empleado/a, el/la

employment empleo, el

emptiness vacío, el

empty, to vaciar (5)

enchanting, delightful encantador/a

encounter encuentro, el

encourage, to (7) animar

end fin, el

end; final, end result *adj. n.* final, el

endangered en peligro de extinción

enemy enemigo/a, el/la

energy energía, la

engineer ingeniero/a, el/la

engineering ingeniería, la

English *adj., n.* inglés/a

enjoy, to disfrutar; gozar

enjoy your meal! ¡buen provecho! (6)

enormous enorme

enough suficiente

enthusiasm entusiasmo, el

entry; entrance; admission ticket entrada, la (4)

environment (ecological) medio ambiente, el

environment; atmosphere ambiente, el

environmental protection protección del medio ambiente, la

environmental studies estudios ambientales, los

episode episodio, el

Ecuadorian *adj., n.* ecuatoriano/a, el/la (2)

equipment equipo, el (7)

erase, to borrar

eraser borrador, el

escape, to escaparse

especially especialmente

establish, to establecer (zc)

ethnic étnico/a

evaluation evaluación, la

even aun

even when aun cuando

every day todos los días

every night todas las noches

everybody else los demás

everyone, everybody todo el mundo

everything, all *pron.* todo

evident evidente

exactly; sharp (time) en punto

exaggerate, to exagerar

exam examen, el (2)

example ejemplo, el

exchange intercambio, el

exciting emocionante

exercise ejercicio, el (3)

expect, to esperar (4)

expense gasto, el

expensive caro/a (1)

experience, to experimentar

explain, to explicar

explore, to explorar (9)

expression expresión, la (1)

exquisite exquisito/a

eye ojo, el (5)

F

fabric tela, la

face cara, la (5)

factory fábrica, la

fair feria, la

fall, to caer

fall otoño, el (1)

fall asleep, to dormirse (ue, u) (5)

family familia, la (4)

famous, well-known conocido/a

fan aficionado/a, el/la (7)

far lejos (de) (3)

fare pasaje, el (9)

farmer agricultor/a, el/la

fascinate, to fascinar

fascinating fascinante

fashion moda, la

fasten (a seat belt), to abrocharse (el cinturón de seguridad)

fate; destination destino, el

father-in-law/mother-in-law suegro/a, el/la

father padre, el (4)

fatigue cansancio, el

fax fax, el

fear miedo, el

fear, to temer (10)

February febrero (1)

feel, to sentirse (ie, i) (5)

feel like (doing something), to tener ganas de (+ infin.)

fever fiebre, la (10)

fiancé/ée groom/bride; boyfriend/girlfriend (2); novio/a, el/la

field of study campo de estudio, el

fifth quinto/a

figure línea, la (10)

file archivo, el

file, to; to save archivar

fill, to llenar (5)

fill completely, to; to fill out rellenar

fillet filete, el

film; movie película, la (4)

finally por fin; por último

find, to encontrar (ue) (4)

find out, to enterarse

fine; well *adv.* bien (1)

fine arts bellas artes, las

fine with me de acuerdo (4)

finger dedo (de la mano), el (10)

finger/toenail uña, la

finish, to terminar

fire fuego, el (6)

fire fighter bombero/a

fireworks fuegos artificiales, los

firm empresa, la

first primer/o/a

first floor primer piso, el

fish, to pescar (9)

fish (alive) pez, el

fish (to be eaten) pescado, el (6)

fish store pescadería, la (8)

fishing pesca, la

fit (clothes), to quedarle a alguien (8)

fitting room probador, el (8)

flag bandera, la

flatbread, cornmeal or wheat (*Mex., S.A., U.S.*) tortilla, la

flavour sabor, el

flight vuelo, el (9)

flight attendant asistente de vuelo, el/la (9)

floor piso, el (1)

flower flor, la (9)

flu gripe, la (10)

fly mosca, la

fly, to volar (ue) (9)

fog neblina, la (7)

fold, to doblar

follow, to seguir (i, i) (4)

following *adj.* siguiente

food alimento, el; comestibles, los; **food, meal** comida, la (3)

foot pie, el (10)

football fútbol norteamericano, el (2)

footwear calzado, el

for example por ejemplo

for God's sake por Dios

for now por ahora

forecast pronóstico, el

forehead frente, la

foreign extranjero/a

forest bosque, el (9)

(forest) fire incendio (forestal), el

forget, to olvidarse (de)

fork tenedor, el (6)

fort fuerte, el

fortunate afortunado/a

fortunately afortunadamente

forum foro, el

found, to fundar

fountain; source fuente, la

fox zorro, el

free libre

freedom libertad, la

freezer congelador, el

french fries papas fritas, las

frequently frecuentemente (5); con frecuencia

fresh fresco/a (6)

Friday viernes, el (1)

fried frito/a (6)

friend; workmate compañero/a, el/la

friend amigo/a, el/la (2)

friendly amistoso/a

friendly; kind (4) amable

friendship amistad, la

fright susto, el

frightened, to be asustarse

frightened asustado/a

from; of de

from; since desde

from this point on a partir de

from time to time de vez en cuando

fruit fruta, la (6)

fruit stand, store frutería, la

fry, to freír (i, i) (6)

fun divertido/a

function, to; to work funcionar

funny cómico/a; gracioso/a

fur; skin piel, la

furious furioso/a (5)

furniture (a piece of) mueble, el

G

gain weight, to engordar (10); subir de peso

game (computer, electronic) juego (electrónico), el

game (sports) partido, el (4)

garage garaje, el (5)

garbage basura, la (5)

garbage can basurero, el

garden, yard jardín, el (5)

garlic ajo, el (6)

generally generalmente (3)

generous generoso/a

genre género, el

geography geografía, la (3)

geology geología, la

German adj., n. alemán/a

gesture ademán, el

get, to; to obtain conseguir (i, i) (4)

get angry, to enojarse (con) (10)

get away (from), to alejarse (de)

get better, to mejorarse (10)

get dressed, to vestirse (i, i) (5)

get in shape, to ponerse en forma (10)

get married, to casarse

get together, to reunirse

get up, to levantarse (5)

get used to, to acostumbrarse

get well, to mejorarse (10)

giant tortoise galápago, el

gift; present regalo, el (8)

girlfriend/boyfriend; fiancé/ée (2); **groom/bride** novio/a, el/la

give, to dar (6)

give (a present), to regalar

glass vidrio, el

glasses; contact lenses lentes (de contacto), los

glove guante, el (7)

go, to ir (a) (3)

go horseback/bicycle riding, to montar a caballo/en bicicleta (9)

go on a diet, to ponerse a dieta (10)

go on an excursion, to; to tour ir de excursión

go out, to salir (4)

go shopping, to ir de compras (4)

go to bed, to acostarse (ue) (5)

go to the movies/to the beach to ir al cine/a la playa (4)

god/goddess dios/a, el/la

godfather padrino, el

godmother madrina, la

gold oro, el (8)

golf golf, el (7)

good buen, bueno/a (1)

good afternoon (good evening) buenas tardes (1)

good evening; good night buenas noches (1)

good looking guapo/a (2)

good morning buenos días (1)

good-bye adiós (1); chao/ chau (1)

goodness bondad, la

government gobierno, el

grade nota, la

graduate, to graduarse

grain grano, el

grandfather/grandmother abuelo/a, el/la (4)

grandson/granddaughter nieto/a, el/la (4)

grape uva, la (6)

grapefruit toronja, la

gray gris (1)

grease, fat grasa, la (10)

great uncle/great aunt tío/a abuela/o, el/la

green (colour) (1); **unripe** verde

green bean judía, la (6)

green pepper pimiento, el (6)

greet (one another), to saludar(se)

greeting; salutation saludo (1)

grilled a la parrilla

groom/bride; boyfriend/ girlfriend; fiancé/ée (2); novio/a, el/la

group (musical) conjunto musical, el

Guatemalan adj., n. guatemalteco/a (2)

guess, to adivinar

guest invitado/a, el/la

guidebook guía (turística), la (9)

guitar guitarra, la

gum chicle, el

gymnasium gimnasio, el (3)

gymnastics gimnasia deportiva, la (7)

H

hair pelo, el (5)

hair dryer secador, el (5)

hair salon peluquería, la

hair stylist peluquero/a, el/la

hall (5); **aisle** (9) pasillo, el

ham jamón, el (6)

hamburger hamburguesa, la (3)

hand mano, la (5)

handicrafts artesanía, la

handmade hecho/a a mano

happening, event acontecimiento, el

hand in, to entregar

happiness felicidad, la

happy contento/a (3); alegre (4)

hard; difficult duro/a

hard-working trabajador/a (1)

harp arpa, el (but f.)

hat sombrero, el (8)

hate, to odiar

have, to tener (ie) (2)

have a cold, to estar resfriado/a

have a fever, to tener fiebre (10)

have a good time, to pasarlo bien (7)

have a good trip! ¡buen viaje!

have a pain, to tener dolor (de) (10)

have a picnic, to hacer un picnic/ una merienda (7)

have breakfast, to desayunar (6)

have dinner/supper, to cenar (6)

have fun, to divertirse (ie, i) (5)

have just (done something), to acabar (de + infin.)

have lunch, to almorzar (ue) (4)

have to (+ inf.), to tener que (+ inf.) (2)

head cabeza, la (10)

health salud, la (10)

health store centro naturista, el (10)

healthy saludable; sano

heart corazón, el (10)

heat, to calentar (ie) (6)

heaven cielo, el

heavenly; marvellous divino/a

heavy; strong fuerte

height estatura, la

helicopter helicóptero, el

hello (answering the phone) aló (4); ¡bueno! (*Mex.*); ¡diga! (*Sp.*)

help ayuda, la (2)

help, to ayudar (4)

hemisphere hemisferio, el

here aquí (1)

hi! ¡hola! (1)

high (6); **tall** (2) alto/a

high plateau altiplano, el

high school colegio, el

highway autopista, la; carretera, la

hire, to contratar

Hispanic hispano/a

historical centre centro histórico, el (9)

history historia, la (2)

hit, to golpear

hockey, (ice) hockey (sobre hielo), el (2)

holiday día festivo, el

holy santo/a

home hogar, el

homework (3); **task** tarea, la

Honduran *adj., n.* hondureño/a (2)

honest honrado/a

honey miel, la

honeymoon luna de miel, la

hope esperanza, la

honour, to honrar

hope, to esperar (4)

horoscope horóscopo, el

horse caballo, el (9)

hostal, inn hostal, el (9)

hot, to be tener calor (2)

hot caliente (6)

hot (spicy) picante (6)

hot pepper ají, el

hot sauce salsa picante, la (6)

hotel hotel, el (9)

hour hora, la (2)

house casa, la (5)

household (5); **domestic** doméstico/a

household chore (5) quehacer doméstico, el

how about . . . ? ¿qué tal si . . . ? (4)

how's it going? ¿cómo le va? (*form.*); ¿cómo te va? (*inf.*)

how much is . . . ? how much are . . . ? ¿cuánto cuesta(n) . . . ? (1)

how much? how many? ¿cuánto(s) . . . ? (1)

how? what? ¿cómo? (1)

hug abrazo, el

hug, to abrazar

humanities humanidades, las (3)

humanities/liberal arts filosofía y letras

humble humilde

hunger *n.* hambre, el (but *f.*)

hungry, to be tener hambre (2)

hunt, to cazar

hurt, to doler (ue) (10)

hurt oneself, to hacerse daño (10)

husband/wife (4) esposo/a, el/la

hygiene higiene, la

hyperlink enlace, el

I

I'm sorry lo siento (1)

I'm starving (to death)/I'm dying of thirst me muero de hambre/sed

I hope that ¡ojalá (que)!

I love you te quiero

I would love to me encantaría

Iberian ibérico/a

(Iberian) peninsula península (ibérica), la

ice hielo, el (7)

ice cream helado, el (6)

ice cream parlour heladería, la

idealist(ic) idealista *m., f.*

if si (3)

illness enfermedad, la (10)

impatient impaciente (5)

important, to be importar

important importante

impossible imposible

impress, to impresionar

impressive impresionante

improve, to mejorar

improvement mejora la

in a hurry, to be tener prisa (2)

in a hurry apurado/a

in danger, to be estar en peligro

in (during) the morning (afternoon/evening) por la mañana (tarde/noche) (2)

in (good) shape, to be (10) estar en (buena) forma

in front of delante (de); **in front of, across from** enfrente (de) (3)

in general por lo general

in good/bad health, to be estar bien/mal de salud (10)

in love with enamorado/a de

in order to para

in spite of a pesar de

in style, to be estar de moda (8)

in the habit of, to be soler (ue)

include, to incluir

included incluido/a (9)

increase, to aumentar

incredible increíble

indicate, to; to point out señalar

indigenous person *n.;* indigenous *adj.* indígena, el/la

industry industria, la

inexpensive barato/a (1); a buen precio

infection infección, la (10)

inform, to; to report informar

ink tinta, la

inside adentro

insist (on), to insistir (en) (10)

instead of en vez de

intelligent inteligente (1)

interest interés, el

interesting, to be interesar (6)

interesting interesante (1)

interrupt, to interrumpir

interview, to entrevistar

interview entrevista, la

introduction introducción, la

introduction (1); presentation presentación, la

investigate investigar

invitation invitación, la (4)

invite, to invitar (4)

iron (appliance) plancha, la

iron (metal) hierro, el

iron, to planchar

is that right? (really?) ¿de veras?

island isla, la (9)

it costs . . . , they cost . . . cuesta(n) . . . (1)

it's (a) clear (day) está despejado (7)

it's (a) humid (day) está húmedo (7)

it's a pleasure (to meet you) mucho gusto (1)

it's cloudy está nublado (7)

it's cool hace fresco (7)

it's nice out hace buen tiempo (7)

it's one (o'clock) es la una . . . (2)

It's our tough luck! ¡qué suerte la nuestra!

it's raining está lloviendo (7)

it's snowing está nevando (7)

it's the same to me me da igual

it's two (o'clock) . . . son las dos . . . (2)

it's (very) cold hace (mucho) frío (7)

it's (very) hot hace (mucho) calor (7)

it's (very) sunny hace (mucho) sol (7)

it's (very) windy hace (mucho) viento (7)

it's your turn te toca a ti

Italian *adj., n.* italiano/a

J

jacket chaqueta, la (8)

January (1) enero

Japanese *adj., n.* japonés/a

jeans vaqueros, los (8)

jewel joya, la

jewellery store joyería, la (8)

job application form solicitud de empleo, la

jog, to hacer el jogging/footing (7); **to jog, run** correr (4)

joke chiste, el

juice jugo, el (3)

July julio (1)

jump, to saltar

June junio (1)

jungle; rainforest selva (tropical), la

just; fair justo/a

K

keep, to; to put away guardar

keyboard teclado, el

kick, to (7) patear

kid, boy/girl; man/woman (*coll.*) (2); small *adj.* chico/a, el/la

kidney riñón, el

kill, to matar

kilogram kilo, el (6)

kilometre kilómetro, el

kind (4); friendly amable

kinesiology kinesiología, la

king rey, el

kiss beso, el

kiss, to besar

kitchen cocina, la (5)

kitchen sink fregadero, el (6)

knee rodilla, la (10)

knife cuchillo, el (6)

know (how to do) something, to saber (4)

know or meet (someone), to; to be familiar with conocer (zc) (4)

knowledge conocimiento, el

Korean *adj., n.* coreano/a

L

laboratory laboratorio, el (3)

lace encaje, el

lacking, to be; needed faltar

ladle cucharón, el

lake lago, el (9)

lamp lámpara, la (5)

land tierra, la

language idioma, el (2)

last último/a

last name, surname apellido, el

last night anoche (6)

last week semana pasada, la (6)

last year (month, February, Monday, etc.) año (mes, febrero, lunes, etcétera) pasado, el (6)

late tarde (2); luego (1)

late, to be tardar

later; then luego (1)

laugh, to reírse (i, i)

laundry lavandería, la

law derecho, el; ley, la

lawn; grass césped, el

lawyer abogado/a, el/la

lazy perezoso/a (1)

league liga, la

learn (how) (to do something), to aprender (a) (+ infin.) (3)

leather cuero, el (8)

leave, to salir (4); irse

lecture conferencia, la

left izquierdo/a

left, to be; to remain quedar

leftovers sobras, las

leg pierna, la (10)

leg (animal; furniture) pata, la

lemon limón, el (6)

lemonade limonada, la

less menos

lesson lección, la (1)

let's see . . . a ver . . .

letter carta, la; letra, la

lettuce lechuga, la (6)

level nivel, el

library biblioteca, la (3)

lie, to mentir (ie, i)

life vida, la (3)

lift (weights), to (7); **to raise** levantar (pesas)

light *adj.* ligero/a; *n.* luz, la; *pl.* luces (1)

like, to gustar (2)

like/dislike (a person), to caerle bien/mal (6)

likewise igualmente (1)

lineup; tail cola, la

lip labio, el

lipstick lápiz labial, el (5)

listen to, to escuchar (2)

listen! ¡oye!

literature literatura, la (3)

litre litro, el (6)

little poco/a (1)

live (on television); en vivo

live, to vivir (3)

liver hígado, el

living room sala, la (5)

lobster langosta, la (6)

locate, to localizar

lodge, to hospedar

lodging hospedaje, el

loneliness; solitude soledad, la

long largo/a

look at oneself, to mirarse (5)

look at, to; to watch mirar (3)

look for, to buscar (3)

lose, to perder (ie) (4)

lose weight, to adelgazar (10); bajar de peso (10)

lotion loción, la

love amor, el

love, affectionately cariñosamente

love, to amar

lower, to bajar

luck suerte, la

lucky, to be tener suerte (2)

luggage, (hand/carry-on) equipaje (de mano), el (9)

lunch almuerzo, el (3)

lung pulmón, el (10)

luxury lujo, el (9)

M

machine máquina, la

magazine revista, la

mail correo, el

mail carrier cartero/a

main *adj.* principal

major área de estudio, el (but *f.*)

majority mayoría, la

make a mistake, to equivocarse

make an appointment, to hacer una cita (10)

make difficult, to dificultar

make sick, to enfermar

make the bed, to hacer la cama (5)

make-up maquillaje, el (8)

male varón, el

man hombre, el

manage, to; to drive (a vehicle) manejar

manual labour mano de obra, la

manual worker obrero/a, el/la

manufacture, to fabricar

map mapa, el (1); plano, el

March marzo (1)

maritime; having to do with the sea marítimo/a

market mercado, el (6)

marketing mercadeo, el

marriage matrimonio, el

married (to) casado/a (con)

match; competition competencia, la

match, to; to go well with (8) hacer juego (con)

maternal materno/a (4)

mathematician matemático/a, el/la

mathematics matemáticas, las (2)

matter; issue asunto, el

May mayo (1)

meal comida, la (3)

meaning significado, el

(mean)while mientras (tanto)

measurement (6); measure medida, la

meat carne, la (6)

mechanic, mechanical *adj., n.* mecánico, el/la

medium medio (de comunicación), el

medicine medicina, la

medium; half *adj., n.* medio/a

meet, to encontrarse (ue)

meeting reunión, la

melody melodía, la

melon melón, el (6)

member miembro, el (4)

menu menú, el (6)

merchant comerciante, el/la

message mensaje, el

Mexican *adj., n.* mexicano/a (2)

microscope microscopio, el

microwave (horno) microondas, el (6)

midnight medianoche, la

milk leche, la (3)

milk product producto lácteo, el (10)

mining minería, la

mirror espejo, el (5)

miscellaneous misceláneo

Miss señorita (Srta.), la (1)

mistaken equivocado/a

misunderstanding malentendido, el

mix, to mezclar (6)

mixing bowl tazón, el (6)

mobile (cell) telephone teléfono móvil, el

model modelo, el/la

molar muela, la (10)

mom (mother) mamá, la (4)

Monday lunes, el (1)

money dinero, el (4)

month mes, el (1)

monument monumento, el (9)

mood humor, el

moon luna, la

moral moraleja, la

more más (1)

morning mañana, la

mother madre, la (4)

mountain montaña, la (9)

mountain range cordillera, la; sierra, la

mountainous montañoso/a

mouse ratón, el

mouth boca, la (10)

move, to mover (ue)

movement movimiento, el

movie; film película, la (4)

Mr. señor (Sr.), el (1)

Mrs. señora (Sra.), la (1)

muscle músculo, el

museum museo, el (9)

music música, la (3)

(musical) group conjunto musical, el (4)

musician músico, el/la

my mi/mis (1)

my dear friend(s) mi(s) querido/a(s) amigo/a(s)

my love mi amor
my name is . . . me llamo . . . (1)
mysterious misterioso/a

N

NAFTA Tratado de Libre Comercio
name nombre, el
napkin servilleta, la (6)
narrow; tight estrecho/a
nation nación, la
nationality nacionalidad, la (2)
native studies estudios nativos, los
(natural) resource recurso
  (natural), el
nature naturaleza, la
nauseous, to be tener náuseas
navigate, to; to sail navegar
nearby; close (to) cerca (de) (3)
necessary necesario/a
neck cuello, el
necklace collar, el (8)
need, to necesitar (2)
neighbour vecino/a, el/la
neighbourhood; district barrio, el
neither tampoco
neither . . . nor ni . . . ni
nephew/niece sobrino/a, el/la (4)
nerve nervio, el
nervous nervioso/a (3)
network; chain (8) cadena, la
never nunca (5); jamás
nevertheless sin embargo
new nuevo/a (2)
newlywed recién casado/a, el/la
news noticias, las
newspaper periódico, el
next to . . . junto a . . .; **next to;
  beside** al lado (de) (3)
Nicaraguan *adj., n.* nicaragüense (2)
nice simpático/a (1)
nickname apodo, el
nightstand mesa de noche, la (5)
ninth noveno/a
no one nadie
nocturnal nocturno/a
noise ruido, el
none; not any ningún, ninguno/a
nonstop flight vuelo sin escala, el
noon mediodía, el
North American *adj., n.*
  norteamericano/a (2)

north norte, el
nose nariz, la (5)
note apunte, el
note, to notar
notebook cuaderno, el (1)
nothing nada
notice, to fijarse
noun sustantivo, el (2)
November noviembre (1)
now ahora (2)
now that ahora que; ya que
nowadays hoy en día
nuclear family núcleo familiar, el
nuclear plant planta nuclear, la
number número, el (1)
nurse enfermero/a, el/la (10)
nylon nailon, el

O

oatmeal avena, la
observe, to; to adhere to observar
obstacle obstáculo, el
obtain, to conseguir (i, i) (4)
obvious obvio/a
occupation; job oficio, el
occupy, to ocupar
ocean; sea (7) *f.* mar, el
October octubre (1)
of; from de (1)
of course claro (4); por supuesto
offer, to ofrecer
office oficina, la
often a menudo; muchas veces
oil; petroleum petróleo, el
okay de acuerdo (4)
old viejo/a (2)
older; oldest mayor (4)
olive aceituna, la
(olive) oil aceite (de oliva), el (6)
Olympic Games Juegos Olímpicos
omelette (potato and onion)
  (*Sp.*); **flatbread, cornmeal or
  wheat** (*Mex., S.A., U.S.*) tortilla, la
on sobre (5)
on a diet, to be estar a dieta (10)
on a trip, to be estar de viaje
on high/medium/low heat a
  fuego alto/medio/bajo (6)
on time a tiempo
on top of encima de (5)

one time; once una vez (5)
onion cebolla, la (6)
only solamente (3); solo;
  únicamente
(only) son/daughter hijo/a
  (único/a), el/la (4)
open abierto/a (3)
open, to abrir (3)
opportunity oportunidad, la
or (1) o (u)
orange anaranjado/a (1); naranja,
  la (6)
orchestra; band orquesta, la
order, to mandar (10)
organ órgano, el
origin origen, el
other otro/a
ought to, must; to owe deber
outdoor cafe café al aire libre (4)
outdoors al aire libre
outfielder; gardener jardinero/a,
  el/la
outgoing extrovertido/a
outside afuera
oven horno, el (6)
over there allá; allí
own propio/a

P

pack (a suitcase), to hacer la(s)
  maleta(s); hacer el equipaje (9)
pack, to; to crate empacar
package paquete, el
page página, la
page; leaf hoja, la
pain dolor, el (10)
painful doloroso/a
paint, to pintar
painter pintor/a, el/la
pair par, el
Panamanian *adj., n.* panameño/a (2)
pants, slacks (shorts) pantalones
  (cortos), los (8)
paper (1); **role** papel, el
parade desfile, el
paragraph párrafo, el
Paraguayan *adj., n.* paraguayo/a (2)
parents padres, los
park parque, el (4)
part parte, la (5)

party fiesta, la (2); (political) partido, el

pass through, to pasar por (9)

passenger pasajero/a, el/la (9)

passport pasaporte, el (9)

password contraseña, la

past pasado/a

pastime pasatiempo, el (7)

pastry pastel, el

pastry shop pastelería, la

paternal paterno/a

patient *adj., m., f.; n.* paciente (10)

patio patio, el (5)

pay, to pagar (6)

pay attention (to), to hacer caso (a); prestar atención

pay cash, to pagar en efectivo (8); pagar al contado

peace paz, la

peach melocotón, el

pearl perla, la (8)

peasant campesino/a, el/la

peel, to pelar (6)

pen bolígrafo, el (1)

pencil lápiz, el; *pl.* lápices (1)

penicillin penicilina, la

people gente, la

pepper pimienta, la (6)

percentage porcentaje, el

perform, to representar

perfume perfume, el (8)

perhaps, maybe quizá(s); tal vez

period (time) época, la

permit, to permitir (10)

person persona, la

personal personal

personal care arreglo personal, el

personality carácter, el

Peruvian *adj., n.* peruano/a (2)

pessimist *n.* pesimista, el/la

pessimistic *adj.* pesimista, *m., f.*

pharmacist farmacéutico/a

pharmacy farmacia, la (8)

philosophy filosofía, la

photocopy sacar fotocopias

photocopy machine fotocopiadora, la

physical *adj.* físico/a

physics física, la (3)

pick up, to recoger (5)

pie; tart pastel, el (6); tarta, la

piece pedazo, el (6); pieza, la

pill; lozenge pastilla, la (10)

pilot piloto/a, el/la (9)

pinch pizca, la

pineapple piña, la

pink rosado/a (1)

pity lástima, la

place lugar, el; sitio, el

place, to; to put colocar; meter

place setting cubierto, el

plaid de cuadros

plains pampas, las (*Arg.*)

plan, to planear (9)

plantain, banana (6) plátano, el

plate; dish (6); course plato, el

platform andén, el

play (theatre) obra de teatro, la

play, to jugar (ue) (4)

player jugador/a, el/la

playing field cancha, la (7)

pleasant agradable

please por favor

pleasing, to be; to please agradar

pleasure gusto, el (1); placer, el

plot argumento, el

plumber plomero/a, el/la

plump; fat gordo/a (2)

police (force) policía, la

policeman/woman policía, el/la

political político/a (3)

politician político, el/la

politics política, la

pollution, contamination contaminación, la

poor pobre (2)

popcorn palomitas de maíz, las

pork cerdo, el (6)

port puerto, el

portrait retrato, el

Portuguese *adj., n.* portugués/a

possible posible

potato papa, la; patata, la (*Sp.*)

poverty pobreza, la

powder talco, el

power poder, el

powerful poderoso/a

practice, to; to play (a sport) practicar (2)

pray, to rezar

precise; exact; essential preciso/a

prefer, to preferir (ie, i) (4)

prepare, to preparar (2)

prepare oneself, to prepararse

prescribe, to recetar (10)

prescription (10); recipe (6) receta, la

present, to; to introduce; to perform presentar

presentation; introduction (1) presentación, la

pretty bonito/a (2); lindo/a

pretty well bastante bien

price precio, el (8)

print, to imprimir

printer impresora, la

prize premio, el

problem problema, el

produce, to producir (zc)

professor; instructor profesor/a, el/la (1)

program programa, el

program, to programar

prohibit, to prohibir (10)

project proyecto, el

promise, to prometer

promise promesa, la

pronounce, to pronunciar

pronunciation pronunciación, la

protect, to proteger (j)

protein proteína, la (10)

proud orgulloso/a

psychology psicología, la (3)

publish, to publicar

Puerto Rican *adj., n.* puertorriqueño/a (2)

purchase compra, la

purple morado/a (1)

purpose propósito, el

purse bolsa, la (8)

push, to empujar

put, to poner (4)

put on, to; to become (+ emotion) ponerse (5)

put on makeup, to maquillarse (5); pintarse

put out, extinguish, to; to turn off apagar (gu)

put to bed, to acostar (5)

Q

quality calidad, la **quantity** cantidad, la

quarrel, to reñir (i, i)

quarter cuarto, el

queen reina, la

question pregunta, la (1)

quickly rápidamente

quit smoking, to dejar de fumar (10)

quite; rather (3); enough bastante

R

racket raqueta, la (7)

radio station emisora, la

rain (acid) lluvia (ácida), la

rain, to llover (ue) (7)

raincoat impermeable, el

raise, to; to lift (weights) (7) levantar (pesas)

rare; raw crudo/a (6)

rather; quite (3); enough bastante

rayon rayón, el

reach, to alcanzar

react, to reaccionar

read, to leer (3)

ready; disposed dispuesto/a

real verdadero/a

realize, to darse cuenta (de)

really? ¿verdad? (2)

reason razón, la

receipt recibo, el (8)

receive, to recibir (4)

recent reciente

recipe (6); prescription (10) receta, la

recommend, to recomendar (ie) (10)

recommendation recomendación, la (10)

record, to grabar

recording grabación, la

recycle, to reciclar

recycling reciclaje, el

red rojo/a (1)

red wine vino tinto, el (6)

reduce, to reducir (zc)

referee árbitro/a, el/la (7)

reference referencia, la

reflect, to reflejar

refrigerator refrigerador, el (6)

regret, to lamentar (10); sentir (ie, i) (10)

reject, to; to turn down rechazar (4)

relative pariente, el (4)

relax, to relajarse

remain, to permanecer

remedy (10); solution remedio, el

remember, to recordar (ue) (4); acordarse (de) (ue)

rent, to alquilar

repair, to reparar

repeat, to; to have a second helping repetir (i, i) (4)

report informe, el

Republican republicano/a

request, ask for (4) pedir (i, i)

research, to hacer investigaciones

reservation (9) reserva, la

residence domicilio, el

resolve, to resolver (ue)

respect, to respetar

responsibility responsabilidad, la

responsible responsable (4)

rest, to descansar (4)

restaurant restaurante, el (6)

result resultado, el

return, to regresar (3)

return, to; go back volver (ue) (4)

return (something), to devolver (ue) (8)

reveal, to revelar

review repaso, el

rhythm ritmo, el

rice arroz, el (6)

rich (2); delicious (6) rico/a

ridiculous ridículo/a

right (3); straight adj. derecho/a

right, to be tener razón (2)

right away enseguida

ring anillo, el (8)

ring, to sonar (ue)

risk riesgo, el (10)

river río, el (9)

road camino, el

roast asado/a

role; paper (1) papel, el

roof; ceiling techo, el

room habitación, la (9); cuarto, el (5)

round redondo/a

round trip adj. ida y vuelta, de (9)

row fila, la

rowing remo, el

royal real

rub, to frotar

rug; carpet alfombra, la (5)

rugby rugby, el

rum ron, el

run, to correr (4)

running shoes zapatos deportivos, los (8)

S

sacred sagrado/a

sad triste (3)

sadness tristeza, la

saffron azafrán, el

salad ensalada, la (3)

salary; wages salario, el; sueldo, el

sale rebaja, la (8); venta, la

salesperson; sales clerk dependiente/a, el/la (8); vendedor/a, el/la

salmon salmón, el (6)

salt sal, la (6)

salutation, greeting (1) saludo, el

Salvadorian adj., n. salvadoreño/a (2)

same mismo/a

same to you igualmente (1)

sandal sandalia, la (8)

sandwich sándwich, el (3); bocadillo, el (6); torta, la (Mex.)

satisfied satisfecho/a

satisfy, to satisfacer

Saturday sábado, el (1)

saucepan (6), stewpot, casserole dish cazuela, la

save, to ahorrar

say, to; to tell decir (i) (4)

say good-bye, to despedirse (i, i)

scanner escáner, el

scarf bufanda, la (8)

scene escena, la

scenery paisaje, el

schedule horario, el (3)

school of . . . facultad de . . . , la

school escuela, la

science ciencia, la (2)

scientist científico/a

scissors tijera(s), la(s)

Scotland Escocia

scrambled revuelto/a

scuba dive, to bucear (9)

sculpture escultura, la

sea (7); ocean mar, el

search búsqueda, la

season temporada, la

season (1); station estación, la
season, to sazonar
seat asiento, el (9)
seat belt cinturón de seguridad, el (9)
second segundo/a
second helping, to have; to repeat repetir (i, i) (4)
secretary secretario/a, el/la
security seguridad, la
security checkpoint control de seguridad, el (9)
see you later hasta luego (1); hasta pronto (1)
see you tomorrow hasta mañana (1)
see, to; to watch (television) ver (3)
seem, to parecer (6)
self-portrait autoretrato, el
sell, to vender
semester semestre, el (3)
send, to enviar
sense sentido, el
sentence oración, la
September septiembre, el (1)
serious grave
servant sirviente/a, el/la
serve, to servir (i, i) (4); desempeñar
serve, to; to look after; to wait on atender (ie)
set the table, to poner la mesa (5)
seventh séptimo/a
several varios/as
shake up, to agitar
shampoo champú, el (5)
shape forma, la (10)
share, to compartir
shave, to afeitarse (5)
sheep oveja, la
shellfish mariscos, los (6)
shine, to brillar
ship barco, el
shirt camisa, la (8)
shoe zapato, el (8)
shoestore zapatería, la (8)
shopping centre; mall centro comercial, el (8)
short corto/a (5)
short (2) *adj.*; **low** (6) *m., adv.*; **deep; under** *m., prep.* bajo/a

short-/long-sleeved de manga corta/larga (8)
shot inyección, la (10)
shout, to (7) gritar
show, to mostrar (ue)
show a movie, to pasar/poner una película
show función, la (4); espectáculo, el
shower ducha, la (5)
shower, to ducharse (5)
shrimp camarón, el (6); gamba, la (*Sp.*)
shy, timid tímido/a
sibling; brother/sister (4) hermano/a, el/la
sick enfermo/a (3)
side lado, el
sign letrero, el
sign, to firmar
signal señal, la
signature firma, la
silk seda, la (8)
silver plata, la (8)
silverware cubiertos, los
similar parecido/a; semejante
similarity semejanza, la
simple sencillo/a
simplicity sencillez, la
sin pecado, el
sincerely yours atentamente
singer cantante, el/la
sink (bathroom) lavabo, el; **(kitchen)** fregadero, el (6)
sit down, to sentarse (ie) (5)
sixth sexto/a
size talla, la (8); tamaño, el
skate; inline skates patín, el; patines en línea (7)
skate, to patinar (7)
skateboard monopatín, el
skater patinador/a
ski; skiing esquí, el (7)
ski, to esquiar (7)
skier esquiador/a, el/la
skiing (water; downhill; cross-country) esquí (acuático; alpino; nórdico), el (7)
skillet, frying pan sartén, la (6)
skinny, slender flaco/a; delgado/a (2)
skirt falda, la (8)
sleep, to dormir (ue, u) (4)

sleepy, to be tener sueño (2)
sleeveless sin manga (8)
slow *adj.* lento/a
slow; slowly *adv.* despacio
small pequeño/a (1)
small spoon cucharita, la (6)
smart, cunning, alive vivo/a
smell olor, el
smile sonrisa, la
smile, to sonreír (i, i)
smoke humo, el
smoke, to fumar (10)
snack (afternoon) merienda, la (3)
snack, to; to picnic merendar (ie)
sneeze, to estornudar
snow nieve, la
snow, to (7) nevar (ie)
so-so más o menos (1); así así; regular
so much tanto
soap jabón, el (5)
soap opera telenovela, la
soccer fútbol, el (2)
soccer player futbolista, el/la
sociology sociología, la (2)
sock calcetín, el (8)
soda; soft drink (3) refresco, el
sofa sofá, el (5)
soft suave
soft drink; soda (3) refresco, el
solution; remedy (10) remedio, el
solve, to solucionar
somber sombrío/a
some algún, alguno/a (7)
someone alguien (7)
something algo (7)
sometimes algunas veces
sometimes; at times (5) a veces
son hijo, el (4)
son-in-law yerno, el
song canción, la
soon pronto (1)
sound sonido, el
soup sopa, la (6)
south sur, el
South America Suramérica
South American suramericano/a
southwest suroeste, el
souvenir recuerdo, el (9)
space espacio, el

Spanish *adj.* español/a (2)

Spanish-speaking person *n.*;
   Spanish-speaking *adj.*
   hispanohablante, el/la

spare time tiempo libre, el (4)

spatula espátula, la

special especial

spectator espectador/a

speech discurso, el

spelling ortografía, la

spend, to gastar (8)

spend (time), to (4); to come by
   pasar

spider araña, la

spiderweb tela de araña, la

spirit espíritu, el

spoon cuchara, la (6)

sport deporte, el (2)

sports, sporting (7) *adj.* deportivo/a

sports figure deportista, el/la

spring primavera, la (1)

stable *adj.* estable

stadium estadio, el

stairs escalera, la

stall; position (job) puesto, el

stamp sello, el

stand in line, to (9) hacer cola

stand up, to ponerse de pie

standing, to be estar de pie

star estrella, la

station; season (1) estación, la

stationery shop papelería, la

statistics estadística, la

statue estatua, la

stay estadía, la (9)

stay (somewhere), to quedarse (9)

stay in bed, to guardar cama (10)

stay in shape, to mantenerse en
   forma

**stay trim, to; to watch one's
   figure** guardar la línea (10)

steak bistec, el (6)

stepbrother/stepsister
   hermanastro/a, el/la

stepfather padrastro, el

stepmother madrastra, la

stepson/stepdaughter hijastro/a,
   el/la (4)

stew estofado, el

**stewpot, casserole dish,
   saucepan** (6) cazuela, la

**stick out (tongue), to; to take
   out** (5) sacar

still aún

still; fixed fijo/a

still; yet todavía

stir, to revolver (ue)

stocking; pantyhose media, la;
   pantimedias, las

stomach estómago, el (10)

stone piedra, la

stop parada, la

stop, to detenerse (ie)

store tienda, la (8)

storm tormenta, la

story cuento, el

stove estufa, la (6)

straighten up, to ordenar (5)

strange extraño/a

strawberry fresa, la

street calle, la

street vendor vendedor/a
   ambulante, el/la

stress estrés, el

striped de rayas

structure estructura, la

student *adj.* estudiantil (3); *n.*
   estudiante, el/la (1)

student centre centro estudiantil,
   el (3)

study estudio, el

study, to estudiar (2)

style estilo, el

subject (academic) materia, la (3)

success éxito, el

successful, to be tener éxito

such; thus así

suddenly de repente

suffer, to sufrir

sugar azúcar, el (or *f.*) (6)

suggest, to sugerir (ie, i) (10)

suggestion sugerencia, la

suit traje, el (8)

suit jacket (8) saco, el

suitcase maleta, la (9)

summary resumen, el

summer verano, el (1)

sun sol, el (4)

sunbathe, to tomar el sol (4)

Sunday domingo, el (1)

sunglasses gafas de sol, las (9)

supermarket supermercado, el (6)

supervisor supervisor/a, el/la

support apoyo, el

support, to apoyar

support (a family, etc.), to
   mantener (ie)

surf, to surfear

surfing surfing, el

surprise, to; to be surprised
   sorprender(se) (10)

surprise sorpresa, la

surprised asombrado/a

surprising sorprendente

suspicious; unfriendly
   sospechoso/a

sweater suéter, el (8)

sweep the floor, to barrer el piso (5)

sweet *adj., n.* dulce, el

sweetheart mi corazón

sweetheart, darling (*fig.*) mi cielo

swim, to nadar (3)

swimmer nadador/a, el/la

swimming natación, la (7)

swimming pool piscina, la (7)

symptom síntoma, el (10)

T

T-shirt camiseta, la (8)

table; chart; painting cuadro, el

table mesa, la (1)

tablecloth mantel, el

tablespoon (meas.) cucharada, la (6)

take, to; to drink tomar (2)

**take a (day) trip/excursion, to;
   to take a tour** hacer una
   excursión (7)

take a stroll, to dar un paseo

take a tour, to hacer una gira (9)

take a walk, to pasear (4)

take advantage of, to aprovechar

take away, to quitar

take care of oneself, to cuidarse
   (10)

take into account, to tener en
   cuenta

take off, to quitarse (5)

**take out, to (5); to stick out
   (tongue)** sacar

take pictures, to sacar fotos (9)

talk, to hablar (2)

tall (2); high (6) alto/a

tape; film cinta, la

task; homework (3) tarea, la
taste, to; to try probar (ue) (6)
taxi driver taxista, el/la
tea té, el (6)
teach, to; to show enseñar (a)
teacher (elementary school) maestro/a, el/la
team equipo, el (7)
teaspoon (meas.) cucharadita, la (6)
television televisión, la
television set televisor, el (5)
tell, to; to count contar (ue)
tell, to; to say decir (i) (4)
temperate templado/a
temperature temperatura, la (10)
tennis tenis, el (2)
tennis player tenista, el/la
(tennis) shoe zapato (de tenis), el (8)
tenth décimo/a
terrace; balcony terraza, la
terrific, wonderful estupendo
test prueba, la
thank, to; be grateful for agradecer
thank you gracias (1)
that's life! ¡así es la vida! (1)
the pleasure is mine el gusto es mío
the specialty of the house especialidad de la casa, la
the weather is bad hace mal tiempo (7)
theatre teatro, el (4)
theatre, cinema; movies cine, el (4)
theme; topic tema, el
then entonces
theory teoría, la
therapy terapia, la
there ahí
there is/there are hay (1)
therefore por eso; por lo tanto
thermometer termómetro, el
thick espeso/a
thin; slender delgado/a (2)
thing cosa, la
think, to; to intend (to do something) pensar (ie) (+ inf.) (4)
third tercer, tercero/a
thirst sed, la
thirsty, to be tener sed (2)
this is a . . . esto es un/a . . . (1)

throat garganta, la (10)
throw, to lanzar (7)
throw out, to botar
Thursday jueves, el (1)
ticket pasaje, el (9); boleto, el
ticket booth taquilla, la
tie corbata, la (8)
tie (the score), to empatar (7)
time; weather tiempo, el (7)
time vez, la (veces, las *pl.*) (5)
tip propina, la (6)
tired cansado/a (3)
title (1); (academic) degree título, el
to; at a
to/on the left (of) a la izquierda (de) (3)
to/on the right (of) a la derecha (de) (3)
toast pan tostado, el (6); tostada, la
toast, to tostar (ue)
toaster tostadora, la (6)
today hoy (2)
toe dedo del pie, el
together junto/a
toilet inodoro, el
tolerate, to tolerar
tomato tomate, el (6)
(tomato) sauce salsa (de tomate), la (6)
tomorrow *adv.* mañana (1)
tone tono, el
tongue lengua, la (10)
too many demasiados/as
too much demasiado/a
tooth diente, el (5)
(tooth)brush cepillo (de dientes), el (5)
toothpaste pasta de dientes, la (8)
toque gorro, el (8)
tortilla tortilla, la (*Mex., S.A., U.S.,* cornmeal or wheat flatbread; *Sp.,* potato and onion omelette)
touch, to; to play (a musical instrument) (4) tocar
tour gira, la; excursión, la
tour guide el/la guía
tourist *adj.* turístico/a (9)
toward hacia
towel toalla, la (5)

town; the people, the masses pueblo, el
track pista, la (7)
track and field (7), athletics atletismo, el
trade; commerce; business comercio, el
train, to entrenar (7)
training entrenamiento, el
translate, to traducir
translator traductor/a, el/la
travel, to viajar (9)
traveller viajero/a, el/la (9)
tree árbol, el
trimester trimestre, el
trip viaje, el (9); excursión, la
true cierto/a
trust, to confiar en
truth verdad, la
try (to do something), to intentar/tratar de (+ inf.)
try on, to probarse (ue) (8)
Tuesday martes, el (1)
tuna atún, el
turkey pavo, el
turn, to doblar, girar
turn on, to poner (4)
twist, to torcerse (ue) (z)
type tipo, typical típico/a (9)

U

ugly feo/a (2)
uncle/aunt tío/a, el/la (4)
uncomfortable incómodo/a
under debajo de (5)
understand, to entender (ie) (4)
understand, to (3); to include comprender
unforgettable inolvidable
unintelligent tonto/a (1)
unique; only único/a
university *adj.* universitario/a (3)
university universidad, la
unknown desconocido/a
unpleasant desagradable
unpleasant, mean antipático/a (1)
unripe; green (1) verde
until hasta (que)
unusual raro/a
up; upstairs arriba
upper floor planta alta, la

urgent urgente
Uruguayan *adj., n.* uruguayo/a (2)
use uso, el (5)
use, to utilizar
useful útil
useless inútil
utensil utensilio, el (6)
utility room lavadero, el (5)

V

vacation vacaciones, las
vacuum, to pasar la aspiradora (5)
vacuum cleaner aspiradora, la (5)
valley valle, el
value valor, el
vanity table tocador, el
variety variedad, la
vary, to variar
vegetable verdura, la (6)
vegetable; legume legumbre, la
vegetarian vegetariano/a (6)
Venezuelan *adj., n.* venezolano/a (2)
verb verbo, el (3)
very muy (1)
very truly yours se despide de usted(es) atentamente
veterinarian veterinario/a, el/la
video camera, camcorder cámara de video, la (9)
view vista, la (9)
village aldea, la
vinegar vinagre, el
violence violencia, la
visit, to visitar (4)
visiting, to be estar de visita
visitor visitante, el/la
visored cap gorra, la (8)
volcano volcán, el (9)
volleyball vóleibol, el (7)
vote, to votar
vote; ballot voto, el
vowel vocal, la

W

wait for, to esperar (4)
waiter/waitress; server (6) camarero/a, el/la; mesero/a, el/la
waiting room sala de espera, la (9)
wake up, to despertarse (ie) (5)

walk, to caminar (3); andar
walk; promenade; avenue paseo, el
wall pared, la (1)
wallet billetera, la (8)
wallet cartera, la
want, to; to desire desear (6)
want, to; to love (someone) querer (ie) (4)
war guerra, la
warm cálido/a; caluroso/a
warm; tepid tibio/a
warn, to advertir
warning; ad aviso, el
wash (oneself), to lavar(se) (5)
washer lavadora, la (5)
waste time, to perder (ie) tiempo
watch, to mirar (2); ver (3)
watch one's figure, to; to stay trim guardar la línea (10)
watch over vigilar
watch (television), to; to see ver (3)
water agua, el (but *f.*) (3)
water *adj.* acuático/a (7)
waterfall salto, el
water glass vaso, el (6)
way manera, la
way, manner modo, el
weak débil
wealth riqueza, la
wear, to (8); to carry llevar
weather clima, el
wedding boda, la
Wednesday miércoles, el (1)
week semana, la (1)
weekend fin de semana, el
weigh, to pesar
weight peso, el (10)
welcome *adj.* bienvenido/a
well-being bienestar, el (10)
well-known, famous conocido/a
well *interjection* pues (3)
well (1); fine bien
west oeste, el
wet mojado/a
what? ¿qué? (2)
what's happening? what's up? (*inf.*) ¿qué pasa?
what's new? (*inf.*) ¿qué hay?

what's the weather like? ¿qué tiempo hace? (7)
what's up? how's it going? ¿qué tal? (*inf.*) (1)
what's your name? ¿cómo se llama usted? (*form.*) (1)
what colour is . . . ? ¿de qué color es . . . ? (1)
what do you think? (how do you feel about that?) ¿qué te parece? (*inf.*)
what is this? ¿qué es esto? (1)
what time is it? ¿qué hora es? (2)
when cuando
when? ¿cuándo? (2)
where (a)donde
where? ¿dónde? (2)
which (one/s)?; what? ¿cuál(es)? (2)
while mientras
white blanco/a (1)
who quien
who? ¿quién(es)? (2)
whose? ¿de quién(es)? (2)
why? ¿por qué? (2)
wide ancho/a
widow viuda, la
will voluntad, la
wind viento, el (7)
window ventana, la (1) **(small)** ventanilla, la (9)
wine vino, el (6)
wine glass copa, la (6)
winter invierno, el (1)
with con (1)
with all my love con todo el cariño
with regard to en cuanto a
within; inside of dentro de (5)
without sin (que)
woman mujer, la
women's studies estudios de la mujer, los
wood; *pl.* **lumber** madera, la
wool lana, la (8)
word palabra, la (1)
word processor procesador de textos, el
work trabajo, el
work, labour labor, la
work, to trabajar (2)
workshop taller, el

world mundo, el
World Cup Copa Mundial, la
worn gastado/a
worried preocupado/a (3)
worry; concern preocupación, la
worry, to preocuparse
worse; worst peor (8)
worth, to be; to cost valer
wounded herido/a
woven goods tejidos, los

wristwatch reloj de pulsera, el (8)
write, to escribir (3)

X

x-ray radiografía, la (10)

Y

year año, el (1)
. . . years ago hace . . . años
yellow amarillo/a (1)

yesterday ayer (6)
yet to be finished estar sin
    terminar
yogurt yogur, el (6)
you're welcome de nada (1)
young joven (2)
younger; youngest menor (4)
your tu/tus (*inf., sing./pl.*) (1)
youth juventud, la

TEXT CREDITS

pp. 201–202 "Versos sencillos" by José Martí, public domain; **pp. 330–331** El Quetzal Herido ("The Wounded Quetzal") courtesy of Alfonso L. Rojo.

PHOTO CREDITS

p.1 (left) © aquatic creature/Shutterstock.com, (right) *The Discovery of America by Christopher Columbus*, 1958-9 (oil on canvas), Dali, Salvador (1904-89)/Salvador Dali Museum, St. Petersburg, Florida, USA/© DACS/The Bridgeman Art Library; **p. 2** © Gary Aitken; **p. 3** © Monkey Business Images/Shutterstock.com; **p. 4** © Jaimie Duplass/Shutterstock.com; **p. 5** © Andresr/Shutterstock.com; **p. 6** © aceshot1/Shutterstock.com; **p. 7** © Diego Cervo/Shutterstock.com; **p. 9** (left) © Leslye Borden/PhotoEdit, (right) © Patrick Wang/Shutterstock.com; **p. 10** (top) © Golden Pixels LLC/Shutterstock.com, (bottom) © iodrakon/Shutterstock.com; **p. 13** © auremar/Shutterstock.com; **p. 15** © Susan M. Bacon; **p. 16** © Vladimir Korostyshevskiy/Shutterstock.com; **p. 18** © Alfonso de Tomas/Shutterstock.com; **p. 24** © Siegfried Stolzfuss/eStock Photography LLC; **p. 28** (left, bottom left) © iStockphoto/Thinkstock.com; **p. 35** © Mitarart/Dreamstime.com/GetStock.com; **p. 36** (top left) © Susan M. Bacon, (top right, bottom left) © iStockphoto/Thinkstock.com, (middle right) © Lana Slezic/Toronto Star/CP PHOTO, (bottom right) © Steffen Foerster Photography/Shutterstock.com; **p. 38** (left) © Anneka/Shutterstock.com, (right) © Blueice69caddy/Dreamstime.com/GetStock.com; **p. 39** (left) © Hafizov/Dreamstime.com/GetStock.com, (right) © mkm3/Shutterstock.com; **p. 43** (left) © imageZebra/Shutterstock.com, (right) © Rob Wilson/Shutterstock.com; **p. 46** (top) © Anna Saroli, (bottom) © Digital Vision/Thinkstock.com; **p. 47** © Anna Saroli; **p. 57** © Susan M. Bacon; **p. 59** (left, right) © Anna Saroli; **p. 61** (top) © Chad Ehlers/Alamy/GetStock.com, (bottom) © iStockphoto/Thinkstock.com; **p. 69** © Anna Saroli; **p. 72** (left) © Mikhail Zahranichny/Shutterstock.com, (right) © Doug Pensinger/Getty Images, (bottom left) © Rune Hellestad/CORBIS, (bottom right) © Jborzicchi/Dreamstime.com/GetStock.com; **p. 73** (España) © granata1111/Shutterstock.com, (left) © Martyn Unsworth/iStockphoto, (right) © Carlos Alvarez/Stringer/Getty Images; **p. 74** © SIME SRL/eStock Photography LLC; **p. 75** © Holly Crooks; **p. 79** (left) © Art Resource, NY, (right) © Colman Lerner Gerardo/Shutterstock.com; **p. 80** © Andresr/Shutterstock.com; **p. 82** © Anna Saroli; **p. 84** © Digital Vision/Thinkstock.com; **p. 93** © Pixland/Thinkstock.com; **p. 96** © Colman Lerner Gerardo/Shutterstock.com; **p. 98** © Csp/Dreamstime.com/GetStock.com; **p. 100** © Monkey Business Images/Shutterstock.com; **p. 104** (left) © David R. Frazier Photolibrary, Inc., (middle) Ceremonial procession--detail of musicians. From Mayan fresco series found at Bonampak. (East wall, room 1). Museo Nacional de Antropologia, Mexico City, D.F., Mexico. © SEF/Art Resource, NY, (right) © Erich Lessing/Art Resource, NY; **p. 106** (top left, bottom left) © Susan M. Bacon, (top right) © ranplett/iStockphoto, (bottom right) © Patricio Robles Gil/Minden Pictures/National Geographic Stock; **p. 107** (Mexico) © Atlaspix/Shutterstock.com, (left) © Egomezta/Dreamstime.com/GetStock.com, (right) © Charles & Josette Lenars/CORBIS, (bottom left) © George Koroneos/Shutterstock.com; **p. 110** © Montréal La Presse–Ivanoh Demers/CP PHOTO; **p. 113** (left, right) © Susan M. Bacon; **p. 114** (abuela/abuelo) © Photodisc/Thinkstock.com, (madre) © Andresr/Shutterstock.com, (padre) © Phase4Photography/Shutterstock.com, (tio) © Chiyacat/Shutterstock.com, (tia) © Tracy Whiteside/Shutterstock.com, (hermana) © Jacek Chabraszewski/Shutterstock.com, (Tomasito) © Phase4Photography/Shutterstock.com, (primo) © Stuart Monk/Shutterstock.com; **p. 117** © Monkey Business Images/Shutterstock.com; **p. 118** © Monkey Business Images/Shutterstock.com; **p. 122** © Monkey Business Images/Shutterstock.com; **p. 123** © KennStilger47/Shutterstock.com; **p. 126** (top) © Rough Guides, (middle) © Ferenc Szelepcsenyi/Shutterstock.com, (bottom) © sportgraphic/Shutterstock.com; **p. 129** (top) © John Lund/Annabelle Breakey/Blend/GetStock.com, (bottom) © Matt Trommer/Shutterstock.com; **p. 132** © Susan M. Bacon; **p. 136** © Pixland/Thinkstock.com; **p. 138** (top left, middle, top right) © Susan M. Bacon, (bottom left) © Anna Saroli, (bottom right) © Ton Koene/maXximages.com; **p. 139** (Guatemala, Panamá) © c./Shutterstock.com, (El Salvador, Costa Rica) © Atlaspix/Shutterstock.com, (Honduras) © Michael Roeder/Shutterstock.com, (Nicaragua) © adam.golabek/Shutterstock.com, (bottom) © Scott Sady/AP Photo; **p. 140** © lubilub/iStockphoto; **p. 141** © Gary Aitken; **p. 145** (top) © Gary Yim/Shutterstock.com, (bottom) © Art Resource, NY; **p. 146** (top) © Photodisc/Thinkstock.com, (middle) © Mehmet Dilsiz/Shutterstock.com, (bottom) © photomak/Shutterstock.com; **p. 148** © Monkey Business Images/Shutterstock.com; **p. 149** © Anna Saroli; **p. 155** © Larry Hennessy/iStockphoto; **p. 156** (top) © Comstock/Thinkstock.com, (2nd from top) © Alon Brik/Shutterstock.com, (3rd from top) © prodakszyn/Shutterstock.com, (bottom) © bart78/Shutterstock.com; **p. 160** © OLJ Studio/Shutterstock.com; **p. 163** (top) © Lasse Kristensen/Shutterstock.com, (bottom) © Brand X Pictures/Thinkstock.com; **p. 165** (top) © Peter Wilson/Dorling Kindersley, (bottom) © jorgedasi/Shutterstock.com; **p. 166** © Comstock/Thinkstock.com; **p. 168** (top left) © EPA/JUANJO MARTIN/LANDOV, (middle left, bottom left) © Susan M. Bacon, (top right) © Lee Torrens/Shutterstock.com, (bottom right) © Gary Yim/Shutterstock.com; **p. 169** (Chile, Uruguay) © Hemera/Thinkstock.com, (Argentina) © Zoonar/Thinkstock.com, (right) © sportgraphic/Shutterstock.com; **p. 170** © Dale Mitchell/Shutterstock.com; **p. 171** © Sheila Arias; **p. 175** (left) © Susan M. Bacon, (right) Digital Image © The Museum of Modern Art/Licensed by SCALA/Art Resource, NY; **p. 179** © Monkey Business Images/Shutterstock.com; **p. 181** (top) © Hill Street Studios/Blend/GetStock.com,

Mar Caribe

OCÉANO
ATLÁNTICO

Barranquilla • Maracaibo • Caracas
Cartagena • • Barquisimeto

Río Orinoco

VENEZUELA

Georgetown
Medellín • GUYANA Paramaribo
• Cayenne GUAYANA
Manizales • SURINÁM FRANCESA
Salto (Francia)
Cali • • Bogotá Ángel
COLOMBIA

Quito Ecuador
ECUADOR

Río Amazonas Belém
Guayaquil • Manaus
Islas Cuenca • Iquitos
Galápagos
(Ec.)

Cajamarca • B R A S I L
Río Branco •
Trujillo •
PERÚ
Machu
Picchu Brasília
Lima Cuzco BOLIVIA
Ayacucho Lago
Titicaca • La Paz Belo
Arequipa • Santa Cruz Horizonte
Cochabamba •
Arica • • Sucre Río de Janeiro
Potosí •
Iquique • PARAGUAY São Paulo Santos
Trópico de Capric
Antofagasta • Salta • Asunción
Salto
CHILE San Miguel Iguazú
de Tucumán • Pôrto Alegre
ARGENTINA Rivera •
Coquimbo • Córdoba • URUGUAY
Rosario •
Valparaíso • Mendoza Buenos Aires
Santiago La Plata Montevideo

OCÉANO
Concepción • ATLÁNTICO
Bahía Blanca •

OCÉANO
PACÍFICO

Puerto Montt •

Estrecho de
Magallanes Islas
Malvinas
Punta Arenas • (Br.)

TIERRA DEL FUEGO
Cabo de Hornos

OCÉANO PACÍFICO

I. Pinta
I. Fernandina • I. Marchena
I. San Salvador
Santa Cruz
I. Isabela • I. Santa Cruz
Puerto
Ayora • I. San
Puerto Cristóbal
Villamil
Puerto
Baquerizo
Moreno

ISLAS GALÁPAGOS
(ECUADOR)

OCÉANO PACÍFICO

Cabo Norte
Volcán
Katiki
Hanga Roa • ▲ Cabo
Cumming
Mataveri •

ISLA de PASCUA
(CHILE)

✪ Capital
• Otra ciudad
▲ Volcán
∴ Ruinas

América del Sur